HISTÓRIA DO ENSINO DE LEITURA E ESCRITA

Maria do Rosário Longo Mortatti
Isabel Cristina Alves da Silva Frade
(Orgs.)

História do ensino de leitura e escrita

Métodos e material didático

FAPESP
Oficina Universitária
ABAlf Associação Brasileira de Alfabetização
editora unesp

Ficha catalográfica
Serviço de Biblioteca e Documentação – Unesp - campus de Marília

H673 História do ensino de leitura e escrita : métodos e material didático / Maria do Rosário Longo Mortatti, Isabel Cristina Alves da Silva Frade, organizadoras ; Roger Chartier ... [et al.]. – São Paulo : Editora Unesp ; Marília : Oficina Universitária, 2014.

338 p.

Inclui bibliografia.

Coeditoras: ABAlf - Associação Brasileira de Alfabetização e FAPESP - Fundação de Amparo à Pesquisa do Estado de São Paulo.
ISBN 978-85-393-0541-4

1. Alfabetização – Estudo e ensino – História. 2. Leitura. 3. Escrita. 4. Ensino – Metodologia. 5. Material didático. I. Mortatti, Maria do Rosário Longo, 1954- . II. Frade, Isabel Cristina Alves da Silva. III. Chartier, Roger, 1945- .

CDD 371.41

Editora afiliada:

Associação Brasileira de Editoras Universitárias

Sumário

Prefácio

Em que os estudos de natureza histórica sobre o ensino da leitura e da escrita podem contribuir com as práticas de alfabetização na atualidade?

Diana Gonçalves Vidal

A pergunta foi formulada por uma professora alfabetizadora, durante os trabalhos do II SIHELE – Seminário Internacional sobre História do Ensino de Leitura e Escrita, ocorrido em Belo Horizonte/MG-Brasil, nos dias 11 e 12 de julho de 2013. Trazia a marca do duplo agenciamento que propunha o certame. Realizado consecutivamente ao I Congresso Brasileiro de Alfabetização, em iniciativa comum da ABAlf – Associação Brasileira de Alfabetização, o II SIHELE não apenas reunia pesquisadores nacionais e internacionais ligados à história da escrita e da leitura, mas acolhia professoras alfabetizadoras, promovendo uma interlocução profícua e necessária.

A indagação talvez jamais emergisse, se o fórum fosse apenas o dos especialistas, nem sempre instados a evidenciar a importância dos estudos históricos para a atualidade. No entanto, despontava como pergunta fundamental àqueles atores educacionais que, no cotidiano, enfrentam questões relacionadas à aprendizagem do código linguístico. Retomá-la como temática articuladora deste Prefácio constitui-se em um desafio instigante, na medida em que permite percorrer os textos reunidos neste livro, não no desejo de encontrar no passado resposta direta aos impasses do hoje, mas na oportunidade que lança de visitar o ontem, na relação (des)contínua que estabelece com o presente. Talvez seja exatamente esta a principal problemática do debate que o livro suscita: compreender os intrincados fios que unem tempos remotos e dias atuais.

Ao se debruçarem sobre as várias modalidades históricas de leitura, sobre a forma dos livros ou processos envolvidos na sua produção, Roger Chartier, Circe Bittencourt, Eliane Peres, Márcia de Paula Gregório Razzini e Norma Sandra de Almeida Ferreira detêm-se no impacto que a materialidade dos impressos causa sobre os modos de ler, aliviando a excessiva importância que concedemos ao conteúdo. Os autores nos provocam a considerar que o mesmo texto, em suportes diferentes, pode receber interpretações diversas. Contrariando uma concepção meramente intelectual do livro, demonstram, com exemplos retirados da história, que – além do autor – editores, diagramadores e ilustradores produzem sentidos captados pelo leitor. Afirmam ainda mais: que é no entrelaçamento desses sentidos que se produz a leitura. Portanto, não há texto fora do contexto no qual foi dado a ler.

Isso não implica os procedimentos da história intelectual, que prima por reconstituir o momento de escrita de uma obra, relacionando-o à fase da vida do autor. Não que a preocupação seja improcedente. Ela é apenas insuficiente. Ao protocolo deve ser associado estudo das técnicas de produção do objeto livro (imprenta, costura ou colagem das folhas, *just in time* etc.); as escolhas materiais a que ele foi submetido (gramatura e dimensão do papel, tipo gráfico de letra, espaçamento das letras, mancha na página, modalidades de ilustração, relação texto e imagem, dentre muitas outras variantes) e os modos consagrados de leitura (em voz alta, coletiva, silenciosa, individual).

A questão se complica, se a ela associamos ainda a atenção às distintas possibilidades de recepção, às maneiras peculiares como cada um dos leitores atribui sentido à leitura, em razão de sua maior ou menor habilidade leitora, proficiência no assunto e experiência de vida. Essas inter-relações não emergem como obstáculos às análises empreendidas sobre a leitura, mas como alerta, partilhado pelos que se dedicam às pesquisas acadêmicas e/ou à sala de aula. Objetivam contribuir com o aprimoramento de nossa compreensão sobre o complexo processo da leitura e com a reflexão sobre os mecanismos de aquisição e apropriação do código linguístico. E podem auxiliar a atividade cotidiana de professoras alfabetizadoras. De que forma?

Se mudamos o suporte, alteramos a leitura. Por conseguinte, não é a mesma coisa ler um livro, uma cópia reprográfica, um texto mimeografado ou a tela do computador. Ainda que o texto seja rigorosamente o mesmo, ao modificar a materialidade da escrita, interferimos nos sentidos a ela atribuídos. Letras miúdas e com pouco espaçamento cansam mais o leitor que uma mancha bem distribuída na página. Podem até causar aversão à leitura de um impresso, fazendo a vista saltar ou levando à recusa explícita de ler. Ilustrações interferem na interpretação do texto, inserindo uma semântica diversa da pretendida pelo autor. Assim, às vezes, a dificuldade de decifração ou entendimento com que nos deparamos em uma classe pode estar mais ligada às características do objeto a ser lido do que ao conteúdo do texto.

Da mesma maneira, modalidades diferentes de leitura levam a interpretações díspares. Ler em voz alta para os demais colegas em sala de aula e com comentários constantes da professora tem como efeito um maior controle sobre os sentidos do texto, uma vez que esses sentidos vão sendo negociados e atribuídos, durante o ato de ler. Já a leitura silenciosa abre ao leitor a possibilidade de estabelecer relações não necessariamente visadas pelo autor ou pretendidas pela docente. Os sentidos se constroem na relação com o texto e contexto da leitura e o universo particular de cada leitor (conhecimento do código e do assunto e capacidade imaginativa). Essa vertente coloca sob suspeita a avaliação de que o aluno leu mal ou compreendeu mal um determinado texto, impondo a indagação sobre como ele pôde construir aquela interpretação que não condiz com a esperada. Aqui entram em jogo tanto as dificuldades de decifração do código quanto suas possibilidades polissêmicas.

O que os capítulos reunidos neste livro permitem perceber é que os sentidos da leitura são múltiplos e sempre negociados nas relações de saber e poder constituídas social e historicamente. Permitem, ainda, avaliar que a materialização de um texto é tão importante quanto as ideias que ele veicula; ou melhor, que a compreensão desse ideário só se produz no entrelaçamento entre texto e suporte da leitura. Essas proposições que emergem dos estudos históricos não nos levam a afirmar relações causais entre passado e presente, mas nos sensibilizam para a contemplação da miríade de possibilidades contidas no nosso presente.

O raciocínio pode ser transladado à escrita e suas práticas históricas. Escreve-se na areia, na pedra, na lousa, no tecido, no papiro, no papel, na tela do computador. Escreve-se com dedo, estilete, giz, pincel, lápis, pena de ganso, pena metálica, esferográfica, hidrográfica, máquina de escrever, teclado. Uma forte materialidade constitui, assim, o ato da escrita, que só adquire existência quando tornado objeto. Cada um dos suportes ou instrumentos da escrita requer uma gestualidade específica e impõe um aprendizado. Portanto, escrever, como todos sabemos, não significa apenas saber utilizar o código linguístico. Supõe treino de um conjunto de habilidades que, quanto mais incorporadas pelo escritor, mais invisíveis na escrita.

Isso nos ajuda a compreender por que, até o século XVII, a escrita só podia ser ensinada aos alunos maiores. Sua concretização, efetuada com o uso da pena de ganso, mobilizava a destreza no aparo e limpeza do instrumento da escrita com um canivete. Similarmente, ajuda-nos a perceber por que ainda nas décadas iniciais do século XX não era permitido ao canhoto usar a mão esquerda para escrever. A tinta da caneta demorava a secar. Como escrevemos da esquerda para a direita em uma linha horizontal, era necessário ser destro para não borrar o papel. Mudanças de ordem pedagógica somente puderam ser implementadas no momento em que inovações tecnológicas surgiram, como a lousa individual, no Setecentos, ou a caneta esferográfica, nos anos 1940.

Todavia, a escrita também se produz como um gênero literário, o que distingue contornos prováveis do texto. No caso da escrita escolar, é importante considerar ainda que ela se constrói como um subgênero, cujas regras de validade e os limites dos possíveis a escrever se encontram circunscritos pela cultura escolar. Não se escreve sobre qualquer temática na escola, e há constrangimentos explícitos, mas também implícitos, sobre a maneira correta de produção textual nas diferentes séries e disciplinas escolares. O modo de redigir uma redação para a aula de Português, por exemplo, não se assemelha à forma de responder narrativamente a uma indagação feita na aula de História. As maneiras de acreditação do conteúdo variam de disciplina para disciplina. No entanto, esse aprendizado nem sempre é conduzido em classe, a despeito de geralmente cobrado nos exames. Assim, se um aluno não responde corretamente a uma questão, ele pode não saber o conteúdo; mas pode também não estar familiarizado com a construção dos enunciados em cada campo disciplinar e com a fórmula adequada de produção textual das respostas.

Alguns desses aspectos são explorados por Circe Bittencourt, Estela Natalina Mantovani Bertoletti e Kazumi Munakata, quando abordam manuais escolares; por Maria Helena Câmara Bastos e Ana Chrystina Mignot, quando se debruçam sobre práticas de escrita pretéritas da escola; ou por Maria Teresa Santos Cunha e Maria do Rosário Mortatti, quando discorrem sobre as práticas de ensino de leitura escolar. Mas estão também presentes na discussão sobre os métodos de alfabetização e sobre as condições pedagógicas e editoriais, bem como redes de relações envolvidas na produção dos livros, como destacam Cancionila Janzkovski Cardoso, Eliane Peres, Isabel Cristina Alves da Silva Frade e Mirian Jorge Warde.

Nesse último caso, dos métodos de alfabetização, a perspectiva histórica e, em algumas situações, comparada – como nos estudos de Eliane Peres e Mirian Warde – nos provoca menos o interesse pela sucessão temporal do debate em torno da alfabetização e mais a atenção à simultaneidade de propostas pedagógicas, a diversa permanência de cada método no cenário escolar e os modos de circulação internacional dos modelos prescritos. Na análise das cartilhas ou dos *primers*, entram em relação não apenas o debate metodológico, mas as dimensões técnicas da indústria gráfica, as escolhas efetuadas por editores, diagramadores e ilustradores na elaboração do produto, as formas de difusão dos impressos e, mesmo, as distintas apropriações realizadas pelos vários sujeitos envolvidos nesse enorme mercado escolar, como os autores de contrafacções, ou na tradução/invenção cotidiana dos métodos pelas professoras, em sala de aula.

Diluem-se, assim, as críticas à hibridação metodológica, posto que a produção das cartilhas já contém a mistura de concepções alfabetizadoras professadas por autores, editores, diagramadores e ilustradores. O purismo dos métodos, portanto, só é possível no universo abstrato. No momento em que se concretizam em cartilhas ou *primers*, exibem as marcas impostas por distintos sujeitos. O mesmo ocorre em sala de aula. É impossível uma aplicação purista de um método de alfabetização. As professoras alfabetizadoras leem as prescrições a partir da familiaridade com a metodologia proposta, mas também de sua experiência em alfabetizar. Efetuam a tradução das normas para o momento e a situação vivida a partir do próprio repertório constituído pela prática alfabetizadora e, nesse processo, reinventam os métodos. Dessa maneira, a eficácia de cada método ou cartilha repousa no equilíbrio tenso das várias escalas de apropriação a que está submetido, no jogo constante de atualizações.

Somente no reconhecimento desses processos entrelaçados é que podemos compreender a permanência por décadas de algumas cartilhas e a simultaneidade de propostas metodológicas aparentemente eficazes, a despeito de sua diversa concepção de sujeito aprendente, ação docente e aquisição de código linguístico. Da mesma forma, é isso que justifica a hibridação efetuada pelas professoras alfabetizadoras em sala de aula. Premidas pelas urgências das classes e dispondo de um arsenal constituído nas escolas de formação, na troca com colegas no ambiente de trabalho e nas experiências de vida pessoal e profissional, as professoras efetuam apropriações criativas dos métodos, em busca da resolução dos conflitos enfrentados no processo de ensinar a ler e escrever.

O que a história da alfabetização nos proporciona não é a evidência da primazia de um método sobre outro, de uma cartilha sobre outra. Ao contrário. Demonstra que métodos coexistem, sobrepõem-se e entrelaçam-se; que não há a aplicação literal de uma metodologia, nem um método puro. A temporalidade do passado é variada, e a produção e a apropriação dos métodos é sempre híbrida. Cabe, então, indagar em que as várias hibridações a que foi submetido um método contribuíram para sua maior ou menor eficácia, tomada, seja do ponto de vista da permanência temporal no ambiente escolar, seja da acreditação social ou científica, seja do investimento da indústria editorial (perspectivas nunca totalmente isoladas).

Voltemos, agora, à pergunta que dá mote a este Prefácio: em que os estudos de natureza histórica sobre o ensino da leitura e da escrita podem contribuir com as práticas de alfabetização na atualidade? A resposta mais simples e que os capítulos que compõem este livro desenvolvem de modo detalhado é, afinal de contas, a que a história (de qualquer tema) pode dar: o passado não lega ao presente uma fórmula de sucesso a ser recuperada nem, necessariamente, uma lição.

As várias abordagens que fazemos do ontem nos alertam para a multiplicidade dos possíveis de cada momento histórico inscritos nas relações sociais de poder. Oferecem exemplos sobre o que foi feito, ampliando nosso repertório de práticas. Aguçam o interesse e o respeito à alteridade. Evidenciam o hoje como fruto das ações dos sujeitos nas diversas injunções a que estão submetidos. Mas destacam também que há sempre oportunidade para a criatividade e a invenção humanas. Suscitam reconhecer que a nossa relação com o ontem é simultaneamente de continuidade e ruptura, atribuindo várias camadas de temporalidade ao passado. Instigam-nos, por fim, a perscrutar os modos como atribuímos sentido ao mundo e significamos nossa experiência pretérita e atual, levando em consideração a materialidade da vida.

Apresentação

Neste livro, estão reunidos textos de pesquisadores estrangeiro e brasileiros, especialistas em história da alfabetização, história da educação e história do livro e da leitura. Os autores abordam a história do ensino de leitura e escrita, enfocando diferentes espaços e formas de produção e circulação de métodos de ensino e de material didático. E, por meio do diálogo entre práticas escolares e práticas culturais, destacam dimensões pedagógicas, editoriais e políticas assim como diferentes sujeitos envolvidos nesses processos históricos.

Além da temática abordada, os textos aqui reunidos têm em comum o contexto da motivação inicial e dos objetivos. Resultam, mais diretamente, das discussões apresentadas pelos autores em evento científico do qual participaram como conferencista ou palestrantes. As instigantes discussões propostas e as questões suscitadas naquela ocasião demandaram sistematização, com o objetivo de ampliar, para além dos limites do evento, o alcance das contribuições dos autores, o que motivou a organização deste livro, pronta e entusiasticamente acolhida por todos eles.

O evento mencionado é o II SIHELE – Seminário Internacional sobre História do Ensino de Leitura e Escrita – "Métodos e material didático na história do ensino inicial de leitura e escrita no Brasil", ocorrido nos dias 11 e 12/07/2013. Essa segunda edição foi promovida pela ABAlf – Associação Brasileira de Alfabetização e realizada consecutivamente ao

I CONBAlf – Congresso Brasileiro de Alfabetização, realizado entre os dias 08 e 10/07/2013 e também promovido por essa Associação. Além de auxílio financeiro da ABAlf, da FAPESP e da FAPEMIG, a realização de ambos obteve apoio de universidades copromotoras e do CEALE – Centro de Alfabetização, Leitura e Escrita, da Faculdade de Educação da Universidade Federal de Minas Gerais, a qual foi escolhida como sede dos eventos, em homenagem à Presidente de Honra da ABAlf, Magda Becker Soares, Professora Emérita da Faculdade de Educação dessa universidade.

Com o tema geral "A constituição do campo da história da alfabetização no Brasil", a primeira edição do evento ocorreu, em setembro de 2010, na Unesp – Universidade Estadual Paulista – campus de Marília/SP-Brasil. Foi promovida pelo GPHELLB – Grupo de Pesquisa "História do Ensino de Língua e Literatura no Brasil" – e pelo Programa de Pós-Graduação em Educação dessa instituição, tendo obtido auxílio financeiro da FAPESP e da Unesp. Dentre os principais resultados daquele evento, destacam-se: a aprovação, na Plenária Final, da proposta de criação da ABAlf; e a publicação do livro *Alfabetização no Brasil*: uma história de sua história (Cultura Acadêmica; Oficina Universitária, 2011), que conquistou o 1º lugar na categoria "Educação" – 54º Prêmio Jabuti – 2012, da Câmara Brasileira do Livro.

Da segunda edição do evento, participaram, além de pesquisadores vinculados a diferentes programas de pós-graduação e grupos de pesquisa, professores alfabetizadores e gestores da educação básica de diferentes estados das cinco regiões geográficas do país e do Distrito Federal, todos eles interessados no debate sobre a história de que são herdeiros e também protagonistas. E, em continuidade à avaliação diagnóstica e prospectiva relativamente à produção acadêmico-científica das últimas décadas no campo da história da alfabetização no Brasil, as consistentes discussões ocorridas propiciaram: refletir sobre as possibilidades de avanços, considerando o contexto dos desafios políticos, sociais, culturais e educacionais deste momento histórico, em relação ao processo de ensino-aprendizagem inicial da leitura e da escrita de crianças, jovens e adultos; compreender as principais características de temas, objetos, fontes documentais, vertentes historiográficas e métodos de investigação, no âmbito da produção acadêmico-científica brasileira sobre história do ensino da leitura e da escrita, com enfoque em métodos e material didático; discutir os principais limites e problemas observáveis na produção acadêmico-científica sobre o tema e aspectos correlatos; e propor encaminhamentos visando ao avanço das pesquisas em sua relação com o campo da história da alfabetização no Brasil.

Sínteses dessas fecundas contribuições apresentadas no II SIHELE se encontram reunidas nos capítulos que integram este livro. Situando a discussão no âmbito da produção historiográfica internacional, Roger Chartier formula as questões centrais sobre a historiografia da leitura, em texto que reproduz sua conferência de abertura do evento; e Circe Fernandes Bittencourt sintetiza a trajetória do professor e pesquisador francês, Alain Choppin, em texto de homenagem póstuma. Enfocando o tema relacionadamente, de forma direta ou indireta, ao contexto brasileiro, seguem os textos de palestrantes e debatedores nas mesas redondas: Mirian Jorge Warde, Eliane Peres, Norma Sandra de Almeida Ferreira, Maria Helena Câmara Bastos, Ana Chrystina Mignot, Maria Teresa Santos Cunha, Maria do Rosário Longo Mortatti, Cancionila Janzkovski Cardoso, Estela Natalina Mantovani Bertoletti, Isabel Cristina Alves da Silva Frade,Márcia de Paula Gregório Razzini e Kazumi Munakata.

Nesses textos, podem-se ouvir vozes de diferentes sujeitos, que, de diferentes pontos de vista, com diferentes formas e marcas de interlocução com o contexto motivador inicial, apresentam possibilidades de perguntas ou de respostas a problemas específicos das pesquisas sobre história do ensino de leitura e escrita, evidenciando a complexidade da temática, por meio da análise de diferentes aspectos de métodos e material didático, à luz do contexto histórico e suas relações com processos políticos. Em meio a esses discursos plurais, pode-se também identificar o objetivo, não de esgotar a discussão, mas de propor continuidade de mapeamento e discussão sistemática de posições representativas de pontos de vista sobre o tema.

Dentre os resultados dessas discussões, destaca-se a compreensão dos importantes avanços ocorridos, especialmente desde a década de 2000, com enfoque na história regional e local. Esses avanços, por sua vez, indicam a necessidade de maior articulação entre pesquisadores, a fim tanto de incentivar a produção de histórias desse ensino em outras províncias/estados do país, ainda não exploradas na pesquisa acadêmico-científica, quanto de produzir uma história da alfabetização *no Brasil*.

Esse desafio que se apresenta aos pesquisadores demanda, ainda, dentre outros aspectos, aprofundar a identificação e a análise de semelhanças e diferenças entre temas, fontes, objetos, vertentes teóricas e abordagens metodológicas das pesquisas sobre história do ensino de leitura e escrita efetivadas nas últimas décadas e as relações que se podem estabelecer entre histórias regionais/locais e a produção internacional sobre o assunto. O objetivo maior é avaliar as possibilidades, já indicadas no I SIHELE, de buscar a compreensão de uma "história *brasileira* da alfabetização *no Brasil*", considerando a especificidade do "conceito *brasileiro* de alfabetização"; e, ao mesmo tempo, problematizar a circulação, neste país, tanto de ideias e experiências sobre ensino de leitura e escrita, advindas, sobretudo, de países europeus, norte-americanos e latino-americanos, quanto de paradigmas historiográficos da produção científica internacional sobre o tema e aspectos correlatos.

O que aqui se apresenta, portanto, é resultado de discussão sistemática dos principais problemas e perspectivas da produção acadêmico-científica brasileira sobre história do ensino da leitura e escrita, em suas relações com a produção internacional. Por meio dessa discussão, é possível problematizar a tensão entre permanências e rupturas que caracterizam as relações entre o passado, o presente e o futuro, articuladamente aos desafios políticos, sociais, culturais e educacionais deste momento histórico. Assim, reitera-se a importância da pesquisa histórica como um dos meios de compreender melhor como os indivíduos e sociedades atribuem significados à alfabetização, como se foi definindo esse objeto de conhecimento, como se foram elaborando métodos e material didático para o ensino e o aprendizado da leitura e da escrita, visando à retomada de respostas e à formulação e outras perguntas e propostas para o enfrentamento dos persistentes problemas da alfabetização e da educação em nosso país.

Esse é também um instigante convite que, com este livro, apresentamos a pesquisadores da história da alfabetização, da história da educação e áreas afins; professores e estudantes de graduação e pós-graduação; alfabetizadores e demais professores e gestores da educação básica, objetivando avanços no cumprimento do nosso compromisso histórico: a partir da avaliação do já feito, compartilhada com diferentes gerações e grupos de protagonistas, identificar o que ainda faz falta, formular novos problemas e novos objetos de investigação e buscar, por meio do debate e de ações rigorosos e consequentes, os caminhos para dar conta do muito que ainda há por compreender e fazer, em relação aos desafios do ensino da leitura e da escrita a crianças, jovens e adultos no Brasil.

Agradecemos a todos que colaboraram para a realização deste livro, em especial: à ABAlf – Associação Brasileira de Alfabetização e à FAPESP – Fundação de Amparo à Pesquisa do Estado de São Paulo, pelos auxílios financeiros concedidos; à Comissão Permanente de Publicações da Faculdade de Filosofia e Ciências da Universidade Estadual Paulista – Unesp – campus de Marília e à Editora Unesp, pelo aceite da proposta de publicação; a Maria Rosangela de Oliveira, Assessora Técnica da Comissão Permanente de Publicações, pelo acompanhamento incansável das diferentes etapas de produção editorial.

Marília/SP; Belo Horizonte/MG, janeiro de 2014.

Maria do Rosário Longo Mortatti
Isabel Cristina Alves da Silva Frade

Ler a leitura

Roger Chartier

Em seu pequeno livro *A importância do ato de ler*, Paulo Freire faz a distinção entre dois sentidos da palavra "ler" (FREIRE, 1982). Um sentido literal: ler é ler letras, palavras, livros. Essa leitura supõe a alfabetização, a aprendizagem escolar, o domínio da palavra escrita. Porém, "ler" tem também um sentido metafórico. Ler é, antes e depois da leitura do livro, "ler" o mundo, a natureza, a memória, os gestos, os sentimentos – tudo aquilo que Paulo Freire designa com um neologismo: *palavramundo*. Ler a leitura, como indica o título de meu artigo, é talvez entender as relações entre esses dois sentidos do verbo "ler", considerando, por um lado, a especificidade da leitura dos livros – o que deve evitar o perigo do uso descontrolado e excessivo da palavra, como se toda "leitura" fosse governada pelas regras que caracterizam a decifração de textos –; e, por outro lado, os processos que organizam, segundo lógicas muito diferentes, a compreensão imediata do mundo ou das experiências da existência.

Em 1968, em um ensaio que chegou a ficar famoso, Roland Barthes associava a nova onipotência do leitor com a morte do autor (BARTHES, 1968). Destronado de sua antiga soberania pela linguagem ou "[...] pelas múltiplas escritas que surgem desde diversas culturas e que estabelecem entre si uma relação de diálogo, de paródia e de oposição", o autor deve ceder sua superioridade ao leitor, entendido como "[...] aquele que reúne em um mesmo campo todas as marcas que constituem o escrito." (BARTHES, 1968, p. 69). O lugar da leitura era, pois, visto como aquele no qual se reordena o sentido plural, móvel e instável do texto, como o lugar onde o escrito, seja qual for, adquire sua significação. No entanto, pouco tempo depois do reconhecimento do nascimento do leitor, se multiplicaram os diagnósticos que anunciaram a sua morte. Esses diagnósticos se apresentam hoje de três formas.

Práticas de leitura

A primeira morte remete às transformações das práticas da leitura. Na França, a comparação das pesquisas estatísticas referentes às práticas culturais, ainda que não mostrem uma diminuição da porcentagem global de leitores – já que, tanto em 2008 quanto em 1973, 70% dos pesquisados dizem ter lido pelo menos um livro no ano anterior –, ao menos indicam a diminuição da proporção dos *forts lecteurs*, ou seja, dos leitores que leem mais de vinte livros por ano. Essa diminuição é particularmente importante entre os leitores de nove a cinco anos, do sexo masculino, o que tem como consequência uma "feminização" da leitura (DONNAT, 2012).

Por outro lado, as pesquisas sociológicas voltadas para os jovens entre treze e dezessete anos registram uma diminuição da leitura e, sobretudo, a pouca importância que o livro ocupa na representação que esses jovens fazem de si mesmos (BAUDELOT; CARTIER; DETREZ, 1999). Uma investigação recente, baseada em entrevistas e questionários a quatro mil jovens franceses de onze, treze, quinze e dezessete anos, reforça ainda mais esse diagnóstico. Em 2008, 33% das crianças de onze anos diziam ler livros todos os dias e somente 15% declararam não ler quase nunca. Com os adolescentes de dezessete anos, as proporções são muito diferentes: somente 9% disseram que liam todos os dias e 47% que nunca ou quase nunca liam. A conclusão é clara: a adolescência é o momento decisivo em que acontece o distanciamento dos suportes tradicionais da cultura escrita e da leitura (MERCKLÉ et al., 2010). Desde os anos oitenta do século XX, cada geração entra na idade adulta com o nível de práticas de leitura inferior ao nível da geração anterior.

Devemos, no entanto, matizar, relativizar essas observações. Por um lado, ler não é apenas ler livros, e ler não é só ler objetos impressos. Os *digital natives* são leitores de revistas e outros textos eletrônicos, e não somente usuários de jogos eletrônicos ou escritores de *emails* ou *SMS* (EVANS, 2011). Por outro lado, ler não é somente ler um texto da primeira até a última linha. A história da leitura nos tem ensinado sobre a diversidade das práticas designadas pela palavra "leitura": ler em voz alta para os outros ou para si e ler silenciosamente, ler intensivamente ou extensivamente, ler para o estudo ou ler para o prazer, ou, como disse Umberto Eco, ler *libri da legere* e ler *libri da consulta*. Devemos levar em conta essas variadas formas de ler – que se tornaram contemporâneas com o passar dos séculos – antes de estabelecer um diagnóstico generalizado sobre a perda da leitura, que não pode ser imediatamente deduzida da diminuição da leitura de livros.

A crise da edição

As conclusões que podem ser tiradas das políticas editoriais têm reforçado a certeza de que existe uma crise da leitura e uma morte do leitor. Essa crise, que não exclui os gêneros de ficção, é mais fortemente sentida na edição de livros de ciências humanas e sociais. Em ambos os lados do Atlântico, os efeitos dessa crise são comparáveis, ainda que as causas principais não sejam as mesmas. Nos Estados Unidos, o dado essencial é a redução drástica da aquisição de *monographs* por parte das bibliotecas universitárias, cujos orçamentos estão sendo devorados pelas compras de publicações periódicas em ciências exatas, que, em alguns casos, alcançam cifras consideráveis de até dez e quinze mil dólares por ano. A isso se deve a resistência das *academic presses* em publicar livros considerados como demais especializados: teses de doutorado, monografias, livros de erudição (DARNTON, 1999, 2009).

Na França, uma prudência editorial semelhante, que limita as tiragens, responde sobretudo à redução de compras pelos *forts lecteurs* – que não eram somente professores ou estudantes. Para o setor de ciências humanas e sociais, os dados estatísticos compilados na França pelo *Syndicat Nacional de l'Édition* mostram que, a partir da década de noventa do século XX, uma diminuição do número global de livros vendidos foi acompanhada por um aumento do número de títulos publicados, destinado a ampliar a oferta e, assim, mitigar com alguns possíveis sucessos as dificuldades econômicas das empresas. As consequências sobre as políticas editoriais foram a contração das tiragens médias, uma grande prudência diante das obras consideradas muito especializadas e das traduções e a preferência por publicar manuais, dicionários, enciclopédias ou biografias.

No caso da diminuição da leitura por parte dos adolescentes, devemos entender um duplo paradoxo. Em primeiro lugar, a generalização do acesso ao ensino secundário e o prolongamento do tempo de escolarização foram traduzidos por um retrocesso no crescimento da leitura de livros (SIMON, 2012). Penso que se poderia dizer o mesmo da defasagem entre a massificação do acesso aos estudos universitários e uma menor importância outorgada à leitura e ainda menos à compra de livros por parte dos estudantes, que preferem fotocópias ou consultas à *wikipedia* (SUPIOT, 2001).

O segundo paradoxo próprio da edição de livros para crianças e adolescentes consiste no contraste entre o retrocesso das práticas de leitura dos jovens e o crescimento espetacular do volume de negócios desse setor editorial. Na França, seu balanço econômico global ou *chiffre d'affaires* passou de 202 milhões de euros, em 2001, a 362 milhões, em 2011 (SYNDICAT NATIONAL DE L'ÉDITION, 2012). Hoje, os livros para jovens constituem o quarto setor da atividade editorial (depois da literatura, dos livros práticos e da edição escolar) e mais de 20% da compra de livros. No mesmo período, as livrarias especializadas nesse setor sofreram diminuições em seu faturamento, mesmo que inferiores ao de outras livrarias, mas em torno de 10 a 20%. Esse último fenômeno pode ser explicado pelos novos hábitos de compras de livros: pela internet, nos supermercados e nos *megastores* multimídias. Mais difícil de compreender é o desnível entre o crescimento da produção editorial para jovens e a drástica redução das práticas de leitura desses mesmos jovens. Devemos pensar, então, que as respostas das pesquisas ocultam as práticas efetivas, em uma época na qual apresentar-se como leitor não é valorizado, particularmente no caso do sexo masculino? Ou, ainda, que os livros comprados não são lidos? Ou que seus leitores são os adultos que compram os livros e não os adolescentes para os quais os livros são escritos e publicados? Somente novas investigações poderão sugerir respostas a essas perguntas.

Normas escolares e práticas de leitura

Em uma terceira perspectiva, a morte do leitor e o desaparecimento da leitura são concebidos como consequência inevitável da civilização da tela, do triunfo das imagens e da comunicação eletrônica. Tal perspectiva desconsidera que as telas do presente não são mais somente as de McLuhan (McLUHAN, 1962). Ao contrário das telas do cinema ou da televisão, as telas do presente propõem textos, não somente textos, certamente, mas também textos, muitos textos. A antiga oposição entre, de um lado, o livro, a escrita, a leitura e, de outro, a tela e a imagem, tem sido substituída por uma situação nova caracterizada pelo aparecimento de um novo suporte para a cultura escrita. Daí surge um laço paradoxal entre a terceira revolução do livro – que transforma as modalidades de inscrição e transmissão dos textos, como fizeram a invenção do *codex* e da imprensa – e o tema obsessivo da morte da leitura e do leitor. Compreender essa contradição supõe olhar para o passado e comparar os efeitos das revoluções anteriores com as mudanças do presente.

No século XIX, os livros didáticos afirmam enfaticamente que o verdadeiro conhecimento se encontra nos livros e só nos livros. Um método de ensinar a leitura e escrita francesa para as escolas primárias, publicado por Eugène Cuissart, em 1882, se dirige assim aos alunos que já aprenderam a ler: "Agora você pode ler, e em breve você será capaz de ler sozinho boas histórias nos livros. Todo o saber humano está nos livros. Se você pode ler, você pode tornar-se sábio." (CUISSART, 1882 apud CHARTIER, A. M., 2007, p. 128). Os inimigos contra os quais se deve fundar a aprendizagem escolar são práticas empíricas, as superstições arcaicas, os falsos conhecimentos repassados pela tradição oral. A leitura é a única maneira de aprender. Daí a ambição da escola primária, segundo o modelo francês: oferecer um livro didático, um livro de leituras que é como um livro dos livros, constituído de breves textos e extratos de obras que transmitem múltiplos saberes (história, geografia, ciências morais, físicas e naturais, economia doméstica, higiene etc.). Portanto, é necessário procurar nos alunos as competências de ler (e escrever) que lhes permitam transformar a aprendizagem escolar em uma ferramenta de conhecimento, cujo objetivo é aprender a ler segundo regras e regulamentos.

Com os progressos da alfabetização e a diversificação de produtos impressos, o século XVIII e, ainda mais, o XIX, conheceram uma grande dispersão dos modelos de leitura. Forte é o contraste entre, por um lado, a imposição das normas escolares que tendem a definir um modelo único, codificado e controlado de leitura e, por outro lado, a extrema diversidade das práticas de várias comunidades de leitores, tanto as que estiveram anteriormente familiarizadas com a cultura impressa quanto as formadas por recém-chegados ao mundo da escrita: crianças, mulheres, trabalhadores. O acesso de quase todos à capacidade de ler, tal como estabelecido no final do século XIX, em várias partes da Europa, instaurou uma forte fragmentação das práticas de leitura.

Essa fragmentação levou a reforçar dois elementos encontrados nos primeiros séculos da modernidade. De uma parte, multiplicaram-se produtos impressos dirigidos aos leitores populares: coleções baratas, publicações por entregas, folhetins, revistas ilustradas etc. Desse ponto de vista, a produção e a circulação da cultura impressa mostram as mesmas mudanças fundamentais em todas as partes da Europa: a entrada em uma economia de mercado que produz um novo público leitor, a partir da oferta de novos produtos editoriais, e a multiplicação das bibliotecas escolares e públicas, vinculadas ou não ao fenômeno associativo dos gabinetes de leitura.

Na Espanha novecentista, por exemplo, a manutenção de altos níveis de analfabetismo, tal como se apresentam nas estatísticas, baseadas nos percentuais de assinaturas, não deve fazer esquecer a crescente presença de impressos efêmeros e baratos dentro das classes populares, incluindo analfabetos. Nas cidades, pelo menos, a grande circulação dos periódicos, folhetos, calendários, almanaques possibilitou uma grande familiaridade com a cultura impressa, possivelmente transmitida através da leitura em voz alta. Então, não devemos limitar a população de "leitores" unicamente aos alfabetizados. Não devemos tampouco isolar os objetos impressos (livros ou revistas) das outras formas de presença da escrita: os cartazes manuscritos, as inscrições gravadas, os escritos pintados encontrados nas ruas, nos cemitérios, nos edifícios públicos, nas casas. Na paisagem escrita urbana, essa onipresença dos textos escritos produz uma aculturação na escrita fora das aprendizagens escolares (BOTREL, 1993).

Outra característica comum em toda a Europa é a constituição, no século XIX, de um "campo literário" polarizado entre a "literatura industrial", dirigida ao mercado crescente de leitores, e as formas cultas, da "arte pela arte", ou o saber erudito, cujas criações circulam dentro do público restrito dos *happy few*. Estabelece-se um vínculo forte entre a reivindicação de uma cultura "pura", subtraída das leis econômicas de produção, distanciada do entretenimento "popular", governada pela cumplicidade estética e intelectual entre autores e leitores, e, por outra parte, os progressos de uma literatura comercial, dominada pelo capitalismo editorial e dirigida ao "grande público". Essa polarização introduziu uma forte diferença entre os escritores que tentaram viver de sua pena e os quais não poderiam sobreviver sem se porem a serviço dos editores que publicavam os gêneros mais populares, e autores cuja existência não dependia da escrita, mas de outro trabalho (professor, advogado, empregado da administração) e que eram assim libertados das exigências do mercado editorial.

Convém, no entanto, matizar essas oposições fortemente percebidas pelos contemporâneos. Em primeiro lugar, a definição escolar das obras legítimas multiplicou a leitura por parte de leitores populares de obras transformadas em patrimônio comum. Antologias e coleções deram uma forma editorial a uma série de obras e autores que identificavam a produção literária nacional. Isso foi feito a partir de eleições e exclusões que compuseram um repertório literário canônico. Graças às bibliotecas populares e às coleções baratas de obras clássicas ou recentes, os leitores artesãos ou trabalhadores comuns compartilharam, ainda mais nos séculos XVI e XVII, os mesmos textos que os membros da elite. Contudo, como mostram as autobiografias operárias, liam essas obras canônicas de uma forma intensiva, baseada na repetição e na memorização. Reliam mais que liam, compartilhavam ao menos os textos lidos em voz alta; e os copiavam e memorizavam. Mobilizavam, para apropriar a literatura sábia e legítima, as práticas de leitura que haviam duradouramente caracterizado sua relação com os folhetos de cordel.

Multiplicaram-se também livros instrutivos dirigidos a esses mesmos leitores. Pura Fernández descreve deste modo as características formais dos livros úteis: "[...] capas e papel resistente, formato manejável, tendência ao agrupamento de títulos em coleções e bibliotecas de aspecto sóbrio mas cuidado, o estímulo das ilustrações que orientam a leitura." (FERNÁNDEZ, 2003, p. 674). Em toda a Europa, essas "bibliotecas" sem muros propuseram aos leitores volumes de divulgação científica ou histórica. Na França, a *Bibliothèque Charpentier* inaugurou, em 1828, esse tipo de coleção com seu pequeno formato (in-8° Jesus), seu preço baixo (3,50 francos por livro) e suas várias séries dedicadas à publicação de autores clássicos e contemporâneos: A "Biblioteca francesa" (dividida entre "Literatura antiga" (ou seja, medieval), "Memórias e Correspondências", "Clássicos do XVI, XVII e XVIII", "Escritores contemporâneos"), as "Bibliotecas inglesa, alemã, italiana, espanhola", as "Bibliotecas" gregas e latinas (na tradução), a "Biblioteca filosófica" (dividida em "filosofia médica", "Filosofia e Ciência", "Filosofia e Religião"). A dimensão do conhecimento entrava, assim, em um projeto que fundamentalmente tratava de construir um repertório de obras literárias canônicas para o leitor sem muitos recursos.

Mesmo antes da *Bibliothèque Charpentier*, em 1825, outra coleção foi dedicada à divulgação da ciência e das artes, a *Encyclopédie portative ou Résumé universel des sciences, des lettres et des arts*. O próprio título insiste no caráter portátil, e a dimensão de resumo dos conhecimentos dos livros indica claramente que o projeto se inscreve na herança do modelo enciclopédico dos dicionários do Iluminismo. Três anos depois, a *Encyclopédie populaire, ou les sciences, les arts et les métiers mis à la portée de toutes les classes* propôs uma série de tratados sobre os diversos conhecimentos humanos, traduzidos do inglês a partir da *Library of Useful Knowledge*, inspirada na filosofia utilitarista e publicada pela *Society for the diffusion of useful knowledge*. Muitas bibliotecas enciclopédicas seguiram, cujos títulos destacavam a utilidade do conhecimento que propunham ou a universalidade social de seu público: a *Bibliothèque populaire*, em 1832, a *Bibliothèque des connaissances utiles*, em 1842, e a *Bibliothèque pour tout le monde*, em 1849 (OLIVERO, 1999).

Na Espanha, as leituras instrutivas apoderaram-se, na segunda metade do século, dos 75 volumes da *Biblioteca enciclopédica popular ilustrada*, publicadas em Madrid, entre 1877 e 1884, ou os 136 volumes da *Biblioteca universal ilustrada. Coleção de obras históricas e literárias*, editada em Barcelona, a partir de 1887.

Os perigos do ler

No século XIX, o crescimento da produção impressa dirigida aos leitores populares tinha seu duplo perigo: a invasão das leituras por "maus livros" ou, pior ainda, os livros de entretenimento que não são livros, mas folhetos de cordel, publicações por entregas, revistas ilustradas. Daí, as condenações e as censuras desses textos que afastam o conhecimento transmitem maus exemplos e corrompem os leitores. Com uma insistência ainda mais forte, repetem-se denúncias, tão comuns no século XVIII, das más leituras e dos maus leitores – ou leitoras. Os diagnósticos dos tempos das Luzes designavam os efeitos fisicamente desastrosos da captura do leitor pela ficção. Enunciavam de maneira nova, apoiando-se nas categorias da psicologia sensualista, as denúncias mais antigas dos perigos que pesavam sobre o leitor das obras de imaginação. Por exemplo, em Castela do Século de Ouro, um forte laço unia três elementos: a referência repetida do motivo platônico da expulsão dos poetas da República; o uso de um léxico de alienação (embelezar, maravilhar, encantar) para caracterizar o esquecimento do mundo real pelo leitor de fábulas; e a consciência de que os progressos da leitura em silêncio e em solidão favoreciam muito mais do que as leituras feitas em voz alta, para os outros ou para si mesmo, a confusão entre o mundo do texto e o mundo do leitor.

No século XVIII, o discurso se medicalizou e construiu uma patologia do excesso de leitura, considerado uma enfermidade individual ou uma epidemia coletiva. A leitura sem controle é perigosa, porque associa a imobilidade do corpo com a excitação da imaginação. Portanto, produz os piores males: a obstrução do estômago e dos intestinos, a desordem dos nervos, o esgotamento físico. Os profissionais da leitura, os homens de letras, são os mais expostos a esses efeitos, fontes da enfermidade que é por excelência sua: a hipocondria. O exercício solitário da leitura conduz a um desvio da imaginação, à rejeição da realidade, à preferência outorgada à quimera. Daí provém a proximidade entre os excessos de leitura e os prazeres sexuais solitários. Ambas as práticas produzem os mesmos sintomas: palidez, inquietação, prostração. O perigo é maior quando a leitura é a leitura de um romance e o leitor, uma leitora retirada à solidão. A relação com o escrito foi assim pensada a partir dos seus efeitos corporais. Semelhante "somatização", que indica uma forte mutação das representações da relação com os livros, permanecerá durante o século XIX e fundamentará o enfoque particularmente nas aprendizagens escolares, sobre as leituras "corretas", tanto pelo conteúdo dos textos quanto pelas posturas dos leitores.

É contra essas representações, que se multiplicaram as advertências contra os perigos das "más leituras", que se afirmou a definição da leitura como instrumento privilegiado ou único de acesso ao conhecimento do mundo, do passado, da sociedade ou de si mesmo. A certeza de que todo o conhecimento se encontra nos livros, pelo menos nos "bons livros", não foi unicamente uma ideia das autoridades ou dos doutos, porém, esta mobilizou os esforços dos "novos leitores", que conquistaram a leitura e a escrita para entender e, possivelmente, transformar o mundo injusto no qual viviam.

Uma tensão que atravessa toda a história da cultura escrita é a que enfrenta as autoridades, que tentam impor o controle ou o monopólio sobre o escrito, contra todos aqueles e, mais ainda, aquelas para quem o saber ler e escrever foi a promessa de um melhor controle de seu destino. Os confrontos entre o poder estabelecido pelos poderosos sobre a escrita e o poder que a sua aquisição confere aos mais fracos se opuseram à violência exercida pelo escrito, em sua capacidade de fundamentar, como Vico enunciou, em 1725, "[...] a faculdade dos povos de controlar a interpretação dada pelos chefes da lei.".

Impresso ou manuscrito, o escrito tem sido permanentemente investido com um poder ao mesmo tempo desejado e temido, necessário e perigoso. É possível ler o fundamento de tal ambivalência no texto bíblico, com a menção do livro comido, como aparece no Apocalipse de João, X, 10: "E tomei o pequeno livro da mão do anjo e o devorei, e era doce na minha boca como o mel; e quando o havia devorado, foi amargo na minha barriga". O livro dado por Deus é amargo, como o conhecimento do pecado, e doce, como a promessa de redenção. A Bíblia, que contém o livro da Revelação, foi ela mesma considerada um livro poderoso, que protege e conjura, aparta as desgraças, afasta as maldições. Em toda a Cristandade, o livro sagrado foi objeto de usos propiciatórios e protetores que não supunham necessariamente a leitura de seu texto, entretanto, que exigiam sua presença material o mais próximo possível dos corpos.

O livro é, portanto, o depositório de conhecimentos poderosos, mas temíveis. Caliban, que o sabe, pensa que o poder de Próspero será destruído, se forem capturados e queimados seus livros: "*Burn but his books*". Mas os livros de Próspero não são mais do que um único livro, que lhe permite submeter a sua vontade a natureza e os seres. Esse poder demiúrgico representa uma terrível ameaça para quem o exerce, e copiar nem sempre consegue afastar o perigo. O livro deve desaparecer, afundado nas profundezas das águas: "E aí onde jamais caiu a sonda/eu vou afundar o meu livro [*I'll drown my book*]". Três séculos mais tarde, Borges nos ensina que é em outras profundidades, aquelas das prateleiras da Biblioteca Nacional na Rua México, em Buenos Aires, onde deveria ser sepultado um livro que, por ser de areia, não era menos inquietante. Se, evidentemente, deve-se ler para aprender, é necessário também aprender o que se deve ler, e como se deve lê-lo. Assim, expressam-se de maneira contundente dois temores contraditórios que habitaram a Europa moderna e que, todavia, nos atormentam nos dias de hoje: por um lado, o medo ante a proliferação indomável dos escritos, a multiplicação de livros inúteis ou corruptores, a desordem do discurso, e, por outro, o medo da perda, da falta, do esquecimento. É uma tensão comparável, que caracteriza os nossos tempos, em confronto com os desafios de uma nova forma de inscrição, comunicação e leitura dos textos.

Ler frente à tela

A revolução digital modifica tudo de uma vez: os suportes da escrita, as técnicas de sua reprodução e disseminação e as maneiras de ler. Tal simultaneidade é inédita na história da humanidade. A invenção da imprensa não modificou as estruturas fundamentais do livro, composto, tanto antes como depois de Gutenberg, por folhas e páginas reunidas em um mesmo objeto. Nos primeiros momentos da era cristã, essa nova forma do livro, a do *codex*, se impôs e se substituiu no rolo ou *volumen*, no entanto, não foi acompanhada de uma transformação da técnica de reprodução dos textos sempre assegurada pela cópia manuscrita. E, por mais que a leitura tenha conhecido várias revoluções, identificadas ou discutidas pelos historiadores, todas ocorreram durante a grande duração do *codex* : são as conquistas medievais da leitura silenciosa e visual, a paixão por ler que caracterizou o tempo das Luzes, ou, a partir do século XIX, a entrada na leitura dos recém-chegados: os meios populares, as mulheres e as crianças, dentro ou fora da escola (CAVALLO; CHARTIER, R., 1997).

Ao romper o antigo laço entre os textos e os objetos, entre cada discurso e sua materialidade própria, a revolução digital obriga a uma radical revisão dos gestos e das noções que associamos à escrita. Apesar da inércia do vocabulário que procura domesticar a novidade, denominando-a com palavras familiares, os fragmentos de textos que aparecem nas telas não são páginas, mas composições singulares e efêmeras. E, contrariamente a seus antecessores, rolo ou *codex*, o livro eletrônico não se diferencia das outras produções da escrita pela evidência de sua forma material.

A descontinuidade existe inclusive nas aparentes continuidades. A leitura diante da tela é uma leitura descontínua, segmentada, ligada mais ao fragmento que à totalidade. Não seria talvez, por esse motivo, a herdeira direta das práticas permitidas e suscitadas pelo *codex*? Este último convida a folhear os textos, apoiando-se em seus índices ou mesmo a "saltos e cabriolas", a "*sauts et gambades*", como dizia Montaigne. É o *codex* e não o computador que convidou a comparar diferentes passagens, como queria a leitura tipológica da Bíblia, ou a extrair e copiar citações e frases, assim como exigia a técnica humanista dos lugares comuns. Contudo, a similitude morfológica não deve levar ao engano. A descontinuidade e a fragmentação da leitura não têm o mesmo sentido, quando estão acompanhadas da percepção da totalidade textual contida no objeto escrito, tal como propõe o *codex*, e quando a superfície luminosa da tela onde aparecem os fragmentos textuais não deixa ver imediatamente os limites e a coerência do *corpus* (livro, número de revista ou de periódico) de onde foram extraídos.

A descontextualização dos fragmentos e a continuidade textual que não diferencia mais os diversos discursos a partir de sua materialidade própria parecem contraditórias com os procedimentos tradicionais do aprender lendo, que supõe tanto a compreensão imediata, graças à sua forma de publicação do tipo de conhecimento que se pode esperar de um discurso, quanto a percepção das obras como obras, ou seja, em sua identidade, totalidade e coerência. A revolução digital não está sem riscos, como mostra a inquietante capacidade do mundo eletrônico em dar credibilidade às falsificações ou erros e em submeter a hierarquia dos conhecimentos à lógica econômica das mais poderosas empresas multimídia. Esses temores são justificados e devem inspirar possíveis dispositivos para limitar os efeitos inquietantes da revolução digital. Porém, não devem deixar esquecer outras realidades mais promissoras.

O sonho da biblioteca universal parece hoje mais próximo de tornar-se realidade do que nunca esteve, mais ainda do que na Alexandria dos Ptolomeus. A conversão digital das coleções existentes promete a construção de uma biblioteca sem muros, onde se poderiam acessar todas as obras que foram escritas ou publicadas em algum momento, e todos os escritos que constituem o patrimônio da humanidade. A ambição é magnífica, e, como escreve Borges, não sem ironia, quanto a sua Biblioteca de Babel: "[...] quando se proclamou que a Biblioteca abarcava todos os livros, a primeira impressão foi de extravagante felicidade." (BORGES, [1941] 1997, p. 92). Todavia, seguramente, a segunda impressão deve ser uma interrogação sobre o que implica essa violência exercida sobre os textos dados a ler sob formas que não são mais aquelas em que se apresentavam para seus leitores do passado. De novo se poderia dizer que semelhante transformação encontrou precedentes. Foi no *codex*, e já não nos rolos de sua primeira circulação, que os leitores medievais e modernos se apropriaram das obras antigas, ou, ao menos, daquelas que puderam ou quiseram copiar. Seguramente. Entretanto, para compreender os significados que os leitores deram aos textos dos quais se apoderaram é necessário proteger, conservar e compreender os objetos escritos que os transmitiram. A "felicidade extravagante" provocada pela biblioteca universal poderia tornar-se uma impotente amargura, se se traduzisse na relegação, ou, pior ainda, na destruição dos objetos impressos que alimentaram ao longo do tempo os pensamentos e sonhos daqueles e daquelas que os leram. A ameaça não é universal, e os incunábulos não têm nada a temer; porém, não ocorre o mesmo com as mais humildes e recentes publicações – por exemplo, os periódicos.

Ao mesmo tempo em que modifica as possibilidades do acesso ao conhecimento, a revolução digital transforma profundamente as modalidades das argumentações e os critérios ou recursos que podem mobilizar o leitor para aceitá-las ou rejeitá-las. Por um lado, a textualidade eletrônica permite desenvolver as argumentações ou demonstrações segundo uma lógica que já não é necessariamente linear nem dedutiva, tal como implica a inscrição de um texto sobre uma página, mas que pode ser aberta e relacional, graças à multiplicação dos vínculos hipertextuais. Por outro lado, e como consequência, o leitor pode comprovar a relevância de qualquer análise, consultando por si mesmo os textos (além das imagens, das palavras gravadas ou das composições musicais) que são o próprio objeto de estudo, naturalmente, se estiverem acessíveis em uma forma digital.

Semelhante possibilidade transforma as técnicas clássicas da prova (notas de pé de página, citações, referências bibliográficas) que supunham que o leitor tivesse confiança no autor, sem ter a possibilidade de colocar-se na mesma posição que ele, frente aos documentos analisados ou utilizados. Nesse sentido, a revolução digital constitui também uma mutação epistemológica que modifica os modos de construção e acreditação dos discursos do saber. Pode-se, assim, abrir novas perspectivas à aquisição de conhecimentos outorgada pela leitura.

Mesmo sem nos projetarmos em um futuro ainda incerto e desconhecido e concebendo o livro eletrônico em suas formas e seus suportes atuais, continua pendente uma questão: a da capacidade desse novo livro de encontrar ou produzir seus leitores. A longa história da leitura mostra que as mutações na ordem das práticas frequentemente são mais lentas que as revoluções das técnicas. Novas maneiras de ler não se impuseram imediatamente depois da invenção da imprensa. Do mesmo modo, as categorias intelectuais que associamos ao mundo dos textos perduraram com as novas formas do livro eletrônico. Lembremos que, depois da invenção do *codex* e do desaparecimento do rolo, o "livro", entendido como a divisão textual de uma obra, tal como a parte ou o capítulo, correspondeu com frequência à quantidade de texto que continha um antigo rolo (CANFORA, 2002).

Porém, não devemos menosprezar a originalidade do nosso presente: as diferentes revoluções da cultura escrita que, no passado, estavam separadas se apresentam hoje simultaneamente. Na verdade, a revolução do texto eletrônico é ao mesmo tempo uma revolução da técnica de produção e reprodução dos textos, uma revolução da materialidade e da forma de seu suporte e uma revolução das práticas de leitura. Substitui a proximidade física que vincula os vários textos copiados ou impressos em um mesmo livro (ou uma revista, ou um periódico) por sua distribuição nas arquiteturas lógicas que governam os bancos de dados, as coleções digitais ou as publicações eletrônicas. Por outro lado, redefine a materialidade das obras, porque desata o laço visível entre um texto e o objeto que o transmite, e dá ao leitor, e não ao autor ou editor, o domínio sobre a forma e o formato das unidades textuais que queira ler. Assim, é todo o sistema de percepção e de uso dos textos que se encontra transformado.

Promessas e incertezas

Apoiado nessas mudanças, o mundo digital pode dar realidade aos sonhos, nunca alcançados, que o procederam. Da mesma forma que a biblioteca de Alexandria (CANFORA, 1986), promete disponibilidade universal de todos os textos que foram escritos, de todos os livros que foram publicados. Como as práticas dos humanistas renascentistas (SHERMAN, 2007), o mundo digital outorga a colaboração do leitor, que pode escrever ele mesmo no texto aberto e na biblioteca sem muros dos escritos eletrônicos. Como o projeto dos Iluministas, define um espaço público em que, conforme desejou Kant (1784), cada indivíduo pode e deve fazer, sem restrições, nem exclusões, um uso público da sua razão e comunicar por escrito suas opiniões. Nesse sentido, o mundo digital é muito mais que uma nova técnica de composição, transmissão e apropriação da escrita. Certamente, permite a digitalização dos textos já escritos, a produção de textos nascidos como digitais ou práticas de escrituras inéditas, como as dos *blogs* e redes sociais. Entretanto, promete também tanto a transformação das categorias mais fundamentais da experiência humana, como, por exemplo, as noções de amizade multiplicada até o infinito, ou de identidade oculta ou exibida, quanto a invenção de novas formas de cidadania – ou de controle e de censura (DOUEIHI, 2008, 2011).

Como na época da invenção da imprensa, porém de maneira mais intensa, nosso presente digital está atravessado por tensões entre diferentes futuros possíveis: a multiplicação de comunidades separadas, cimentadas pelos usos específicos das novas técnicas; a apropriação, por parte das empresas mais poderosas, do controle sobre a constituição e difusão das bases de dados, ou da produção e circulação da informação, ou mesmo da constituição de um público universal definido pela participação de cada um de seus membros na construção coletiva dos conhecimentos, ou o intercâmbio de ideias, discursos e sentimentos. A comunicação à distância, livre, gratuita e imediata que a rede permite pode dar realidade a qualquer dessas virtualidades.

Assim, a grande conversão digital do presente pode levar à perda de toda referência comum, à separação radical das identidades, à exacerbação dos particularismos. Ao contrário, pode impor a hegemonia de um modelo cultural único, de uma língua dominante e a destruição mutiladora das diversidades (CHARTIER, R., 2004). Todavia, pode igualmente produzir uma nova modalidade de construção e comunicação do saber fundamentada no intercâmbio dos conhecimentos, experiências e sabedorias. A nova navegação enciclopédica, se propicia que cada um embarque em suas naves, poderia tornar plenamente realidade a esperança de universalidade que sempre acompanhou os esforços os quais trataram de envolver a multiplicidade das coisas e as palavras na ordem dos discursos (FOUCAULT, 1970).

As questões do presente vinculam-se com essas incertezas. Como manter o conceito de propriedade literária, definido desde o século XVIII a partir de uma identidade perpétua das obras, identificável qualquer que seja sua forma de publicação, em um mundo onde os textos são móveis, maleáveis, abertos? Como reconhecer uma ordem do discurso que foi sempre uma ordem dos livros ou, para dizer melhor, uma ordem do escrito, que associa estreitamente autoridade de saber e forma de publicação, quando as possibilidades técnicas permitem, sem controles nem prazos, colocar em circulação universal opiniões e conhecimentos, mas também erros e falsificações? Como preservar maneiras de ler que construam a significação a partir da coexistência de texto em um mesmo objeto (um livro, uma revista, um periódico), enquanto o novo modo de conservação e transmissão dos escritos impõe à leitura uma lógica analítica e enciclopédica, onde cada texto não tem outro contexto além do proveniente de seu pertencimento a uma mesma temática?

Essas perguntas têm relevância particular para as gerações mais jovens, que, ao menos nos meios sociais com recursos e nos países mais desenvolvidos, se têm iniciado na cultura escrita através da tela do computador. Nesse caso, uma prática da leitura muito imediata e naturalmente habituada à fragmentação dos textos de qualquer tipo se opõe diretamente às categorias forjadas no século XVIII para definir as obras escritas a partir da individualização de sua escrita, a originalidade do texto e a propriedade intelectual de seu autor (CHARTIER, R., 2012). A aposta não é sem importância, pois pode levar tanto à introdução na textualidade eletrônica de alguns dispositivos capazes de perpetuar os critérios clássicos de identificação de obras como tais, em sua coerência e identidade, quanto ao abandono desses critérios, para estabelecer uma nova maneira de compor e perceber a escrita como uma continuidade textual, sem dono ou *copyright*, na qual o leitor corta e reconstrói fragmentos móveis e maleáveis.

Essas questões têm sido amplamente discutidas através de inúmeros textos que tentam evitar, por sua própria abundância, o desaparecimento anunciado do livro, da escrita e da leitura. A admiração diante das incríveis promessas de navegação entre as ilhas de textos digitais se opõe à saudade de um mundo da escrita que teríamos perdido. Contudo, seria realmente necessário ter que escolher entre o entusiasmo e o lamento? Para melhor situar a importância e a miséria das transformações atuais, pode ser útil aos historiadores apelar para a única competência de que se podem orgulhar. Têm sido sempre profetas lamentáveis, mas, às vezes, ao recordar que o presente se constitui de fatos passados sedimentados ou emaranhados, puderam contribuir para a construção de um diagnóstico mais claro quanto às novidades que seduzem ou assustam seus contemporâneos.

Não quero repetir o que já escrevi sobre esse tema, entretanto, apenas enfatizar o que me parece a mais importante das mudanças introduzidas pela revolução do texto digital. A mais essencial se refere à ordem dos discursos. Na cultura impressa, tal como a conhecemos, essa ordem se estabelece a partir da relação entre tipos de objetos (o livro, o diário, a revista), categorias de textos e formas de leitura ou uso. Semelhante vinculação está enraizada numa história de longa duração da cultura escrita e resulta da sedimentação de três inovações fundamentais: em primeiro lugar, entre os séculos II e IV, a difusão de um novo tipo de livro, que é ainda o nosso, ou seja, o livro composto de folhas e páginas reunidas dentro de uma mesma encadernação que chamamos *codex* e que substituiu os rolos da antiguidade grega e romana (ROBERTS; SKEAT, 1987); em segundo lugar, no final da Idade Média, antes da invenção da imprensa, nos séculos XIV e XV, o aparecimento do "livro unitário", quer dizer, a presença dentro de um mesmo livro manuscrito de obras compostas em língua vulgar por um só autor (Petrarca, Boccacio, Christine de Pisan), ainda que essa relação caracterizasse anteriormente somente as autoridades canônicas antigas e cristãs e as obras em latim (PETRUCCI, 1995); e, finalmente, no século XV, a invenção da imprensa, que continua sendo até agora a técnica mais utilizada para a produção de livros. Somos herdeiros dessa história tanto para a definição do livro, que é não somente um objeto material, como também uma obra intelectual ou estética identificada pelo nome do seu autor, quanto para a percepção da cultura escrita que está baseada em distinções imediatamente entre diferentes objetos (cartas, documentos, diários, livros).

A originalidade e a importância da revolução digital obrigam o leitor contemporâneo a abandonar todas as práticas herdadas, já que a textualidade digital não emprega mais a impressão (pelo menos em sua forma tipográfica), ignora o "livro unitário" e está alheia à materialidade do *codex*. É, ao mesmo tempo, uma revolução das técnicas de reprodução da escrita, uma revolução na percepção das entidades textuais e uma revolução das estruturas e formas mais fundamentais dos suportes da cultura escrita. Será, então, o texto eletrônico um novo livro de areia? Ou será que já propõe uma nova forma da presença de escrita capaz de facilitar e enriquecer o diálogo que cada texto estabelece com cada um de seus leitores? Eu não sei. Talvez ninguém saiba. A única coisa que um historiador pode fazer é lembrar que, na longa história da cultura escrita, cada mudança (o aparecimento do *codex*, a invenção da imprensa, as revoluções da leitura) produziu uma coexistência única entre os antigos objetos e gestos com novas técnicas e práticas. É justamente uma reorganização semelhante da cultura escrita que a revolução digital nos obriga a buscar. Dentro da nova ordem de discursos que se delineiam, gosto de pensar que o livro não vai morrer em seus dois sentidos: como objeto material particular e como obra estética ou intelectual. Parece-me que não morrerá como discurso, como uma obra cuja existência não está vinculada a uma forma material específica. Os diálogos de Platão foram compostos e lidos no mundo dos rolos, foram copiados e publicados em *codex* manuscritos e depois em livros impressos e, hoje, podem ser lidos numa tela. Talvez não deva morrer tampouco o livro como objeto, porque esse "cubo de papel com folhas", como dizia Borges, ainda é o objeto mais adequado aos hábitos e expectativas dos leitores que se envolvem em um diálogo profundo e intenso com as obras que os fazem pensar, rir ou sonhar.

Podemos pensar e esperar (ECO; CARRIÈRE, 2009). Mas a verdadeira resposta não está nos hábitos e desejos dos leitores que entraram no mundo digital a partir de suas experiências como leitores de livros impressos. A resposta pertence aos *digital natives*, que identificam espontaneamente cultura escrita e textualidade eletrônica. São suas práticas da leitura e da escrita, mais do que nossos discursos, que vão decidir a sobrevivência ou a morte do *codex* como realidade material e do livro como discurso.

Referências

BARTHES, R. La mort de l'auteur. In: ______. *Le bruissement de la langue*. Paris: Seuil, [1968] 1984. p. 61-67.

BAUDELOT, C.; CARTIER, M.; DETREZ, C. *Et pourtant, ils lisent...* Paris: Seuil, 1999.

BORGES, J. L. La biblioteca de Babel. In: ______. *Ficciones*. Madrid: Alianza, [1941] 1997. p. 86-99.

BOTREL, J. F. *Libros, prensa y lectura en la España del siglo XIX*. Madrid: Fundación Sánchez Ruipérez, 1993.

CANFORA, L. *La biblioteca scomparsa*. Palermo: Sellerio, 1986.

______. *Il copista como autore*. Palermo: Sellerio, 2002.

CAVALLO, G.; CHARTIER, R. (Ed.). *Histoire de la lecture dans le monde occidental.* Paris: Seuil, 1997.

CHARTIER, A. M. *L'école et la lecture obligatoire*: histoire et paradoxes des pratiques d'enseignement de la lecture. Paris: Retz, 2007.

CHARTIER, R. Languages, books, and reading from the printed word to the digital text. *Critical Inquiry*, Chicago, v. 31, n. 1, p. 133-152, 2004.

______. *Cardenio entre Cervantès et Shakespeare:* histoire d'une pièce perdue. Paris: Gallimard, 2012. p. 280-289.

CUISSART, E. *Enseignement pratique et simultané de la lecture, de l'écriture et de l'orthographe*. Paris: Picard-Bernheim, 1882.

DARNTON, R. The new age of the book. *New York Review of Books*, New York, v. 46, n. 5, 1999.

______. *The case for books:* past, present, and future. New York: Public Affairs, 2009.

DONNAT, O. La lecture régulière des livres: un recul ancien et general. *Le Débat*, Paris, n. 170, p. 42-51, 2012.

DOUEIHI, M. *La grande conversion numérique*. Paris: Seuil, 2008.

______. *Pour un humanisme numérique*. Paris: Seuil, 2011.

ECO, U.; CARRIÈRE, J. C. *N'espérez pas vous débarrasser des livres*. Paris: Grasset, 2009.

EVANS, C. (Ed.). *Lectures et lecteurs à l'heure d'Internet:* livre, presse, bibliothèques. Paris: Cercle de la Librairie, 2011.

FERNANDEZ, P. Lecturas instructivas y útiles. In: INFANTES, V.; LOPEZ, F.; BOTREL, J. F. (Ed.). *Historia de la edición y de la lectura en España 1472-1914*. Madrid: Fundación Sánchez Rupérez, 2003. p. 672-681.

FOUCAULT, M. *L'ordre du discours*: leçon inaugurale au Collège de France prononcée le 2 décembre 1970. Paris: Gallimard, 1970.

FREIRE, P. *A importância do ato de ler*. São Paulo: Cortez: Autores Associados, 1982.

KANT, I. Beantwortung der frage: was ist aufklärung? *Berlinische Monatsschrift*, Berlin, p. 481-494, Dezember-Heft 1784.

MCLUHAN, M. *The Gutenberg galaxy*: the making of typographic man. Toronto: University of Toronto Press, 1962.

MERCKLÉ, P. et al. *L'enfance des loisirs:* trajectoires communes et parcours individuels de la fin de l'enfance à la grande adolescence. Paris: La Documentation Française, 2010.

OLIVERO, I. *L'invention de la collection:* de la diffusion de la littérature et des savoirs à la formation du citoyen au XIXe siècle. Paris: Institut Mémoire Edition Contemporaine: Éditions de la Maison des Sciences de l'Homme, 1999.

PETRUCCI, A. Writers and readers in Medieval Italy: studies in the history of written culture. In: ______. *From the unitary book to the miscellany*. New Haven; London: Yale University Press, 1995. p. 1-18.

ROBERTS, C. H.; SKEAT, T. C. *The birth of the codex*. London: British Academy by Oxford University Press, 1987.

SHERMAN, W. H. *Used books:* marking readers in Renaissance England. Philadelphia: University of Pennsylvania Press, 2007.

SIMON, C. Ado: zéro de lecture? *Le Monde*, Paris, 30 nov. 2012.

SUPIOT, A. (Ed.). *Pour une politique des sciences de l'homme et de la société*. Paris: Presses Universitaires de France, 2001.

SYNDICAT NATIONAL DE L'EDITION. *Le livre en chiffres – 2012, données 2011*. Paris, 2012. Disponível em: <http://www.sne.fr/donnees-et-enjeux/economie.html>. Acesso em: 30 ago. 2013.

Alain Choppin e seu legado como historiador e educador

Circe Fernandes Bittencourt

Introdução

Prestar uma homenagem ao professor e pesquisador francês Alain Choppin é uma honra e representa para mim um momento significativo, por permitir que compartilhe algumas reflexões sobre seu legado como educador e historiador.[1]

Nascido em 1948, Alain Choppin faleceu em 2009, depois de uma luta por vários anos no combate à doença que o tirou do nosso convívio, estando no vigor de seu trabalho e amadurecimento intelectual, conforme se constata pelas suas últimas publicações. Formou-se em Línguas Clássicas, mas, para além de profundo conhecedor do Latim e do Grego, dedicou-se sempre, com entusiasmo, ao estudo de várias línguas modernas, sendo visível que a linguística sempre o fascinou. A preocupação com a literatura escolar teve início em suas práticas de professor do ensino secundário em Paris, nos anos de 1970, período em que os livros didáticos eram analisados, quase que exclusivamente, como veículos de inculcação ideológica da classe social dominante e, sob essa vertente, eram considerados os vilões, por excelência, da vida dos professores e alunos. Os questionamentos sobre essa forma exclusiva de entendimento do livro didático surgiram imediatamente para Alain

[1] Agradeço o convite dos organizadores do II SIHELE, na figura de Maria do Rosário Longo Mortatti, presidente da Associação Brasileira de Alfabetização, com quem tenho compartilhado estudos sobre histórias dos livros escolares, tema ao qual Alain Choppin dedicou toda sua vida acadêmica.

Choppin, em suas atividades no magistério, e se estenderam ao desenvolver suas pesquisas no Service d'Histoire de l' Éducation (SHE), setor do Institut National de Recherche Pédagogique (INRP).

No SHE iniciou, em 1979, sua trajetória de pesquisador, ao se dedicar a um recenseamento sobre livros didáticos franceses preservados na Bibliothèque Nationale e no acervo do INRP. E foi por intermédio desse trabalho que se transformou em historiador dos livros didáticos. Suas indagações iniciais se tornaram o embrião de uma densa e inovadora pesquisa sobre a história dos livros e das edições escolares.

Sobre o conceito de livro didático

Alain Choppin, no decorrer das décadas de 1980 e 1990, desenvolveu um arcabouço teórico e metodológico para o entendimento desse objeto aparentemente banal – o livro didático – uma obra desprezada, até então, por muitos historiadores, assim como por muitos dos estudiosos da educação.

Em um artigo de 1980, "L'histoire des manuels scolaires: une approche globale", com base em levantamento bibliográfico sobre o tema, apresentou as tendências das pesquisas, constatando que, majoritariamente, eram analisados os conteúdos das obras das diversas disciplinas curriculares do ensino primário e secundário. Mas, além de observar uma abordagem limitada sobre o tema, destacou que tais estudos revelavam aspectos incompletos quanto à concepção do livro didático, concebido quase que com exclusividade como veículo da ideologia das classes dominantes. Contrariando essa concepção reducionista, Alain Choppin propôs, então, uma ampliação na forma de analisar esse material didático, de maneira a considerá-lo para além de seu caráter *ideológico*, buscando identificar as múltiplas facetas do objeto denominado genericamente *livro didático*. Assim, compreendia que o livro escolar é primeiramente um *objeto*, cuja fabricação evolui de acordo com o progresso das técnicas do livro, das transformações do mundo da edição, dos contextos econômico, político e legislativo. Com base nesse contexto, o livro didático passou a ser entendido como suporte privilegiado do conteúdo educativo, além de um importante instrumento pedagógico. A partir dessa concepção ampla e complexa, fez propostas para futuros trabalhos, uma vez que faltava

> [...] conhecer o impacto real dos conteúdos dos livros escolares sobre o público, o que se supõe, entre outras questões, conhecer a difusão efetiva das obras. É necessário um estudo preliminar que possa agrupar as informações esparsas sobre as tiragens; e ainda é conveniente para que se possa perceber a influência dessas obras, considerar igualmente os lugares de sua difusão, da duração de sua utilização, das condições do seu uso... Além disso, torna-se importante conhecer a personalidade dos autores de manuais, seus centros de interesse mas também suas atividades profissionais, suas tendências políticas, sindical, religiosas. [...].
>
> Perspectiva ainda pouco conhecida é o estudo do livro didático como instrumento pedagógico [...]. Os prefácios dos manuais podem ser analisados tendo em vista os projetos conscientes, ou desejados dos autores e medir as diferenças entre princípios pedagógicos desejáveis e a aplicação realizada na obra. [...].
>
> O livro didático pode também ser estudado como objeto fabricado; os historiadores do livro podem examinar as características específicas em duas direções: a fabricação (dificuldades pedagógicas, relações do autor com os artistas, técnicos, escolha dos caracteres, da organização das páginas, do formato, das capas); a comercialização (criação, produção, circuitos de difusão, preço, análise do mercado, investimentos, formas de publicidade, etc.). (CHOPPIN, 1980, p. 10-12, tradução livre).

Em 1989, defendeu a tese em história, *Le pouvoir et les livres scolaires: les comissions d'examen des livres élémentaires et classiques (1807-1875)*, sob a orientação de Antoine Prost, reconhecido historiador da educação francesa. A pesquisa de doutorado teve como problema central a dimensão política dos livros escolares, priorizando as formas legislativas de controle sobre sua produção e circulação, com base no processo de crescimento do sistema escolar, sob a égide do Estado, no século XIX.

Em publicações anteriores à defesa da tese de doutorado, essa preocupação fez com que Alain Choppin se dedicasse a exaustivos levantamentos sobre a série de leis e regulamentos relativos aos livros didáticos desde a Revolução Francesa, levantamentos esses publicados na revista *Histoire de l'Éducation*, do Service d'Histoire de L'Éducation (CHOPPIN, 1986b, 1987). A dimensão histórica das obras escolares se articulava à necessidade de compreender o livro didático em diferentes momentos, empenhando-se em focalizar as demais fontes que estavam ligadas historicamente à construção desse material:

> Um dos instrumentos mais coerentes que dispomos para apreender em uma longa duração a realidade complexa do manual escolar é o *corpus* de textos legislativos e de regulamentos a ele consagrados a partir da Revolução. O estudo deste *corpus* permite discernir o que as autoridades consideravam, em um determinado momento, como manual escolar e de entrever assim as funções que lhe era atribuída como prioridade. (CHOPPIN, 1988, p. 11, tradução livre).

Nos anos de 1980, iniciou seus diálogos com outros pesquisadores, em especial os historiadores da educação, sobre as especificidades intrínsecas dos livros didáticos, focalizando as diferenças em relação a outros impressos.

Em seus estudos sobre a legislação e as formas de controle do poder do Estado, estava implícita a necessidade de analisar "as linhas e entrelinhas" dessas proposições oficiais, esmiuçando, dentre outros aspectos, as formas de financiamento público e de distribuição gratuita para as escolas de diferentes níveis. Cuidou, ainda, de identificar outros agentes envolvidos em seu processo de elaboração, em especial os membros das comissões de avaliação das obras, localizando informações sobre como tais avaliadores eram selecionados e se situavam nas diferentes esferas de poder. No processo de construção do livro, era fundamental identificar a multiplicidade de agentes envolvidos em cada uma de suas etapas de criação, a partir da concepção da obra pelos autores, das formas de interferência das famílias, dos professores e seus sindicatos, assim como de autoridades religiosas e principalmente as constantes formas de intervenção das casas editoriais.

Dessa maneira, as investigações em perspectiva histórica possibilitavam ampliar a compreensão do livro. Podia-se concluir que se tratava de uma obra complexa, "[...] que vivia e morria ao ritmo dos programas curriculares [...]", criada em um ambiente pedagógico específico, em um contexto regulador dentro de sistemas nacionais de educação, uma produção controlada constantemente pelo poder público, mas que, de forma aparentemente contraditória, delegava sua produção à indústria, submetendo-a aos ditames das leis de mercado.

A partir dessas pesquisas iniciais, é visível o empenho de Choppin em compreender a complexidade e as especificidades do livro didático, para além de seu caráter político e ideológico. Indagava sobre as transformações dessa produção ao longo do processo da educação escolar dos tempos modernos, mas tendo como princípio norteador a necessidade de formular sua distinção quanto aos demais impressos. Como, pois, caracterizar o livro escolar, "[...] que tem, sob uma aparência ilusória, uma particular complexidade"?

O entendimento da natureza e das múltiplas facetas do livro didático esteve presente no decorrer de suas pesquisas, podendo-se constatar, por meio de seu último artigo, publicado em 2008, "Le manuel scolaire, une fausse évidence historique", a permanência da pergunta: *o que é um livro didático?*.[2] Alain Choppin apresenta, então, aos leitores, talvez com a pretensão de finalizar sua grande questão, a natureza singular dessa literatura educacional.

O livro escolar pode ser compreendido sob quatro perspectivas: inicialmente, pelas designações que são empregadas para identificá-lo: *manuais didáticos, compêndios, livros de leitura, cartilhas, catecismos, antologias, florilégios, livro do aluno, manual do professor*..., por intermédio das quais se entendem suas funções; pela identificação das "fronteiras" entre livros escolares e categorias editorais vizinhas, tais como os livros de literatura infantil e juvenil, os catecismos religiosos; pelo suporte material, aspectos de difusão e formas de utilização; e pelas questões sobre tipologia e categorização em constante mutação, que variam entre os diferentes países.

A resposta final a essa indagação constante, em sua trajetória de pesquisador, é bastante instigante. Primeiramente, ela é múltipla, ao ser considerada em uma perspectiva histórica, e depende dos períodos demarcados pela história da cultura ocidental, evidenciando-se uma ruptura a partir dos séculos XIX e XX, pela renovação das técnicas de impressão e, "[...] especialmente a formação dos Estados nações, o advento do capitalismo da edição e a difusão dos novos métodos de ensino [...]" (CHOPPIN, 2009, p. 73). Porém, enfatiza que as concepções são divergentes e que variam segundo os lugares, as épocas e as especificidades dos suportes e matérias do ensino. Ao finalizar seu texto, deixa uma advertência fundamental:

---

[2] Esse artigo foi traduzido em português e publicado em *História da Educação*, revista da Universidade Federal de Pelotas, em 2009.

> Como todo objeto de pesquisa, o livro escolar não é um dado, mas o resultado de uma construção intelectual, não pode então ter uma definição única. É, ao contrario, indispensável explicitar os critérios que presidem esta elaboração conceitual, porque uma das principais insuficiências, muitas vezes denunciadas [...] reside sempre, como assinala ainda recentemente Annie Bruter (*Les abregés d'histoire d'Ancien Régime en France* - XVII e XVIII siècles) no caráter de alguma forma natural, ahistórico, dos livros didáticos aos olhos dos historiadores. (CHOPPIN, 2009, p. 4).

Desse modo, nas abordagens sobre os livros escolares, ficou evidente a complexidade de um material aparentemente simples, presente na vida de milhares de pessoas, com fronteiras indefinidas e que possui, de forma intrínseca, relações com vários sujeitos: autores, editores, técnicos, funcionários e representantes do poder político, outras instituições ligadas à educação, como a Igreja Católica, Protestante, Islâmica, além, é claro, dos professores e alunos.

Livros didáticos e história da educação

Diversamente das pesquisas que abordam os livros didáticos da atualidade, geralmente realizadas por sociólogos e linguistas, a dimensão histórica das obras escolares favorece a ampliação dos estudos históricos em geral e, em particular, a história da educação. Alain Choppin, em vários artigos, faz reflexões com base nas pesquisas que começaram a se desenvolver, em especial na década de 1990, dando destaque ao livro didático, não simplesmente como *fonte,* mas também como *objeto* de estudos nas linhas de investigativas da história da educação.

Como fonte histórica, a literatura pedagógica tornou-se essencial para estudos referentes à constituição dos Estados-Nação, no decorrer do século XIX, notadamente na vertente de uma história cultural e social, que se sobressaía em relação a uma história exclusivamente política ou de caráter estruturalista:

> [...] os manuais são uma fonte privilegiada para os historiadores interessados em questões educacionais, da cultura, das mentalidades, da linguagem ou da história das ciências [...] (CHOPPIN, 2000, p. 15, tradução livre).

Nesse sentido, Alain Choppin sempre teve o cuidado em associar a fundamentação teórica aos procedimentos metodológicos e cuidados na análise dos livros como documentos históricos. Situou, em vários artigos, a importância do livro escolar como fonte, como no interessante artigo "O historiador e o livro escolar", texto em que, dentre outros aspectos, demonstra como a leitura de uma página de um livro não é um ato simples:

> O manual funciona assim, ao mesmo tempo, como um filtro e como um prisma: revela bem mais a imagem que a sociedade quer dar de si mesma do que sua verdadeira face. O manual impõe uma hierarquia no campo dos conhecimentos, uma língua e um estilo. Se um livro de classe é necessariamente redutor, as escolhas que são operadas por seus idealizadores tanto nos fatos como na sua apresentação (estrutura, paginação, tipografia, etc.) não são neutras, e os silêncios são também bem reveladores: existe nos manuais uma leitura em negativo!
>
> O que os manuais pretendem mostrar tem, por isso, menos interesse para o historiador do que a maneira como são feitos. Estudar, por exemplo, a imagem que os manuais americanos apresentam dos Negros, apreende-se bem mais sobre a sociedade americana contemporânea que sobre os próprios Negros, pois o discurso sobre o Outro remete a uma certa imagem daquele que a tem. Há, portanto, nos manuais também uma leitura em espelho! Mas o que é "marcante", não é somente a escolha dos textos e das ilustrações, mas os procedimentos retóricos, os questionamentos, as definições, a paginação ou a tipografia. (CHOPPIN, 2002b, p. 2).

Na Conferência de abertura do XXII *International Standing Conference for the History of Education* (ISCHE), realizada na Espanha, em 2000, apresentou o texto "Los manuales escolares de ayer a hoy: el ejemplo de Francia", no qual destacou a importância da história da literatura escolar como integrante das novas problemáticas dos historiadores da área educacional, ao abordar o histórico das obras enquanto instrumento pedagógico fundamental na educação francesa. Ao analisar o percurso da produção didática a partir do século XIX, preocupou-se em mostrar a transformação de uma obra criada para o professor e, portanto, fundamental para sua formação, até transformar-se em livro de texto dos alunos. Evidencia, ainda, pelo percurso educacional francês dos séculos XIX ao XX, as diferenças entre o ensino para as elites e o das classes trabalhadoras, na medida em que o manual se transformou em uma ferramenta da instrução popular e em material didático preferencial dos professores. Busca, então, explicitar as relações entre material escolar, as mudanças dos objetivos educacionais e o papel dos professores na história escolar:

> Embora a dimensão ideológica continue impondo-se claramente (percebe-se na luta travada entre a Igreja e o poder público entre 1822 e 1914, em torno da questão da laicização da escola pública), é no âmbito pedagógico que se produzem as transformações essenciais. Uma nova concepção pedagógica centrada em uma orientação intuitiva que favorece a observação da realidade, na qual a "lição de coisas" constitui a manifestação mais evidente, substitui o método tradicional baseado na memorização e na repetição. Esta nova doutrina transfere para o mestre a função de difusão do saber desempenhada até então quase que exclusivamente pelo livro: '*O que importa*, escreveu Jules Ferry aos professores e professoras do ensino elementar das escolas públicas em 1883, *não é a ação dos livros, mas a sua. O livro não deveria estar criando barreiras entre seus alunos e vocês.* [...] *O livro é feito para vocês e não vocês para o livro.* (CHOPPIN, 2000, p. 23, tradução livre).

É importante assinalar, na problemática da relação entre professores e usos dos livros didáticos, a preocupação de Choppin em participar dos cursos de formação dos docentes franceses. Indagava, constantemente, sobre as possíveis contribuições das pesquisas sobre a história dos livros escolares para a formação dos professores e se, efetivamente, podiam favorecer suas práticas escolares atuais. Por se tratar de uma produção criada e formulada para o trabalho de professores e alunos, Choppin questionava as finalidades das pesquisas sobre livros didáticos como mero trabalho acadêmico.

Em 1992, escreveu *Manuels scolaires: histoire et actualité*, um livro especialmente dedicado aos educadores, em que pretendeu "[...] colocar [para os atores educativos, editores, e professores] um outro olhar sobre o livro didático, menos redutor, mais informativo, mais distanciado e, portanto, mais objetivo." (CHOPPIN, 1992, p. 217). Nos cursos de formação de docentes, envolveu-se nos debates sobre os usos dos livros didáticos, face aos novos recursos didáticos e, em particular, aqueles provenientes da informática, debates esses que sempre traziam (e ainda trazem) à baila o "fim do livro didático".

Dentro dessa perspectiva, passou a examinar os livros didáticos de diferentes disciplinas e níveis de escolarização, produzidos e utilizados em momentos diferentes, enfocando formas diversas de usos dos livros, assim como as possibilidades de articulação de atividades pedagógicas com outros materiais didáticos e, sobretudo, envolvendo-se nas problemáticas relacionadas à escolha dos livros por parte dos professores. Muitas de suas publicações foram dedicadas a essas questões: *Formation au choix et à l'utilisation des manuels scolaires et des outils pédagogiques* (1993); *Les choix et l'utilisation des manuels scolaires: une approche historique* (1996); *Choisir un manuel: un enjeu pédagogique* (1996); *Du bon usage des manuels: une perspective historique* (1998a); *Les manuels scolaires: petite histoire des usages* (1998c); *Le passé, le présent et le futur des manuels scolaires* (1999a); *Les manuels à lécole primaire: um aperçu historique* (1999b); *Former les enseignants au choix et à l'utilisation de leurs manuels* (2003).

Evidencia-se, assim, a importância das análises do livro didático, considerando-o como objeto de estudo da história da educação escolar, em suas diversas vertentes – métodos e materiais pedagógicos, história das disciplinas, história da alfabetização –, tendo-se ressaltado sua permanente presença na história da formação dos professores.

Livros didáticos e história das edições

As análises do livro didático como instrumento de poder político estiveram associadas, por Choppin, aos aspectos econômicos dessa produção, sobretudo em suas relações com o crescimento do mercado editorial e as transformações das técnicas de fabricação. A história das edições escolares aproximou-o constantemente de outros historiadores dedicados à história dos livros e das edições, sendo que, em 1986, já havia participado da publicação da importante obra organizada por Roger Chartier e Henri-Jean Martin, *Histoire de l'édition française*, com um capítulo, "Le livre scolaire" (CHOPPIN, 1986a). Aproximou-se, igualmente, de outros historiadores das editoras francesas, em especial de Jean Yves Mollier. "Les manuels scolaires" foi também um capítulo de obra geral sobre as edições em várias partes do mundo, *Les mutations du livre et de l'édition dans le monde du XVIIIe. siècle à l'an 2000*, organizada por Jacques Michon e Jean-Yves Mollier (CHOPPIN, 2001).

Nos finais dos anos de 1990, muitos dos estudos de Choppin centraram-se em análises comparativas, uma vez que a produção da literatura escolar se disseminou a partir do século XIX, em escala mundial, conforme levantamentos de pesquisas de diversos países. Em *Las políticas de libros escolares en el mundo: perspectiva comparativa e histórica* (1998b), Choppin fornece importantes dados sobre as políticas públicas no que concerne ao mercado editorial dos livros didáticos, em diversos países do continente europeu, americano e asiático. Esse estudo contribui, dentre outros aspectos, para evidenciar as diferentes formas de regulamentação impostas pelos diversos sistemas educacionais, assim como situa as especificidades dos livros escolares em relação ao poder do mundo editorial que se ampliava em escala internacional.

> Podemos ser tentados a estabelecer uma correlação entre o sistema de controle dos livros de textos e a natureza do regime político. O problema na realidade, não é tão simples. Podemos dizer que os regimes totalitários, ou mais genericamente autoritários exercem sempre um controle muito restritivo sobre a produção destinada às escolas; e que a liberdade de redigir textos e de livre escolha [dos professores] é uma virtude dos regimes democráticos. Mas constatamos também que alguns países considerados democráticos submetem seus livros de textos à aprovação de comissões administrativas - os Estados Unidos (em vinte e um de seus estados), a Espanha ou Grécia, ou ainda, há casos de países com livros didáticos oficiais, como é o caso do Japão. (CHOPPIN, 1998b, p. 175, tradução livre).

Pela análise da situação do livro didático em diferentes países, independentemente do regime político, a opção dos Estados em aquisição de livros para distribuição gratuita nas escolas, também se constituía de forma variada, embora tenha constatado o crescimento de uma política de universalização da oferta de materiais escolares, desde a década de 1990. Essa atuação dos governos, se, por um lado, favorece as editoras, por outro lado, traz como consequências relações mais complexas com os editores, autores e comissões avaliadoras. As formas de financiamento das obras colocam várias dependências entre editores e Estado, ao estabelecer normas bastante rígidas para a produção e distribuição do material escolar, que ultrapassam o controle ideológico e pedagógico. Dentre as consequências dessas políticas editoriais e do próprio crescimento da educação escolar obrigatória, Choppin destacou uma crescente dominação econômica de grandes grupos de editoras ocidentais:

> Atualmente, grandes sociedades de capital internacional difundem no mundo inteiro publicações de uso escolar, como a Hachette, Hatier, o grupo Nathan para o mundo francófono , Mac Millan ou Longman para o mundo anglofônico, Anaya e Santillana para o hispanoamericano. (CHOPPIN, 1998b, p. 175).

Cabe assinalar que, dentro das preocupações das relações entre as políticas públicas e casas editorias dos livros didáticos, Choppin sempre teve um particular interesse pelo Brasil, dada a importância dos livros no mercado editorial nacional. Focalizou, nesse artigo de 1998b as mudanças ligadas à autorização prévia dos livros por parte do Estado brasileiro, no final dos anos de 1990, acompanhando, a partir de então, a adoção do Programa Nacional do Livro Didático, o PNLD.

Em 2002, foi publicado o artigo "L'histoire du livre et de l'édition scolaires: vers un état des lieux",[3] no qual Alain Choppin (2002a), ao realizar um balanço das pesquisas realizadas em vários países, destacou o crescimento de estudos sobre história das edições didáticas, os quais se ampliavam, apesar de vários problemas que os pesquisadores enfrentavam.

> Se a história das edições didáticas só tem sido abordada recentemente, a despeito do peso econômico considerável do setor é certamente [...] porque encontramos muitas dificuldades, exceto talvez no período mais recente, em delimitar com exatidão esse setor de atividade. A produção escolar, em geral, coincide da maneira parcial ou apenas temporariamente, com as atividades de uma editora. [...]
> As publicações sobre as editoras mais importantes representam o setor mais abordado sobre este tema, mas também o mais parcial e mais heterogêneo na medida em que algumas dessas publicações são provenientes das próprias empresas e tais publicações têm, nesse sentido, certa propensão em fazer obra publicitária ou hagiográfica. (CHOPPIN, 2004, p. 564).

Apesar dos problemas, Choppin mostrou alguns dos percursos possíveis para o avanço nas pesquisas sobre o tema:

[3] Esse artigo foi traduzido para o português com o título "História dos livros e das edições didáticas: sobre o estado da arte" e publicado na revista *Educação e Pesquisa*, em 2004. O artigo se originou da comunicação feita no XXII Congresso do ISHEE, em Alcalá, Espanha.

> A história particular da empresa, de sua produção, de suas estratégias financeiras ou comerciais, de suas filiais ou sucursais, de suas relações com os poderes políticos e religiosos, com o meio científico e profissional, etc. se constitui, certamente, como percurso obrigatório. Mas a história das edições escolares não pode ser reduzida a uma adição de abordagens monográficas: esse setor está submetido a uma série de determinações específicas: é tributário de um contexto político, demográfico, regulador, científico, financeiro, econômico, tecnológico, pedagógico, etc. que condiciona sua existência, sua estrutura, seu desenvolvimento e a própria natureza de suas produções. Somente uma abordagem globalizante pode apreender suas evoluções. Esta é a razão pela qual as tentativas de síntese são ainda muito raras, parciais e ainda provisórias. Mas, se o movimento iniciado por certos editores de colocar seus arquivos à disposição dos pesquisadores se confirmar e se a constituição de instrumentos fundamentais de pesquisas prosseguir no ritmo atual, permitindo efetuar análises quantitativas e de comparação, a história da edição escolar se mostra como um dos campos mais promissores para os próximos anos. (CHOPPIN, 2004, p. 564).

Livros didáticos em rede

A pesquisa de Alain Choppin, importante frisar, estiveram sempre articuladas à constituição de um banco de dados no INRP, ao qual ele denominou, astuciosamente, de EMMANUELLE, cujo objetivo inicial era o de recensear a produção dos livros didáticos franceses desde a época da Revolução de 1789. Trata-se de um complexo banco de dados pioneiro quanto ao seu aspecto de proporcionar informações sobre a trajetória de cada livro didático pesquisado, ou seja, fornecer um conjunto de dados visando a acompanhar "a duração da vida da obra".

Os dados fornecidos pelo EMMANUELLE não são, dentro dessa expectativa, uma réplica das informações catalográficas nos formatos das bibliotecas em geral, mas, por constituírem-se em campos peculiares e específicos, possibilitam fornecer aos pesquisadores a dimensão histórica do livro didático. Tais características desse Banco de Dados se relacionam também com uma coleta de informações específicas sobre cada livro, proveniente de um trabalho científico de equipes de especialistas, para se obter uma verdadeira biografia do livro, da primeira à última edição. Segundo Choppin, em 2006, estavam acessíveis pelo EMMANUELLE quase 30.000 títulos, correspondendo a cerca de 75.000 edições diversas, sendo incluídos, para consulta, os demais campos: *título da obra*; *participantes* — compreendendo nesse campo as diversas autorias da obra, tais como editores, tradutores, ilustradores etc. —; *lugar da edição* ou impressão; *nível de ensino*; *disciplina*; *nome da coleção* (CHOPPIN; AUBIN, 2007, p. 55).

Por essa mesma época, informa-nos Choppin, estava sendo elaborado um outro banco de dados complementar, o EMMANUELLE 5, que consiste na produção historiográfica francesa sobre história dos livros escolares, contando na ocasião com cerca de 1.000 títulos publicados em livros e revistas. E estavam previstos dois outros instrumentos importantes para os pesquisadores: o *corpus* legislativo (leis e regulamentos), incluindo o elenco de livros censurados a partir da Revolução de 1789 a 1996, e o repertório histórico das editoras de livros didáticos (CHOPPIN; AUBIN, 2007, p. 55).

Ao aliar a construção do EMMANUELLE às pesquisas sobre a história dos livros e das edições escolares, Alain Choppin tornou-se articulador de uma rede de pesquisadores em escala internacional. Participou de vários intercâmbios com a finalidade de estabelecer convênios, entre instituições universitárias e o INRP, para a constituição de outros bancos de dados.

Em uma publicação com o pesquisador canadense Paul Aubin, *Le fonti storiche in rete: i manuali scolastici*, de 2007, os autores abordam a série de bancos de dados criados em diferentes países, com base em projetos específicos sob o referencial do EMMANUELLE. Foi o caso dos projetos canadenses MOSCOVO, da Universidade de Otawa, e o MANSCA, da Universidade Laval de Quebec, trabalhando com obras didáticas francofônicas, a partir de 1765, ano em que foi introduzida a tipografia na região. Também no Canadá, Paul Aubin organizou o Projeto Diaspora, por intermédio do qual foram inseridas, em rede, as publicações escolares das Comunidades dos Irmãos das Escolas Cristãs.

Na Espanha, foi criado, no início da década de 1990, sob a iniciativa da Universidad Nacional de Educación a Distancia (UNED), o Projeto MANES, desenvolvido por Alejandro Tiana Ferrer e Manuel de Puelles, para as obras espanholas e, por Gabriela Ossenbach, para as obras dos países da América Latina. O MANES, mais recentemente, desdobrou-se em um projeto internacional mais amplo, o Patres MANES, que inclui obras escolares de Portugal e da Bélgica, por acordo iniciado em 2006, com o financiamento da Comunidade Europeia.

Na Itália, sob a iniciativa de Giorgio Chiosso e Paolo Bianchini, ambos do Dipartimento di Scienze dell'Educazione dell'Università di Torino, foi elaborado, igualmente, convênio com o Emanuelle, criando-se o projeto EDISCO, cujas características têm sido incluir, para além dos livros didáticos, outros materiais pedagógicos, dedicando-se particularmente à história dos editores e de obras de formação docente, além das escolares.

É também apresentado, nesse artigo, o Projeto brasileiro Livres, criado em 1994, pelo acordo de cooperação entre a Faculdade de Educação da Universidade de São Paulo (USP) e o INRP, cujo objetivo inicial era o recenseamento dos livros didáticos da Biblioteca Escolar do Centro de Memória da Educação (FEUSP). Em 2003, o projeto LIVRES realizou nova convenção com o INRP, com um projeto "muito ambicioso", segundo Choppin,

> [...] ao se propor a recensear o maior número possível de livros escolares publicados no Brasil desde 1810 – data da impressão e circulação do primeiro livro didático pela Impressão Régia — aos anos atuais, abrangendo todas as disciplinas e níveis de ensino. (CHOPPIN; AUBIN, 2007, p. 61, tradução livre).

Os diversos projetos de recenseamento da produção didática desenvolvidos em diferentes países, a partir da cooperação do INRP, contribuíram para a sensibilização quanto à necessidade da preservação desse material como um patrimônio cultural ímpar da educação escolar. Por ser pouco preservado em bibliotecas oficiais, por ser um material de difícil acesso pela sua forma de uso (de curta duração e relacionado às reformas curriculares) e pelas formas de distribuição, muitas vezes restritas às escolas, foram sendo criados acervos especiais de obras didáticas. Esse foi o caso da Biblioteca do INRP na França e da Biblioteca do Livro Didático (BLD), no Brasil. A preocupação atual tem sido também a de agregar as variadas fontes para estudo da literatura didática aos bancos de dados, confirmando as previsões de Choppin sobre a dinâmica das pesquisas que ultrapassavam os limites da história da educação para fornecer novos elementos que se agregam à história do livro. Choppin e Aubin mostram essa tendência, no Projeto LIVRES:

> Está em fase de inserção uma vasta documentação sobre a produção didática relativa à legislação e regulamentos (Kazumi Munakata), aos programas curriculares (Cecília Hanna Mate), aos catálogos das editoras e editores (Circe Bittencourt, coordenadora do Projeto), produções escolares brasileiras e portuguesas (Carlota Boto). [...] Enfim, está *on line* uma importante bibliografia das publicações científicas dedicadas aos manuais brasileiros. (CHOPPIN; AUBIN, 2007, p. 62, tradução livre).

O acesso aos bancos de dados criados nos diferentes países tem demonstrado, sem dúvida, a importância de uma ferramenta informática para o desenvolvimento das pesquisas internas, mas também tais ferramentas têm proporcionado um efeito de aproximação de pesquisadores da área. Alain Choppin buscou, nos seus últimos, favorecer o máximo possível trocas entre os pesquisadores dos projetos elencados, no sentido de se constituírem projetos em comum, com o desenvolvimento de redes científicas:

> Três condições favoreceram a abertura de campos de pesquisa cujos itens se contam aos milhares, dezenas de milhares, ou até mais: em primeiro lugar, o recurso, as técnicas informatizadas para a coleta, tratamento e difusão de informações; em seguida, a constituição de programas de pesquisa coletiva, inter-universitárias, nacionais ou internacionais e, enfim, a acumulação e formas de compartilhar experiências e habilidades em congressos internacionais ou, mais diretamente, pelas trocas de correspondência entre pesquisadores. (CHOPPIN, 2004, p. 562).

Os contatos internacionais realizados por Choppin possibilitaram a realização de estudos comparativos, assim como intercâmbios culturais, com vistas ao entendimento do poder de um objeto comum e constante, que circula na vida de professores e alunos, de autores e editores, de técnicos e gráficos, de funcionários e intelectuais responsáveis pelas políticas públicas dos diferentes países do mundo ocidental e oriental.

Dentro de tais expectativas, tornou-se membro fundador da Associação Internacional de Pesquisa sobre Manuais Escolares e Mídias Educativas, participando de congressos internacionais, em diferentes países. No Simpósio Internacional Livro Didático: Educação e História, realizado em

2007, na Faculdade de Educação da USP, Alain Choppin, na conferência de abertura, apresentou uma importante reflexão sobre o crescimento das diversas investigações sobre o tema, em diferentes partes do mundo, situando aquele momento — meados da primeira década do século XXI — como o da maturidade das pesquisas. Nessa conferência, por ele denominada "Contexto científico da pesquisa sobre a edição escolar no plano local, nacional e mundial", justifica a maturidade e a qualidade científica das pesquisas, por uma série de fatores conjunturais, assim elencados:

> [...] o interesse crescente que manifestam amadores da história e historiadores de profissão pelas questões relativas à educação, domínio onde a demanda social se faz cada dia mais forte; a inquietação de numerosos grupos sociais e populações em fundar ou redescobrir uma identidade cultural que provocam novos acontecimentos históricos, as consequências do desmoronamento do bloco soviético ou ainda o recrudescimento das aspirações regionalistas, o desenvolvimento das reivindicações de minorias; os avanços da história do livro que desenvolveu em numerosos países grandes sínteses sobre a história da edição, notadamente a contemporânea; os progressos consideráveis de técnicas de armazenamento, do tratamento e difusão de informação capazes de fornecer respostas adaptadas à gestão e à organização do volume de documentos relativos à produção escolar; as incertezas sobre o futuro do impresso e, mais particularmente, sobre o papel que desempenharão no futuro os livros junto às novas tecnologias educativas. [...] (CHOPPIN, 2007, mimeografado, tradução livre).

Nessas suas últimas considerações encontram-se respostas, certamente, aos atuais questionamentos de pesquisadores dos livros didáticos sobre o futuro das redes de bancos de dados, após o desaparecimento de seu criador, e sobre as formas de intercâmbios das pesquisas em escala nacional e internacional.

Considerações finais

O trabalho de Alain Choppin permanecerá ainda presente nos desdobramentos das pesquisas, em vários lugares, mas quero destacar a mais forte impressão que me marcou em todos os anos em que tive o privilégio de compartilhar do seu trabalho e de suas pesquisas. Seu mais significativo legado foi o de demonstrar o compromisso que os pesquisadores, em particular os que se dedicam à educação, devem ter em relação ao objeto de suas investigações e, sobretudo, a coragem de ultrapassar as discriminações e os preconceitos impostos externamente sobre a escola, sobre os professores e alunos e suas práticas cotidianas. Os estudos realizados por Alain Choppin são o resultado dessa postura intelectual comprometida com o futuro da educação, ao transformar um livro desprezado e discriminado em um objeto fundamental para a história da escola, dos professores e dos alunos.

Referências

CHOPPIN, A. L'histoire des manuels scolaires: une approche globale. *Histoire de l'Éducation,* Paris, n. 9, p 1-25, 1980.

______. Le livre scolaire. In*:* CHARTIER, R.; MARTIN, H. J. (Dir.). *Histoire de l'édition française, tome IV*: le livre concurrencé (1900-1950). Paris: Promodis, 1986a. p. 303-332.

______. Le cadre legislative et réglementaire des manuels scolaires I: de la Révolution à 1939. *Histoire de l'Éducation*, Paris, n. 29, p. 21-58, jan. 1986b.

______. Le cadre législative et réglementaire des manuels scolaires II: de 1940 à nos jours. *Histoire de l'Éducation*, Paris, n. 34, p. 3-36, mai 1987.

______. La législation des manuels scolaires de la Révolution à nos jours. *Les Cahiers Aubois d'Histoire de l'Éducation,* Troyes, n. 10, p. 9-22, 1988. Spécial.

______. *Le pouvoir el les livres scolaires:* les comissions d'examen des livres élémentaires et classiques (1807-1875). 1989. 256 f. Thèse (Doctorat en Histoire) – Université de Paris I- Panthéon- Sorbonne, Paris, 1989.

______. *Manuels scolaires:* histoire et actualité. Paris: Hachette, 1992.

______. De l'histoire, du choix et de l'usage des manuels scolaires. In: ASSOCIATION SAVOIR-LIVRE. *Formation au choix et à l'utilisation des manuels scolaires et des outils pédagogiques*. Paris: Savoir-Livre, 1993. p. 46-66.

______. *Choisir un manuel:* un enjeu pédagogique. Paris: Ministère de l'Éducation Nationale: CNDP; Association Savoir Livre, 1996.

______. Du bon usage des manuels: une perspective historique. *Cahiers Pédagogiques pour l'Enseignement du Second Degré*, Paris, n. 369, p. 9-11, déc. 1998a.

______. Las politicas de libros escolares en el mundo: perspectiva comparativa e historica. In: SILLER, J. P.; GARCIA, V. (Coord.). *Identidad en el imaginario nacional*: reescritura y ensenãnza de la historia. Puebla, Mexico: BUAB; Brunswick: Georg - Eckert-Institut, 1998b. p. 169-180.

______. Les manuels scolaires: petite histoire des usages. *Enseignants Magazine*, Paris, n. 7, p. 23, avril 1998c.

______. Le passé, le présent et le futur des manuels scolaires. *Puzzle*: bulletin du Centre Interfacultaire de Formation des Enseignants de l'Université de Liège, Liège, n. 7, p. 11-19, déc. 1999a.

______. Les manuels à l'école primaire: un aperçu historique. *Échanges*, Paris, n. 38, p. 165-168, mai 1999b.

______. Los manuales escolares de ayer a hoy: el ejemplo de Francia. *Historia de la Educación,* Salamanca, n. 19, p. 13-37, 2000.

______. Les manuels scolaires. In: MICHON, J.; MOLLIER, J. Y. (Dir.). *Les mutations du livre et de l'édition dans le monde du XVIIIe siècle à l'an 2000.* Québec: Les Presses de l'Université Laval; Paris: L'Harmattan, 2001. p. 474-483.

______. L'histoire du livre et de l'édition scolaires: vers un état des lieux. *Paedagogica Historica,* Gent, v. 38, n. 1, p. 21-49, 2002a.

______. O historiador e o livro escolar. *História da Educação,* Pelotas, v. 6, n. 11, p. 5-24, abr. 2002b.

______. Former les enseignants au choix et à l'utilisation de leurs manuels : histoire et actualité. *In:* GERMAIN, B.; LE GUAY, I.; ROBERT, N. (Dir.). *Le manuel de lecture au CP* : réflexions, analyses et critères de choix. Paris: ScéREn: Savoir Livre, 2003. p. 12-16.

______. História dos livros e das edições didáticas: sobre o estado da arte. *Educação e Pesquisa,* São Paulo, v. 30, n. 3, p. 546-566, set./dez. 2004.

______. *Contexte scientifique de la recherche sur l'édition scolaire au plan local, national et mondial.* São Paulo: FEUSP, 2007. Mimeografado. Conferência de Abertura do Simpósio Internacional Livro Didático e História.

______. Le manuel scolaire, une fausse evidence historique. *Histoire de l'Éducation,* Paris, n. 117, p. 7-56, 2008.

______. O manual escolar: uma falsa evidência histórica. *História da Educação,* Pelotas, v. 13, n. 27, p. 9-75, jan./abr. 2009.

CHOPPIN, A.; AUBIN, P. Le fonti storiche in rete: i manuali scolastici. In: BANDINI, G.; Bianchini, P. *Fare storia in rete:* fonti e modeli di scrittura digitale per la storia dell'educazione, la storia moderna e la storia contemporanea. Roma: Carocci, 2007. p. 53-76.

No rastro do autor: trajetória de Sarah Louise Arnold, autora de livros de destinação escolar

Mirian Jorge Warde

Introdução

Os livros de leitura e as cartilhas adotadas nos Estados Unidos são de interesse para os estudos da história da educação brasileira, especialmente no período entre fins do século XIX e começos do século XX, quando modernizadoras e inovadoras reformas da instrução pública, implementadas em Estados da federação brasileira, incorporaram padrões de ensino direta ou indiretamente colhidos naquele país.

Um dos materiais didáticos norte-americanos[1] frequentemente citados pela literatura brasileira relativa ao ensino do ler e escrever é a *Cartilha de Arnold*, Sarah Louise Arnold, que teria circulado em vários Estados brasileiros, embora não se tenha informações precisas da sua adoção para além de São Paulo e Espírito Santo (MORTATTI, 2000; SCHWARTZ, 2008). Segundo Mortatti (2000), autores brasileiros de livros didáticos teriam se baseado na *Cartilha de Arnold* e, por consequência, teriam adotado o método analítico para o ensino da leitura e da escrita.

Os rastreamentos sistemáticos de materiais didáticos que têm sido realizados em diversos Estados brasileiros certamente trarão à baila muitos outros livros, seja da autora mencionada, seja de outros autores

[1] O termo "norte-americano" é adotado neste texto sempre com referência aos Estados Unidos.

norte-americanos, que teriam também contribuído para a propagação do método analítico e dos padrões criados pelas editoras norte-americanas na confecção de livros de leitura e de cartilhas. Assim, não somente pelo interesse que o método analítico vem há muito despertando, mas pela relevância do estudo da história do ensino da leitura e da escrita, no Brasil, em face das tendências internacionais, este texto apresenta a trajetória de Arnold, situando-a nas redes sociais e profissionais a que teria pertencido. O texto também reúne informações e análises sobre o ensino da leitura e da escrita nos Estados Unidos, focalizando o momento em que lá começam a circular os materiais didáticos de Arnold — momento de fervor reformista, de acelerada industrialização e urbanização, e de grande afluxo populacional com vertiginosa mudança na sua composição.

Este texto foi elaborado com base em levantamentos efetuados em muitos bancos de dados dentro e fora dos Estados Unidos, dedicados exclusivamente a livros didáticos ou destinados a uma ampla gama de documentos históricos. Embora alguns acervos *online* há muito reúnam informações preciosas sobre antigos livros didáticos, como o de John Nietz,[2] é a livraria digital *Internet Archive* que oferece o maior número de livros didáticos de Arnold disponíveis para consulta *online* ou para *download*.[3] Os arquivos materiais que forneceram as fontes mais significativas sobre Arnold são: Biblioteca do Congresso Nacional em Washington, D.C.; Simmons College, Archives, Beatley Library, Boston, Ma; as editoras Silver, Burdett & Co e Ginn & Co.[4]

Também foi consultada uma ampla bibliografia, predominantemente norte-americana, sobre temas tais como: livros didáticos, ensino da leitura e da escrita, escotismo para meninas (*girl scouts*), progressivismo e reformas na educação norte-americana, dentre outros. Parte dessa bibliografia está citada ao longo deste capítulo e, portanto, consta do rol bibliográfico final. Cabe informar, outrossim, que muitas informações foram

---

[2] J. Nietz é um dos autores com mais larga tradição de estudos de livros escolares norte-americanos (NIETZ, 1941, 1953, 1959, 1961, 1965). O acervo de Nietz está disponível em: <http://digital.library.pitt.edu/nietz>. Acesso em: 6 nov. 2013.

[3] Apenas seis dos títulos de Arnold não foram encontrados para consulta *online* ou para *download*. Por falta de espaço, não foi possível incluir aqui todos os endereços dos trabalhos localizados na internet.

[4] Até o momento, não foi possível ter acesso a fontes sobre Susan Hall, pseudônimo que Arnold teria usado em algumas ocasiões; também não foram consultados os arquivos das *Girl Scouts of United States*, que reúnem muitos documentos oficiais, cartas e imagens de Arnold.

colhidas em *sites* oficiais de instituições, associações e movimentos, porque não estão disponíveis em meios acadêmicos.

A direção conceitual e de método que aqui se imprime reitera a perspectiva que tenho há muito adotado em outros trabalhos: ela situa Arnold nas suas circunstâncias, ou seja, na rede ou nas redes de relações às quais pertenceu; redes que lhe forneceram as ferramentas intelectuais e afetivas com as quais lidou em face dos acontecimentos que a afetaram e das conjunturas que a envolveram, conferindo significado aos seus atos. Aqui, igualmente, foi salientado o modo singular com que Arnold se apropriou de estratégias já adotadas por sua(s) rede(s) de relações, ou mesmo o modo inventivo com que modificou aquelas estratégias visando à maior efetividade das suas escolhas práticas.

As muitas funções que fizeram de Sarah Louise Arnold uma autora

Apenas nos seus dois primeiros livros, de 1886 e 1887, não constam informações sobre as atividades de Arnold à época das suas primeiras edições. É sabido, no entanto, que antes de responder pela supervisão das escolas primárias em Minneapolis, no Estado de Minnesota, entre 1888 a 1894, teria lecionado no seu Estado natal, Massachusetts, bem como na Pensilvânia, em New Hampshire, em Vermont e em New York, onde também teria sido diretora de escola. É dito, em acréscimo, que teria ainda administrado uma escola de formação de professores em Saratoga Springs, no Estado de New York, antes de ter se tornado supervisora de ensino (ANDREWS, 1943).

Essas foram as primeiras atividades nas quais Arnold se destacou e às quais dedicou tempo maior da sua carreira, após o período inicial de dedicação exclusiva ao magistério: de 1888-1894 – supervisora das escolas primárias em Minneapolis; de 1894-1901/1902[5] – supervisora das escolas em Boston;[6] de

[5] Como não foi possível solucionar com segurança o conflito de datas constantes nos arquivos, decidi pela sequência 1901/1902. É provável que as datas se refiram ao início e ao término daquele ano letivo iniciado em 1901 e concluído em 1902.

[6] Há desencontro de informações sobre o raio de abrangência da supervisão exercida por Sarah L. Arnold. Algumas fontes informam que se trata de supervisão das escolas primárias de Boston, como antes, em Minneapolis. Outras fontes, mais seguras, informam que era maior a cobertura do trabalho de Arnold e dos seus pares supervisores em Boston, ou seja, incluía outras modalidades e graus.

1902-1919 – Decana (*Dean*) do Simmons College, da qual se tornou depois *Dean Emerita.*[7]

Foram as duas primeiras funções que lhe deram lastro para ganhar considerável espaço no já muito disputado mercado norte-americano de livros de destinação escolar e, além disso, atravessar as fronteiras geográficas dos Estados Unidos, contribuindo de modo bastante efetivo para a circulação e a consagração de novos padrões de ensino, especialmente do ensino da leitura. Ao longo de sua carreira educacional, Arnold exerceu outras funções e atuou em outras frentes; essas atividades se prolongaram por toda a sua vida, com destaque para seus empreendimentos no âmbito da educação da mulher, incluindo o campo da Economia Doméstica, para cuja constituição contribuiu grandemente, e também o movimento do "escotismo feminino". Essas duas últimas atividades conduziram Arnold à sólida amizade com o casal Herbert Hoover e à função de coordenadora da ala feminina da campanha de Hoover a Presidente da República, eleito para o período de 1929-1933.

Da função de supervisora das escolas em Boston, há registros do alto valor conferido ao cargo e às qualidades especiais de Arnold para preenchê-lo, o que é ressaltado em um artigo publicado em agosto de 1897 – "Nature Study in the Public Schools" ("O estudo da natureza nas Escolas Públicas"[8]) – pelo jornal *Congregationalist*, de Boston (NATURE..., 1897).

No ano seguinte (1898), Arnold publicou no jornal *The Independent...* a matéria "The Duties and Privileges of The Supervisor" ("As obrigações e os privilégios do supervisor). Nesse texto, podem ser apreendidos traços pessoais e profissionais de Arnold, bem como algumas tendências da instrução pública norte-americana, ao menos em uma cidade bastante renovadora nessa matéria, como Boston.

Adotando um léxico densamente cristão, Arnold alude ao supervisor como um "[...] Moisés", posto que "[...] é designado para conduzir o seu povo à terra prometida" (ARNOLD, 1898, p. 315).

---

[7] Tradução de *dean*: deão, dignitário eclesiástico que preside ao cabido; reitor de uma faculdade; decano, membro mais velho de uma classe na universidade. Optou-se, aqui, pela tradução literal, uma vez que ela guarda o pleno sentido norte-americano do cargo ocupado por Sarah L. Arnold, no Simmons College: como decana, ela respondia pela direção daquele College.

[8] Todas as traduções do inglês são nossas. Nesses casos, não tivemos pretensão a uma tradução técnica, embora tenhamos conferido com um tradutor especializado todos os pontos mais intricados.

Mesmo que as remissões bíblicas não fossem muito frequentes, ou não fossem tão diretas nos textos da elite dos intelectuais reformadores, progressivistas, contemporâneos de Sarah L. Arnold, o certo é que a quase totalidade daquela intelectualidade – composta dominantemente de homens – tinha-se formado em ambientes de sólida orientação cristã. Um grande número, inclusive, tinha-se preparado para o ministério religioso e, mesmo percorrendo uma carreira laica, manteve suas crenças religiosas, acomodando-as aos princípios do conhecimento científico e à defesa da autonomia das instituições públicas do comando religioso.[9] Em contraposição, mulheres intelectuais como Arnold – que transitavam de uma posição intelectual média para uma posição superior, a partir de fins do século XIX – mantinham no vocabulário, nas práticas e nas relações sociais uma adesão religiosa mais explícita, altamente valorizada entre as jardineiras dos *kindergartens* e as professoras das escolas primárias – duas carreiras que já se tinham tornado femininas, ao final do século XIX[10] –, das quais se esperavam condutas cristãs na educação das crianças e no trato com as famílias.

Em Arnold – como em muitos dos seus pares da Nova Inglaterra e de algumas outras regiões norte-americanas em acelerada urbanização –, essa face religiosa se funde com práticas reformadoras da instrução pública; dentro de certos limites, práticas inovadoras e democratizadoras. Por isso, não se há de estranhar que Arnold, utilizando-se de terminologia cristã, conceba o supervisor de modo realista e renovador, diferentemente da livre interpretação que dele se fazia, ou seja, um misto de

> [...] Diretor, Inspetor, Professor Chefe, Supervisor, Superintendente Assistente. Algumas vezes ele pode ser todos eles e mais, sob o nome de Superintendente. A livre interpretação desses altos cargos o apresenta como uma criatura formidável, que deveria ser retratado como extremamente vigilante (Argus-eyed) e poliglota; bem munido, além disso, de cetros e condões. (ARNOLD, 1898, p. 315).

[9] Vale lembrar alguns dentre os intelectuais aludidos no parágrafo: William James, John Dewey, George Herbert Mead, William Kilpatrick e G. Stanley Hall.

[10] Arnold emprega o pronome pessoal masculino da terceira pessoa (*He*), quando se refere ao supervisor, e o pronome pessoal feminino da terceira pessoa (*She*), quando se trata dos professores. O tema das mulheres contemporâneas de Arnold será retomado neste capítulo.

Nem todo poderoso, nem ditador: o supervisor de Arnold deveria ser retratado "[...] à frente de uma tropa de crianças que, crédula e confiante, anda com seus professores de mãos dadas." (ARNOLD, 1898, p. 315).

Em termos oficiais, constava que o supervisor teria "[...] de visitar as escolas tão frequentemente quanto possível", que teria "[...] de dirigir a instrução" e que teria "[...] de relatar ao superintendente ou comitê sua avaliação dos professores." (ARNOLD, 1898, p. 316). Para que finalidade, pergunta Arnold? "Não como um espião para descobrir falhas. Que fosse uma tarefa penosa pressagiando recepção não calorosa, e mal paga. Seu tempo pode ser mais bem aproveitado." (ARNOLD, 1898, p. 316). Em lugar do supervisor que visita o "prédio" sem aviso prévio, pegando os professores de surpresa, amedrontando-os, Arnold sugere confiança mútua, familiarização dos professores com o supervisor, fim da atmosfera de medo. Propõe reuniões frequentes, em diferentes níveis, para que os professores aprendam a colaborar entre si e a confiar na condução do supervisor.

Não somente o fervor religioso conduzia a pregação da então supervisora das escolas públicas, em Boston. Arnold encerra a matéria de 1898, conclamando a comunidade leitora a partilhar também o seu fervor patriótico.

A exposição das posições de Arnold sobre a função do supervisor permite pensá-la como uma mulher que estava galgando um importante posto na instrução pública, de um culturalmente importante estado como era Massachusetts, para o qual não havia ainda prescrições claras ou regras firmemente estabelecidas. Ao ser indicada como primeira mulher a ocupar o posto em Boston, capital daquele Estado, Arnold se faz expressão da modernização em curso da escola pública norte-americana, em que se faziam acomodações entre o laico e o religioso, a tradição e a inovação, ora em contendas sangrentas, ora em acordos pacíficos. Além disso, Arnold parece se movimentar com uma boa margem de liberdade para introduzir novas práticas de organização do ensino público. Pode-se, portanto, cogitar a mesma margem de liberdade para ensaiar novos métodos de ensino nas escolas sob sua supervisão e para além delas.

A atuação destacada de Arnold no exercício da função de supervisor de ensino, em Boston, se reafirma nas palavras de David Snedden

(1868-1951), que serviu como "[...] the first State Commissioner of Education in Massachusetts":[11]

> Miss Arnold deu vários esplêndidos anos de serviço ao Conselho de Educação do estado de Massachusetts. Ela representou tanto a melhor cultura quanto a mais forte liderança educacional da Nação. Seu interesse em sinalizar para a educação profissional para mulheres foi forte e seu trabalho altamente prático. (SNEDDEN, [19--] apud ANDREWS, 1943, p. 339).

Essa apreciação é relevante. Não somente porque Snedden assumiu a muita destacada função de responder pela educação escolar pública do Estado de Massachusetts – que se projetou mundialmente, a partir da primeira metade do século XIX, com as intervenções de Horace Mann –, mas também porque Snedden ganhava à época prestígio profissional e intelectual, por suas atividades acadêmicas em Stanford (1901-1905) e no Teachers College, da Columbia University (1905-1909); suas publicações e suas posições nos debates em torno das reformas escolares o colocaram na primeira cena norte-americana.[12]

As relações de Sarah L. Arnold e David Snedden não se restringiram à escola pública e não ficaram adstritas a Massachusetts. Na década de 1910, é possível encontrá-los de novo reunidos em torno de questões relativas à Economia Doméstica.

No exercício da função supervisora – e certamente pela projeção positiva que nela teria obtido –, Arnold foi chamada a ocupar o posto de decana do Simmons College, na cidade de Boston, função que exerceu de 1902 a 1919, em concomitância à direção do Household Economics Program (Programa de Economia Doméstica), desse College, e a outras funções de representação.

[11] "O principal comissário estadual da educação em Massachusetts", cargo equivalente ao de "superintendente de ensino", como era e é chamado em alguns Estados norte-americanos, o responsável principal pelo sistema de ensino estadual.

[12] Para que se possa avaliar a sua relevância, vale mencionar que Snedden é considerado pelos estudiosos norte-americanos um dos mais expressivos educadores da chamada "era progressiva", que se manifestou nos Estados Unidos a partir de fins do século XIX, visando a amplas reformas em diferentes campos da vida social. Snedden assumiu uma posição bastante marcante em favor de reformas, destacadamente as educacionais, que respondessem às demandas da sociedade industrial. Snedden cunhou o conceito de "eficiência social" (*social efficiency*) com o qual conduziu suas análises sobre a escola norte-americana como "ineficiente" e "antidemocrática" (SNEDDEN; DUTTON, 1908; SNEDDEN, 1921).

O Simmons College foi criado em 1899, em Boston, como uma instituição feminina de ensino superior. A fundação do College teria se dado graças à doação de John Simmons, rico fabricante de roupas de Boston e empreendedor imobiliário que, assim procedendo, teria repetido a iniciativa de muitos outros norte-americanos ricos que financiaram, após a Guerra Civil (1861-1865), um grande número de instituições de ensino superior (VEYSEY, 1970). John Simmons, falecido em 1870, teria fixado em testamento a destinação de fundos para a criação de uma instituição educacional a ser denominada *Simmons Female College*, com o propósito de ensinar Medicina, Música, Desenho, Telegrafia e outros ramos da arte, da ciência e da indústria, para permitir às estudantes "um modo de vida independente". Problemas diversos adiaram a criação e instalação do College, até 1899. Em fins de 1901, Henry Lefavour, do corpo docente do Williams College, situado igualmente em Massachusetts, foi nomeado Presidente do Simmons College, e Arnold, então supervisora das escolas de Boston, foi nomeada sua decana. A Lefavour coube preparar um plano de organização do College e, com Arnold, a sua implementação. Essa foi a atuação mais destacada de Arnold junto ao College; mas não foi a única, uma vez que fez parte, desde o princípio, do seu Conselho Superior (*Corporation*).

Por certo que não se tratava de iniciativa isolada de Sarah L. Arnold, mas é cabível inferir, pelas informações disponíveis, que a sua rede de relações, com fortes raízes em todo o Estado e especialmente em Boston, teria contribuído diretamente para o sucesso dos empreendimentos do College e para a sua afirmação na cena acadêmica.

Segundo a avaliação feita por aquela instituição, o Presidente Henry Lefavour (que se aposentou em 1933) e a Decana Sarah L. Arnold (aposentada em 1919),[13] juntos, "[...] construíram em Boston o fundamento de uma instituição altamente inovadora e forneceram uma base intelectual para a comunidade do Simmons." (UNIVERSITY OF MASSACHUSETTS AMHERST, 2013).

A Economia Doméstica representou um novo e significativo investimento na trajetória de Arnold. Dentro do Simmons College, criou e

[13] Com a aposentadoria, Arnold deixou o cargo de decana, mas permaneceu membro do Conselho Superior do *Simmons College*.

dirigiu o School of Household Economics até 1910, convertido em um dos institutos de maior projeção nos Estados Unidos, nessa área.

Mas as atividades de Arnold na Economia Doméstica se projetaram para muito além do *College*. A literatura especializada cita como primeiro *paper* apresentado por Arnold, nesse campo, o "*Training and Certification of Teachers in House Economics*", lido na *Fifth Lake Placid Conference on Home Economics*, realizada no verão de 1903, em Boston (ARNOLD, 1903). Realizadas sistematicamente ao longo dos anos e com comparecimento crescente, em janeiro de 1909, a *Lake Placid Conference on Home Economics* se tornaria a American Home Economics Association (AHEA), com Arnold como membro fundador e membro do Conselho. Em dois anos sucessivos, 1912 e 1913, seria eleita presidente da AHEA.

As muitas referências às iniciativas de Sarah L. Arnold, no campo da Economia Doméstica, sugerem não somente a grande difusão do seu nome por novas esferas da vida norte-americana; mais do que isso, indicam que foi com o envolvimento nesse campo em particular que Arnold obteve sua primeira grande projeção política em âmbito nacional. Dois fatores, ao menos, devem ser lembrados para explicar tal projeção: em primeiro lugar, a já mencionada iniciativa de preparar mulheres, a fim de convertê-las em agentes econômicos, dentro ou fora de casa; em segundo lugar, a necessidade de adoção de novos padrões de estocagem e consumo de bens perecíveis, em decorrência da desorganização dos velhos padrões de oferta e demanda dos bens de consumo cotidiano, provocada pelas constantes mudanças nas composições populacionais dos grandes e médios centros e agravada com o envolvimento dos Estados Unidos na I Guerra Mundial.

Com o seu trabalho no campo da Economia Doméstica, Arnold estreitou relações com pessoas e instituições ligadas a todo o circuito de alimentos, da produção ao consumo, passando pela estocagem, armazenamento etc. Na década de 1910, Arnold compôs o Conselho de Educação Agrícola do Estado de Massachusetts, quando então era superintendente do ensino David Snedden.[14] Durante a Primeira Guerra Mundial, Arnold atuou na Federal Food Administration. Posteriormente, foi chamada a compor o

[14] A pedido de Snedden, o Conselho produziu um relatório com recomendações à Educação Agrícola e com uma avaliação das possibilidades de instalação de uma "escola-fazenda"; o relatório foi encaminhado à Assembleia Legislativa, no primeiro semestre de 1910 (BOARD OF EDUCATION, 1911).

Comitê Consultivo do Food Research Institute (FRI), estabelecido em 1921 – o "Hoover Institute" – como resultado do acordo entre a Carnegie Corporation of New York e a Stanford University.[15] Em 1926, foi a primeira mulher a fazer parte do conselho superior do *Massachusetts Agricultural College* (CAMBRIDGE TRIBUNE, 1918; DEAN..., 1918; JOHNSTON, 2013; UNIVERSITY OF MASSACHUSETTS AMHERST, 2013).

Com a disciplina Economia Doméstica, Arnold contribuiu ainda, diretamente, proferindo palestras e cursos, publicando artigos em diferentes periódicos, mas especialmente no *Journal of Home Economics*, criado pela American Home Economics Association. Benjamin Andrews, primeiro secretário e tesoureiro da AHEA, foi responsável pela publicação dos primeiros números do *Journal of Home Economics*, e sempre trabalhou muito próximo de Arnold, tanto compondo as mesmas redes de relações já mantidas por ela como colaborando com a sua ampliação e cimentação no campo acadêmico.[16] As relações de Andrews na *Columbia University*, onde lecionou por 36 anos, no Departamento de Home Economics do Teachers College, contribuíram para a aproximação de Arnold de acadêmicos e administradores ligados a poderosas fundações, como a Carnegie Corporation acima citada.

Em artigo de 1943, quando do falecimento de Sarah L. Arnold, Andrews mobiliza uma série de nomes importantes para fazer coro com sua elegia. Dentre outros, cita Snedden, já mencionado, e Flora Rose, ex-diretora do *New York State College of Home Economics da Cornell University*, considerada dos nomes mais relevantes no implemento da Economia Doméstica. Para melhor expressar os pontos de vista de Sarah L. Arnold sobre o lugar da mulher na nova ordem norte-americana, e quiçá mundial, Andrews transcreve um trecho significativo do discurso de posse de Arnold, quando assumiu a presidência da AHEA, expressão lapidar do que se pode considerar como "modernização conservadora".

---

[15] Aquele Comitê incluía os presidentes da Carnegie Corporation e da Stanford University como membros *ex officio,* além de Herbert Hoover, então Secretário do Comércio; Julius Barnes, ex-Presidente da U.S. Grain Corporation; Dr. William M. Jardine, Presidente do Kansas State Agricultural College; J. P. Howard, Presidente da American Farm Bureau Federation; Sarah L. Arnold, *Dean Emerita* do Simmons College; e George Roeding, ex-membro da California Horticultural Commission.

[16] No *Journal of Home Economics*, foram localizados muitos artigos de Sarah L. Arnold, de B. Andrews e de D. Snedden.

Nos anos de 1910, Arnold abriu uma nova frente de atuação, trabalhando junto ao Girl Scouts of the United States of America (GSUSA), agremiação criada em 1912. A nova frente com o "escotismo feminino" em nada exigiu de Arnold afastamento da sua relação íntima com a Economia Doméstica. Em 1920, as *Girl Scouts* publicam uma coletânea, reimpressa até os dias atuais, na qual Arnold comparece com um capítulo intitulado "Home Marker" (ARNOLD, 1920). As organizadoras e primeiras líderes do movimento bandeirante de Massachusetts ganharam destaque em funções claramente definidas; Sarah L. Arnold é sempre mencionada dentre elas. Não por acaso, ela se tornou presidente do GSUSA, de 1925 até 1928, substituindo Lou Henry Hoover, que teve dois mandatos à frente do movimento nacional.[17]

A atuação de Arnold junto ao "escotismo feminino" consolidou sua projeção em Massachusetts e reafirmou os laços que a mantinham ligada a uma poderosa rede política e profissional. Fez mais: contribuiu para projetar o seu nome tanto nacional quanto internacionalmente, por uma via mais pessoal e ativa do que a autoria de livros, especialmente os escolares, era capaz de fazê-lo. Algumas notícias de jornais da época ajudam a realizar aquela projeção.

Em 2 de julho de 1928, o magazine *Time* publica matéria com o título "Brady vice Hoover". Artigo importante, considerando-se que, àquela altura do ano, Herbert Hoover já havia sido indicado candidato à Presidência da República pelo Partido Republicano. Mas a matéria não era sobre o candidato, nem sobre o seu suposto vice; tratava dos mandatos de senhoras líderes do movimento das *Girl Scouts*![18]

[17] O *site* das *Girl Scouts* ignora a data exata do término do mandato de Arnold, no entanto, oferece interessantes informações. Assim a apresenta: "Filha de Jonathan e Abigail Arnold, Sarah L. Arnold era a décima primeira de 15 crianças. Cresceu em Abington Massachusetts e logo demonstrou ser uma criança excepcional. Seu pai a apelidou de 'o pouco de fermento que fermenta toda a massa'. Todavia, Sarah nunca foi mimada em casa. Ela destacou na escola, lendo Latim por onze anos de idade e se formar no colégio aos treze anos. Após o colegial, ela passou dois anos estudando em Bridgewater Normal School". Ver, na página <http://www.girlscoutsjs.org/girl-scout-basics/history-timeline>, uma útil linha do tempo sobre acontecimentos importantes na história do movimento "*girl scouts*" nos Estados Unidos.

[18] "Casada com um sinônimo de laboriosidade, Sra. Herbert Clark Hoover é também muito ativa. Ela se dedica ao Girl Scouts of America como vice-presidente. Até abril, quando renunciou ao cargo, ela era também Presidente do Conselho de Diretores do Girl Scout. A Srta. Sara Louise Arnold, Presidente Nacional do Girl Scout, tinha estado doente e a Sra. Hoover, para quem o trabalho da Presidente Arnold foi delegado, sentiu que a presidência do conselho da diretoria era um trabalho para muitos. Na semana passada, os diretores do Girl Scout elegeram uma nova presidente do conselho para suceder Sra. Hoover. Elegeram a senhora que por oito

Esse era então o círculo mais próximo de relações de Sarah L. Arnold desde que se aposentara do Simmons College. Todas as notícias da década a associam aos nomes do casal Baden-Powell, à Sra. Hoover e outras lideranças do movimento *Girl Scouts*. Nos muitos *sites* mantidos pelas entidades locais do "escotismo feminino" norte-americano, o nome de Arnold é presença obrigatória, não somente remetida àqueles anos de presidência, mas como "liderança viva", sugerindo que suas palavras ainda orientam as novas gerações de "escoteiras".[19]

A atividade de Arnold junto ao Girl Scouts of United States, desde sua criação nos anos de 1910, lhe ofereceu novas audiências para as quais ela pôde apresentar sua palavra, para além do que já vinha fazendo por meio dos livros escolares e de sua atuação acadêmica. Não há notícias de que sua liderança no "escotismo feminino" tenha levado seu nome e sua palavra para países europeus, por exemplo, mas é sabido que essa atividade desenvolvida, pode-se dizer, tardiamente – afinal, Arnold tinha 53 anos, quando o GSUSA foi criado –, aprofundou e ampliou a circulação do nome de Sarah L. Arnold nos meios ligados à educação escolar em geral e à formação feminina em particular, de países sob a esfera de influência direta dos Estados Unidos, sob sua intervenção ou sob sua "proteção", tais como Porto Rico, Ilhas Filipinas, México, para citar apenas alguns de que se tem notícia.

Nos anos de 1920, Arnold aprofundou suas relações pessoais que fizeram mais do que ampliar a projeção e a audiência já conquistadas no que se pode chamar de relações "socioculturais". Arnold se projetou na cena política, por meio de relações de sólida amizade construídas na sua atuação junto ao "escotismo feminino". A amizade, primeiro com Mrs. Hoover e depois com o casal, culminou na sua indicação para o comando da ala feminina da campanha de Mr. Hoover para a Presidência da República. Uma vez vitorioso, não é difícil imaginar que Arnold tivesse

anos tem sido a tesoureira nacional do Girl Scout, Sra. Genevieve Garvan Brady. O marido da Sra. Brady é Nicholas Frederic Brady, famoso financista de Manhattan". A matéria se encerra com o impressionante informe de que pessoas, por odiarem e temerem mortalmente o Papa romano, teriam alardeado o fato de os Brady serem católicos romanos e de o marido da nova presidente do conselho de diretores da Girl Scouts of America ter sido recentemente investido pelo Papa Pio XI com a Grã-Cruz da Ordem de São Gregório Magno (TIME, 1928).

[19] No *site* das *Girl Scouts* de North East Ohio, consta a frase, imputada a Sarah L. Arnold: *"There is something about the outdoors that is good for the inside of a girl..."* ("Há algo fora que é bom para o interior de uma menina"), curiosamente datada de 1958. Em outros *sites* ligados ao movimento, constam frases e ditados associados a Sarah L. Arnold.

sido convidada para eventos na Casa Branca, ou para conversas mais íntimas sobre assuntos socialmente relevantes, considerando-se que o *crash* de 1929 da Bolsa de Nova York tenha-se dado exatamente no primeiro ano da Presidência de Herbert Hoover (1929-1933).

Lou Henry Hoover, esposa de Herbert Hoover, foi a primeira – mas não seria a última – primeira dama a se perfilar com as *girl scouts* e a ter o seu nome sempre associado à entidade; ela se fez fiel expressão da mentalidade vigente no movimento do "escotismo feminino", liderado e sustentado pela elite financeira dos Estados Unidos. Apesar do casamento com o republicano Hoover, Lou Henry se coadunava com o GSUSA, ao assumir posição aparentemente transreligiosa e transpartidária.

Há indícios convincentes de que as dirigentes e líderes da GSUSA não defendiam uma única vertente religiosa e um único partido, do que não decorre a aceitação ampla e restrita de qualquer orientação religiosa – principalmente o ateísmo – e de qualquer posição política. O fato de ser um movimento de elite aponta na direção do privilegiamento, à época, do norte-americano branco, cristão e ideologicamente conservador, independentemente de ser democrata ou republicano.

A adesão e a proeminência de Sarah L. Arnold no *Girl Scouts* se afiguram, ainda, coerentes com sua trajetória. Branca, cristã, ideologicamente conservadora, mas atenta aos novos tempos, trabalhou pela modernização da educação e saúde e à necessidade de se conduzir organicamente a educação feminina, considerando as novas configurações sociais produzidas pela vida urbana e pela hegemonia da fábrica. Tudo indica que a direção que imprimiu no Simmons College e a sua liderança no Girl Scouts of United States tenham criado uma agenda comum e uma sólida amizade com Lou Henry Hoover, apesar dos 15 anos que as separavam.

Para encerrar este tópico, seguem algumas informações adicionais sobre Arnold, as quais podem completar a sua trajetória:

- Em 1902, aos 43 anos de idade, Sarah L. Arnold recebeu o grau de Master of Arts (A.M.) pela Tufts University[20] e, em 1927, o grau de

[20] Todas as fontes citam 1903 como o ano de obtenção do mestrado. É o *site* da *Tufts University – Office of the Trustees* que informa o ano de 1902. Disponível em: <http://trustees.tufts.edu/data/degrees/>. Acesso em: 06 nov. 2013.

Doctor of Education (Ed.D.), pela Rhode Island State College, aos 68 anos.[21]

- De 1902 a 1924, foi membro do Board of Governors of the Women's Education and Industrial Union.[22]

Os reformadores e Sarah Louise Arnold no espectro feminino

O ciclo de publicações escolares de Sarah L. Arnold coincide quase que de forma integral com o movimento progressivista e com o momento reformista em praticamente todas as dimensões culturais dos Estados Unidos, em especial no campo da educação. A pressão da urbanização e da industrialização tem sido acertadamente enfatizada como fator fundamental da efervescência que os norte-americanos vivenciaram na passagem de um século a outro. Com certeza, foram grandes centros como Nova York e Chicago que não apenas sentiram mais de perto as transformações como também foram seus epicentros. Mas quase todo o país foi atingido, ao menos indiretamente: o fluxo migratório, acrescido ao imigratório, mudou a composição da população norte-americana em curto espaço de tempo. Essa transformação da composição populacional, com a entrada na cena urbana de segmentos populacionais vindos de Estados e regiões da chamada "América profunda" – tantos os negros libertos quanto os brancos tradicionalmente ligados ao campo – e com a imigração massiva de imigrantes europeus e asiáticos, provocou mudanças também estruturais em áreas como a da educação. A pressão modernizadora da indústria, das novas tecnologias, das paisagens e dos ambientes urbanos se realizou conjuntamente com a pressão por inclusão daqueles novos segmentos sociais nas benesses da modernidade. Por conseguinte, os Estados Unidos se tornaram celeiro não apenas do mais avançado, arrojado projeto modernizador ancorado na indústria e na cidade, mas igualmente das políticas e das ideologias mais eficazes de dissolução das tensões e conflitos sociais.

---

21 O *site* <http://www.ric.edu/ric150/memories/archv06.html>, comemorativo do sesquicentenário do Rhode Island College, cita Sarah L. Arnold como o sétimo acadêmico a obter o título de doutor, na instituição. Acesso em: 6 nov. 2013.

22 Há outras tantas atividades a ela atribuídas, cujas datas de início e término ainda não foram confirmadas: Membro do Lunch Department of the Bureau for Vocational Advice and Appointment; Membro do Massachusetts State Board of Education; Membro do Conselho Superior do Nasson Institute (hoje, Nasson College) de Springvale, Maine; Membro do Mayflower Club; Membro do Comitê Executivo da Women's Educational Association; Membro da American Sociological Association (MICROCOSM, 1933).

Reformas na organização, nos currículos, nas metodologias das escolas, dos seus ciclos, graus, séries e modalidade, gerando reformas nos requerimentos de progressão nas séries e nos graus, são as faces mais conhecidas do ensino norte-americano de fins do século XIX e começos do século XX. As mudanças empreendidas no sistema público de ensino se fizeram, pelas mais diversas vias, internacionalmente conhecidas. Frequentemente associadas ou identificadas ao movimento pela escola nova europeu e a assemelhados de outras Américas, o movimento progressivista norte-americano e as reformas escolares que lhes são contemporâneas – frutos próximos ou longínquos das agendas daquele movimento – devem ser pensados, por um lado, pela singularidade do originalíssimo processo de industrialização que estava se operando naquele país, que assumiu o lugar hegemônico no mundo capitalista, ao qual Gramsci (2001) denominou "americanismo e fordismo". Por outro lado, devem ser pensados com respeito ao singularíssimo processo de múltipla composição e de racionalização populacional sem precedentes em qualquer outra sociedade, e que Gramsci incluiu no que chamou de "americanismo e fordismo".

O que Gramsci e a maioria de seus contemporâneos não examinaram de perto e a literatura de outros países, especialmente a brasileira, em regra ignora são as respostas políticas e a variações ideológicas com que deram o amálgama do "americanismo", termo que os próprios norte-americanos utilizam e utilizaram para se referir aos mecanismos de construção do norte-americano novo, o homem-resposta, o efeito-demonstração às demandas da indústria, da fábrica, da cidade. "Americanismo" é o nome que os norte-americanos deram aos múltiplos processos de *adjustment* individuais e coletivos aplicados ao imigrante, ao migrante e a todos que deviam ser incorporados aos novos tempos.

Sarah L. Arnold é nítida partícipe desse processo. Opera em favor da modernização da escola, dos métodos de ensino; sugere condutas novas tanto do professor como do aluno; soma em favor da autonomia feminina, do mesmo modo que participa da cena pública com autonomia, na mesma proporção que defende uma agenda de conservação da ordem americana "*White* Anglo-Saxon *Protestant*" *(WASP).*

A supervisora de ensino de Boston que representa a sua função à semelhança de Moisés, a autora dos livros didáticos, a *Dean* do Simmons

College, a líder da economia doméstica e das "escoteiras" é a mesma Sarah L. Arnold no exercício de diferentes papéis. Certamente, ganhou um número maior de interlocutores e sua rede se tornou maior e mais complexa, mas não abandonou antigos interlocutores para incluir novos, não abandonou velhas agendas em favor de novas, não desfez laços de sociabilidade para trançar novos. Manteve coerentemente, na medida em que as circunstâncias lhe permitiram, uma pauta dirigida à modernização conservadora.

No espectro feminino que lhe era contemporâneo, Sarah L. Arnold esteve muito próxima de mulheres como Lou Henry Hoover. Poderia ter pertencido às mesmas redes de relações de Jane Addams (1860-1935), cuja idade distava apenas um ano a menos da de Arnold. Cruzaram-se, em diferentes circunstâncias,[23] porém, salvo desmentido de novas fontes que possam vir a ser descobertas, não mantiveram relações próximas e não compartilharam as mesmas redes de sociabilidade.

Uma rara situação em que ambas aparecem no mesmo local está registrada no *Journal of Proceedings and Addresses* da *National Educational Association*, de 1908. Pelas exposições apresentadas no congresso da entidade, realizado naquele mesmo ano, em Cleveland, Ohio, Arnold e Addams teriam compartilhado a mesma sessão, a mesma temática, mas não idênticas posições.

Na mesma sessão, além de outras mulheres e homens, foram palestrantes: Sarah L. Arnold, Decana do Simmons College de Boston, Massachusetts, participou com a palestra "The Reconcilement of Cross-Purposes in the Education of Women"; e Jane Addams, da Hull House[24] de Chicago, Illinois, com a palestra "The Public School and the Immigrant Child". Os títulos das duas palestras são expressivos quanto às posições das respectivas autoras: o tema de Arnold é a reconciliação dos diferentes fins da educação das mulheres; o de Addams é a escola pública em face da criança imigrante. Em sua fala, Arnold minimiza o tempo do trabalho na

[23] O *Lewiston Saturday Journal*, de 18 de julho de 1908, na coluna, *Females Figure in Day's News*, em meio a vários informes de atividades femininas "sociais" e também profissionais, noticia a conferência da National Educational Association realizada em Cleveland, Ohio, em cujo programa constava Sarah L. Arnold, na mesma sessão em que estava Jane Addams, da Hull House, e outras conhecidas mulheres. Ao longo da matéria, o jornal não faz qualquer associação entre as duas.

[24] Há uma vasta bibliografia sobre esse *social settlement* (assentamento social), criado por J. Addams, de fácil acesso.

indústria das crianças e meninas (ARNOLD, 1908); Addams retoma a exposição de Arnold e marca sua divergência (ADDAMS, 1908): a situação das crianças e das mulheres na indústria não é nada boa.

Tal como o fizeram Antler e Biklen (1990), em coletânea por elas organizada, Arnold e Miss Addams podem ser incluídas numa ampla gama de mulheres norte-americanas educadas, distribuídas num espectro desenhado por critérios de conservadorismo ou radicalismo. Seguramente, Miss Addams é uma das mais veementes expressões do liberalismo radical que o *establishment* norte-americano suportava, naqueles tempos convulsionados de fins do século XIX e início do século XX. Para muitos, tratava-se de uma socialista devotada à causa dos imigrantes, dos pobres, dos trabalhadores braçais que povoavam as ruas de Chicago. Para outros, de uma herdeira mais radical da tradição filantrópica, que vinha criando raízes profundas nos Estados Unidos. Mais ou menos próxima dos extremos do espectro ideológico, o certo é que Jane Addams é sempre lembrada como uma das mais contundentes e radicais expressões do pensamento e da ação reformadora, na qual também são incluídos homens como George Mead e John Dewey dos anos de Chicago, com os quais Addams manteve frequentes contatos pessoais ou por missivas. Jane Addams consta na memória como a mulher de ação que, dentre outras iniciativas, fundou o Hull House, defendeu os direitos das mulheres e dos negros.

Em contrapartida, Arnold situa-se no lado conservador das mulheres educadas. Não no polo do conservadorismo extremo, mas entre aquelas que atuaram em favor da inserção das mulheres em específicos nichos de mercado, para lhes facultar a realização de uma carreira compatível com a vida doméstica. Arnold trabalhou não somente pela inserção da mulher no mercado de trabalho, mas também pela afirmação do seu papel de responsável pela economia/vida doméstica, como esposa e mãe.[25]

[25] Uma literatura feminista norte-americana recente vem produzindo revisões nas histórias privadas de muitas mulheres, como James Addams e Sarah L. Arnold. Curiosamente, essa literatura chama a atenção para o fato de que, como muitas outras mulheres da época, ambas teriam tido relacionamentos estáveis, durante toda a vida adulta. Permaneceram solteiras, mas, ao contrário do que era usual, constituíram lares com companheiras também solteiras.

Sarah Louise Arnold na função autoral[26]

Sarah L. Arnold nasceu como autora quase no começo da sua vida profissional, quando ainda exercia as funções de professora e diretora de escolas primária e normal; manteve-se produtiva até fins da década de 1910, quando estava há muito distanciada das atividades escolares.

Embora não se deva considerá-lo definitivo, no quadro único, apresentado ao fim deste capítulo, está contida a quase totalidade dos livros nos quais Sarah L. Arnold consta como autora ou coautora: nesse quadro, estão reunidos exclusivamente os livros publicados em inglês destinados primariamente ao público norte-americano.

Nele, constam 36 livros publicados em 48 anos, dos quais apenas três sugerem não ter destinação escolar direta, mesmo que possam tratar de educação: *Grace at Table,* de 1918, *The Story of the Sargent Industrial School at Beacon,* de 1917, e *The Way of understanding*, de 1934. Em 17 títulos, Sarah L. Arnold comparece como única autora e, em 22, como coautora; em 18 desses, é a autora principal e, em quatro, é autora secundária.[27]

Desde seu terceiro livro escolar, *Waymarks for teachers, showing aims, principles, and plans for everyday teaching* (1894), Sarah L. Arnold passou a publicar por intermédio de uma das mais importantes casas editorais norte-americanas e uma das maiores editoras de livros escolares do país, a Silver, Burdett and Company, sediada em grandes cidades como New York, Boston e Chicago.[28] A partir daquele momento, Arnold publicaria quase de forma exclusiva por essa grande casa editorial e pela grande Ginn

[26] De Sarah L. Arnold também foram encontradas matérias impressas em jornais, magazines e periódicos especializados, tratando de tópicos relacionados aos seus três principais assuntos: ensino, economia doméstica e escotismo. No exercício de diferentes funções, Arnold pronunciou discursos que foram reproduzidos integral ou parcialmente em jornais de ampla circulação ou em magazines. Algumas dessas publicações foram exploradas neste texto; os artigos e matérias sobre economia doméstica serão examinados em outros trabalhos.

[27] Para este capítulo, foram consultadas sempre as primeiras edições; essa regra não pôde ser cumprida em poucos casos, em que não há primeira edição disponível.

[28] "Em 1885, Edgar O. Silver criou a Silver & Co., que logo se projetou pela série de impressos dedicados a novos métodos de ensino de Música, assunto de especial interesse de seu proprietário. A partir de 1886, a editora abriu-se para outras matérias, começando com a série *Normal course in reading*. Dois anos depois, um dos sócios vendeu a sua cota de ações a Frank W. Burdett, a partir do que a firma passou a se denominar Silver, Burdett & Co. Tal como ocorreria com outras, essas quatro firmas nascidas em Boston – Lee & Shepard, D. Lothrop & Co., Ginn Brothers e Silver, Burdett & Co. – instalaram-se também na cidade de Nova York, entre o fim do século XIX e o começo do XX, o que lhes facilitou a projeção no mercado nacional e a sequente conquista do mercado internacional." (WARDE, 2011, p. 126).

& Company, criada originalmente em Boston.[29] Com a Silver, Arnold teria publicado 14 títulos; com a Ginn, 10 títulos, sendo que, a partir de 1900, essa editora se afirmaria pouco a pouco sobre aquela, como editora da obra de Arnold, acompanhando-a até meados da década de 1910; pouco depois, Arnold fecharia o ciclo de lançamento de novos livros didáticos.[30] Em compensação, reimpressões e reedições não cessaram até os dias atuais.

Sobre a prolífera autora e sobre sua considerável produção didática, há muito a se dizer; considerando-se o espaço inda disponível neste capítulo, apenas um aspecto será contemplado:[31] as tendências pelas quais passava o ensino da leitura, quando Sarah L. Arnold entrou em cena, e as tendências de ensino com as quais ela colaborou significativamente, tanto para a sua definição como para sua difusão em âmbito nacional e internacional. Será nesse contexto que, em meio a uma tradição de autores (do sexo masculino) de livros escolares, sua condição feminina ganha um especial significado.

No Quadro, em que se registram as primeiras edições em inglês de livros destinados primeiramente ao leitor norte-americano, podem-se ver diferentes modalidades de livros escolares: *primer* (cartilha), *reading book* ou *reader* (livro de leitura), *spelling book* ou *speller* (livro de soletração), *grammar* (gramática), *literature* (literatura) e *writing book* (livro de escrita). Vê-se ainda que Arnold e coautores escreveram não apenas para alunos, mas também para professores, visando principalmente ao ensino e à aprendizagem da leitura.

[29] "Em Boston foram criadas, também, duas outras editoras que rapidamente se tornaram proeminentes firmas especializadas em livros e outros impressos escolares: a Ginn Brothers, criada em 1867 pelos irmãos Edwin e Frederick. Foi a primeira empresa editorial norte-americana a lançar obras clássicas para crianças; com a série *Classics for children*, comercializada a partir de 1883, a editora colocou em circulação títulos tais como: *Robinson Crusoe*, *Plutarch's lives* e outros que se tornaram usuais na escola elementar norte-americana. Com o sucesso obtido no ramo da literatura infanto-juvenil, a Ginn & Co. investiu na ideia precursora do livro de leitura suplementar aos manuais destinados ao aprendizado da leitura" (WARDE, 2011, p. 125-126).

[30] Aqui são usadas como sinônimos as expressões "livro de destinação escolar" e "livro escolar"; algumas vezes, "livro de destinação pedagógica" e "livro didático"; o uso mais frequente das duas primeiras expressões se deve tão somente à intenção de abarcar na mesma nomenclatura o livro destinado ao professor e o livro destinado ao aluno. No caso de Sarah L. Arnold, os livros aqui mencionados como "escolares" foram efetivamente elaborados para uso na escola, quer para alunos, quer para professores (sobre o assunto, ver: MONAGHAN, 1987; MONAGHAN; BARRY, 1999; SAUL, 1987; VENEZKY, 1986, 1987, 1990).

[31] Estão sendo preparados dois textos especificamente sobre os livros escolares de Sarah L. Arnold que circularam dentro e fora dos Estados Unidos, a serem publicados como artigos.

Destacam-se quatro séries graduadas bastante conhecidas e todas elaboradas em coautoria, com exceção da última: 1) *Stepping Stones to Literature,* composta de oito volumes publicados em dois anos (1897 e 1898), tendo como autor secundário, Charles Benajah Gilbert (1855-1913), Superintendente das Escolas de Newark, em New Jersey; 2) *Mother Tongue*, composta de três volumes destinados ao aluno, publicados entre 1900 e 1902, e um volume – *Outline of a Course of Study in Language and Grammar, prepared to accompany The Mother Tongue, books I and II* – publicado em 1901, supostamente destinado ao professor;[32] nessa série, Arnold começa como autora principal, para terminar a terceira autora, depois de John Hays Gardiner (1863-1913) e George Lyman Kittredge (1860-1941), respectivamente, Professor Assistente e Professor de Inglês na Harvard University; 3) *The See and Say Series,* composta de quatro livros para o aluno e três livros para o professor, todos publicados entre 1913 e 1916, em que Arnold é a autora principal, seguida de Elizabeth Catherine Bonney e Edward Franklin Southworth;[33] 4) o último volume dessa série é apresentado como *Book Four of The See and Say Series*, mas ganha o título da que será a seguinte e última série escolar, a *Mastery of Words,* a ter Sarah L. Arnold como autora, aliás, única autora, ao contrário das séries anteriores, como já se destacou anteriormente.

Sobre a incidência das modalidades de livros escolares publicadas com autoria de Arnold, apenas um livro é do tipo *primer*, ou seja, daquele tipo que no Brasil é comumente chamado de "cartilha de alfabetização" e que representa o primeiro livro de introdução da criança na leitura; esse é o caso do bastante conhecido *The Arnold Primer.* Nas demais modalidades, Arnold lançou muitos outros livros didáticos. Nota-se, no Quadro, que são igualmente raros os livros destinados ao ensino da escrita. No caso da publicação da modalidade *primer*, Arnold foi de fato original em relação às autoras norte-americanas, uma vez que, desde o século XIX, era nessa modalidade em que elas se faziam predominantes.[34]

Monaghan (1994) estudou a autoria feminina de livros de leitura elementares entre 1880-1950, enfatizando o período entre 1890 e 1930,

[32] Este é um dos seis livros aos quais ainda não foi possível ter acesso.

[33] Sobre as duas coautoras, não foram encontradas informações profissionais.

[34] A fraca presença de títulos de Arnold dedicados ao ensino da escrita será examinada em artigo futuro aqui anunciado, em relação ao ambiente norte-americano.

com um pico nos anos de 1910. Monaghan, como outros autores, chama a atenção para fato curioso: ao longo do século XIX, as mulheres foram-se afirmando como autoras dos *primers*, a ponto de chegarem ao século XX, respondendo por quase todos os livros dessa modalidade.

Por outro lado, o período 1890-1930 foi o único no qual as mulheres prevaleceram como autores dos *readers*, e especialmente como autores principais, uma vez que já eram coautoras e continuariam a sê-lo, porém secundárias. Naquele período de prevalência feminina, Monaghan (1994, p. 31) destaca que

> [...] a série [de Arnold] com Charles Gilbert, *Stepping Stones to Literature* (1897), se tornou muito popular, e o seu *Reading, How to Teach It* (1899) era um texto solicitado em muitos cursos de formação de professores. Com um autor júnior como o Professor de Harvard George Lyman Kittredge, ela também escreveu a série *Mother Tongue* (1900). Depois de um ano, foi publicado o *primer* com o seu próprio nome: o *Arnold Primer* (1901).

Monaghan (1994) cita em nota outros livros de Arnold; contudo, aqui nos interessa o destaque conferido a Arnold em meio a outras tantas que, diferentemente dela, não sobreviveram à concorrência no campo dos livros elementares ou sequer foram posteriormente chamadas a escrever ou a colaborar com livros destinados às séries escolares mais avançadas.[35] Sarah L. Arnold somente não foi a mais longeva.

Acrescente-se, ainda, em relação a Arnold, o fato de seus livros terem sido amplamente adotados em diferentes redes de ensino dos Estados Unidos, o que se pode atestar por edições em que aparecem referências à aprovação de conselhos de educação de Estados muito distantes entre si, como Massachusetts e Califórnia. Além disso, ela foi muito especialmente cuidada pelas editoras, com destaque à Silver, Burdett and Co., a qual lhe

[35] Monaghan (1994) enfatiza, ainda, do período: Ellen Cyr e Rebecca Pollard. Sobre Ellen Cyr, encontramos um artigo interessante de Arlene Barry (s/d), "Ellen Cyr. Forgotten author of a Best-selling reading series". A respeito de Cyr, ele escreve: "Ellen Cyr (1860-1920) foi uma professora em Cambridge, Ma, durante os anos de 1880. Enquanto sua ocupação não era incomum, Cyr foi única porque foi a primeira mulher na história americana a ter um amplo número de séries de leitura vendidas com o seu próprio nome. Ela começou a sua carreira de autora produzindo o Interstate primer and first reader, publicado pela Interstate Publishing Company em 1886, que foi revisado pela Ginn em 1891 com o título *Children's primer and first reading* e nos anos seguintes como *Cyr Readers*". O artigo merece a leitura completa, porque ajuda a situar Cyr naquele ambiente inicial do mercado livreiro industrializado.

deu todas as facilidades para traduções e adaptações em outras línguas e para outros países.

O que nos interessa dessa projeção feminina para a qual Arnold contribuiu sobremaneira? O primeiro fator tem a ver, evidentemente, com o crescimento vultoso das matrículas na escola elementar. Merece atenção o fato de esse crescimento ter-se dado de maneira abrupta, numa curva vertiginosa, e ter decorrido grandemente da migração e da imigração estrangeira. A migração que se deu sabidamente do campo para a cidade-significou para os Estados Unidos, à época, o traslado de pessoas de mundos muito distintos, de classes muito distanciadas, vivendo em um sistema de *apartheid*. A transferência de levas de crianças do campo para a cidade, que muitas vezes quis dizer do Sul para o Norte/Nordeste, implicou a convivência dentro das escolas públicas de crianças que mal conseguiam se entender, dadas as enormes distâncias linguísticas e, portanto, culturais, entre elas. Some-se a isso o sabido impacto de crianças estrangeiras para as quais o inglês precisava ser aprendido em todas as formas: na fala, na escuta, na escrita e na leitura.

Para os estudiosos, esse enorme crescimento e seu ritmo vertiginoso resultaram na busca imediata e acelerada de mão de obra feminina que já vinha ocorrendo, e que é foi somente precipitada por força populacional. Ou seja, o percentual de homens que permaneceu no ensino elementar se tornou muito pequeno, em comparação ao enorme crescimento de mulheres, para as quais eram reservados salários relativamente baixos. Em 1888, as mulheres compunham 63% da força de ensino nos Estados Unidos, como um todo. Em 1921/22, mulheres preenchiam 86% das posições de ensino nas escolas elementares, públicas ou particulares, e 100%, nos *kindergartens* (MONAGHAN, 1994; MONAGHAN; BARRY, 1999; VANDEWALKER, 1908; THE A.C.E. KINDERGARTEN CENTENNIAL COMMITTEE, 1937).

Quando as editoras se prontificaram a "atender" ao aumento da demanda, decidiram por fazê-lo usando o que se afigurava como a mão de obra mais habilitada a responder às necessidades: mulheres em sala de aula ou em atividade muito próxima aos professores. Assim, buscaram as muito experientes em sala de aula ou que por ela já haviam passado e se encontravam agora em ascensão na carreira administrativa, como supervisores de ensino, e, pela primeira vez, tomando assento nos conselhos escolares.

Segundo Monaghan (1994, p. 31-32), o que as autoras tinham em comum

> [...] era a sua experiência no mundo real da sala de aula elementar. Mulheres como elas, que haviam ganhado alguma fama local ao ascenderem ao topo dos *ranks* administrativos da educação (como fez Arnold no sistema escolar elementar de Boston), ou quem ainda estava na sala de aula estava agora publicando em largo número. Como elas – e, de fato, como a maioria dos autores homens de livros didáticos da época – essas mulheres muito frequentemente tiveram seus nomes incorporados nos títulos das séries.

Para Monaghan (1994, p. 32), além disso,

> [...] está claro que mesmo antes da virada do século as mulheres tinham um virtual monopólio sobre a autoria dos *primers*, mesmo quando os *readers* que seguiam nas séries eram escritos por homens. May Kirk, por exemplo, escreveu *Baldwin Prim*er (1899) para a *School Reading by Grades*, de James Baldwin (1897). Depois de 1900, a vasta maioria de novos *primers* foram escritos por mulheres. Esse reconhecimento das qualificações especiais das mulheres para ensinar as crianças menores pode ter se estendido para duas outras áreas: instrução para alfabetização de não-falantes do inglês e para alfabetização do adulto.[36]

Por conseguinte, parece que as mulheres não sofreram diretamente com as disputas de métodos que afetavam as *primers* e os livros de leitura destinados às séries elementares. Todavia, tendencialmente foram afetadas de forma negativa pelas disputas provocadas pelo movimento de reforma literária e linguística do início do século XX, porque envolviam conhecimentos superiores em relação aos que a maioria das mulheres detinha, ou seja, que ainda não tinha tido acesso à universidade, à pesquisa e aos títulos de doutorado. Com isso, muitos dos livros mais avançados de literatura, que completavam as séries graduadas, eram escritos por homens, em muitos casos com assistência de mulheres apenas para a escolha dos temas das lições.

---

[36] Conforme Carpenter (1963, p. 92): "Depois daqueles tempos de George Frederick Holmes, Sarah L. Arnold, Charles B. Gilbert, William T. Harris, Marcius Wilson e outros compiladores da última parte do sec. XIX, a elaboração de livros de leitura se tornou uma tarefa de expert em educação infantil, psicologistas que estudavam as técnicas envolvidas na leitura. Mark Baldwin passou a ser publicado nesse momento; eram um psicologista famoso que ensinava leitura nas escolas em termos psicológicos, e seus textos eram muito aceitos em todas as partes. Durante as 3 ou 4 décadas seguintes, os compiladores de livros de leitura eram na maioria dos casos seguidores de Baldwin". Sobre ele, Carpenter abre uma nota: "Baldwin lecionou Psicologia nas universidades Princeton e Johns Hopkins [...]".

Com essa onda reformadora, as mulheres perderiam a predominância na autoria dos livros de leitura que há pouco tinham conquistado. Mas é preciso ainda sublinhar mais três fatores que deslocaram as mulheres da autoria para a coautoria secundária: crescimento rápido do ensino secundário, que foi profundamente reformado com a extensão da escolaridade elementar, e a criação do *high school*, com gradações e diversificações curriculares. Se estiver certa essa hipótese, a professora do ensino elementar não conquistou o mercado das séries finais do ensino básico estendido. Foram os professores do ensino secundário acrescentados aos professores universitários que ganharam espaço para as séries escolares inferiores. Isso não quer dizer que as mulheres foram expulsas. Muitas foram chamadas como colaboradoras ou coautoras, como já salientamos.

Além disso, o avanço do movimento de renovação educacional – o progressivismo – fazia frente ao uso dos livros didáticos para o ensino da leitura, em favor da criação dos textos pelas crianças, quando muito complementados com livros de adultos. Mas, apesar de ter sido muito intenso e de ter pressionado fortemente as reformas educacionais, o movimento foi incapaz de deter a força quantitativa que somava a favor das editoras e da autoria feminina, que, curiosamente, acabava por ser um dos alvos principais da crítica progressivista.

Contra as mulheres também pesou grandemente um movimento que tem uma origem comum ao progressivismo educacional, até que se tornaram os dois grandes antagonistas, nas primeiras décadas do século XX, disputando a liderança das reformas educacionais. Os autores registram esse movimento como "movimento científico", que, além de impactar os rumos do ensino da leitura e em parte da escrita, consequentemente, dos livros a eles destinados, atingiu a organização curricular da escola elementar e especialmente do *high school*. Curiosamente, tanto esse movimento como o do progressivismo educacional deslocam da primeira cena as professoras e os professores de escola, para dar protagonismo aos acadêmicos com suas pesquisas e suas especializações.

Três são os principais nomes envolvidos nesse movimento científico, com bastante ênfase no primeiro: Edward Lee Thorndike, Arthur Gates e William S. Gray. Suas pesquisas e seus testes afetaram profundamente os estudos antes existentes sobre movimentos dos olhos e discurso interior, dando-lhes nova direção e relacionando pesquisa de leitura com pedagogia da leitura. A esse movimento há de se dedicar atenção especial, em outra oportunidade.

Antes de encerrar as análises sobre Sarah L. Arnold, vale ainda destacar o fato de os seus trabalhos em autoria ou coautoria terem obtido grande sucesso editorial dentro e fora dos Estados Unidos. Faz-se necessário um estudo mais minucioso que permita verificar como e por que Arnold parece escapar das classificações e periodizações que servem à maioria das séries didáticas de leitura, aí incluindo todas as suas modalidades. Além de ter respondido sozinha ou em coautoria por praticamente todos os tipos de impressos para o ensino da leitura e da escrita, desde o início do século XIX até começo do século XX – *primer*, *reader*, *grammar*, *speller* etc. – Arnold percorreu quase todas os tipos de conteúdos e métodos criados naquele período, mesmo quando ainda não estavam em voga. Assim, por exemplo: em uma série de livros de leitura, ela foi coautora secundária, com dois acadêmicos de Harvard, quando esse tipo de agrupamento não era comum, o que ocorreria a partir dos anos 1920; ela defendeu a leitura silenciosa ao que parece ao largo das teses defendidas pelos psicologistas da linhagem thorndikiana e usou extensamente o manual destinado à orientação do professor, quando essa modalidade de impresso escolar ainda não havia se consagrado.

Sua circulação dentro e fora dos Estados Unidos merece toda a atenção, uma vez que foi utilizada à larga em protetorados norte-americanos, como Filipinas e Porto Rico; circulou em línguas como espanhol, português e árabe, o que permitiu a Sarah L. Arnold transitar do Ocidente ao Oriente.

Referências

A.C.E. KINDERGARTEN CENTENNIAL COMMITTEE (THE). *The Kindergarten Centennial – 1837-1937:* a brief historical outline of early childhood education. Washington, DC: The Association of Childhood Education, 1937.

ADDAMS, J. The public school and the immigrant child. *Journal of Proceedings and Addresses of the Forty-Sixth Annual Meeting*, Cleveland, OH, p. 99-102, 1908.

ANDREWS, B. R. Sarah Louise Arnold, 1859-1943. *Journal of Home Economics*, Geneva, NY, v. 35, n. 6, p. 339-340, June 1943.

ANTLER, J.; BIKLEN, S. K. *Changing education:* women as radicals and conservators. New York: State University of New York Press, 1990.

ARNOLD, S. L. The duties and privileges of the supervisor. *The Independent...*: tendencies, history, literature, and the arts, Boston, v. 50, p. 315-318, Aug 4 1898.

______. Training and certification of teachers in household economics. *Lake Placid Conference on Home Economics:* proceedings of the Fifth Annual Conference, Boston, MA, v. 5, p. 8-12, 1903.

______. The reconciliation of cross purposes in the education of women. *Journal of Proceedings and Addresses of the Forty-Sixth Annual Meeting*, Cleveland, p. 112-113, 1908.

______. The home maker. In: GIRL SCOUTS. *Scouting for girls*: official handbook of the Girl Scouts. New York: The Girl Scouts: National Headquarters, 1920. p. 106-132.

BOARD OF EDUCATION. *Report of board of education of Massachusetts on Agricultural Education.* Boston: Wright & Potter, State Printers, 1911.

BRADY vice Hoover. *Time Magazine*, New York, v. 12, n. 1, Jul. 02, 1928.

CAMBRIDGE TRIBUNE. *Agricultural Book Published*, v. 41, n. 24, 10 Aug. 1918.

CARPENTER, C. *History of american schoolbooks.* Philadelphia: Philadelphia University of Pennsylvania Press, 1963.

FEMALES figure in Day's News. *Lewiston Saturday Journal*, Lewiston, Jul. 18, 1908. Não paginado.

GRAMSCI, A. *Cadernos do cárcere*. Tradução Carlos Nelson Coutinho. Rio de Janeiro: Civilização Brasileira, 2001. v. 4.

JOHNSTON, B. F. *Creating Stanford's Food Research Institute:* Herbert Hoover, Alonzo Taylor, Carl Alsberg, J. S. David, and K. Bennett. Disponível em: <http://www.stanford.edu/group/FRI/fri/history/bruce.html>. Acesso em: 27 out. 2013.

DEAN Arnold talks conservation to a group of Miami housewives. *The Miami News*, Miami, Dec. 25, 1918.

MICROCOSM (THE). Libreto "com registros de fatos passados", organizado pela turma de 1933 do Simmons College 1933. Boston, MA: [s.n.], 1933.

MONAGHAN, E. J. Gender and textbooks: women writers of elementary readers, 1880-1950. *Publishing Research Quarterly*, New York, v. 10, n. 1, p. 28-46, Spring 1994.

MONAGHAN, E. J.; BARRY, A. L. *Writing the past:* teaching reading in Colonial America and the United States 1640-1940: the catalog. 44th Annual Convention of the International Reading Association. San Diego, CA, 1999.

MONAGHAN, E. J.; SAUL, E. W. The reader, the scribe, the thinker: a critical look at the history of american reading and writing instruction. In: POPKEWITZ, T. S. (Org.). *The formation of school subjects:* the struggle for creating an american institution. New York: The Falmer Press, 1987. p. 85-122.

MORTATTI, M. R. L. *Os sentidos da alfabetização*: São Paulo-1876/1994. Brasília, DF: MEC/INEP/COMPED; São Paulo: Ed. UNESP, 2000.

NATURE study in the public schools by Sarah Louise Arnold. *Congregationalist*, Oak Creek, Aug. 12, 1897.

NIETZ, J. A. *19th Century schoolbooks.* [S.l.], 2003. Disponível em: <http://digital.library.pitt.edu/nietz>. Acesso em: 27 out. 2013.

______. The contribution of an analysis of old school textbooks to the history of education in United States. *The Journal of Educational Research*, Philadelphia, v. 35, n. 3, p. 201-207, Nov. 1941.

______. Significance of research in old textbooks. *History of Education Journal*, [S.l.], v. 4, n. 4, p. 146-148, Summer 1953.

______. Some findings from analyses of old textbooks. *History of Education Journal*, [S.l.], v. 10, n. 1/4, p. 20-28, 1959. Tenth Anniversary Issue.

______. *Old textbooks; spelling, grammar, reading, arithmetic, geography, American history, civil government, physiology, penmanship, art, music, as taught in the common schools from colonial days to 1900.* Pittsburgh: University of Pittsburgh Press, 1961.

______. Old secondary school grammar textbooks. *The English Journal*, [S.l.], v. 54, n. 6, p. 541-546, Sep., 1965.

SCHWARTZ, C. M. Ensino da leitura no Espírito Santo (1911-1930): uma análise das concepções de leitura, de texto e de linguagem. In: CONGRESSO BRASILEIRO DE HISTÓRIA DA EDUCAÇÃO: o ensino e a pesquisa em história da educação, 5., 2008, Aracaju. *Anais...* São Cristóvão: Universidade Federal de Sergipe; Aracaju: Universidade Tiradentes, 2008. p. 1-15.

SNEDDEN, D. *Sociological determination of objectives in education.* Philadelphia: Lippincott, 1921.

SNEDDEN, D.; DUTTON, S. T. *The administration of public education in the United States.* New York: Macmillan, 1908.

UNIVERSITY OF MASSACHASUTTES AMHERST. *Arnold House*. Amherst, MA, [2013]. Disponível em: <http://www.library.umass.edu/spcoll/youmass/doku.php?id=a:arnold_house>. Acesso em: 27 out. 2013.

VANDEWALKER, N. C. *The kindergarten in american education.* New York: The Macmillan Company, 1908.

VENEZKY, R. L. Steps toward a modern history of american reading instruction. *Review of Research in Education*, Itasca, v. 13, p. 129-167, 1986.

______. A history of the american reading book. *The Elementary School Journal*, Chicago, v. 87, n. 3, p. 246-265, Jan. 1987. Special Issue: The Basal Reader in American Reading Instruction.

______. *American primers*: guide to the microfiche collection with a Introductory Essay. Bethesda, MD: University Publications of America, 1990.

VEYSEY, L. R. *The emergence of the American university.* Chicago: University of Chicago Press, 1970.

WARDE, M. J. A industrialização das editoras e dos livros didáticos nos Estados Unidos (do século XIX ao começo do século XX). *Educação & Sociedade*, Campinas, v. 32, n. 114, p. 121-135, jan./mar. 2011. Disponível em: <http://www.scielo.br/pdf/es/v32n114/a08v32n114.pdf>. Acesso em: 06 nov. 2013.

APÊNDICE A – Livros escolares em inglês de Sarah Louise Arnold destinados a escolas norte-americanas

Autor	Título	Data (1ª ed.)	Cidade: Editora
Arnold, Sarah Louise	*Supplementary language lessons for grammar grades*	1886	Boston, Ma: Educational Publishing Co.
Arnold, Sarah Louise	*Supplementary Language Lessons for Intermediate and Grammar Grades: Memory Lessons. - Dictation Exercises.-Stories for Reproduction. - Exercises in Letter Writing.-Word Pictures. - Occupation Lessons*	1887	Boston, Ma: Educational Publishing Co.
Arnold, Sarah Louise	*Waymarks for teachers, showing aims, principles, and plans for everyday teaching*	1894	New York, Boston, Chicago: Silver, Burdett & Co.
Arnold, Sarah Louise Branson, Eugene Cunnigham	*Supplementary Notes: Waymarks for teacher (giving an outline of each chapter with suggestive questions and names of helpful books of reference).*	1900	New York, Boston, Chicago: Silver, Burdett & Co.
Arnold, Sarah Louise Gilbert, Charles Benajah	*Stepping Stones to Literature. A First Reader.*	1897	New York, Boston, Chicago: Silver, Burdett & Co.
Arnold, Sarah Louise Gilbert, Charles Benajah	*Stepping Stones to Literature. A Second Reader*	1897	New York, Boston, Chicago: Silver, Burdett & Co.
Arnold, Sarah Louise Gilbert, Charles Benajah	*Stepping Stones to Literature. A Third Reader*	1897	New York, Boston, Chicago: Silver, Burdett & Co.
Arnold, Sarah Louise Gilbert, Charles Benajah	*Stepping Stones to Literature. A Fourth Reader*	1897*	New York, Boston, Chicago: Silver, Burdett & Co.
Arnold, Sarah Louise Gilbert, Charles Benajah	*Stepping Stones to Literature. A Reader for Fifth Grades*	1897*	New York, Boston, Chicago: Silver, Burdett & Co.
Arnold, Sarah Louise Gilbert, Charles Benajah	*Stepping Stones to Literature. A reader for Sixth Grades*	1897	New York, Boston, Chicago: Silver, Burdett & Co.
Arnold, Sarah Louise Gilbert, Charles Benajah	*Stepping Stones to Literature. A reader for Seventh Grades*	1898	New York, Boston, Chicago: Silver, Burdett & Co.
Arnold, Sarah Louise Gilbert, Charles Benajah	*Stepping Stones to Literature. A Reader Higher Grades*	1898	New York, Boston, Chicago: Silver, Burdett & Co.
Arnold, Sarah Louise	*Use of pictures in the school-room [The]*	1898	Malden, Ma: E. A. Perry
Arnold, Sarah Louise	*Learning to Read: Suggestions to Teachers of Young Children*	1899	New York, Boston, Chicago: Silver, Burdett & Co.
Arnold, Sarah Louise	*Reading, how to teach it*	1899	Boston, New York, Chicago: Silver, Burdett & Co.
Arnold, Sarah Louise. Kittredge, George Lyman	*Mother Tongue [The] – Book I: Lessons in Speaking, Reading and Writing English.*	1900	Boston: Ginn & Co.
Kittredge, George Lyman Arnold, Sarah Louise	*Mother Tongue [The] – Book II: An Elementary English Grammar.*	1900	Boston: Ginn & Co.

Arnold, Sarah Louise	*Outline of a course of study in language and Grammar, prepared to accompany The Mother tongue, books I and II*	1901	Boston: Ginn & Co.
Gardiner, John Hays Kittredge, George Lyman Arnold, Sarah Louise	*Mother Tongue [The] – Book III: Elements of English Composition*	1902	Boston, New York, Chicago, London: Ginn & Co.
Arnold, Sarah Louise	*Plans for busy work*	1901	Boston, New York, Chicago: Silver, Burdett & Co.
Arnold, Sarah Louise	*Arnold primer [The]*	1901	Boston, New York, Chicago: Silver, Burdett & Co.
Arnold, Sarah Louise	*With Pencil and Pen. Language Lessons for primary schools*	1906	Boston, New York, Chicago, London: Ginn & Co.
Gardiner, John Hays Kittredge, George Lyman Arnold, Sarah Louise	*Manual of composition and rhetoric*	1907	Boston, New York, Chicago, London: Ginn & Co.
Arnold, Sarah Louise Bonney, Elizabeth Catherine Southworth, Edward Franklin	*See and Say Series [The]: Book One. A picture book teaching the letters and their sounds with lessons in word building*	1913	Boston, New York, Chicago, London: Ginn & Co.
Arnold, Sarah Louise Bonney, Elizabeth Catherine Southworth, Edward Franklin	*Manual for teachers to accompany The See and Say Series, book one*	1913	Boston, New York, Chicago, London: Ginn & Co.
Arnold, Sarah Louise Bonney, Elizabeth Catherine Southworth, Edward Franklin	*See and Say Series [The]: Book Two. A word book teaching the sounds of letters and giving practice in word-getting, word-building, and word-writing.*	1914	Boston, New York, Chicago, London: Ginn & Co.
Arnold, Sarah Louise Bonney, Elizabeth Catherine Southworth, Edward Franklin	*Manual for teachers to accompany The See and Say Series, book two*	1914	Syracuse, New York: Iroquois Co., Inc.
Arnold, Sarah Louise Bonney, Elizabeth Catherine Southworth, Edward Franklin	*See and Say Series [The]: Book Three. A word book teaching the sounds of letters and phonograms and giving practice in word-getting, world-building, word-writing, and clear speaking.*	1915	Syracuse, New York: Iroquois Co., Inc.
Arnold, Sarah Louise Bonney, Elizabeth Catherine Southworth, Edward Franklin	*Manual for teachers to accompany The See and Say Series, book three*	1915	Boston, New York, Chicago, London: Ginn & Co.

Arnold, Sarah Louise	*Mastery of words: Book Four of The See and Say Series. A Series of Lessons Based Upon the Ordinary Essential Vocabulary, to Secure for the Pupil Prompt Recognition of Words, Accurate spelling, and the Power to Help Himself in the Study of Words [complete edition]*	1916	Syracuse, New York: Iroquois Co., Inc.
Arnold, Sarah Louise	*Mastery of words, Book One: a course in spelling arranged for grades... [The]: a series of lessons based upon the ordinary essential vocabulary, to secure for the pupil prompt recognition of words, accurate spelling, and the power to help himself in the study of words*	1916, 1918	Syracuse, New York: Iroquois Co., Inc.
Arnold, Sarah Louise	*Mastery of Words [The], Book Two - A Course in Spelling Arranged for Grades Six, Seven & Eight*	1917, 1920	Syracuse, New York: Iroquois Co., Inc.
Arnold, Sarah Louise	*Mastery of words for high schools [The]*	1923	Syracuse, New York: Iroquois Co., Inc.
Arnold, Sarah Louise	*Story of the Sargent Industrial School[The]at Beacon, New York, 1891-1916 [[told by S.L.A.]*	1917	Boston: D. B. Updike – The Merrymount Press
Arnold, Sarah Louise	*Grace at Table*	1918	s/l: s/e
Arnold, Sarah Louise	*Way of understanding [The]*	1934	New York : Girl Scouts of the U.S.A.

Quadro único – Livros escolares em inglês de Sarah Louise Arnold destinados a escolas norte-americanas.

Fonte: Diversas. Seleção, organização e composição do quadro: Mirian Jorge Warde.

*A maioria dos livros de S. L. Arnold recebeu mais de uma reedição ou reimpressão, porém, em regra, mantendo os mesmos títulos e conteúdos. A série *Stepping...* parece ter escapado dessa norma: 1) há uma reedição de 1904 de *Stepping Stones to Literature. A Fourth Reader*, cujo sumário em nada coincide com o da 1ª edição de 1897 e 2) o Estado da Califórnia republicou em 1910 na "California State Series" o *Stepping Stones to Literature. A Fourth Reader* e o *Stepping Stones to Literature. A Reader for Fifth Grades* com os títulos respectivos de *A Fourth Reader* e *A Fifth Reader*. Comparados os sumários, as novas edições repetem integralmente os originais; ainda assim, consta nessas reedições que os livros de Arnold e Gilbert teriam sido revisados pelo State Text-Book Committee e aprovados pelo State Board of Education. Na mesma página do registro dos direitos autorais, aparece uma curiosa nota de esclarecimento: "Na compilação deste livro, foram utilizados alguns tópicos do '*Stepping Stones to Literature' A Reader for Fifth Grades*, de Sarah Louise Arnold e Charles B. Gilbert. Todos esses tópicos estão protegidos pelos direitos autorais registrados acima".

INFLUÊNCIAS DO PENSAMENTO NORTE-AMERICANO NA PRODUÇÃO DE CARTILHAS PARA O ENSINO DA LEITURA E DA ESCRITA NO RIO GRANDE DO SUL NA DÉCADA DE 1960[1]

Eliane Peres

> *The nation has succeeded in putting men on the moon. It has not yet managed to teach all the children of all people to read.* (SCOTT, FORESMAN AND COMPANY, 1971, p. 6).[2]

ORIGENS DO ESTUDO E EVIDÊNCIAS INICIAIS

Ao desenvolver pesquisas no campo da história da escolarização primária e da alfabetização desde 1995 (PERES, 1995, 2000), com trabalhos específicos sobre a produção gaúcha de cartilhas, a questão de possíveis influências norte-americanas nessa produção aparecia de forma recorrente (PERES; CÉZAR, 2003; PERES; PORTO, 2004; PERES, 2006a, 2006b, 2006c; PERES, 2008a, 2008b; PERES; FACIN, 2010; PERES; DIETRICH, 2010; PERES, 2011).

Em relação a essas influências, destaco três indicadores principais iniciais: 1) a tradução do livro *How to teach reading*, de autoria das pro-

---

[1] Este artigo é resultado da pesquisa de pós-doutorado realizada em 2012, na University of Illinois at Urbana-Champaign (Department of Curriculum and Instruction, College of Education), USA.

[2] *A nação conseguiu colocar homens na lua. Mas ainda não conseguiu ensinar todas as crianças a ler.* (Tradução livre. Todas as traduções aqui feitas são de minha inteira responsabilidade).

fessoras norte-americanas Mary E. Pennel e Alice M. Cusack,[3] feita, em 1935, pela professora da Escola Normal de Porto Alegre, Anadyr Coelho; 2) as referências às leituras, realizadas por professoras e autoras gaúchas de obras didáticas, dos trabalhos do americano Willian Scott Gray e do livro *The Psychology and Pedagogy of Reading* (1.ed., 1908; última, 1968), de Edmund Burke Huey; 3) a ida em missão de estudos aos EUA, para "[...] aprender a fazer bons livros didáticos", de duas das principais autoras de livros escolares do Rio Grande do Sul: Cecy Cordeiro Thofehrn e Nelly Cunha, respectivamente nos anos 50 e 60 do século XX. Essas indicações instigaram a pesquisa que resultou no trabalho aqui apresentado.

Desde os anos de 1930, cartilhas de base analítica para o ensino da leitura e da escrita foram produzidas no Rio Grande do Sul; contudo, há o predomínio destas nos anos de 1960 e 1970. Esse fenômeno está associado ao trabalho das técnicas educacionais do Centro de Pesquisas e Orientação Educacionais (CPOE), elas mesmas autoras dessas cartilhas. Esse Centro foi criado em 1943, ligado à SEC/RS, e teve um papel marcante nos rumos do ensino primário sul-rio-grandense (PERES, 2000). A partir dos anos de 1950, o CPOE foi responsável pelo fomento da produção didática no Rio Grande do Sul.

Além da influência das técnicas educacionais do CPOE, que defendiam a adoção do método analítico (ou global) nas escolas gaúchas e eram autoras de cartilhas com essa orientação metodológica, é preciso considerar que, em âmbito brasileiro, havia um forte investimento em políticas de produção de livros didáticos. Essas políticas decorreram especialmente de acordos firmados entre os governos dos Estados Unidos e do Brasil.

Ainda no final dos anos de 1950, durante a presidência de Juscelino Kubitschek, por exemplo, foi estabelecido o Programa de Assistência Brasileiro-Americana ao Ensino Elementar (PABAEE). Segundo Paiva e Paixão (2002, p. 8), o acordo, assinado em 1956, tinha como objetivo principal a constituição de um programa de assistência ao ensino primário. Conforme as autoras, "[...] tratava-se, basicamente, de um programa que visava a qualificação do professor primário" e tinha duas frentes principais de atuação: "[...] o treinamento dos professores de escolas normais e a produção

[3] Reflexões sobre esse manual também se encontram no capítulo de Maria Teresa Santos Cunha, que integra este livro [NOTA DAS ORGANIZADORAS].

de materiais didáticos para apoio ao ensino em escolas primárias e normais de todo o país." (PAIVA; PAIXÃO, 2002, p. 8).

Nos anos de 1960, houve, também, significativas ações visando ao incremento da produção didática no Brasil, especialmente com a política da Comissão do Livro Técnico e Didático (COLTED), decorrente do acordo entre o Ministério da Educação e Cultura e a *United States Agency for International Development* (acordo MEC/USAID). A COLTED resultou do convênio entre o Sindicato Nacional de Editores de Livros (SNEL) e a USAID, e foi criada pelo Decreto Presidencial N° 58.653, de 16 de junho de 1966, com a finalidade de incentivar, orientar e coordenar as atividades do Ministério da Educação e Cultura relacionadas ao aperfeiçoamento do livro didático. Para alguns autores como, por exemplo, Arapiraca (1982), a COLTED não era apenas um acordo de "cooperação técnica", mas um planejamento ideológico que objetivava atrelar o sistema educacional brasileiro ao modelo de desenvolvimento dependente.[4]

De fato, as políticas de intervenção norte-americanas, sobretudo nos anos de 1960, na América Latina em geral, e no Brasil, em especial, são bastante conhecidas. Para o caso brasileiro, nesse mesmo período, mais precisamente em 1961, com a renúncia de Jânio Quadros, o governo americano ficou desapontado com os acontecimentos no cenário político brasileiro e, em seguida, adotou uma posição cautelosa em relação ao governo Jango (SKIDMORE, 2010). A Aliança para o Progresso, em 1961, representou uma interferência mais sistemática do governo americano na América Latina, incluindo obviamente o Brasil. Em 1964, a participação dos EUA no golpe militar desvelou a intensidade da ingerência social e política desse país na vida brasileira.

Esse contexto e essas relações explicam igualmente a produção significativa de livros para o ensino da leitura e da escrita no Rio Grande do Sul, no período em questão. Na referida produção, para o caso das cartilhas, a base teórico-metodológica era o chamado método analítico ou global, cuja máxima era "[...] o sentido fixa a forma" (PENNEL; CUSACK, 1935), ou seja, o entendimento era que a aprendizagem da leitura seria

[4] Ver também a análise de Krafzik (2006).

mais eficaz se partisse de elementos da língua cujo sentido fosse completo: palavra, frase ou conto/historieta.

Em que medida esses princípios tiveram matriz no pensamento norte-americano sobre o ensino da leitura e da escrita foi o foco da pesquisa que desenvolvi, em 2012, e da qual, neste capítulo, apresento alguns dados coletados e analisados. Na primeira seção, exponho alguns aspectos de como a investigação foi realizada para, em seguida, apresentar e discutir os dados em duas outras seções, denominadas *"Word-perception": a palavra como primeira unidade de percepção* e *Um modelo de livro para ensino da leitura e da escrita*. Por fim, nas considerações finais, retomo os principais argumentos do trabalho, tentando explicar as influências do pensamento norte-americano na produção gaúcha de cartilhas, nos anos de 1960.

Perspectivas de investigação: da coleta à análise dos dados

Para Luke (1988), as práticas históricas de ensino e aprendizagem da leitura e da escrita devem ser analisadas considerando-se os contextos socioculturais mais amplos nas quais essas práticas estão inseridas. Essa é ainda a razão pela qual é importante compreender, para o caso do Rio Grande do Sul, as políticas e as relações entre COLTED, MEC/USAID, editoras, autoras, CPOE, escolas de formação etc., ou seja, os sujeitos e as instituições envolvidas na produção de livros para a alfabetização, no período em questão.

Para o autor mencionado, definir historicamente a qualidade da alfabetização envolve a reconstrução histórica do que é se tornar alfabetizado, "[...] com base nos existentes artefatos textuais." (LUKE, 1988, p. 15). Nesses artefatos, que são também e fundamentalmente culturais – aqui, no caso, as cartilhas –, é preciso observar os pressupostos conceituais, as políticas e as definições editoriais e gráficas em conjunto com as políticas mais amplas, os projetos de escolarização, as intencionalidades pedagógicas, as concepções didáticas, possibilitando, assim, refletir sobre os sentidos da alfabetização e de ser alfabetizado em um dado momento histórico.

Nesse sentido, parto da ideia de que estudar a história da alfabetização – campo no qual o presente trabalho está inserido – supõe compreender a interseção entre os artefatos culturais existentes na escola – entre eles, os livros didáticos – e as proposições, planos e iniciativas culturais, educacionais e pedagógicas e, acima de tudo, os projetos sociais que se revelam nos livros escolares.

Trata-se, segundo Luke (1988), de fazer uma espécie de análise do discurso, uma vez que os dados primários são documentais nos estudos desse tipo. Desse modo, para o autor, um dos primeiros passos em pesquisas dessa natureza é reunir os artefatos de alfabetização, descrevendo seus contextos e usos, sua distribuição espacial e temporal, quem os produziu etc. Contudo, o estilo interno também pode ser considerado parte do "contexto do texto" e sua análise requer uma ênfase na estrutura e no estilo dos discursos e nas relações intertextuais (LUKE, 1988, p. 15). Em resumo, na perspectiva desse autor, na análise dos materiais de alfabetização devem ser observados "[...] status, estilo, estrutura e conteúdo dos textos, como eles foram produzidos, por quem, e de acordo com que pressupostos dominantes sobre a alfabetização, os alfabetizados e o ensino e a aprendizagem da leitura." (LUKE, 1988, p. 16).

É fundamental, portanto, compreender o livro didático como um artefato que é ao mesmo tempo cultural, econômico, pedagógico e textual, e cujas páginas revelam intencionalidades sociais definidas. O esforço deste trabalho vai nesta direção: ampliar a análise para além das páginas dos livros, ou melhor, partindo delas, procurar compreender as complexas relações econômicas, sociais, políticas e educacionais que explicam os "[...] status, estilo, estrutura e conteúdo [...]" dos livros, quem os produziu, como e sob quais pressupostos, como alerta Luke (1988, p. 16).

No caso específico deste estudo, não se pretende efetuar uma "macroexplicação" ou uma abordagem capaz de dar conta de todas as dimensões das complexas relações sociais, políticas e econômicas atreladas à produção didática, algo impraticável em um trabalho desse porte. Trata-se de um enfoque, o qual, atento a essa complexidade, indica uma rede de relações que se estabelecia e ajuda a explicar, para a situação do Rio Grande do Sul, por que nos anos de 1960 houve uma produção considerável de livros para o ensino da leitura e da escrita, cujas bases eram um conjunto de ideias de cunho social e pedagógico em evidência nos Estados Unidos.

A investigação que resultou neste trabalho, como afirmei, está inserida no campo da história da alfabetização, tendo uma abordagem mais específica na produção de livros de iniciação à leitura, e foi efetivada em 2012, na Universidade de Illinois (University of Illinois at Urbana-Champaign), mais especificamente na Biblioteca de Educação e Ciências Sociais (Education and Social Science Library – ESSL), a qual possui um acervo denominado *The Curriculum Collection* (CC).[5] O referido acervo (CC) é composto de livros didáticos, guias curriculares, planos de lições, coleção de catálogos de editoras, livros de literatura infantil etc., abrangendo o período de 1880 até 1980. Atualmente, há 26.000 itens catalogados em *The Curriculum Collection* e outros 30.000 ainda não catalogados (mas, mesmo assim, disponíveis para pesquisa).

No período da investigação, consultei mais de uma centena de livros didáticos – dando especial atenção a duas séries/programas de ensino de leitura: *Dick and Jane Basic Readers: Curriculum Foundation Series*, da editora *Scott, Foresman and Company*,[6] e *The Alice and Jerry Basic Reading Program*, da editora *Row, Peterson and Company* – compondo um arquivo de mais de 300 imagens digitalizadas e 200 páginas de material digitado. O objetivo era ter elementos suficientes para comparar a produção didática gaúcha com esses livros produzidos nos EUA, a fim de desenvolver o argumento da possível influência do pensamento norte-americano na produção do Rio Grande do Sul.

A metodologia do estudo, de caráter qualitativo e histórico, compreendeu diferentes fases em que foram feitas a leitura, a identificação, a categorização e a análise dos fundamentos do ensino da leitura e da escrita pelo método analítico especialmente presentes nos seguintes materiais: 1) livros de cunho teórico como, por exemplo, os de Gates (1928); Gray (1956, 1957); Gray e Horton (1948); Gray et al. (1951a, 1951b, 1954); Russel (1949), entre outros; 2) cartilhas de autoras gaúchas; 3) cartilhas americanas (*Pre-primers* e *Primers*); 4) os manuais dos professores, que acompanhavam as cartilhas.

---

[5] Ver <http://www.library.illinois.edu/sshel/specialcollections/curriculum/>.

[6] Venezky (1990, s/p), referindo-se à produção das séries de livros americanos, enfatizou o papel de *Dick and Jane* nos seguintes termos: "Os passos finais para a constituição da série de leitura moderna surgiu nas décadas de 1920 e 1930, à medida que mais livros foram adicionados as séries comuns e um controle mais estrito sobre o vocabulário e a sintaxe foram adotados nas seleções de leitura, particularmente nos níveis iniciais. A série *Dick and Jane*, publicada por *Scott, Foresman & Co.* na década de 1930, foi responsável por muitas dessas mudanças e permanece até hoje como o protótipo norte-americano de programa de leitura do século 20".

O procedimento de análise foi basicamente a leitura intensiva e extensiva e a categorização dos principais fundamentos do método analítico, no conjunto dos quatro documentos indicados.

Tendo exposto alguns aspectos dos procedimentos da pesquisa, passo, a seguir, para a apresentação e a discussão de dois temas que considerei relevantes, nos dados coletados: o primeiro trata do método para o ensino da leitura e da escrita em voga nos EUA, desde pelo menos o final dos anos de 1920 e de como isso se revela nas cartilhas gaúchas; o segundo reflete sobre como as cartilhas que propagaram esse método, no caso do Rio Grande do Sul, reproduziram também um modelo de livro e um projeto de sociedade.

Word-perception:[7] a palavra como primeira unidade de percepção

A palavra é a primeira unidade de percepção, no método defendido por muitos teóricos americanos, entre os quais Arthur Gates (1928), um dos mais importantes defensores do método analítico nos EUA, desde o final dos anos 20. Tal procedimento metodológico ficou conhecido como *word-perception* ou *word recognition.*

Gates (1928) recomendava observar, para o leitor iniciante, alguns aspectos que facilitariam o trabalho da percepção das palavras, quais sejam: 1) a configuração geral das palavras, quer dizer, apresentar inicialmente palavras que se diferenciassem no comprimento e na forma;[8] 2) a combinação de letras na palavra, ou seja, trabalhar com aquelas que tivessem uma ou mais letras em comum na mesma parte ou em diferentes partes (no início da palavra, no meio ou no final); 3) as "séries mistas", para o aprendiz detectar as similaridades e as diferenças entre as palavras; 4) os exercícios de fonética, incluindo palavras com a mesma "família fonética"; por fim, as reversões *(was-saw; net-ten; won-*now) (GATES, 1928, p. 178).

[7] Também denominada *word-recognition.* Optei aqui em manter e usar indistintamente as duas expressões em inglês, uma vez que a tradução para "percepção de palavras" ou "reconhecimento de palavras" não parece adequada.

[8] Embora não tenha encontrado, nos dados de pesquisa, referência à Teoria da Gestalt, não é possível deixar de estabelecer relação entre a ideia da configuração das palavras (fundamental na *word-recognition*) e as bases dessa teoria psicológica, visto que foi estruturada a partir dos estudos os quais estabeleciam a relação entre forma e percepção. Disponível em: <http://www.webartigos.com/articles/8655/1/Um-Estudo-Sobre-A-Teoria-Da-Gestalt/pagina1.html>. Acesso em: 5 set. 2013.

Para o autor, o trabalho deveria começar com algumas palavras que poderiam posteriormente ser facilmente organizadas em frases, sentenças, parágrafos, textos (proposta efetivada nos chamados *Pre-primers* americanos). Portanto, não se trata do "método global" no processamento de historietas, como se poderia pensar e como foi utilizado, por exemplo, na produção mineira, especialmente em *O Livro de Lili*, de Anita Fonseca (MACIEL, 2001). Esse pré-livro[9] foi um dos pioneiros na divulgação do método global de contos, no Brasil, tendo influenciado a produção em nível nacional, inclusive gaúcha. Essa influência é perceptível, sobretudo, na produção didática do Rio Grande do Sul, em *Sarita e seus amiguinhos*, de Cecy Cordeiro Thofehrn e Jandira Cardias Szechir (PERES, 2006a, 2006b, 2006c).

Esses dois pré-livros têm um estilo – pequenas historietas desde o começo do livro – que se parecem mais com os *Primers* ou *First Books*, para o caso americano, e não exatamente com os livros que o antecedem, os *Pre-primers* (não apenas um livro era produzido e usado em cada ano escolar, mas sempre mais do que um; para o ensino da leitura e da escrita, havia sempre os *Pictures Books* ou *Readiness Book, Pre-primers, Primers, First Books, Second Books* e assim por diante, até o final das séries da escola elementar,[10] formando um programa de leitura).

Quanto a esse aspecto, pode-se sublinhar que houve uma apropriação parcial do modelo de produção de livros americanos (sempre um programa de leitura que supunha vários livros e outros tantos materiais como livros de atividades, cartões de imagens e palavras, cartazes reproduzindo lições etc.). Possivelmente, em função das condições econômicas, sociais, culturais e editoriais, produzir mais de um livro para o ensino/aprendizagem da leitura para cada ano escolar, para o caso brasileiro, em geral, e gaúcho, em especial, não era viável. Nos pré-livros com historietas – notadamente os dois citados, *O Livro de Lili* e *Sarita e seus amiguinhos* – provavelmente as autoras precisaram encontrar uma solução que atendesse às condições econômicas, editoriais e pedagógicas da realidade brasileira.

---

[9] *Pré-livro*, como se sabe, foi a nomenclatura adotada pela professora Lúcia Casasanta, em oposição a cartilha, que tinha um apelo, segundo ela, aos métodos sintéticos de alfabetização (MACIEL, 2001). Contudo, veja-se que o *Pre-primer*, para o caso dos livros americanos, era ainda o "livro de palavras", sendo os *Primers* livros para um "segundo nível de leitura/leitores", por conseguinte, com sentenças e historietas. Houve aqui, pois, uma adaptação de Casasanta para o caso brasileiro.

[10] *Elementary School* corresponde à escolarização do *Kindergarden* – Pré-escola – até o 5º ano, nos EUA.

Não era possível produzir vários livros para o ensino da leitura (a fim de serem empregados em um mesmo ano escolar) em que as palavras iam aparecendo paulatinamente, de um livro para outro, graduando-as até chegar aos textos, como defendiam os teóricos da *word-recognition*. Nesse caso, no Brasil, a solução foi a produção de apenas um livro e com historietas apresentadas desde o início da cartilha/pré-livro.

Dessa forma, comparando alguns livros americanos com aqueles produzidos no Rio Grande do Sul que usavam a historieta para alfabetizar, é possível afirmar que algumas autoras gaúchas tomaram o modelo do *Primer*[11] para produção de cartilhas, como ocorreu com *Sarita e seus amiguinhos*, produzido ainda na década de 1950.

Acerca do método da *word-recognition*, a orientação dos teóricos americanos era que as unidades maiores (frases e historietas) deveriam ser introduzidas logo que o aluno fosse capaz de lidar com as palavras, sem muita dificuldade e confusão. A palavra era, dessa forma, considerada a "porta de entrada" para a leitura, o método por excelência para o início do processo de ensino/aprendizagem da leitura e da escrita.

Esse método considerava, de fato, a palavra como a primeira unidade de percepção, de modo que o aluno deveria primeiro aprender a reconhecer várias palavras. Para Gates (1928), por exemplo, era desejável introduzir palavras que aparecessem com mais frequência em sinais, cartazes, anúncios e similares, aquelas do interesse das crianças, utilizadas na literatura apreciada pelos alunos, palavras conectadas aos objetos e acontecimentos dos quais as crianças gostavam de falar, de escrever e de ler.

A escolha das palavras que comporiam o livro de ensino da leitura era *cientificamente definida*, segundo critérios como, entre outros, configuração da palavra (comprimento e forma), combinação de letras e combinações fonéticas, além de ser recomendado que as palavras estivessem ligadas ao uso e ao gosto das crianças. Nesse sentido, a denominada *Vocabulary*

[11] Apresenta textos curtos, com a repetição de frases, mas não mais palavras isoladas. Pode-se dizer que o *Primer* era um livro *intermediário* situado entre os *Pré-primers*, com palavras isoladas e algumas poucas e curtas frases, e o *First Book* e os sucessores - *Second, Thrid* etc.

List ou *Words List*[12] era rigorosamente definida e usada nas diferentes lições dos livros (*Pre-primers* e *Primers*, especialmente).

No entanto, não havia, para os defensores da *word recognition*, necessidade de um longo período dedicado exclusivamente à leitura das palavras. Depois que o aluno aprendesse algumas palavras, ele seria capaz, sem muita dificuldade, de ler frases e sentenças compostas por essas mesmas palavras aprendidas. Os aprendizes leriam uma frase ou frases e até mesmo um parágrafo inteiro quase de uma só vez, porque podiam ler as palavras que os compunham. Contudo, não poderiam, no início, sem esse trabalho com as palavras, perceber com precisão as unidades maiores como totalidades. Segundo os autores, seria inútil insistir para que os alunos fizessem isso. A percepção das unidades mais complexas viria gradualmente, e não era desejável que o aluno fosse confrontado primeiro com as histórias ou as sentenças.

Gates (1928), contrário ao método de histórias ou de sentenças, assim escreveu:

> Somos levados a acreditar que o uso inicial de passagens inteiras ou histórias não é o mais interessante para a criança. (GATES, 1928, p. 196).
>
> Método de história não só exige o impossível das crianças, mas também introduz um risco de reduzir o interesse dos alunos em histórias impressas. (GATES, 1928, p. 231).

Acerca do método de sentenças, Gates (1928, p. 197) argumentava na mesma direção:

> Mesmo se fosse verdade – e não é – que a sentença é, invariavelmente, a unidade de pensamento ou a frase sempre a unidade de pronúncia, a verdade é que qualquer uma destas unidades na forma impressa é muito complexa para o aluno que está começando a aprender. Se a facilidade de percepção é a aquela a ser tomada como critério, devemos considerar as palavras isoladas.

---

12 A definição de um vocabulário básico remonta à tradição da psicologia americana e não é, portanto, específico da *word-recognition*. O psicólogo americano Edward Lee Thorndike (1874-1949), precursor da Psicologia Comportamentalista, publicou obras, que se tornaram clássicas, com as consideradas palavras de maior recorrência no inglês-padrão e que deveriam ser dominadas pelas crianças na fala, na leitura e na escrita, e as quais os professores deveriam, pois, usar como referência no ensino e nos livros didáticos. O próprio Arthur Gates tomou como referências as listas de Thorndike.

Assim, não era o método da sentença ou da historieta que esteve em evidência nos EUA, desde o final dos anos de 1920, mas a adesão e a ampla divulgação do método analítico, com base na *word-recognition*, e a consequente produção didática de livros com suporte nos princípios desta abordagem.

Nesse método, cada palavra deveria ser repetida em intervalos controlados e em uma variedade de contextos. As características das palavras a destacar precisariam ser aquelas que aparecessem no vocabulário usual do aluno. À medida que os aprendizes fossem avançando, começariam a aprender uma série de palavras com base em pistas *(clues)* mais proeminentes, incluindo comprimento e configuração geral da palavra. A distinção de novas palavras seria a partir daquelas semelhantes as já usadas inicialmente (GATES, 1928).

Para elucidar melhor a proposta do método da *word-perception*, tomo o conjunto de materiais de uma série, *The New Basic Readers,* produzido para o "primeiro nível de leitura", de autoria de três importantes especialistas da leitura, nos Estados Unidos: Helen M. Robinson, Marion Monroe e A. Sterl Artley, que exemplifica a sequência proposta do uso das palavras, considerando sua apresentação e repetição no livro para o ensino inicial da leitura e da escrita.

Esse material é composto por três *Pre-Primers* (1- *Sally, Dick e Jane; 2- Fun with Our Family; 3- Fun Wherever We Are*); dois *Guidebooks* (*Teacher's Edition); um livro de exercícios (*Think-and-Do Book*); além de outros materiais, como: *The Test Basic Reading* (Teste Básico de Leitura); *Our Big Book* (Nosso Grande Livro), um conjunto de dezesseis grandes cartazes com a reprodução da capa, da página de título e das quatro primeiras histórias; *The Unit Card Set* (Conjunto de Cartões), um conjunto de cartões suficientes para construir as frases sugeridas nos procedimentos de ensino; *The Big Book and Card Holder* (O Grande Livro e o Suporte de Cartão), ou seja, "um cavalete de exibição portátil com bordas ajustáveis"; o livro *The New Guess Who,* um *Primer Junior*, concebido para "crianças imaturas" e de "aprendizagem lenta" (ROBINSON; MONROE; ARTLEY, 1962, p. 7). Tratava-se, como já foi frisado, de um conjunto de materiais (livros, cartões, cartazes) apenas para a fase inicial do ensino da leitura e da escrita. Esse material precedia os *Pictures Books* ou *Readiness Book* e antecedia os *Primers* (também sempre sendo dois ou três). Esse material era usado tanto no *Kindergarden*[13] como no 1° ano da escola elementar.

Para o que aqui interessa – compreender alguns procedimentos do método da *word-recognition* – extraí alguns dados do *Guidebook* do primeiro *Pre-primer, Sally, Dick and Jane,* no qual há as seguintes explicações:

> *Sally, Dick e Jane*, o primeiro *Pre-primer*, gira em torno da diversão das três crianças entre si e com seus animais de estimação. Ele apresenta **18 palavras** e proporciona uma fácil transição do livro de imagens para a leitura da linguagem impressa.
>
> [...]
>
> *Fun with Our Family*, o segundo *Pre-primer*, expande o tema de diversão em casa, incluindo os pais, bem como as crianças e os animais de estimação. Ele é escrito em um vocabulário de **40 palavras**, das quais **22 são novas**. O restante, as outras **18 palavras**, que foram introduzidos no primeiro *Pre-primer*, são reintroduzidas e repetidas em intervalos espaçados para promover o domínio das palavras.
>
> [...]
>
> *Fun Wherever We Are*, o terceiro *Pre-primer*, mostra as crianças, os animais e os pais para além do seu próprio quintal para as lojas e para o parque. Ele apresenta **32 novas palavras** e reintroduz e mantém as **40 palavras** a partir dos primeiros dois *Pre-primers*. (ROBINSON; MONROE; ARTLEY, 1962, p. 6, grifos meus).

Como se pode notar – e essa organização é comum a todas as séries/programas de leitura consultados para a pesquisa, aparecendo inclusive nos livros do aluno –, as palavras eram altamente controladas, repetidas, sequenciais e cumulativas. O vocabulário deveria ser repetido dentro do livro e de livro para livro, tornando-se gradualmente um conjunto de palavras que cresceria em quantidade, na medida em que as crianças progredissem nos primeiros livros. A expectativa era a de que, no momento em que os *Pre-primers* terminassem, algumas crianças estariam lendo com facilidade, fluentemente e sem problemas. Isso se daria, portanto, com a aprendizagem de algo em torno de 70 palavras usadas em contextos diferentes.

Ainda no *Guidebook* do primeiro *Pre-primer, Sally, Dick and Jane,* os autores enfatizam:

[13] Parte da Escola Elementar *(Elementary School)*, equivalente, no Brasil, a Pré-escola.

> Na fase inicial de leitura, a maioria das palavras impressas são estranhas às crianças. A criança aprende uma palavra só por vê-la muitas vezes. Porque isto é assim, as 18 palavras apresentadas no primeiro *Pre-primer* são introduzidas de forma gradual e repetidas muitas vezes.
>
> Nenhuma página em *Sally, Dick and Jane* apresenta mais de uma palavra, e nenhuma história apresenta mais de três. Os cinco primeiros usos de cada palavra são agrupados para facilitar o domínio pelos leitores iniciantes. Nunca há uma diferença de mais de cinco páginas entre quaisquer dois destes cinco primeiros usos. Depois, em intervalos espaçados, cada palavra é utilizada pelo menos mais cinco vezes. No *Think-and-Do Book* cada palavra é novamente utilizado pelo menos dez vezes.
>
> As crianças terão uma segunda chance de dominar estas palavras, no segundo *Pre-primer, Fun with Our Family.* Elas terão uma nova chance no terceiro, *Fun Wherever We Are.* Crianças que precisam de ainda mais ajuda e prática terão uma quarta chance no *Primer Junior, The New Guess Who.* Em cada um desses livros as palavras dos níveis anteriores são novamente agrupadas pelo domínio e usadas pelo menos dez vezes. (ROBINSON; MONROE; ARTLEY, 1962, p. 7).

A repetição, o controle, o uso e a memorização garantiriam, assim, a aprendizagem das palavras que reapareceriam nos outros livros (*Primers, First Book*...) e em outros contextos (sentenças e historietas), completando, dessa maneira, o "programa de leitura" (que na verdade durava toda a *Elementary School,* até o 5º ano).

Em decorrência, o modelo de livro baseado na *word-recognition* previa, de modo geral, a introdução entre 18 e 30 palavras no primeiro *Pre-primer*, formando um vocabulário básico que se repetiria nos livros seguintes, com a introdução controlada de novas palavras (em média, mais 20 palavras), nas quais se observariam páginas *sem* palavras novas, páginas com apenas *uma* palavra nova e páginas com *duas* palavras novas (todas as palavras se repetiam igualmente, nos outros materiais: cartazes, cartões, cartas, livro de atividades).

Em suas últimas páginas, os livros traziam o vocabulário básico com as devidas explicações, indicando, ao professor, as lições em que havia novas palavras ou, quando era o caso, as lições nas quais apareciam uma ou duas novas palavras.[14] Nos *Primers*, as listas envolviam maior número de palavras, tornando o processo mais complexo, tanto em relação à "confecção" do livro quanto aos procedimentos metodológicos de ensino.

Tendo indicado alguns aspectos do método da *word-perception*, principal procedimento de ensino da leitura e da escrita encontrado nos materiais para alunos e professores nos EUA, para o período em análise, procuro, na sequência, mostrar como isso se apresenta em cartilhas produzidas no Rio Grande do Sul.

Um modelo de livro para ensino da leitura e da escrita

Em algumas cartilhas gaúchas, as ideias de autores americanos são explicitamente tratadas. Em *Marcelo, Vera e Faísc*a (OLIVEIRA et al., [1961] 1967), por exemplo, são citados autores como William Gray e David Russel, dois importantes nomes ligados, nos Estados Unidos, ao método da *word-perception.* No Manual do Professor (1967) que acompanha a referida cartilha, a bibliografia apresentada é majoritariamente de autores americanos (BERNARD, 1954; BETTS, 1950; BUTTERFIELD, 1953; CARTER; MCGINNIS, 1953; GRAY et. al., 1951a, 1951b, 1954; ORTON, 1937; RUSSEL, 1949; SMITH, 1955; TIDYMAN; YOAKAM, 1955)[15]. Além disso, no corpo do manual, é mencionado o livro de Russel, *Children learn to read* (1949), sendo focalizada a perspectiva de linguagem desse autor, como tendo as seguintes características: 1) Ser uma atividade humana; 2) Ser uma das atividades humanas mais importantes; 3) Ser uma forma de comportamento; 4) Ser um caminho para a organização de formas de comportamento; 5) Ser baseada na aceitação de símbolos e convenções; 6) Ser essencialmente uma atividade social; 7) Ser de significação pessoal e social (OLIVEIRA et al., 1967, p. 6).

A linguagem como uma atividade humana, social e pessoal, e como uma forma de comportamento, fundamentada em símbolos e convenções, sustenta também o método da *word-recognition.* Tal método e as cartilhas organizadas segundo suas características, como em *Marcelo, Vera e*

[14] Também os *Guidebooks* (Guias para os professores) que acompanhavam os livros dos alunos traziam todas as explicações, orientações e discussões teóricas e práticas acerca do trabalho com a progressão das palavras.

[15] Todos os livros citados em *Marcelo, Vera e Faísca* foram localizados e consultados na Biblioteca Central da Universidade de Illinois, Urbana-Champaign.

Faísca, permitiriam o pleno desenvolvimento da linguagem na perspectiva acima indicada. Além disso, serviriam para "[...] atender a maneira como a criança, na fase de desenvolvimento correspondente à idade em que entra na escola, capta as ideias e aprende a reconhecer as palavras." (OLIVEIRA et al., 1967, p. 6).

Marcelo, Vera e Faísca é uma cartilha organizada em "unidades de leitura", o que significa que as "[...] palavras usadas têm sentido completo, não quebram a percepção sincrética da criança (OLIVEIRA et al., 1967, p. 24). Segundo as autoras (1967, p. 23), "[...] são poucas palavras e repetições variadas [...]", constituindo o que elas denominam processo das *palavras progressivas.* Para as professoras-autoras (1967, p. 24), a cartilha inclui "[...] a apresentação inicial de palavras, que posteriormente surgem em unidades de leitura mais complexas [...]", exatamente como sugeriam os teóricos norte-americanos da *word-perception,* embora, obviamente, em um único livro não era possível incluir todas as variáveis pensadas pelos teóricos, como, por exemplo, aquelas recomendadas por Gates (1928), as quais incluíam a configuração diferenciada das palavras, a combinação de letras nas palavras, as "séries mistas", as que possibilitavam os exercícios de fonética, as reversões.

Em outra cartilha produzida no Rio Grande do Sul, *Dedé, José e Tião*, de Maria de Lourdes Gastal (3.ed. 1968, p. 3), a autora ressalta: "[...] não estamos apresentando método novo, apenas levamos, ao professor, mais recursos para aquisição, reconhecimento e fixação de vocabulário por parte dos alunos." A autora justifica a escolha das palavras, usando os mesmos argumentos que os autores americanos utilizavam:

> Escolhemos, para essa cartilha, palavras comuns ao vocabulário infantil e as estórias de cada lição reproduzem fatos correntes na vida da criança.
>
> As palavras apresentadas são repetidas várias vêzes para possibilitar a sua visualização; seu significado está ao alcance da criança, pois já faz parte do seu vocabulário. (GASTAL, 1971, p. 3).

Os autores americanos de referência insistiam nos aspectos mencionados: palavras do universo vocabular infantil, de fácil significado e largamente repetidas em diferentes contextos e em intervalos definidos e controlados, como anteriormente destacado.

Ao que tudo indica, em *Marcelo, Vera e Faísca*, por exemplo, a própria denominação do método usado na cartilha – *Método global de palavras progressivas* – teria sido influenciada pela ideia do controle, da repetição e da apresentação progressiva das palavras.

Essas orientações quanto ao método vão determinar ainda um padrão de referência para a visualidade dos livros. Assim, um modelo não apenas pedagógico, mas também gráfico-editorial, vai-se constituindo e revelando que pedagogias do ensino da leitura e da escrita e aspectos gráficos estão associados na produção de livros didáticos (CHARTIER, 1994, 1996; FRADE, 2010).

Esse modelo pedagógico e gráfico sob influência da *word-perception* foi especialmente identificado em cinco cartilhas gaúchas.[16] Além das já citadas *Marcelo, Vera e Faísca* (Editora Tabajara, 2.ed., 1962), de autoria de nove professoras gaúchas,[17] e *Dedé, José e Tião* (Editora FTD, 3.ed., 1968), de autoria de Maria de Lourdes Gastal, as outras três são: *Juca e Zazá,* de Eloah Ribeiro Kunz (Editora do Brasil, s/d [196?]); *Cartinha do Guri*, de Elbio N. Gonzales, Rosa Ruschel e Flavia E. Braun (Editora Tabajara, 8.ed., 1969); *Céu Azul,* de Elbio N. Gonzales, Rosa M. Ruschel e Flavia E. Braun (Editora Tabajara, 1970). A autoria dessas cartilhas é de diferentes professoras gaúchas, protagonistas da educação sul-rio-grandense, algumas das quais, como é o caso de Eloah Ribeiro Kunz, tiveram uma importante atuação no CPOE. A referida professora foi diretora do Centro, entre os anos de 1946 e 1954. Maria de Lourdes Gastal também evidencia esse protagonismo: entre outras atividades, ela foi diretora de um importante periódico educacional gaúcho, a *Revista do Ensino*, no período de 1951 a 1964.

Nessas cartilhas, as primeiras lições – visando à formação do vocabulário básico – iniciam-se, normalmente, com o nome dos personagens da série, para o caso americano, e da cartilha (única), para o caso gaúcho.

---

[16] Embora na pesquisa denominada "Cartilhas escolares: ideários, práticas pedagógicas e editoriais: a história da alfabetização e das cartilhas (MG, RS, MT, 1870-1980)", tenham sido localizadas 24 cartilhas de alfabetização produzidas no Rio Grande do Sul (publicadas por editora gaúcha e/ou escritas por autoras gaúchas), desde as primeiras décadas do século XX até final dos anos de 1970, essas cinco mencionadas são aquelas que mais "fielmente" atendem aos princípios da *word-recognition*.

[17] São as seguintes as autoras: Norma Menezes de Oliveira, Alsina Alves de Lima, Eny Emília Dias da Silveira, Liliana Tavares Rosa, Maria Flora de Menezes Ribeiro, Maria Heoniza Nascimento da Silva, Norma Nunes de Menezes, Marilena Tavares Rocha, Rachel Kier. Supervisão: Martha Silva de Carvalho. Possivelmente essa cartilha decorreu de algum projeto específico, o qual ainda não foi identificado na pesquisa.

Via de regra, os personagens são os seguintes: um menino, uma menina, pai, mãe, algum irmão/irmã ou amigos e os animais de estimação. Todas as primeiras palavras são, portanto, nomes próprios e substantivos comuns. A essas palavras seguem os verbos (os personagens fazem algo "divertido" como pular, correr, brincar, fugir, andar, saltar, jogar etc.), pronomes e artigos, formando assim as primeiras frases e permitindo a repetição, em "novos contextos", das palavras usadas/aprendidas isoladamente. Vejam-se dois exemplos – um de um livro americano (Figura 1) e outro de um gaúcho (Figura 2) – ambos das páginas das primeiras lições:

Figura 1 – Páginas 2 e 3 de *Skip Along*, de Mabel O'Donnel, 1947.

Fonte: *The Curriculum Collection*, UIUC.

Figura 2 – Páginas da *Cartilha do Guri*, de Elbio N. Gonzales, Rosa M. Ruschel, Flavia E. Braun, 8.ed. 1969.

Fonte: Acervo HISALES (FaE-UFPel).

Guardadas as diferenças no uso de cores e na técnica das ilustrações, os projetos gráficos desses livros incluem sempre a imagem, um importante recurso gráfico do método, uma vez que ela possibilitaria a interpretação, de modo a levar o leitor iniciante a identificar mais facilmente as palavras e frases e desenvolver a leitura corrente, na perspectiva da *word-perception*.

A identificação do aprendiz com os personagens também era uma ideia que orientava a produção didática para o ensino da leitura. Por consequência, as lições geralmente apresentam as crianças-personagens, os animais-personagens, a família, os amigos fazendo algo "divertido", inusitado, participando de alguma aventura. A vida cotidiana, incluindo as tarefas domésticas – tema recorrente nesses livros – torna-se algo prazeroso e solidário (embora a mãe seja, por excelência, a figura "do lar"). Assim, as imagens eram guiadas pela ideia de que, no ensino da leitura pelo método da *word-recognition*, a identificação do aluno com a ilustração exibida reverteria em processos mais rápidos, eficientes e qualificados de aprendizagem.

Nas primeiras lições, como exemplifiquei anteriormente, associam-se imagens e palavras isoladas (primeiramente os personagens) para posteriormente se apresentar imagens seguidas de frases que eram sempre, como afirmei, compostas das palavras apresentadas primeiramente de forma isolada. A organização da imagem e das palavras e frases na página era um importante aspecto a ser observado, na produção desses livros, ou seja, a configuração da página revela as características do método, porque "[...] é na '*mise em page*' que a intenção pedagógica se revela de forma especial. Se considerarmos a página como imagem, podemos analisar os recursos visuais referidos a uma posição pedagógica." (FRADE; LANA, 2004, p. 4).

Exemplos de um *Pre-primer* americano (Figura 3) e uma cartilha gaúcha (Figura 4) são mostrados a seguir, com o intuito de ilustrar a associação do projeto gráfico e do método da *word-perception*. Veja:

Figura 3 – Páginas 16 e 17 de *We Look and See* de William S. Gray, Dorothy Baruch, Elizabeth Rider Montgomery, 1946.

Fonte: *The Curriculum Collection*, UIUC.

Figura 4 – Páginas 10 e 11 de Juca e Zazá, de Eloah Ribeiro Kunz, s/d.

Fonte: Acervo HISALES (FaE-UFPel).

É perceptível que os livros americanos apresentam maior investimento na impressão com mais quantidade de cores que os gaúchos, os quais restringem a variedade de cores aplicadas nas ilustrações. Apesar de os dois terem ilustrações de estilos diferentes, pode-se afirmar que, quanto aos recursos gráficos explorados, ambos trazem utilização de profundidade, de planos, de movimento e de sombras.

Para a ocorrência do uso e da repetição das palavras, é possível notar que, na lição reproduzida, das páginas 16 e 17 de *We Look and See*, há o uso de apenas sete palavras: *come, Dick, and, see, Spot, look, oh;* sendo que *come* se repete seis vezes; *see*, cinco vezes; *and*, quatro vezes; *look*, três vezes; *oh*, duas vezes, *Spot*, uma vez; e *Dick,* uma vez, igualmente. Contudo, nas páginas que precedem a lição, da 3 até a página 15, com exceção de *come*, que é o verbo introduzido nessa lição pela primeira vez (por isso, ela se repete sete vezes), as outras palavras já tinham sido usadas com a seguinte repetição: *oh,* dezessete vezes; *look,* quinze vezes; *see*, dez vezes; *Dick,* três vezes (é a primeira imagem/palavra do *Pre-primer); Spot,* duas vezes; *and*, uma vez. Há, ainda, mais três outras palavras que não são empregadas nas páginas 16 e 17, acima reproduzidas, mas até essas páginas aparecem com a seguinte repetição: *Jane,* seis vezes; *Baby*, quatro vezes; e *funny*, quatro vezes (estas reaparecerão nas páginas seguintes, repetidamente, como em todos os exemplos). Assim, se *We Look and See* foi produzido com apenas 17 palavras, estas aparecem entre 18 a 30 vezes, no livro. Esse exemplo se aplica aos outros *Pre-primers* e *Primers* pesquisados.

No caso das cartilhas gaúchas, a repetição também é uma característica das cinco obras citadas, mas não de forma tão acentuada, como no caso americano. Para o exemplo selecionado e reproduzido, nas páginas 10 e 11, de Juca *e Zazá*, são utilizadas nove palavras: *foge, Juca, Zazá, pega, Pilôto, Veludo, fugiu* e os artigos *o* e *a*, que se repetem na lição, na seguinte recorrência, como se pode observar: *foge,* quatro vezes; *Juca,* três vezes; *Zazá,* duas vezes; *pega,* duas vezes; *Pilôto,* duas vezes; *Veludo,* duas vezes; *fugiu,* uma vez e os artigos *o,* quatro vezes; e *a,* uma vez. Entre as páginas 5 até a 9 algumas dessas palavras são usadas com a seguinte frequência: *Juca,* quatro vezes; *Zazá,* duas vezes; *pega,* duas vezes; *Pilôto,* três vezes; *Veludo,* duas vezes; e o artigo *o,* uma vez. O verbo *foge* no presente e *fugiu* no passado são apresentados nesta lição, não tendo sido empregados anteriormente.

Há, pois, uma diferença no uso e na repetição das palavras para ambos os casos: no contexto americano, elas são rigorosamente escolhidas e a repetição é observada em todas as lições, até o final de cada livro e de um livro para outro; nas cartilhas gaúchas, duas constatações: (i) as palavras repetidas ao longo do livro são basicamente os nomes dos personagens (pessoas e animais); (ii) as outras palavras (especialmente verbos) são repetidas quatro ou cinco vezes, mas na própria lição em que são apresentadas. A repetição e o controle das palavras eram, portanto, bem menos rigorosos que no caso americano.

Isso se explica, possivelmente, em função das diferenças de ordem econômica, cultural, editorial e pedagógica de um contexto e de outro. Na realidade norte-americana, a produção e o uso de vários livros ao longo de um mesmo ano letivo era prática comum, e o ensino da leitura estava sempre associado a um programa de uma determinada editora e não a um único livro/cartilha. Nesse sentido, autores, ilustradores, editores, especialistas etc. podiam projetar uma série de livros e materiais de apoio ao ensino da leitura e da escrita, porque as condições do mercado, a tradição pedagógica, os processos de ensino seguiam outra lógica, diferentemente do caso brasileiro (gaúcho, em especial) em que essas condições impunham a necessidade de produzir um livro que seria único e deveria dar conta de todo o processo de ensino/aprendizagem da leitura e da escrita, em um ano escolar. Consequentemente, a perspectiva da *word-recognition*, que previa a produção de livros para o ensino da leitura baseados no controle, na repetição, na progressão das palavras, é "adaptada" para se ajustar a uma dada realidade diferente daquele em que foi efetivamente elaborada.

As diferenças observadas nos cinco livros gaúchos, não só em relação aos americanos, mas entre eles,[18] não resultam tão somente de uma "opção" das autoras, porém, igualmente do contexto de sua editoração. É preciso considerar as políticas editoriais e os profissionais ligados às diferentes editoras que publicaram essas cinco cartilhas, que revelam as influências da *word-perception*: uma delas foi editada pela Editora do Brasil (*Juca e Zazá)*; outra, pela FTD (*Dedé, José e Tião*); e três pela Edições Tabajara, de Porto Alegre (*Marcelo Vera e Faísca, Cartilha do Guri, Céu Azul*). Provavelmente, as três editoras responsáveis por essas publicações lançaram mão dos recursos disponíveis que tinham e colocaram em ação projetos e políticas específicas, definindo formas de ordenamento do impresso (CHARTIER, 1994). Com isso se reconhece, por conseguinte, que as editoras, os editores e os profissionais envolvidos na edição dos livros didáticos é que efetivamente fazem os livros – os autores fazem os textos, conforme indica Chartier (1994, 1996), em seus estudos.

Contudo, observadas as diferenças editoriais das cartilhas gaúchas com as americanas e das gaúchas entre si, pode-se sublinhar que as

[18] Esse é um aspecto a ser tratado em outro trabalho, porque demanda uma discussão mais longa: as diferenças percebidas entre as cinco cartilhas gaúchas, que têm a ver com a apropriação que as autoras fizeram da perspectiva da *word-recognition*, mas também em razão dos projetos gráfico-editoriais das editoras que as publicaram.

ideias de base do método da *word-perception* se mantiveram na produção didática gaúcha, e as influências da produção americana puderam ser detectadas nessas cinco cartilhas dos anos de 1960. Nelas, é possível verificar o uso de palavras isoladas, seguidas de textos com a repetição dessas palavras; constatar uma semelhança na proposta do uso das imagens que tinham uma função pedagógica, ou seja, apresentam crianças e animais "em movimento", que dão significação às palavras e aos textos, possibilitando a interpretação; e, por fim, perceber um dado projeto social em evidência, revelado sobretudo nessas mesmas imagens: o da família patriarcal, branca e de classe média, vivendo em harmonia.

Considerações finais

Das cartilhas produzidas no Rio Grande do Sul, identificadas na pesquisa mais ampla que empreendemos, desde 2001, não por acaso cinco delas foram embasadas no método da *word-perception* e publicadas nos anos 60 do século XX. O Estado gaúcho já tinha certa "tradição" na absorção de ideias da pedagogia norte-americana. O CPOE, desde o final dos anos de 1940, se estabeleceu como o órgão educacional mais importante do Estado, tendo assumido princípios pedagógicos considerados *cientificamente comprovados*, advindos da produção norte-americana da chamada pedagogia científica (PERES, 2000). Autoras gaúchas já tinham viajado aos EUA, para aprender teorias e práticas de ensino daquele país, principalmente a fim de construir competências para qualificar a produção didática.

Associado a esses fatores, no Brasil, de um modo geral, havia políticas educacionais atreladas ao sistema americano, como os casos, por exemplo, do PABAEE e da COLTED. Além disso, é preciso relembrar que os anos de 1950 e 1960, no Brasil, representaram um esforço de estabilização econômica, de estratégias de desenvolvimento, de estabelecimento de uma avançada base industrial, de reformas sociais e de significativas mudanças políticas. Nesse período, em especial, os EUA estavam atentos e interessados nos rumos da vida social, econômica e política brasileira, impondo políticas de intervenção bastante incisivas. O Brasil, por sua vez, também se mostrava "interessado" nos acordos com o governo norte-americano.

Nesse contexto, estavam criadas as condições necessárias para buscar mais uma "inovação" no estado americano, o método da *word-perception,* embora nesse mesmo período algumas séries didáticas, como *Dick and Jane*, já fossem alvo de intensas críticas nos EUA, tanto no que diz respeito àquilo que foi considerado ineficiência do método (responsabilizado pela não aprendizagem das crianças) como pelo caráter ideológico desses livros. Segundo os críticos norte-americanos, nos livros estava representada apenas uma parcela da população americana: a classe média branca. Esses livros foram acusados de contribuir para a disseminação, em grande escala, do sexismo e do racismo (LUKE, 1988; SCOTT, 1981).

Ao comparar cartilhas americanas e gaúchas, é possível afirmar que as autoras gaúchas tiveram influências para além do método e do modelo de livro escolar, tendo reproduzido igualmente um projeto social. As gravuras com famílias (sempre felizes e divertidas) de classe média branca revelam esse projeto, na sua face mais perceptível.

Assim, é importante frisar que, se fazer história da alfabetização, mais especificamente a história dos materiais produzidos para o ensino/aprendizagem da leitura e da escrita, é articular duas dimensões, a do método proposto com os aspectos da visualidade dos livros, isto é, com a dimensão gráfico-editorial, um terceiro aspecto não pode ser esquecido: o ideológico. Um livro para o ensino da leitura e da escrita "carrega" mais do que o método de ensino e é mais do que uma decisão e um projeto editorial: ele é, antes de tudo, um artefato de controle social, de disseminação de valores, impregnado de posições discursivas às quais crianças muito pequenas têm acesso, ao ingressar na escola. Comparar as cartilhas americanas e gaúchas foi, ainda, a possibilidade de refletir acerca da formação de gerações que passaram pela escola e fizeram uso desse material, desde os anos 30, para o caso dos EUA, e desde os anos 60, para o caso gaúcho. Ambas as sociedades são o resultado disso.

Para finalizar, o aspecto central deste trabalho pode ser retomado nos seguintes termos: o *Pre-primer* dos moldes norte-americanos não corresponde ao que entendemos no Brasil como pré-livro, ao contrário do que a literatura indicava até então; e, apesar da clara influência americana na produção de cartilhas gaúchas, as condições econômicas, tecnológicas e políticas não permitiam apenas uma "cópia" do modelo; logo, as professoras se apropriaram do método da *word-perception* e adaptaram os materiais conforme os recursos gráficos-editorais, pedagógicos e políticos possíveis e disponíveis em nível local.

Referências

ARAPIRACA, J. O. *A USAID e a educação brasileira.* São Paulo: Autores Associados; Cortez, 1982.

BERNARD, H. W. *Psychology of learning and teaching.* New York: McGraw-Hill, 1954.

BETTS, E. A. *Foundations of reading instructions*: with emphasis on differentiated guidance. New York: American Book, 1950.

CARTER, H. L. J.; MCGINNIS, D. J. *Learning to read*: a handbook for teachers. New York: McGraw-Hill, 1953.

CHARTIER, R. *A ordem dos livros:* leitores, autores e bibliotecas na Europa entre os séculos XIV e XVIII. Brasília, DF: Ed. UNB, 1994.

CHARTIER, R. (Org.). *Práticas de leitura.* São Paulo: Estação Liberdade, 1996.

FRADE, I. C. A. S. Livros para ensinar a ler e escrever: uma pequena análise da visualidade de livros produzidos no Brasil, em Portugal, e na França, entre os séculos XIX e XX. In: BRAGANÇA, A.; ABREU, M. *Impresso no Brasil.* Dois séculos de livros brasileiros. São Paulo: Ed. UNESP, 2010. p. 171-190.

FRADE, I. C. A. S.; LANA, P. M. Imagens em livros escolares chamados cartilhas. In: CONGRESSO BRASILEIRO DE HISTÓRIA DA EDUCAÇÃO, 3., 2004, Curitiba. *Anais eletrônicos...* Vitória: SBHE, 2004. Disponível em: <http://www.sbhe.org.br/novo/congressos/cbhe3/Documentos/Individ/Eixo4/329.pdf>. Acesso em: 5 ago. 2013.

GATES, A. I. *New methods in primary reading.* New York: Teacher College, Columbia University, 1928.

GRAY, W. S. *The teaching of reading and writing*: an internacional survey. UNESCO. Chicago: Scott, Foresman and Company, 1956.

______. *La enseñanza de la lectura y e da escritura.* Paris: UNESCO, 1957.

GRAY, W. S.; HORTON, D. *On their own in reading*: how to give children independence in attacking new words. Chicago: Scott, Foresman and Company, 1948.

GRAY, W. et al. *Guidebook to accompany the three pre-primers.* Chicago: Scott, Foresman and Company, 1951a.

______. *Guidebbok to accompany the new fun with Dick and Jane.* Chicago: Scott, Foresman and Company, 1951b.

______. *Developing children's word-perception power*: grades 1-3. Chicago: Scott, Foresman and Company, 1954.

KRAFZIK, M. L. A. *Acordo MEC/USAID*: a comissão do livro técnico e do livro didático - COLTED: (1966/1971). 2006. 151 f. Dissertação (Mestrado em Educação) - Universidade do Estado do Rio de Janeiro, Rio de Janeiro, 2006.

LUKE, A. *Literacy, textbooks and ideology:* postwar literacy instruction and the mythology of Dick and Jane. Philadelphia: The Falmer Press, 1988.

MACIEL, F. I. P. *Lúcia Casasanta e o método global de contos:* uma contribuição à história da alfabetização em Minas Gerais. 2001. 157 f. Tese (Doutorado em Educação) - Faculdade de Educação, Universidade Federal de Minas Gerais, Belo Horizonte, 2001.

ORTON, S. T. *Reading, writing and speech problems in children*: a presentation of certain types of disorders in the development of the language faculty. New York: Norton and Company, 1937.

PAIVA, E. V.; PAIXÃO, L. P. *PABAEE (1956-1964):* a americanização do ensino elementar? Niterói: Ed. UFF, 2002.

PENNEL, M. E.; CUSACK, A. *How to teach reading*. Boston: Houghton Mifflin Company; Cambridge: The Riberside Press, 1923.

PENNEL, M. E.; CUSACK, A. M. *Como se ensina a leitura*. Tradução Anadyr Coelho. Porto Alegre: Globo, 1935.

PERES, E. *Templo de Luz:* os cursos noturnos masculinos de instrução primária da Biblioteca Pública Pelotense, 1875-1915. 1995. 137 f. Dissertação (Mestrado em Educação) - Faculdade de Educação, Universidade Federal do Rio Grande do Sul, Porto Alegre, 1995.

______. *Aprendendo formas de ensinar, de pensar e de agir*: a escola como oficina da vida: discursos pedagógicos e práticas escolares na escola pública primária gaúcha (1909-1959). 2000. 380 f. Tese (Doutorado em Educação) - Faculdade de Educação, Universidade Federal de Minas Gerais, Belo Horizonte, 2000.

______. Desenvolvimento do projeto de pesquisa Cartilhas Escolares em Pelotas (RS): organização do trabalho, fontes e questões de investigação. In: FRADE, I. C. A. S.; MACIEL, F. I. P. (Org.). *História da alfabetização:* produção, difusão e circulação de livros (MG/ RS/ MT – Séc. XIX e XX). Belo Horizonte: CEALE/ FAPEMIG; CNPq/ UFMG/FaE, 2006a. p. 117-144.

______. A produção e a circulação de cartilhas escolares no Rio Grande do Sul: alguns dados de pesquisa. In: FRADE, I. C. A. S.; MACIEL, F. I. P. (Org.). *História da alfabetização:* produção, difusão e circulação de livros (MG/ RS/ MT – Séc. XIX e XX). Belo Horizonte: CEALE/FAPEMIG; CNPq/ UFMG/FaE, 2006b. p. 145-170.

______. Aspectos da produção didática da professora Cecy Cordeiro Thofhern. In: FRADE, I. C. A. S.; MACIEL, F. I. P. (Org.). *História da alfabetização:* produção, difusão e circulação de livros (MG/ RS/ MT – Séc. XIX e XX). Belo Horizonte: CEALE/FAPEMIG; CNPq/ UFMG/FaE, 2006c. p. 171-190.

______. Produção de cartilhas escolares no Rio Grande do Sul entre as décadas de 1950 e 1970: contribuições à história da alfabetização e das práticas escolares. In: ENCONTRO NACIONAL DE DIDÁTICA E PRÁTICAS DE ENSINO, 14., 2008, Porto Alegre. *Anais...* Porto Alegre: EDIPUCRS, 2008a. v. 1. p. 1-12.

______. Autoras de obras didáticas e livros para o ensino da leitura produzidos no Rio Grande do Sul: contribuições à história da alfabetização (1950-1970). *Educação Unisinos*, São Leopoldo, v. 12, p. 111-121, 2008b.

______. A produção sobre história da alfabetização no Rio Grande do Sul. In: MORTATTI, M. R. L. (Org.). *Alfabetização no Brasil:* uma história de sua história. São Paulo: Cultura Acadêmica; Marília: Oficina Universitária, 2011. p. 243-263.

PERES, E.; CÉZAR, T. M. Divulgação e a adoção do método global de ensino da leitura no Rio Grande do Sul (1940-1970). In: ENCONTRO DA ASSOCIAÇÃO SUL-RIOGRANDENSE DE PESQUISADORES EM HISTÓRIA DA EDUCAÇÃO: história da educação, literatura e memória, 9., 2003, Porto Alegre. *Anais....* Porto Alegre: Seiva/ASPHE, 2003. p. 173-185.

PERES, E.; PORTO, G. C. A produção e a circulação de cartilhas do método global de contos de ensino da leitura no Rio Grande do Sul (décadas de 40-70). In: LEAHY-DIOS, C. (Org.). *Espaços e tempos de educação.* Rio de Janeiro: Brasa/C.L. Edições, 2004. p. 26-40.

PERES, E.; DIETRICH, M. D. A cartilha Ler a Jato e o método audiofonográfico: uma proposta de alfabetização de uma professora gaúcha para o fim do analfabetismo no país (décadas de 1960-70). In: BARCELOS, V. H. L.; ANTUNES, H. S. (Org.). *Alfabetização, letramento e leitura:* territórios formativos. Santa Cruz do Sul: UNISC, 2010. v. 1. p. 50-68.

PERES, E.; FACIN, H. P. A produção didática da professora Nelly Cunha e suas contribuições para o ensino da leitura no Rio Grande do Sul (décadas de 1960-1980). In: SCHWARTZ, C.; PERES, E.; FRADE, I. C. A. S. (Org.). *Estudos de história da alfabetização e da leitura na escola.* Vitória: EDUFES, 2010. v. 1. p. 137-170.

ROBINSON, H. M.; MONROE, M.; ARTLEY, A. S. *Sally, Dick and Jane*: guidebook: the new basic readers. Chicago: Scott, Foresman and Company, 1962. (Linguistic Advisor, W. Cabell Greet).

RUSSEL, D. H. *Children learn to read.* Boston: Ginn Company, 1949.

SCOTT, FORESMAN AND COMPANY. *Manual level 1.* Glenview, IL, 1971.

SCOTT, K. P. Whatever happened to jane and dick?: sexism in texts reexamined. *Peabody Journal of Education*, Nashville, v. 58, n. 3, p. 135-140, 1981.

SMITH, H. P. *Psychology in teaching*. New York: Prentice-Hall, 1955.

SKIDMORE, T. E. *Brasil:* de Getúlio a Castello. São Paulo: Companhia das Letras, 2010.

TIDYMAN, W. F.; BUTTERFIELD, M. A. *Teaching the languearts*. New York: McGraw-Hill, 1953.

VENEZKY, R. L. AMERICAN PRIMERS. *Guide to the microfiche collection*. Introductory essay by Richard L. Venezky. 1990. Disponível em: <http://www.lexisnexis.com/documents/academic/upa_cis/3453_AmericanPrimers.pdf>. Acesso em: 7 fev. 2012.

YOAKAM, G. A. *Basal reading instruction*. New York: McGraw-Hill, 1955. Disponível em: <http://hdl.handle.net/2027/mdp.39015070531283>. Acesso em: 10 maio 2013.

Pre-Primers/Primers

GRAY, W. S.; ARBUTHNOT, M. H. *Fun with Dick and Jane*. Basic Readers: Curriculum Foundation Series. Chicago: Scott, Foresman and Company. 1940.

GRAY, W. S.; BARUCH, D.; MONTGOMERY, E. R. *We look and see*. Basic Readers: Curriculum Foundation Series. Chicago: Scott, Foresman and Company, 1946.

O'DONNELL, M. *Happy days*. The Alice and Jerry Books. Illinois: Row, Peterson and Company, 1938.

______. *Skip along*. The Alice and Jerry Books. Illinois: Row, Peterson and Company, 1947.

ROBINSON, H. M.; MONROE, M.; ARTLEY, A. S. *Sally, Dick and Jane*: guidebook. The New Basic Readers. Chicago: Scott, Foresman and Company. 1962.

Cartilhas

GASTAL, M. L. *Dedé, José e Tião*. Cartilha. 3. ed. São Paulo: FTD, 1968.

GONZALES, E. N.; RUSCHEL, R.; BRAUN, F. E. *Cartinha do Guri:* método de palavras geradoras. Letra tipo Script. 8. ed. Porto Alegre: Tabajara, 1969.

KUNZ, E. R. *Juca e Zaz*: cartilha. 3. ed. São Paulo: Editora do Brasil, [196-?].

OLIVEIRA, N. M. et al. *Marcelo, Vera e Faísca*: cartilha método global de palavras progressivas: letra tipo Script. 2. ed. Porto Alegre: Tabajara, 1967.

RUSCHEL, R.; BRAUN, F. E. *Céu azul*. Porto Alegre: Tabajara, 1970.

ENTRE LIVROS: A HISTÓRIA DO ENSINO DE LEITURA E DE ESCRITA

Norma Sandra de Almeida Ferreira

PREÂMBULOS

Pesquisadores que tomam os livros didáticos como objetos e fontes de pesquisa são verdadeiros desbravadores de um terreno não totalmente conhecido e tampouco inteiramente mapeado, registrado ou esgotado em sua complexidade e inteireza.

Segundo Choppin (2008, p. 56), apenas nos anos 80 do século XX a comunidade científica inicia uma reflexão mais "[...] crítica sobre as problemáticas e os métodos de pesquisa histórica sobre os manuais escolares.", em uma perspectiva distinta em relação às investigações realizadas sobre antigos livros escolares, a partir da década de 1960.

Também é nesse período que, segundo Choppin (2008), um novo interesse dos pesquisadores é colocado em relação ao patrimônio cultural que constitui a literatura escolar: o de rastrear as coleções dispersas e mal conservadas, inventariando-as em um processo de catalogação, organização e conservação, a fim de disponibilizá-las para a comunidade científica.

São esses os gestos dos pesquisadores nesse campo: o de reunir, de organizar o disperso e o de acumular – como também o de ordenar e classificar em um único lugar –; que nos colocam, conforme Chartier, em uma forte contradição"[...] entre a obsessão da perda, que requer a acumulação, e a preocupação pelo excesso, que exige selecionar e escolher." (CHARTIER, 2001, p. 21).

Sabemos que muitos livros utilizados e produzidos ao longo do tempo estão ainda perdidos; é muito recente a história dos livros didáticos e seus autores, das edições e das editoras que os publicaram. Sabemos, também, que muitos livros que compõem os acervos constituídos pelos pesquisadores nacionais foram encontrados dentro de caixas de bibliotecas escolares, em condições precárias de conservação, perdidos entre prateleiras de bibliotecas públicas, guardados em depósitos das editoras.

Achá-los, às vezes, é fruto de um verdadeiro acaso. Pelas mãos de uma pessoa que sabe o quanto gostamos de livros (velhos), ou quando visitamos uma biblioteca fora do Brasil, ou, ainda, quando consultamos sebos (felizmente, hoje, disponíveis também *on-line*).

E, a cada achado, um sentimento de conquista, por possuir algo inédito, que precisa ser explorado, porque acreditamos que a cada livro impresso "descoberto" e estudado, parte da história dos próprios livros e dos homens que (re-)criam e se apropriam desse objeto é reescrita, reavaliada, tornando-se possível de ser interrogada em outros aspectos.

Quando tratado não apenas como suporte e instrumento de conteúdo educativo e disciplinar, mas também como objeto cultural e ideológico produzido, manufaturado e difundido segundo uma lógica comercial e industrial (CHOPIN, 2008), o livro didático ganha novas dimensões, porque implica possibilidades de compreensão de uma rede. Cada livro didático localizado e investigado faz parte de uma rede constituída por ações e projetos realizados por sujeitos engajados em relações de poder e de decisão, que ocupam determinadas posições sociopolíticas estratégicas em torno da produção de determinados bens culturais e das práticas concretas dos homens. Uma rede que movimenta a circulação das ideias, dos produtos, dos objetos, em diferentes fios e direções que se cruzam e nos levam a um mundo de ações e decisões em torno desse material e dos usos previstos para ele.

Qual o volume de livros didáticos que conseguimos inventariar, dando-lhes, assim, o estatuto de visibilidade para outros estudos? Quantos livros didáticos se encontram ainda "perdidos"? Onde estão e que outros sentidos (de apego ou de desinteresse) "impedem" seus atuais proprietários de descartá-los ou doá-los? Por que isso ocorre?

Uma particularidade desse material e a caça aos livros

Parece que o atributo "descarte", constitutivo desse objeto, já está posto na própria concepção que a ele é dado pelas editoras, assim como nas práticas previstas para ele, que pressupõem um uso mais individualizado e personalizado pelo proprietário.

Já no polo da produção (que engloba, aqui, o da criação e o da edição), os sujeitos nele envolvidos reconhecem, especialmente a partir da segunda metade do século XX, a "provisoriedade"[1] desse produto que lançam no mercado.

Para entrar e permanecer no mercado editorial e no meio educacional, o livro didático deve trazer, insistentemente, estratégias de convencimento de seus leitores, no sentido de fazê-los enxergar a obra como um produto novo, atual, distinto de tantos outros. A novidade e a distinção em relação aos demais livros se sustentam no convencimento de seus leitores, quanto maiores forem a eficiência, a atualização e a adequação em relação às mais novas e atualizadas normatizações e teorias vindas do campo da educação e da ciência, legitimadas pelos critérios dados pelas políticas educacionais públicas em vigor.

Diferentemente de alguns outros livros (como os de literatura, os religiosos, os de culinária, por exemplo), os didáticos não são livros que trazem conteúdos "atemporais", portanto, não pressupõem leituras feitas por um mesmo leitor ao longo de sua vida. Com certeza, não são "livros de cabeceira".[2]

[1] Há um investimento contraditório das editoras entre tradição e invenção dos produtos que vendem no mercado. Apostam naqueles livros didáticos que já foram aceitos pelo público consumidor, com muitas edições e em grandes tiragens, como, por exemplo, cartilhas que, mesmo não sendo "recomendadas" pelas instâncias públicas, são as preferidas pelos professores em sala de aula. E apostam em livros que se renovam de acordo com as novas orientações pedagógicas e científicas.

[2] "Livros de cabeceira" é a nomeação que habita nosso imaginário cultural a respeito daquela obra sempre próxima da vista e das mãos do leitor, aquela que instaurou com seu proprietário uma relação de apego e de interesse. Posta em algum lugar acessível para ser lida, reincidentemente, a qualquer momento, manuseada e consultada como um guia que pauta condutas, que inspira o leitor, que o toca pelas ideias, estilo do autor, pelo enredo etc. São livros prediletos aos quais voltamos por mais de uma vez, em nossa vida de leitores, por diferentes motivos, e dos quais não conseguimos nos desprender.

Para Choppin (1997, p. 70), os manuais escolares não são como os demais livros, porque dependem, igualmente, de forma mais ou menos explícita, das ações e decisões ligadas às políticas públicas. "Na maioria dos países do mundo, a regulamentação que se aplica aos livros da escola diverge sensivelmente em relação àquela que se usa para outras publicações". A regulamentação é mais estrita, no que concerne tanto à forma dessa produção (elaboração, concepção, fabricação, autorização), quanto ao seu uso (modos de difusão e financiamento, procedimentos de seleção e utilização).[3]

Além disso, no caso do livro didático, diferentemente de outros objetos culturais, a eficiência e a "originalidade" não são atestadas pelo seu consumidor mais imediato: o leitor-aluno. O livro didático é cotado por aqueles que os indicam (os mestres), adotam, validam como eficientes para continuar no mercado. É ainda recomendado (legitimado) pelos pareceristas do Programa Nacional do Livro Didático (PNLD),[4] que o apreciam segundo critérios científicos – diferentes daqueles do público – e decisivos para o autor. Conforme Certeau (2002, p. 2, grifo do autor),"[e]xistem as *leis do meio*. [...] Elas organizam uma "*polícia do trabalho*", que orientam essa produção e seu consumo.

Assim, no polo da produção (de sua fabricação), o livro didático é intrinsecamente descartável, porque sua destinação, uso e aceitação possuem um tempo limitado, regulado pelo modelo da escola atual, organizada em séries/anos de escolaridade, fragmentada em diferentes saberes disciplinares legitimados pelas políticas públicas, entre outras características. Salienta Bittencourt (2008, p. 18): "[...] Outro aspecto [do livro didático] é a sua característica de produto a ser consumido em tempo breve, de acordo com os ritmos das reformas curriculares [...]".

---

[3] Segundo Choppin (1997), o Brasil é um país em que a regulamentação é muito liberal, a produção dos livros escolares é totalmente privada, a seleção e a adoção do material são incumbências dos mestres, nem sempre com formação acadêmica satisfatória. Essa produção tem uma qualidade discutível, com informações ou teorias obsoletas, erros graves, e não segue os programas oficiais (p. 174). Ainda conforme Choppin (1997), no ano de 1996, o Ministério da Educação estabeleceu uma lista de livros didáticos recomendados e que são enviados para as escolas brasileiras, o que é justificado por critérios pedagógicos e científicos.

[4] "O Programa Nacional do Livro Didático (PNLD) é uma iniciativa do Ministério da Educação (MEC). Seus objetivos básicos são a aquisição e a distribuição, universal e gratuita, de livros didáticos para os alunos das escolas públicas do ensino fundamental brasileiro. Realiza-se por meio do Fundo Nacional de Desenvolvimento da Educação (FNDE) [...] A fim de assegurar a qualidade dos livros a serem adquiridos, o Programa desenvolve, a partir de 1996, um processo de avaliação pedagógica das obras nele inscritas, coordenado pela COMdipe (Coordenação geral de Avaliação de Materiais Didáticos e Pedagógicos) da Secretaria da Educação Fundamental do Ministério da Educação." (BATISTA, 2003, p. 25).

De qualquer modo, os livros didáticos continuam no mercado pelo tempo determinado por aqueles que os indicam e os adotam, em suas salas de aulas, por aqueles que, na maioria das vezes, ocupam lugares estratégicos de avaliação e validação desse material e, em última instância, garantem o lucro para as editoras. E são descartados logo que não corresponderem mais às orientações oficiais no campo da ciência, da educação, ou quando não mais atenderem às expectativas e necessidades daqueles responsáveis por adotar essas obras, em suas salas de aula.

Se, no polo da produção, o livro didático significa descarte, substituição, de forma muitas vezes bastante rápida, isso não é diferente quando olhamos para o polo da recepção. A relação entre esse material e seu usuário também é constituída como algo passageiro, temporário, superado.

O leitor (aluno) desse material é aquele que é identificado na cultura escolar pelo domínio, ou não, de determinadas competências e habilidades cognitivas; por estar em determinado nível escolar ou estágio de conhecimentos; por ter determinado ritmo de aprendizagem etc. Constrói-se uma ideia de adequação entre o leitor e o livro: conteúdo regulado em séries e níveis, fragmentado em disciplinas, pressupondo práticas escalonadas de leitura e de escrita de seu leitor-aluno, práticas estas legitimadas nesse ambiente escolar etc. Portanto, descartar tal livro tem para o seu usuário um sentido de "superação" de uma fase e "promoção" para uma outra superior, representando, pois, uma conquista. O livro é superado, não é mais útil ao seu usuário, o qual o substituirá por outro mais avançado, mais complexo, mais adequado às suas necessidades e expectativas de aprendiz. O leitor se vê, desse modo, como alguém melhor, porque avançou, cresceu, ampliou seus conhecimentos.

Nesse sentido, esse objeto pode ser facilmente desprezado pelos leitores-alunos que superaram uma fase escolar, ou pelos próprios educadores, tendo como destino ser jogado no lixo, ficar esquecido em uma estante (escolar ou privada) ou ir para os "reciclados", entre outras possibilidades. Como sabemos, muitos dos livros recomendados pelo Ministério da Educação, que são enviados às escolas, ficam encaixotados, sendo depois descartados por diferentes justificativas como, por exemplo, o atraso na chegada dos exemplares às escolas; ou porque os professores que os selecionaram não pertencem mais ao quadro de docentes daquela unidade; ou ainda pelo fato de os professores terem dificuldade de abandonar as práticas e os materiais didáticos aos quais já estão habituados, em seu trabalho cotidiano.[5]

Quando não são mais úteis, muitas vezes os livros didáticos são doados ou depositados nas bibliotecas, avaliados como "marginais", como material menos valorizado, recebendo, por essa razão, pouco cuidado com sua conservação. Ocupam as prateleiras menos utilizadas e acessíveis, quando não são guardados em caixas em um depósito/sala. Conforme Bittencourt (2008, p. 18), o livro didático cria "[...] um paradoxo: possui uma grande tiragem de exemplares desde seu início, mas estes são pouco preservados, sendo raramente encontrados em locais adequados, e na maior parte das vezes, estão em péssimo estado de conservação."

Pela pouca valorização quanto a sua utilidade e pela sua perenidade no tempo, livros são abandonados em lugares inimagináveis, e só sabemos da existência de muitos deles quando encontramos uma referência em uma matéria de jornal, em uma lista de livros indicados pelos órgãos públicos, em um depoimento de leitor. Um problema que se agrava, quando a data de sua publicação e circulação se distancia no tempo; quando o livro não alcança muitas edições ou não é incentivado e legitimado oficialmente; quando a editora que o publica tem menor projeção nacional, mostrando-se pouco ousada nas estratégias de divulgação e de venda. Ficamos, dessa maneira, circunscritos a uma história do ensino da leitura e da escrita que se reporta aos "mesmos" livros escolares (aqueles escritos por um autor-educador reconhecido na história da educação; aqueles que fazem parte das memórias coletivas de diferentes gerações de leitores).

Mas, se o livro didático não serve mais, não é mais útil ao seu usuário, se é desatualizado, se não ensina mais nada de novo e nem de forma correta, que sentido pode ter o fato de seus usuários decidirem guardá-los? E se há perdas (dispersão nesse guardar e precárias condições de conser-

[5] A mídia tem divulgado matérias denunciando escolas e secretarias municipais que descartam lotes de livros enviados pelo PNLD, muitas vezes ainda fechados em pacotes. Em uma busca rápida *on-line*, é possível localizar, por exemplo, as reportagens digitais: *Livros didáticos são descartados no lixo do Centro de Educação Casif.* Disponível em: <http://oguiadacidade.com.br/portal/oguia/acre/item/172832-livros-did%C3%A1ticos-s%C3%A3o-descartados-no-lixo-do-centro-educativo-casef>. Acesso em: 27 jul. 2013; e*Livros empilhados provocam polêmica. Material didático está acumulado em escola que serve de abrigo em Água Preta.* Disponível em: <http://jconline.ne10.uol.com.br/canal/cidades/educacao/noticia/2011/08/02/livros-empilhados-provocam-polemica-11838.php>. Acesso em: 28 ago. 2013.

vação), como nós, pesquisadores, poderemos encontrá-los? Que história pode ser construída sobre o ensino da leitura e da escrita, se esse material permanece desaparecido,por exemplo? Quem os guarda e por quais motivos os guardou, para que nós os encontremos em sebos, bibliotecas e acervos particulares?

Os guardadores de livros, os colaboradores de nossos acervos de pesquisa

Entre esse gesto dos pesquisadores da história do ensino da leitura e da escrita de localizar, para reunir, de conservar, para conhecer essa produção, e o gesto da perda, de dispersão e descarte próprio dos leitores e usuários desse material, podemos perguntar: que leitores-usuários desse material são esses que o mantiveram a ponto de podermos tê-lo como nosso objeto e fonte de pesquisa? Quem são esses leitores que, subvertendo os usos previstos para esse material, "o mantém sob sua guarda" até que, de alguma forma, ele chegue às nossas mãos de pesquisadores? Que sentidos orientam esse gesto de guardar que dão a esse objeto um estatuto de prestígio como documento dos pesquisadores?[6]

Em sua pesquisa, Goulart (2009) toma o livro didático como um objeto que incita gestos, habilidades, práticas, sentimentos e valores, buscando entender porque pessoas[7] conservam, por anos a fio, os primeiros livros de leitura usados na escola. Com o objetivo de encontrar essas pessoas, a pesquisadora se orientou inicialmente por dois possíveis indicadores: 1. Alguém que não se desfaz de seus pertences, aquele que "guarda tudo"; 2. Alguém "estudado", que gosta muito de ler, talvez um professor (GOULART, 2009, p. 42). No entanto, conforme ela mesma informa, esses indicadores nem sempre se mostraram eficientes para identificação dos seus possíveis entrevistados: "[...] muitas das pessoas eleitas por atenderem a tais critérios – serem cuidadosas, colecionadoras, leitoras, professores antigos, pessoas instruídas – não tinham conservado consigo o livro da época em que estudaram [...]" (GOULART, 2009, p. 42).

[6] Lidamos muitas vezes com matérias jornalísticas que divulgam informações sobre herdeiros de escritores, pintores etc. que guardam objetos e livros por anos, à espera de um valor (financeiro) que pode ser agregado a esses pertences, posteriormente à morte de seus criadores. Não é esse o caso.

[7] A pesquisadora entrevistou nove pessoas – mulheres e homens – em uma faixa de idade que oscilou entre 50 a 80 anos e que moravam, por ocasião da entrevista, em Pouso Alegre (MG) e cidades próximas.

Os guardadores dos livros didáticos nem sempre são aqueles que profissionalmente estão mais diretamente ligados à cultura escrita, apesar de alguns se enquadrarem nessa categoria. Revelam que o livro impresso ocupa em seu estatuto de leitores um significativo papel, um valor carregado de sentidos afetivos mais do que econômicos ou pragmáticos. Às páginas impressas é dado um valor de prestígio, de posse, de positividade, que se ancoraria principalmente no campo da afetividade e não no da relação com a produção de conhecimento.

Muitos dos guardadores de livros da pesquisa de Goulart (2009) foram identificados como tendo um nível de escolaridade que não ultrapassa as séries iniciais. Guardaram os livros, porque eles representam o curto tempo de sua permanência na escola. Contrariando a característica do livro didático (descartável, porque não mais necessário), o exemplar preservado ganha um estatuto de algo que merece ser guardado pelo que representa no campo do saber, acompanhando cada mudança geográfica de seu leitor-proprietário, sendo preservado por décadas, como relata um dos depoentes dessa pesquisa (GOULART, 2009).

Muitos que guardaram seus livros o fizeram porque tê-los, materialmente, significava a possibilidade de deslocar-se para o tempo de sua infância, em uma escola rural, com poucos livros, o tempo da "descoberta" das letras.[8]

Apalpá-lo e tê-lo às mãos como possibilidade de acessar outra coisa que não apenas o seu conteúdo produz nos leitores um desejo de ir atrás de um exemplar tal qual aquele que ele teve e descartou. Assim se manifesta Goulart (2009, p. 181), em sua pesquisa, a respeito de um depoimento dado por uma professora: "Adquiriu-os em uma escola que trabalhou e teve grande satisfação em guardá-los por serem os mesmo livros da época em que estudou [...]". O apego ao livro é, então, expresso pela posse desse objeto, em sua materialidade, e os leitores saem à caça de um exemplar da obra, mas ela deve ser da mesma edição, tentando garantir a mesma capa, o mesmo tamanho e volume, as mesmas cores, assim como aquela que eles usaram um dia.

[8] É muito recente também o interesse dos pesquisadores pela reunião de um mesmo livro em suas diferentes edições, incorporando os estudos trazidos pela História Cultural de que os textos não são desencarnados de sua materialidade (CHARTIER, 1990) buscando unir à história do livro os estudos bibliográficos e os da teoria do texto, rompendo fronteiras disciplinares (DARNTON, 2010).

Às vezes, o livro guardado não foio próprio material de leitura daquele que o mantém, mas algo que lhe foi legado pela mãe ou pelo pai. A posse do livro é associada à presença de alguém querido (os pais ou a primeira professora), que já não mais convive com esse leitor.

O livro é recoberto de cuidados, sendo preservado como um objeto de valor. A ele é dada uma capa de papel ou de pano, ou então, ele é bem guardado dentro de saquinhos, "[...] amarrava bem amarradinho, assim, e punha dentro das gavetas, dentro do guarda-roupa e ali ficava [...] passava tempo grande, às vezes [...] 'Decerto o que, o que será que aconteceu com os meus livrinhos?' Ia lá e estava tudo do mesmo jeito na gaveta." (GOULART, 2009, p. 71).

A pesquisa de Goulart (2009) nos aponta, portanto, para os sentidos dados ao livro, mas que estão "fora dele", que são de natureza simbólica, por estarem no lugar do pai, de um tempo de prestígio, de poder. Os leitores-proprietários atribuem, a esse objeto, sentidos nem sempre produzidos pelo conteúdo(moral, ideológico, enredo, curricular, disciplinar) que o livro encerra. Nem pelas práticas de leitura e usos previstos para esse material (ensinar a ler individualmente, a estudar, a fazer exercícios nele). Os sentidos aparecem circunscritos ao campo da afetividade, sendo marcados pela lembrança de alguém especial (um familiar);de um tempo (infância); de um modo de ler. Também aparecem circunscritos ao campo da valorização desse objeto, que é "único", especial, que não pode ser perdido e nem esquecido por muito tempo.

Em um gesto "individual", uma história do ensino da leitura e da escrita desse tipo mostra que é preservada ou revisitada mais por ações intencionais e institucionais de registro de memória de uma cultura, através da perpetuação dos seus objetos (os livros). Livros didáticos, como esses, subsistem no tempo, porque não são considerados como um "livro menor", efêmero em sua utilidade; nem são vistos como algo exclusivamente vinculado ao tempo de escolarização, com prazo de validade determinado; ao contrário de tudo isso, são tidos como algo precioso, digno de ser guardado para os filhos e netos.

Em seu trabalho, Costa (2012), reunindo e catalogando um acervo de material impresso doado ao nosso grupo de pesquisa "Alfabetização,

Leitura e Escrita", depara-se com um bilhete colocado junto a alguns livros escolares,[9] presos por uma fita de tecido:

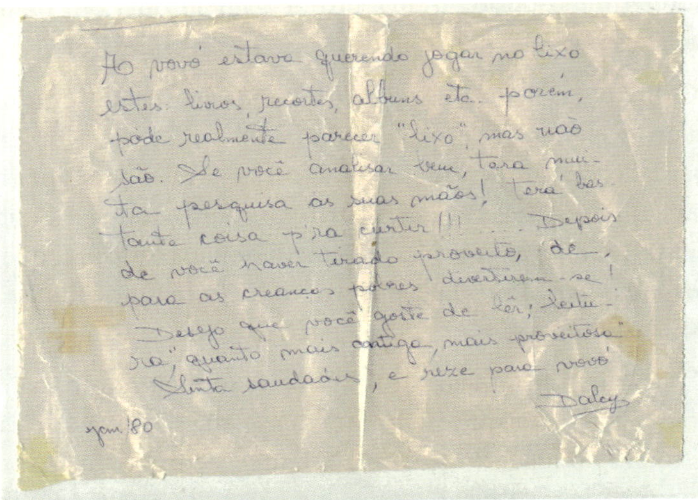
A vovó estava querendo jogar no lixo
estes: livros, recortes, albuns etc. porém,
pode realmente parecer "lixo", mas não
são. Se você analisar bem, terá mui-
ta pesquisa às suas mãos! terá bas-
tante coisa p'ra curtir!!! ... Depois
de você haver tirado proveito, dê,
para as creanças pobres divertirem-se!
Desejo que você goste de lêr; "leitu-
ra, quanto mais antiga, mais proveitosa"
Muita saudades, e reze para vovó
Daley
jan/80

Figura 1 – Bilhete manuscrito.

Fonte: Acervo ALLE/FE/Unicamp.

Nesse bilhete, a autora reconhece o caráter de descarte atribuído aos livros escolares e aos jornais, mas chama a atenção de seus netinhos para a preciosidade desse material: "Se você analisar bem, terá muita pesquisa às suas mãos"; "bastante coisa p'ra curtir"; "de você tirar proveito". Chama a atenção, ainda, para o valor agregado à leitura, que "quanto mais antiga, mais proveitosa". E, por último, destaca que sempre haverá outros e mais leitores para um material que tem uma qualidade atemporal, leitores que poderão dele fazer um uso da leitura como fruição: "dê para as crianças pobres divertirem-se".

Desse bilhete, como da pesquisa de Goulart (2009), podemos inferir que os livros didáticos carregam o prestígio de serem objetos de uma sociedade "escriturística", principalmente para muitos daqueles que, como

[9] No pacote de livros, foram encontrados: *Compêndio de História Universal*, de Rafael M. Galanti; *Contos Pátrios (para creanças)*, de Olavo Bilac; *Corações de crianças – Leituras preparatórias*, de Rita de M. Toledo; a série de Livros de leitura, de Erasmo Braga; várias cartilhas de alfabetização (Arnaldo Barreto; Benedito Tolosa, Thomaz Galhardo, Faria e Souza); vários livros didáticos de história, geografia, de língua portuguesa etc. (APOLINÁRIO, 2012; COSTA, 2012).

a autora do bilhete, não puderam continuar seus estudos. Ao contrário daquilo previsto para eles, os livros didáticos são guardados, porque neles está agregado um valor simbólico, no interior de uma sociedade "escriturística",o que, por sua vez, qualifica seu proprietário, por materializarem os ideais iluministas do século XVIII, "[...] fixos na fé e no poder do conhecimento e no mundo de idéias em que ele operou [...]" (DARNTON, 2010, p. 22).

Penso que um estudo dos motivos os quais levam as pessoas a guardarem livros que "nasceram" para serem descartados talvez revisite teórico-metodologicamente a história dos livros didáticos – mais comumente explorada – em um conhecimento sobre seu conteúdo (disciplinar, ideológico, conceitual, temático etc.) e sobre as disputas ideológicas em torno deles, sobre a expressão de projetos de identidade (nacional) que os geraram, sobre a questão da autoria. Talvez possa pôr em foco a ideia de que os livros didáticos como objetos e fontes da história do ensino da leitura e da escrita podem contribuir para um entendimento das práticas dos leitores que dão significados diversos para esse material. Eles, enquanto objetos-livros, podem resistir ao tempo mais do que oprevisto em sua edição, além de poderem ser lidos e usados por mais leitores do que aqueles inicialmente previstos pelo autor/editor.

Subvertendo a lógica do polo da produção, leitores com suas práticas diversas de leitura ampliam a nossa concepção sobre os livros (didáticos), ampliam nosso conhecimento sobre o mundo da leitura e dos livros, nosso modo de entendimento desse sistema de publicação e impressão, "[...] como um campo de poder composto de posições que competem entre si dentro das regras de um jogo, que por sua vez está subordinado às forças dominantes da sociedade em geral." (DARNTON, 2010, p. 23).

Os livros didáticos manuscritos

Os livros didáticos impressos – nem sempre de fácil localização –, ao chegarem às mãos dos pesquisadores, podem se tornar objeto e fonte de pesquisa, ganhando um sentido que justifique sua guarda em um espaço igualmente não previsto, no momento de sua publicação (grupo de pesquisa, biblioteca, acervo de livros). Tornam-se, assim, documentos possíveis de investigação e problematização, como produções de sujeitos de um tempo e lugar, marcados por determinados jogos de forças: por que esses e não outros livros foram escritos e publicados? Com quais outras obras dialogam? Por que alguns permanecem ao longo do tempo e outros desaparecem, em sua primeira e única edição?

Se a cada descoberta de um livro impresso, muitas questões, sob diferentes perspectivas teórico-metodológicas, podem ser levantadas, imaginemos a descoberta de livros didáticos manuscritos, cuja reprodução frequentemente é restrita a um espaço mais particular, sendo sua preservação aleatória, quase fruto do acaso.Imaginemos livros didáticos manuscritos, na forma de "bonecos", ou seja, na versão praticamente acabada do livro, preparada para apresentação aos editores? E, se encontrado, o quanto um tipo de livro assim contribuiria para uma história do ensino da leitura e da escrita.

Muito do que conhecemos sobre o ensino da leitura e da escrita foi construído a partir dos estudos sobre autores de livros didáticos impressos. Essa produção muito nos ajudou a compor o cenário do mundo ligado à educação de professores, de alunos e das práticas pedagógicas, no período entre os séculos XIX e XX, especialmente. Todavia, o que de toda a produção (não impressa) que autores-professores de livros didáticos acumularam em vida pode ter sido perdida ou estar "esquecida" nas mãos de seus descendentes? O que e por que tal material pôde permanecer manuscrito – recusado para publicação – acuado pelas "censuras" recebidas, pelas prescrições e orientações pedagógicas oficiais em voga, ou pelas demandas do mercado, ou pelo lugar que o autor ocupou na rede "detentora" do poder de decidir quais livros teriam sua publicação autorizada? Que rede de relações pode ser investigada em torno das obras recusadas e abandonadas pelos seus autores, em um tempo perdido?

Recentemente, dois manuscritos "descobertos", dois "bonecos" de livros escolares, podem exemplificar um pouco do que colocamos aqui. São duas cartilhas escritas no início do século XX, em 1902 e 1907.

A primeira é *Artinha da Leitura,* de João Simões Lopes Neto, que foi editada, em fac-símile, por Luís Augusto Fischer, no início de 2013. A segunda é *O livro de Hilda, processo analytico da leitura*, de João Köpke, recém-divulgada pela tese de doutorado de Maria Lygia Köpke Santos (2013). Ambos os escritores são consagrados pela crítica,estudados por biógrafos, críticos e pesquisadores, reconhecidos como intelectuais e envolvidos em lutas no campo da educação e da produção de livros de leitura.

O manuscrito intitulado O *livro de Hilda – processo analytico da leitura*, datado de 1902, pode ser considerado prova material da existência de uma cartilha produzida por João Köpke para o ensino da leitura pelo método analítico, várias vezes citada pelos pesquisadores do campo da história da educação e da alfabetização (CARVALHO, 1998; MORTATTI, 2000; PANIZZOLO, 2006; RIBEIRO, 2001; SANTOS, 2013), mas que não tinha sido encontrada em qualquer versão, seja original, seja já publicada.

Nesses estudos, muito da trajetória intelectual e profissional de João Köpke (1852-1926) já foi construído e divulgado. Um educador apoiado nos conhecimentos da ciência positivista e nos ideais republicanos; mestre atuante no ensino da leitura e na defesa do método analítico; autor de livros de leituras e de cartilhas. Discutiu-se bastante, inclusive a atuação central de João Köpkeno acirrado debate ocorrido no final do século XIX até as três primeiras décadas do século XX, em torno dos métodos de leitura: analítico, pela sentenciação; analítico, pela palavração; sintético, pela silabação; e sintético, pela soletração.

Contudo, desconhecemos pesquisas sobre O *Livro de Hilda*, além do estudo de Santos (2013), que tenha tomado como objeto ou fonte de estudo o material manuscrito do referido acervo da família Köpke. Não foi encontrada qualquer referência, nem sobre o conteúdo – parcial ou integral – ou indícios de sua impressão e circulação, tal como a versão que tivemos diante de nós. Até o quanto sabemos, trata-se de objeto produzido de forma manuscrita; é documento pessoal; apresenta algumas anotações ou pequenas correções feitas a lápis, pelo autor, de próprio punho, e partes em branco nas páginas previstas para receber estampas (ilustrações), o que nos leva a pensar que esse material ficou inacabado.

O que sabemos pela produção de pesquisadores (MORTATTI, 2000; PANIZZOLO, 2006; SANTOS, 2013) é que Köpke foi autor de uma cartilha que propunha o ensino da leitura pelo método analítico (Cartilha 1 e Cartilha 2), divulgada por ele em conferências realizadas na cidade de São Paulo (conferência de 1896 e de 1916) e citada por colegas seus, como, por exemplo, Rangel Pestana, em matérias publicadas em *O Estado de S.*

Paulo, entre outros. O trabalho de Santos (2013) aponta para o fato de que, mais do que questionar a produção já divulgada e construída sobre o método analítico, as Cartilhas 1 e 2 de Köpke[10] complementam e matizam um pouco essa discussão, ao apresentar o modo como esse educador pensou um livro destinado ao ensino da leitura pelo método analítico, materializado nas propostas de textos, nas atividades didáticas, nas orientações para seu uso, minuciosamente colocadas nas 247 páginas que compõem esse material.

O segundo manuscrito de uma obra que já havia sido considerada "perdida", esquecida em caixas empoeiradas, rolando por sebos e "guardada" em biblioteca particular, segundo matéria assinada por Lucena, na *Folha de S. Paulo* (29/04/2013, p. E 9,), é o de João Simões Lopes Neto. A cartilha, denominada pelo seu autor como *Artinha da Leitura*, também manuscrita e parcialmente ilustrada *com colagens de recortes*, tem a data registrada como 1907, e é dedicada "[...] as escolas urbanas e ruraes". Atualmente, ela se encontra disponível para pesquisas no Núcleo de Documentação Histórica da Universidade Federal de Pelotas (UFPel), depositada aos cuidados do Instituto João Simões Lopes Neto (IJSLN).

Tal qual o *Livro de Hilda*, ela também permaneceu "esquecida" por cerca de cem anos. Como as Cartilhas 1 e 2, de João Köpke, a *Artinha da Leitura* foi encaminhada aos órgãos de Instrucção Pública e também rejeitada para adoção junto às escolas públicas.

Ambas são cartilhas mencionadas recorrentemente, em estudos feitos tanto sobre João Köpke quanto sobre João Simões Lopes Neto, ainda que nenhum dos pesquisadores tenha tido propriamente acesso às obras que eles citam ou às quais fazem referências.

Igualmente, para ambas as cartilhas, não há confirmação histórica registrada pelos pesquisadores sobre o destino que foi dado aos originais direcionados aos órgãos públicos para aprovação para publicação.

O *Livro de Hilda* e *Artinha da Leitura* tocam em aspectos ligados à história da cultura escrita, mais especificamente da alfabetização, da escolarização e da produção de material impresso. No caso dessas obras,

[10] Santos (2013, p. 97) ressalta que, no esforço comparativo entre o que se tem publicado sobre as Cartilhas 1 e 2 e o manuscrito O Livro de Hilda, não é possível afirmar "[...] que essas cartilhas se refiram ao mesmo material [...]". É provável que sejam versões distintas sobre o método analítico proposto por João Köpke.

trata-se de um material à margem do impresso, porque não publicado. No caso dessas obras, uma possibilidade de revisitar a história da alfabetização já escrita por pesquisadores sobre o ensino da leitura e da escrita, nos anos iniciais da escolaridade. No caso dessas obras, uma ampliação sobre o conhecimento do que era "publicável", segundo normatizações e regulamentações impostas por aqueles que ocupavam cargos públicos em suas relações com o mercado dos livros impressos.

Conforme Chartier (1990), os textos (os discursos) só existem quando materializados em um suporte que os carrega – nas páginas de um livro; nas folhas de um caderno; na voz que os lê ou os narra; encenadas no palco; dispostas na tela. Os textos (os discursos) só existem quando inscritos como realidades físicas – em uma letra (um traçado), uma topografia visual (espaço branco e texto), em cores e tamanhos – dispostos em uma topografia visual (espaços e brancos).

Quanto poderíamos conhecer ou nos aproximar dos sentidos já construídos a respeito dos livros didáticos impressos, em suas relações com a cultura escrita, com a cultura escolar, com a produção, o consumo, a distribuição e a circulação desse material, acompanhado também pelo conhecimento dos livros didáticos manuscritos (mais raros, mais fugidios), mas que, em sua materialidade, são objetos que instituem um tipo de razão e de conhecimento distintos do mundo oral e do impresso e, mais recentemente, do virtual. Um objeto artesanal, cuja produção se inscreve em uma lógica, talvez um pouco distante da rede industrial e comercial tal qual a conhecemos hoje.[11]

Os livros manuscritos talvez possam colaborar para o entendimento das condições que a fabricação de um livro engloba: critérios de aceitação, de circulação, de adoção; as relações entre mercado, editora, leitores; a escolarização etc. Por que não foi publicado? Que relações de poder poderiam ter sido construídas pelo autor e sua obra, na rede cultural do tempo e lugar de sua elaboração?

[11] De acordo com Darnton (2010), a análise bibliográfica feita por Donald MacKenzie – de todos os livros produzidos pela Cambridge University Press, no decorrer de 1696-1712, em suas relações com as evidências físicas nos manuscritos da editora – aponta para os aspectos da produção e da difusão da palavra impressa, incluindo suas conexões com mudanças sociais e políticas e com a descrição rigorosa de todos os "textos", "[...] a bibliografia transcende aos livros" (p. 162).

Além disso, talvez, cada livro manuscrito possa colaborar na história do ensino da leitura e da escrita como documento-testemunho de um gesto – escrever à mão, em uma folha (espaço) em branco de papel, usando determinado instrumento (lápis/lapiseira; caneta tinteiro, esferográfica, pena etc.), com um traçado de fôrma, cursivo, que revela, entre outras, particularidades do sujeito que escreve.

Segundo Petrucci (1999, p. 118, tradução livre),

> [...] falar de práticas da escritura significa sobretudo falar não da uniformidade, senão das diferenças. A escritura, em si e por si, no singular, não existe, é pura e simplesmente uma abstração. [...]. as técnicas de escritura comprometem a cada ocasião, de diferentes maneiras, as atitudes intelectuais, visuais e manuais daqueles que escrevem, determinando a duração de execução, a posição física e os gestos, em suma a relação com o espaço e o tempo.

Um manuscrito, se tomado como objeto e fonte da história do ensino da leitura e da escrita, pode colaborar para que interroguemos sobre sua disposição visual, marcada pela educação estética do seu escrevente, nos espaços em branco deixados na folha; sobre a presença, ou não, de cores/estampas (às vezes) distintas, com variedade no tamanho; sobre o traçado das letras, nem sempre em sua forma acabada; sobre a presença de gêneros diferentes, nem sempre reunidos em suportes distintos, nem sempre possíveis de serem datados e de terem sua autoria indicadas etc. Um desafio, porque, como sabemos, a relação entre a escrita manuscrita e a escrita impressa é "[...] uma relação, que em qualquer época ou em qualquer situação, se desenvolve sempre no sentido da diferença e da oposição, porém jamais de ruptura." (PETRUCCI, 1999, p. 118, tradução livre).

Os livros didáticos manuscritos podem nos dizer, além do seu conteúdo (proposta curricular, metodologia, leitor pressuposto para o material, projetos pedagógicos e científicos etc.), sobre as práticas que os produziram, ou de quem os empregou, as diferentes formas que assumiram e a pluralidade de seus usos, que não são as mesmas dos impressos (CHATIER, 2007).

Uma história ainda bastante lacunar

Esses dois aspectos que trago aqui – quanto aos sentidos dados aos manuais escolares pelos leitores-guardadores desse material e aos livros didáticos manuscritos raramente localizados e pouco estudados – são uma tentativa de pensar a história do ensino da leitura e da escrita que tem sido possível de ser construída por nós.

Procurei enfatizar que os livros didáticos, como objetos e fontes de estudo, exigem de nós um gesto de garimpo em busca desse material fugidio, disperso, escondido. Deles depende a história do ensino da leitura e da escrita que queremos escrever. Conforme Darnton (1992), ao tentar rastrear, a partir de outras pesquisas, pistas sobre "o que liam os franceses no fim do Ancien Régime?", ao ampliar essa questão buscando referências à leitura dos **livros proibidos** [grifos meus], ele conclui que os pesquisadores consultaram apenas os arquivos governamentais e as fontes administrativas e oficiais, como os inventários e catálogos impressos de bibliotecas privadas, "[...] dos quais são excluídos os 'maus livros', que ali só aparecem rara e irregularmente" (DARNTON, 1992, p. 8).

Daí a importância de seguir as pistas de outras fontes deixadas pelos livros – como correspondência e depoimentos de editores, livreiros e de leitores –, sondando estratégias comerciais, captando a percepção da profissão de escritor e de editor inseridos em um mercado e perseguindo os usos dos leitores – quase sempre ausentes nos documentos – responsáveis pelos sentidos dados ao livro e a sua permanência no tempo. Para Darnton (1992), é preciso incluir, na história que queremos escrever, os livros que nem sempre constam em uma listagem oficial, porque nem sempre foram consagrados. A essa ausência, pode-se perguntar por que tal livro não foi impresso, não teve muitas edições, não circulou publicamente etc.

Ir a busca dos guardadores (homens comuns) de livros – manuscritos e impressos – (re-)ordena a ordem dos livros, dando estatuto àqueles que nem sempre são conhecidos por nós, produzindo outros sentidos nem sempre imaginados, que nos remetem às partes da história do ensino da leitura e da escrita sob uma nova perspectiva, capaz de gerar novas temáticas, outros horizontes e outras práticas.

Ir em busca desse material, que teria como destinação inicial ser descartado e superado pelo seu leitor, localizando-o para dar-lhe visibilidade, pode colaborar para um entendimento instalado no jogo de oferta e procura, o qual envolve as condições de publicação, os circuitos de comercialização e de divulgação, e, sobretudo, pode apresentar um mundo que vai além da conjuntura econômica, por revelar a dimensão das sensibilidades e afetividades construídas pelos homens de cada tempo e lugar, em sua relação com esse objeto cultural: o livro didático.

Referências

APOLINÁRIO, M. A. *Estudos preliminares sobre cartilhas produzidas na década de 30 e seus métodos de alfabetização.* 2012. 81 f. Trabalho de Conclusão de Curso (Graduação em Pedagogia) - Faculdade de Educação, Universidade Estadual de Campinas, Campinas, 2012.

BATISTA, A. A. G. Avaliação dos livros didáticos: para entender o programa nacional do livro didático (PNLD). In: ROJO, R. H. R.; BATISTA, A. A. G. (Org.). *Livro didático de língua portuguesa, letramento e cultura escrita.* Campinas: Mercado de Letras, 2003. p. 25-67.

BITTENCOURT, C. *Livro didático e saber escolar.* 1850-1910. Belo Horizonte: Autêntica, 2008.

CARVALHO, S. A. S. *O ensino da leitura e escrita:* o imaginário republicano (1890-1920). 1998. 151 f. Dissertação (Mestrado em Educação)-Pontifícia Universidade Católica de São Paulo, São Paulo, 1998.

CERTEAU, M. *A escrita da história.* Tradução Maria de Lourdes Menezes. Rio de Janeiro: Forense Universitária, 2002.

CHARTIER, R. A *história cultural:* entre práticas e representações. Tradução Maria Manuela Galhardo. Lisboa: Difel, 1990.

______. *Cultura escrita, literatura e história.* Tradução Ernani Rosa. Porto Alegre: Artmed, 2001.

______. *Inscrever & apagar:* cultura escrita e literatura. Tradução Luzmara Curcino Ferreira. São Paulo: Ed. UNESP, 2007.

CHOPPIN, A. Las políticas de libros escolares en el mundo: perspectiva comparativa e histórica. In: SILLER, J. P.; GARCIA, V. R. *Identidad en el imaginario nacional:* reescritura y ensenãnza de la historia. Puebla: Universidad Autônoma de Puebla, 1997. p. 169-180.

______. Le manuel scolaire, une fausse évidence historique. *Histoire de l'Éducation*, Paris, n. 117, p. 7-56, janv./mars 2008.

COSTA, F. M. *Bibliotecas particulares:* uma leitora comum do século XX. 2012. 89 f. Trabalho de Conclusão de Curso (Graduação em Pedagogia) - Faculdade de Educação, Universidade Estadual de Campinas, Campinas, 2012.

DARNTON, R. *Edição e sedição*: o universo da literatura clandestina no século XVIII. Tradução Miriam Campello. São Paulo: Companhia das Letras, 1992.

______. *A questão dos livros:* passado, presente e futuro. Tradução Daniel Pellizzari. São Paulo: Companhia das Letras, 2010.

FISCHER, L. A. *Artinha de leitura*. Brasília, DF: Ministério da Cultura, 2013.

GOULART, I. C. V. *O livro:* objeto de estudo e de memória de leitura. 2009. 191 f. Dissertação (Mestrado em Educação) - Faculdade de Educação, Universidade Estadual de Campinas, Campinas, 2009.

KÖPKE, J. *O Livro de Hilda*: ensino da leitura: processo analytico, 1902. Manuscrito. [acervo família Köpke].

LUCENA, R. Manuscritos perdidos ganham 1ª. edição. *Folha de S. Paulo*, São Paulo, p. E9, 24 abr. 2013.

MORTATTI, M. R. L. *Os sentidos da alfabetização*: São Paulo – 1876/1994. Brasília, DF: MEC/INEP/COMPED; São Paulo: Ed. UNESP, 2000.

PANIZZOLO, C. *João Köpke e a escola republicana*: criador de leituras, escritor da modernidade. 2006. 358 f. Tese (Doutorado em Educação)-Pontifícia Universidade Católica de São Paulo, São Paulo, 2006.

PETRUCCI, A. La escritura manuscrita y la imprenta: ruptura o continuidade. In: ______. *Alfabetismo, escritura, sociedade*. Barcelona: Gedisa, 1999. p. 117-128.

RIBEIRO, N. R. *Um estudo sobre a Leitura Analytica (1896), de João Köpke*. 2001. 66 f. Trabalho de Conclusão de Curso (Graduação em Pedagogia)-Faculdade de Filosofia e Ciências, Universidade Estadual Paulista, Marília, 2001.

SANTOS, M. L. K. *Lendo com Hilda*: João Köpke (1852-1926). 2013. 229 f. Tese (Doutorado em Educação) - Faculdade de Educação, Universidade Estadual de Campinas, Campinas, 2013.

Cadernos de ditado: vitrine do ensino de ortografia na escola primária (Colégio Farroupilha/RS – 1948/1989)[1]

Maria Helena Camara Bastos

> Quem ousaria imaginar, um segundo sequer, que o corretor ortográfico de nossas belas máquinas nos dispensassem de saber escrever as palavras de uma maneira correta e harmônica, captando os seus mistérios para que nos servissem para escrever lindas histórias... [...] o ditado, esta exceção cultural, que o mundo inteiro nos cobiça tanto mais que nosso cinema, talvez pelo conteúdo, tem ainda belas horas diante dele. (NOVARINO, 2006).

Figura 1 – Caderno de Clarissa 2ª série (março de 1990).

Fonte: Memorial do Colégio Farroupilha.

[1] Este estudo integra o grupo de pesquisa "Do *Deustscher Hilfsverein* ao Colégio Farroupilha: entre memórias e histórias (1858-2008)", CNPq/FAPERGS/PUCRS (2011-2015).

Introdução

A educação ministrada em uma escola e o processo formativo do aluno em uma determinada época nos colocam frente a inúmeros pontos de observação da temática. Escolhemos como *locus* privilegiado, para adentramos no cotidiano de uma escola primária, nas décadas de 1940 a 1980, a análise dos cadernos de ditado de alunos do Colégio Farroupilha (1886),[2] tradicional escola particular da cidade de Porto Alegre/RS, pertencentes ao Memorial "Do *Deutscher Hilfsverein* ao Colégio Farroupilha",[3] e um acervo particular.

O estudo insere-se na perspectiva da história da cultura escrita, que, conforme Castillo Gómez e Sierra Blas (2008, p. 19), é o "[...] estudo da produção, difusão, uso e conservação dos objetos escritos [...], buscando alianças com quantos saberes, como os advindos da História da Educação Escolarizada, que têm como seu objeto o estudo da escrita em suas várias modalidades." Para Armando Petrucci (1989, p.1[4] apud CASTILLO GÓMEZ, 2012, p. 67), a história da cultura escrita

> [...] pretende pôr em relevo e converter em objeto de estudo as relações que se estabelecem, em diversas situações históricas, entre os sistemas de escrita, as formas gráficas e os processos de produção dos testemunhos escritos, por um lado, e as estruturas socioeconômicas das sociedades que elaboram, utilizam e manipulam estes produtos, por outro.

Desde o século XIX, o ditado está presente na escola primária, como exercício pedagógico com finalidade de medir a competência or-

[2] Essa escola tem sua origem na fundação, em 1858, da *Deutscher Hilfsverein* (Sociedade Beneficente Alemã/Associação Beneficente e Educacional), mantenedora da instituição, criada em 1886, sob o nome de *Knabenschule des Deutschen Hilfsvereins*. A partir de 1904, passa a receber também meninas. Em 1937, decorrente do processo de nacionalização das instituições de ensino, passa a se denominar Ginásio Teuto-Brasileiro Farroupilha, em homenagem ao centenário da Guerra dos Farrapos. Sobre o assunto, ver Telles (1974); Hofmeister Filho (1986); Almeida; Bastos; Jacques (2008).

[3] O Memorial foi fundado em 2002 e conta com um acervo de fotografias, uniformes, livros, periódicos, mobiliário e demais objetos da cultura escolar. Sobre, ver Almeida; Bastos; Jacques (2008).

[4] PETRUCCI, Armando. *Storia della scrittura e della società.* Alfabetismo e cultura scritta, nuova serie, n.2, p.47, 1989 [*Historia de la escritura e historia de la sociedad.* València: Universitat de València, 1998 (Arché, 1), p.1].

tográfica dos alunos.[5] Juntamente com a atividade de redação e de cópia, era, e ainda é, um exercício fundamental para o conhecimento da língua, a formação do aluno e o controle da aprendizagem, em busca da excelência ortográfica e caligráfica,[6] que, segundo Darcos (2005, p. 152), é uma obsessão que marca a escola.

Anne-Marie Chartier (2007a, p. 35), ao comentar a prática do ditado na escola francesa, considera que a

> [...] história do ditado mostra que não é somente o desempenho dos alunos que está em questão. Se esse exercício, apesar de tão modesto, se tornou um ritual tão consagrado, é porque ele manifesta certa concepção de cultura escrita, inicialmente típica do ensino primário popular, mas que encontra tal sucesso social que ganha o ensino das elites.

Como uma atividade tradicional do ensino elementar da língua materna, o ditado consiste na leitura pausada, pelo professor, das frases de um texto, que os alunos devem reproduzir corretamente por escrito. Em geral, o texto é lido, ditado, relido e depois é realizada a correção. Cabe ao aluno repetir diversas vezes as palavras, para fixação onde os erros foram cometidos. Os textos escolhidos pelos professores consistem, muitas vezes, em trechos de autores reconhecidos da literatura e, nesse caso, são excertos de textos morais e educativos, e/ou são compostos de maneira a apresentar, em um pequeno número de frases, regras de ortografia, sintaxe (FLOT, 1911, p. 466).

No período investigado nesta pesquisa, o ditado é uma atividade rotineira da 1ª à 5ª série e exigido em provas, como o exame de admissão ao curso ginasial,[7] permitindo a verificação, ou não, da eficácia da escola primária.

---

[5] No *Manuel de l'instituter primaires* ou Principes Géneraux de Pédagogie, de 1831 (França), o autor orienta o professor primário na atividade do ditado, sugerindo que: dite palavras difíceis, frases e textos de temas diversos, segundo a capacidade do aluno; os ditados devem ter relação com vários aspectos da educação e do ensino – regras de ortografia e, sobretudo, de pontuação; os ditados devem ser corrigidos pelos alunos, a partir da cópia realizada pelo professor no quadro-negro (TAILLAC, 2008, p. 80-81).

[6] Sobre a caligrafia na escola, ver Stephanou; Bastos (2013).

[7] Em 1931, o Exame de Admissão é instituído em caráter nacional, permitindo a passagem do curso primário para o curso ginasial, tendo sido adotado até a lei 5692/1971, que reforma o ensino de 1º e 2º graus, quando o primário e o ginásio são integrados como 1º Grau. Sobre o assunto ver Bastos e Ermel (2014).

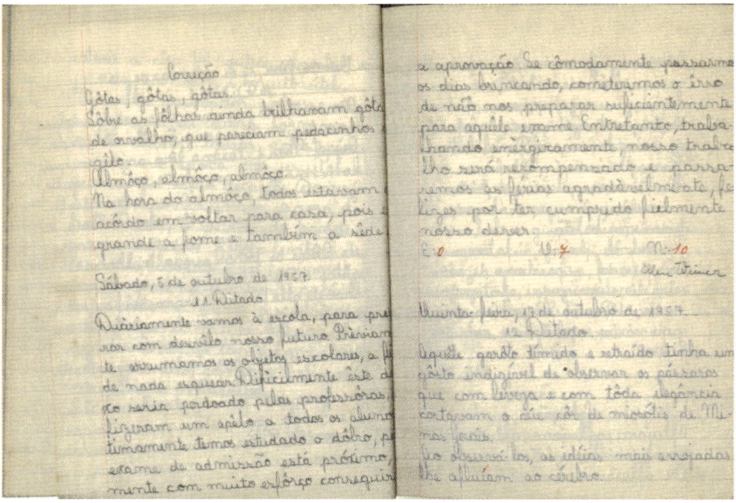

Figura 2 – Caderno de Gladis do 5º ano primário (1957).

Fonte: Acervo particular de Gladis Renate Wiener Blumenthal.

A Portaria Ministerial nº 501, de 19 de maio de 1952, estabelece para a prova escrita do exame de admissão em português um "Ditado de cerca de 15 linhas (autor brasileiro contemporâneo), ao qual, no julgamento, deverão ser atribuídos no máximo 3 pontos;[8] seis questões objetivas de gramática, referentes ao ditado, e abrangendo o programa da disciplina, às quais, no julgamento, serão atribuídos até 4 pontos".[9]

Cartilhas, livros de alfabetização, manuais de orientação ao professor,[10] artigos em periódicos, regulamentos oficiais, livros com reper-

[8] Os manuais de exame de admissão indicavam trechos seletos para exercícios de ditado. Por exemplo, no Programa de Admissão (AZEVEDO et al., 1959), indicam-se: "Um temporal", de Graça Aranha; "Os meus colegas de turma" e "A espada do Rei Artur", de Malba Tahan; "A palavra", de José de Alencar; "A perna de pau", de Coelho Neto; "O desempate", de Viriato Corrêa; "A bandeira brasileira", de José Rangel; "O hino nacional brasileiro", de Julio Nogueira; "Saudação às crianças", de D. José Gaspar; "O touro", de Leopoldo Brígido.

[9] Em novembro de 1953, a *Revista do Ensino*/RS publica as instruções e as provas do exame de admissão ao curso ginasial de 1952. Para Português, as orientações ao professor para proceder à prova de ditado constam dos seguintes passos: entregar a prova; fazer uma leitura do trecho, antes do ditado, e outra, depois; ditar a pontuação. O ditado intitulado "Trezentas Onças" é um resumo e adaptação do livro de Simões Lopes Neto, "Contos Gauchescos e Lendas do Sul". A prova também trazia questões que o aluno deveria responder com apoio no texto do ditado.

[10] Barum (2012) analisa as orientações sobre o ditado escolar, em cartilhas e livros de alfabetização, no período de 1900-1990, especialmente os manuais do professor, que explicitam as diversas nomenclaturas atribuídas à atividade do ditado e a melhor maneira para realizá-la.

tórios de ditados para cada ano do ensino primário[11] são alguns dos dispositivos de orientação para a realização do ditado escolar.

Em 1939, a *Revista do Ensino*/RS publica o artigo "O Ditado", que decorre das conclusões do "Círculo de Estudos" dos professores primários da cidade de Porto Alegre, em que destacam a importância de seu emprego para o "processo de fixação e de verificação da ortografia", a fim de evitar o erro. Recomendam que cada aluno tenha um "caderno-dicionário", no qual colocará diariamente as palavras novas que aprendeu na preparação do ditado, acompanhadas da respectiva interpretação de sentido e, se for possível, de uma ilustração própria.

A professora Sarah Azambuja Rolla (1952, p. 8) responde a uma leitora da *Revista do Ensino*/RS, que coloca a seguinte questão, na seção "Apresente seu problema": "[...] qual a melhor forma de executar a correção do ditado?". Inicialmente, alerta que "[...] todo o ensino da ortografia deve ser fundamentado na observação visual da palavra, em simultaneidade com impressões auditivas, motoras e de articulação (pronúncia)." Além disso, salienta que o ditado não deve ser a única prática de ensino da ortografia. Sugere como exercícios de fixação de vocábulos: treino de palavras isoladas; atividades que levem à indução de regras ortográficas; ditado, com frases ou pequenas histórias; começar com palavras curtas e, progressivamente, as de maior complexidade de escrita.

A obra *Metodologia do Ensino Primário*, de Amaral Fontoura (1959, p. 239), também traz alguns apontamentos sobre o ditado e mecanismos de motivação para sua realização. Recomenda que o ditado deve ser usado na escola apenas como um "tipo de prova": "[...] vamos ver se vocês já sabem escrever direitinho essas palavras que vou dizer." O trecho escolhido deve ser, a princípio, já conhecido e estudado pelos alunos. Sugere que os ditados deveriam versar sobre assunto que estivesse sendo tratado em aula e que interessasse aos alunos.

---

[11] Por exemplo, na França, foi publicado o *Cours de dictée*, de Larive e Fleury (1871-1877), em três volumes, com quase mil ditados, para diferentes níveis de complexidade, editados por Armand Colin; em 1924, estava na 211ª edição (CHARTIER, 2007, p. 182). No Brasil, temos algumas referências: RIBEIRO, João. *Frases Feitas:* estudo conjectural de locuções, ditados e provérbios. Rio de Janeiro: Francisco Alves, 1908 (302p.); ALVARENGA, Lúcia. *Terra Querida*, quarta série primária. [Textos para leitura, ditados e exercícios de gramática]. São Paulo: Companhia Editora Nacional, 1956 (189p.); FTD. *Dictados Literarios Graduados*. Rio de Janeiro, São Paulo, Belo Horizonte: Livraria Paulo de Azevedo & Cia, 1921 [Agradeço ao Professor Dr. Eduardo Arriada as indicações].

> Mesmo assim, o professor deveria ler o trecho a ditar, previamente; comentar o assunto; perguntar sinônimos e antônimos do trecho; enfim, motivar fortemente o ditado. Depois de terminado, o professor deveria *assinalar os erros com lápis vermelho*, e mandaria (se possível) que cada aluno corrigisse seus próprios erros, verificando a forma certa da palavra, no dicionário. (JACQUES, 2011, p. 65).

Com todas essas modificações, o ditado poderia ser dado, mas não constituir atividade diária, com horário obrigatório.

O presente estudo analisa a prática escolar do ditado, em cadernos de alunos do ensino primário do Colégio Farroupilha/RS, enfocando os temas abordados, as regras ortográficas enfatizadas, a sintaxe, a caligrafia, a correção da professora, a avaliação, o controle familiar.

Os cadernos de ditado do Colégio Farroupilha/RS (1948-1989)

A prática do ditado estava presente do primeiro ao quinto ano do ensino primário, no Colégio Farroupilha. No boletim trimestral, o ensino de português (Elocução, Leitura, Ortografia e Redação) avaliava ditado, redação e gramática.

O *corpus* documental é composto de 25 cadernos, pertencentes a sete alunos da escola, com aproximadamente 410 ditados, no período de 1948 a 1989. Somente de uma aluna temos a série completa de cadernos do curso primário; os demais são alguns exemplares, em séries diferentes. Os cadernos do primeiro ano são em maior número, pertencentes a quatro alunos, diminuindo até a quinta série, de que temos somente um caderno, conforme o Quadro 1.

Séries Aluno	**1ª ano**	**2ª ano**	**3ª ano**	**4ª ano**	**5ª ano**	**Total**
Érico 1949	-	1 caderno 20 ditados	-	-	-	1 20
Luiz Carlos 1951-1955	1 caderno 32 ditados	2 cadernos 23 ditados	3 cadernos 30 ditados	1 caderno 14 ditados	1 caderno 14 ditados	8 113
Gladis 1953-1957	3 cadernos 50 ditados	2 cadernos 27 ditados	2 cadernos 31 ditados	1 caderno 13 ditados	1 caderno 13 ditados	9 134
Eliane 1963	1 caderno 22 ditados	-	-	-	-	1 22
Silvana 1971	-	-	-	1 caderno 19 ditados	-	1 19
Renan 1985	1 caderno 29 ditados	-	-	-	-	1 29
Clarissa 1989/1991	1 caderno 35 ditados	1 caderno 25 ditados	1 caderno 13 ditados	-	-	2 73
TOTAL	7 cadernos 168 ditados	6 cadernos 95 ditados	6 cadernos 74 ditados	2 cadernos 46 ditados	1 caderno 27 ditados	25 410

Quadro 1 – Número de cadernos e ditados.

Fonte: Memorial do Colégio Farroupilha.

O exame dos cadernos permite traçar um padrão de procedimentos adotados pelos professores, de longa duração:

- os ditados são datados e numerados;
- divididos por trimestre;
- corrigidos pela professora, em Erro (E – número de palavras com problemas de grafia), Ordem (O – avalia a caligrafia e apresentação), Nota (N – nota final). Nos anos 1980, as professoras adotam conceito (Ótimo, Muito Bom, Regular);
- trazem sempre a assinatura dos pais;
- são acompanhados da correção do aluno, que repete várias vezes a palavra, escrevendo-a corretamente;
- ao final, apresentam ilustração com decalco, carimbo e/ou friso.

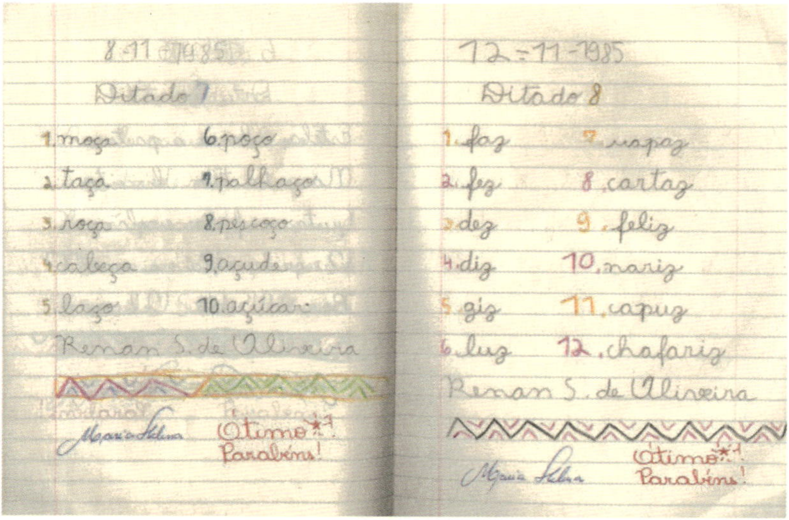

Figura 3 – Caderno de Renan 1ª série C (novembro de 1985).

Fonte: Memorial do Colégio Farroupilha.

Barum (2012) lista diversas nomenclaturas para a atividade de ditado escolar: ditado; ditado de palavras soltas; ditado – exercício; ditado – verificação; ditado treino; ditado – prova; ditado – avaliação; ditado de palavras e orações; ditado mudo; autoditado; ditado de orações simples; ditado de um trecho da lição; ditado de sílabas e palavras; ditado cochicho. No conjunto de cadernos analisados, a maioria dos ditados é de orações simples, enfatizando aspectos de pontuação, acentuação, com uso de uma ou duas letras do alfabeto; de pequenos textos; ditado sabatina e/ou diagnóstico, especialmente a partir do segundo ano primário.

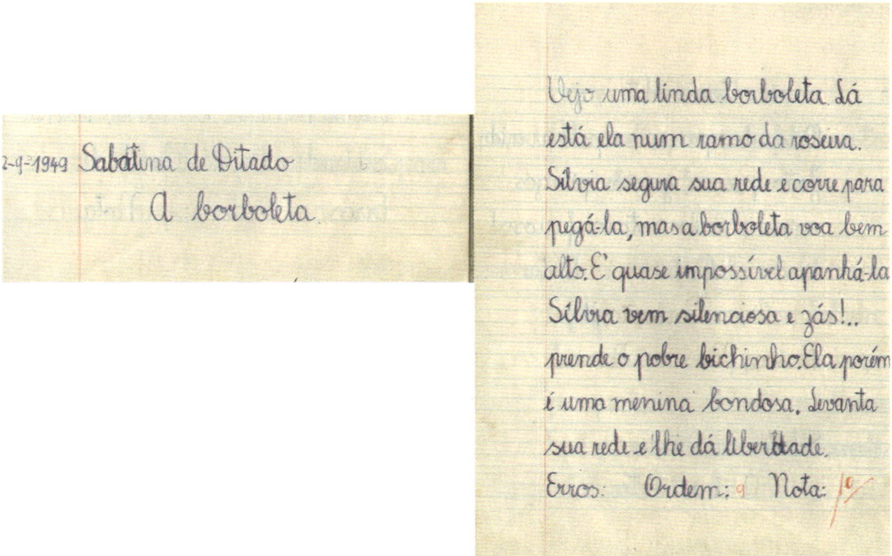

2-9-1949 Sabatina de Ditado
A borboleta

Vejo uma linda borboleta. Lá
está ela num ramo da roseira.
Silvia segura sua rede e corre para
pegá-la, mas a borboleta voa bem
alto. É quase impossível apanhá-la
Silvia vem silenciosa e zás!..
prende o pobre bichinho. Ela porém
é uma menina bondosa. Levanta
sua rede e lhe dá liberdade.
Erros: Ordem: 9 Nota: 10

Figura 4 – Caderno de Érico 2ª série (1949).

Fonte: Memorial do Colégio Farroupilha.

Os cadernos de ditado do primeiro ano do curso primário são os mesmos utilizados para o ensino de caligrafia e estão escritos a lápis. O conteúdo reproduz palavras e/ou textos presentes na cartilha *Vivi e Vavá*, de Célia Rabelo, adotada pela escola. Os ditados são numerados em ordem crescente, mas alguns não trazem data. No primeiro e segundo trimestre, por exemplo, foram realizados 15 ditados, respectivamente. No terceiro trimestre, 20 ditados.

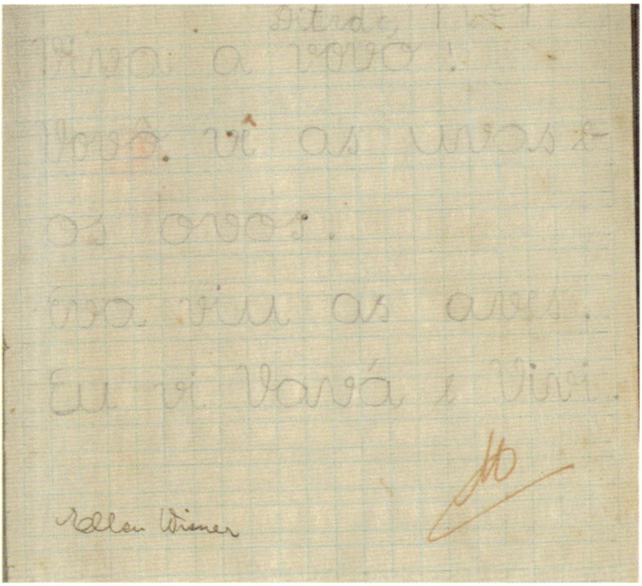

Figura 5 – Caderno de Gladis 1º ano (1953).

Fonte: Acervo de Gladis Blumenthal.

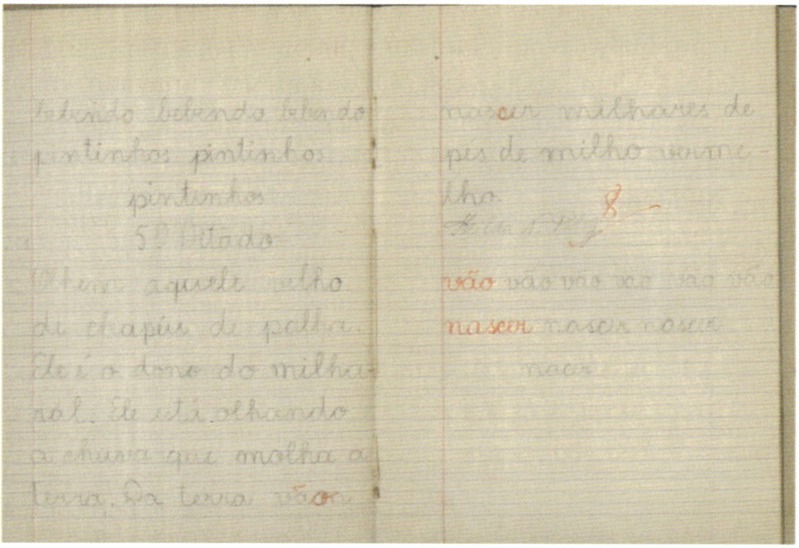

Figura 6 – Caderno Luiz Carlos 1º ano (1951).

Fonte: Memorial do Colégio Farroupilha.

A maioria dos ditados apresenta frases curtas, em número de quatro a seis, fixando a ortografia de determinadas consoantes do alfabeto: V, D, P, T, B, L e B, F, M e N, ÃO, J. Não segue uma temática que articule as frases. Localizamos alguns ditados com frases articuladas nos conjuntos "peixes", "relógio", "matemática". Quanto à avaliação, há somente a nota, que decorre do número de erros cometidos pelos alunos: um erro, nota 9,5; dois, nota 9, e assim sucessivamente.

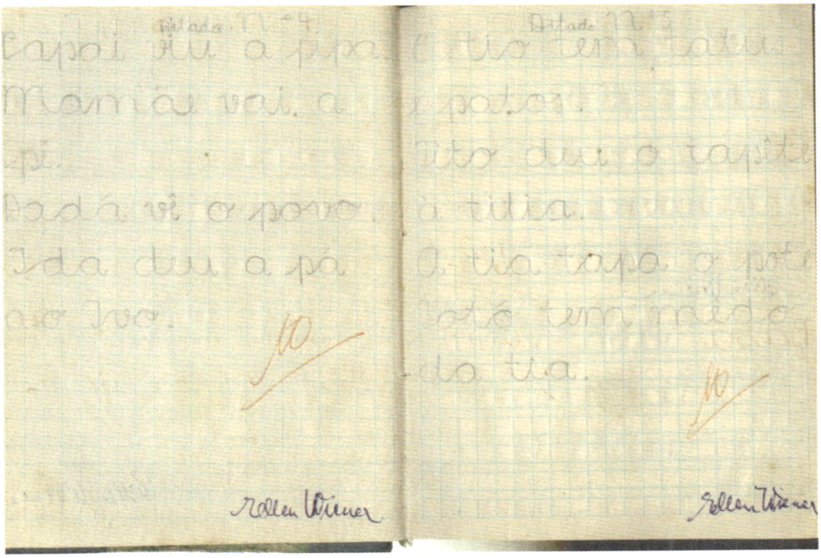

Figura 7 – Caderno de Gladis do 1º ano primário.

Fonte: Acervo particular de Gladis Renate Wiener Blumenthal.

Os cadernos do segundo ano mantêm a sistemática de numeração; trazem sempre a data completa por extenso, no alto da página; as frases variam em número de 4 a 8; alguns trazem título ("Um nome só", "Pedro Álvares Cabral", "Dia das Mães", "Os índios", "Semana da Pátria", "Brasil Pátria", "Independência", "Revolução Farroupilha"); a avaliação do professor assinala o número de palavras com erro, a nota para a ordem e a nota final.

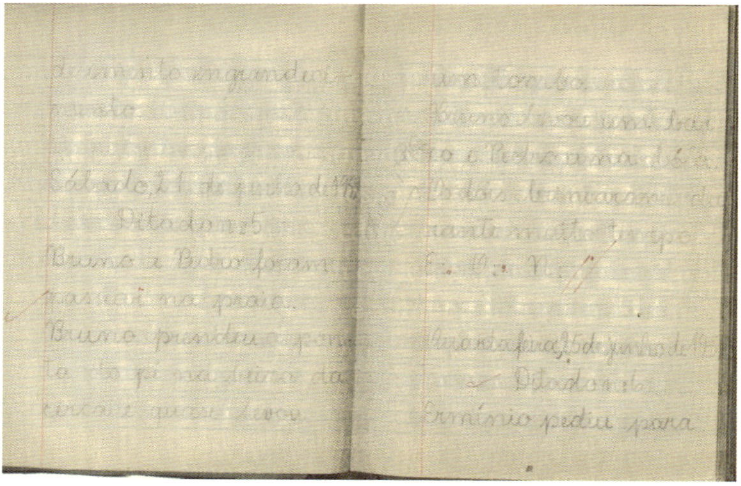

Figura 8 – Caderno de Luiz Carlos do segundo ano (1952).
Fonte: Memorial do Colégio Farroupilha.

A partir do mês de outubro do segundo ano do curso primário, os ditados passam a ser escritos com caneta tinteiro, mas ainda em cadernos de caligrafia.

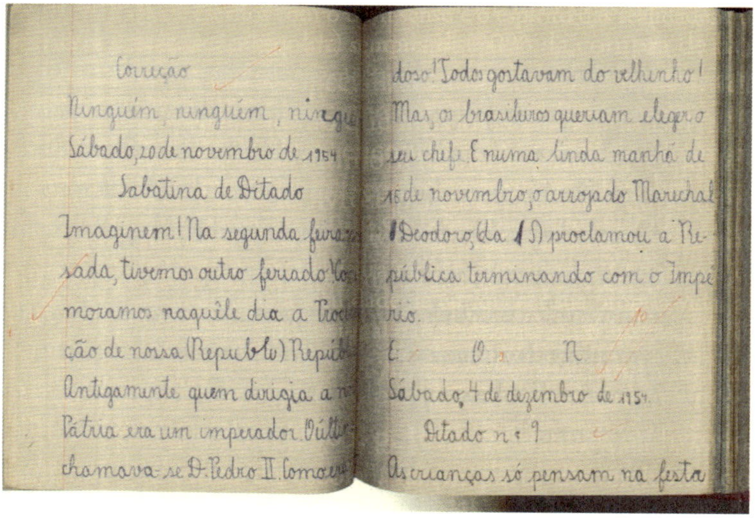

Figura 9 – Caderno de Gladis do 2º ano primário (1954).
Fonte: Acervo particular de Gladis Renate Wiener Blumenthal.

Desde a segunda série, os ditados trazem títulos ou temas, os quais mostram correspondência com conteúdos tratados nas demais disciplinas do programa do ensino primário (História, Geografia, Ciências), vinculam-se a datas cívicas nacionais (Tiradentes, Dia do Índio, Descobrimento do Brasil), a datas religiosas (Páscoa, Natal, São João) e a datas comerciais (Dia das Mães, Dia das Crianças), conforme o Quadro 2.

1ª classe	2ª classe	3ª classe	4ª classe	5ª classe
Matemática Peixes Relógio O livro Meu nome A boneca A chuva Mês de maio	Um nome só Pedro Álvares Cabral Dia das Mães Os índios Geografia Semana da Pátria Brasil Pátria Independência do Brasil Revolução Farroupilha Passeio por Porto Alegre Fundação de Porto Alegre Meios de Transporte Santos Dumont Comunicações Porto Alegre Estados Brasileiros Proclamação da República Natal Corpo Humano Descobrimento do Brasil Acabaram as férias O circo O ratinho Dia do Soldado Os dentes Sabatina de português A borboleta O parreiral	Escola Pontos cardeais Passeio História Tiradentes O trabalho Relevo Fundação de Porto Alegre São João Governo da cidade Habitantes Primitivos de Porto Alegre O Rio Grande do Sul dentro do Brasil Colonização do RS Minha Pátria Osvaldo Cruz Duque de Caxias Independência Sílaba Tônica Bento Gonçalves Serviços Públicos A Polícia Semana da Asa Pandorga Montanhas O boletim A banda de música As compras Higiene A polícia Coisas úteis Animais vertebrados e invertebrados A violeta As andorinhas Os Jesuítas Aula de desenho Instituto Butantã Carvão de pedra As memórias da bruxa Onilda Nosso clima Lenda de Obirici	O avozinho Páscoa Tiradentes Descobrimento do Brasil Dia das Mães São João Semana da Pátria Lineu Dia da criança Semana da Asa Herbário Atropelamento Casa da vovó Humberto de Campos A bandeira Carlos Gomes O cajueiro A escola	Lendas Natureza Selva brasileira Capitanias hereditárias Solo brasileiro Caboclo Rio Parnaíba Primavera Escola Balões Riquezas naturais Índios Tupinambás Índios do Xingu O caboclo Os bandeirantes A escravidão indígena O rio Parnaíba Excursão Jovem Tupi Descobrimento do Brasil

Quadro 2 – Títulos ou temas dos ditados.

Fonte: Quadro organizado pela autora.

O cotidiano da escola e as atividades de sala de aula também estão presentes —"Sabatina de português"; "Acabaram as férias"; "Escola"; "Sílaba tônica"; "O boletim"; "Aula de desenho"; "Escola"; "Excursão"; "Higiene" —, como mostram os exemplos abaixo. O tema/título "Escola" aparece na terceira, quarta e quinta séries.

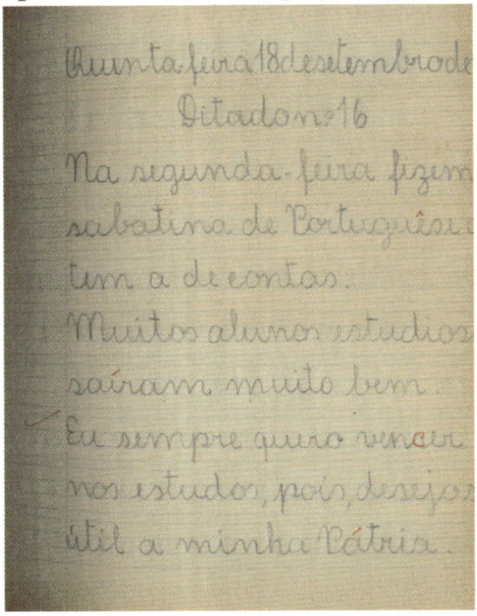
Quinta feira 18 de setembro de
Ditado nº 16
Na segunda-feira fizem
sabatina de Português
tem a de contas.
Muitos alunos estudios
saíram muito bem.
Eu sempre quero vencer
nos estudos, pois, desejo
útil a minha Pátria.

Terça feira 22 de julho de 1952
Ditado n° 7
Acabaram-se as férias.
Todos nós tivemos vinte dias para descansar
De hoje em diante teremos muito a estudar.
A letra sempre bonita e bem escrita.
Os cadernos limpos e encapados.
O uniforme passado a ferro e com todos os botões e o nome marcado.
Um aluno que estuda e tem o que é seu em perfeita ordem orgulha seus pais e honra a pátria.
E: 0 O: 8 N: 10
Caderno de Luiz Carlos do 2º ano (1952)
Fonte: Memorial do Colégio Farroupilha

Figura 10 – Caderno de Luiz Carlos do 2º ano (1952).
Fonte: Memorial do Colégio Farroupilha.

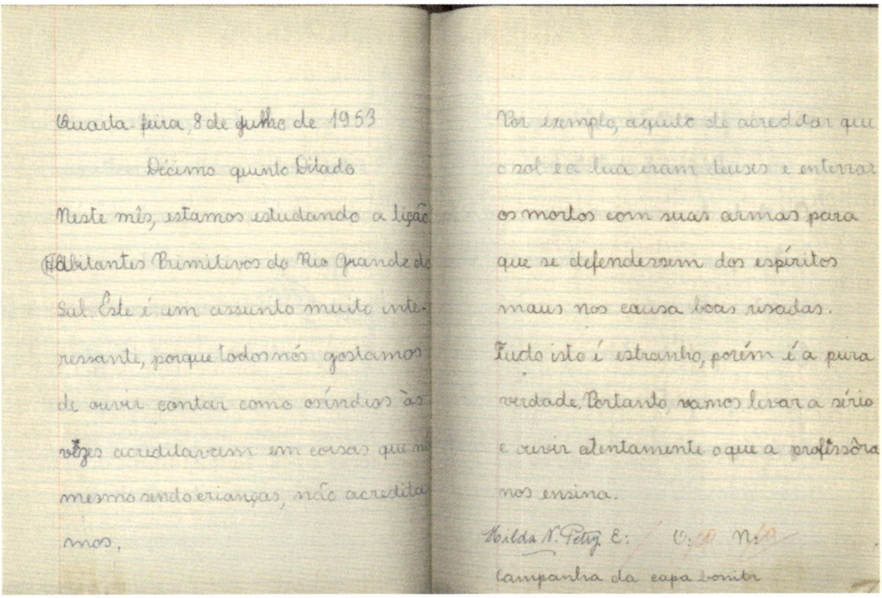
Quarta-feira, 8 de julho de 1953
Décimo quinto Ditado
Neste mês, estamos estudando a lição Habitantes Primitivos do Rio Grande do Sul. Êste é um assunto muito interessante, porque todos nós gostamos de ouvir contar como os índios às vêzes acreditavam em coisas que nós mesmo sendo crianças, não acreditamos.
Por exemplo, aquilo de acreditar que o sol e a lua eram deuses e enterrar os mortos com suas armas para que se defenderem dos espíritos maus nos causa boas risadas.
Tudo isto é estranho, porém é a pura verdade. Portanto vamos levar a sério e ouvir atentamente o que a professôra nos ensina.
Hilda N. Petry E: O: N:
Campanha da capa bonita

Figura 11 – Caderno de Luiz Carlos do 3º ano (1953).

Fonte: Memorial do Colégio Farroupilha.

É interessante assinalar que os ditados, provavelmente elaborados pelos professores, adotam a perspectiva do aluno como autor. No exemplo a seguir, o ditado expressa o estranhamento de um estudante diante da nomenclatura adotada pela língua portuguesa para a acentuação das palavras.

> Segunda feira 17 de Agosto de 1953
> Décimo Sétimo Ditado
> Volta e meia a professôra nos aparece com um trabalho complicado.
> Desta vez é a tal de sílaba tônica.
> Francamente, nunca vi nomes tão engraçados, pois até parece que estamos falando noutra língua.
> Disse-nos a professora que as palavras com a última sílaba mais forte, chamam-se oxítonas; com a penúltima chamam-se paroxítonas e com a antepenúltima chamam-se proparoxítonas.
> Nossas cabeças ficam a zunir com tôdas estas palavras.
> Porém creio que com o número de exercícios que temos feitos, por certo em pouco tempo, saberemos reconhecer a sílaba tônica, a quilômetros de distância.
> E: 2 O: 10 n: 8,5
> Hilda Petry

> Campanha do Mata Borrão
> Caderno de Luiz Carlos do terceiro ano (1953)
> Fonte: Memorial do Colégio Farroupilha

Os ditados também salientam a expectativa da escola com um modelo de bom aluno: estudioso, caprichoso, responsável.

> Sexta-feira, 5 de novembro de 1954
> Ditado nº 14
> Diáriamente vamos ao colégio. Préviamente organizamos as pastas e fiscalizamos o seu conteúdo, para que nada falte em aula. Causa impressão desagradável quando, por desleixo ou por desatenção nos ocorreu alguma falta. Últimamente começamos as recapitulações: realizamos a revisão da matéria e acentuação, fizemos muita análise léxica. Por íncrivel que pareça nunca sei se devo escrever a palavra quis com s ou com z. É necessário que eu tenha a máxima atenção a fim de fazer um bom exame.
> E: 1 O: 10 N: 9
> Correção
> Por incrível que pareça nunca sei se devo escrever a palavra quis com s ou com z.
> Incrível, incrível, incrível
> Caderno de Luiz Carlos do quarto ano (1954)
> Fonte: Memorial do Colégio Farroupilha

O Colégio Farroupilha adotava campanhas mensais ou trimestrais, como a do mata-borrão, da tabuada, da marcação (?), da capa bonita, que vinham referidas no final de cada ditado. A assinatura dos pais ou responsáveis em cada ditado evidencia o controle sistemático do desempenho do aluno e certifica a correção realizada.

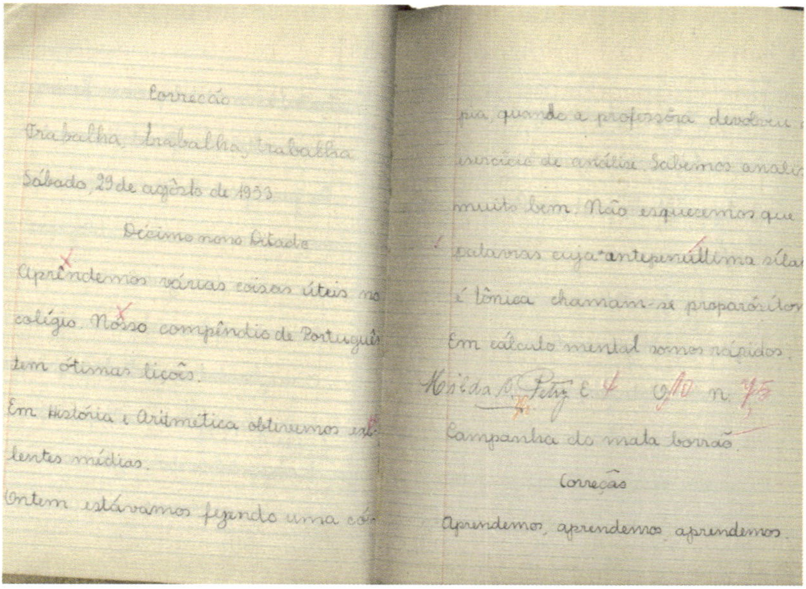
Correção
trabalha, trabalha, trabalha
Sábado, 29 de agosto de 1953
Décimo nono ditado
Aprendemos várias coisas úteis no
colégio. Nosso compêndio de Português
tem ótimas lições.
Em História e Aritmética obtivemos exce-
lentes médias.
Ontem estávamos fazendo uma có-
pia, quando a professora devolveu
exercício de análise. Sabemos anali-
muito bem. Não esquecemos que
palavras cuja antepenúltima síla
é tônica chamam-se proparoxítonas
Em cálculo mental somos rápidos.
Campanha do mata borrão.
Correção
aprendemos, aprendemos, aprendemos.

Figura 12 – Caderno de Luiz Carlos do 3º ano (1953).

Fonte: Memorial do Colégio Farroupilha.

A permanência do procedimento de correção dos erros cometidos pelos alunos, abaixo do ditado e repetidos no mínimo 5 vezes, é interessante de ser analisada, visto que essa prática não é recomendada desde os anos 1930. Na síntese dos estudos dos professores primários da cidade de Porto Alegre, as orientações sobre a correção do ditado salientam que

> [...] é mister também que se extinga o hábito de mandar o aluno escrever várias e muitas vezes a palavra errada. Esse hábito, além de produzir revolta, por ter caráter de castigo, traz grandes prejuízos para o aprendizado da ortografia, porque o aluno repete a palavra tão mecanicamente, que acaba por escrevê-la completamente errada. (RIO GRANDE DO SUL, 1939, p. 38-41).

Quanto à correção do professor, o documento recomenda que somente o faça no primeiro e segundo ano, individualmente no caderno do aluno. No terceiro ano, a correção deve ser realizada pelo próprio aluno, por meio da reprodução no quadro-negro de um ditado-modelo. Nos demais anos do curso primário, o aluno deve corrigir seus ditados, com o uso de sinais (+, para omissões; I, para os erros), consultando o dicionário, o livro do qual o texto foi retirado, colegas ou o professor.[12]

É interessante observar, na Figura 13, o ditado da aluna Eliane, que apresenta dificuldades, e a professora o reproduz corretamente, solicitando a cópia.

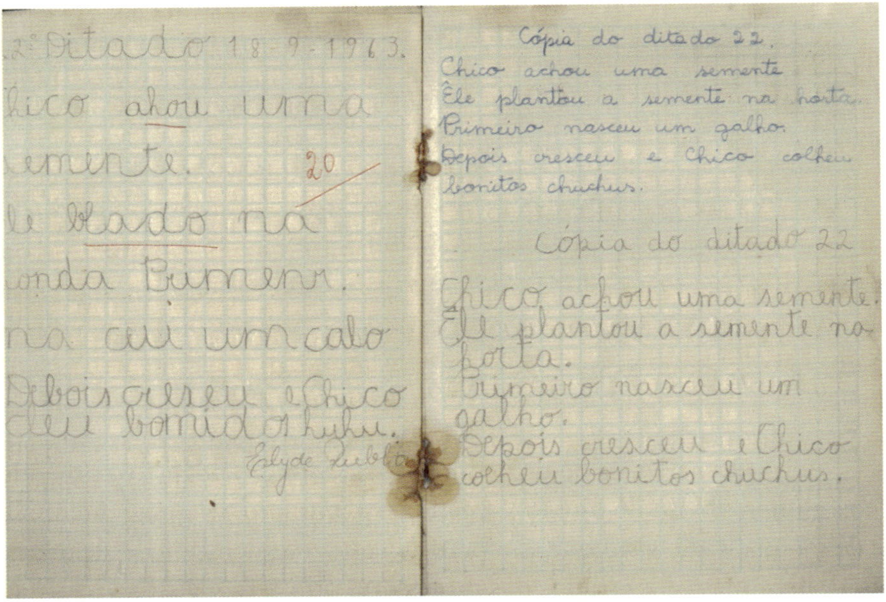

Figura 13 – Caderno Eliane, 1º ano C (setembro de 1963).

Fonte: Memorial do Colégio Farroupilha.

À guisa de conclusão

A prática do ditado tornou-se um ritual consagrado na escola primária, presente em muitas memórias escolares.

> O ditado era passado numa folha de papel para que preenchêssemos. A professora fazia numa folha de papel e deixava uma lacuna para nós completarmos. Por exemplo, "Eu fui a tal hora... Cheguei em casa....". Eu fazia aquilo tudo ali e, no outro dia, trazia para a professora e mos-

---

12 *Revista do Ensino*/RS, v.1, n.1, 19 set. 1939, p. 42.

> trava. Se estivesse errado, ela colocava uma cruz, e, caso estivesse certo, ela colocava um "C", da mesma forma que corrigem hoje. A folha ficava no colégio e servia para provar nosso desempenho para o diretor, quando fosse lá. Quando chegava o exame, a dificuldade era escrever com tinta [...]. Era um ditado, e quem escrevesse errado, rodava. (MANOEL [1930-2006] apud TRINDADE, 2006, p. 104).

> Nós fazíamos prova de leitura oral e, depois, nós fazíamos um ditado e respondíamos perguntas sobre aquele texto. (AIDA [1933] apud TRINDADE, 2006, p. 128).

> Eu nunca esqueci um ditado, realizado quando eu já estava alfabetizada: a professora ditou "pomba" e eu escrevi "bomba". Ela viu e falou em voz alta: "Ah, quer dizer que "pomba" virou "bomba"! Essa intervenção deixou-me muito envergonhada, uma sensação que eu nunca esqueci, pois toda a turma estava presente naquele dia. (VERA [1940] apud TRINDADE, 2006, p. 137).

> Na primeira série, fazíamos ditado de letras e, depois de palavras. (HENRIQUETA [1947] apud TRINDADE, 2006, p. 197).

Ontem, como hoje, o ditado ainda está presente nas práticas escolares, recebendo outras denominações, por exemplo, autoditado, ditado interativo, ditado e reescrita de texto.[13] Chama a atenção que novas formas de se realizar a mesma atividade foram ganhando espaço. O ditado foi perdendo essa característica "modesta", que ressalva Chartier (2007b), apresentando novas formas de se fazer, como mesclar conteúdos aprendidos, deixar que os alunos procedessem à correção seus erros ortográficos, usar figuras e outros suportes. Por exemplo, o caderno de ditado de uma aluna de terceira série, de novembro de 1991, evidencia a permanência dessa atividade, com um ditado de palavras e de verificação da aprendizagem, com a respectiva correção da professora.

[13] Por exemplo, o *site* Espaço Educar, que traz 120 atividades selecionadas com atividades de ditado de palavras, ditado recortado, ditado colorido, ditado ilustrado etc. e/ou trabalho da ortografia ou a escrita correta das palavras. Disponível em: <http://espacoeducar-liza.blogspot.com.br/2012/06/120-atividades-com-ditado-e-ortografia.html>. Acesso em: 10 ago. 2013.

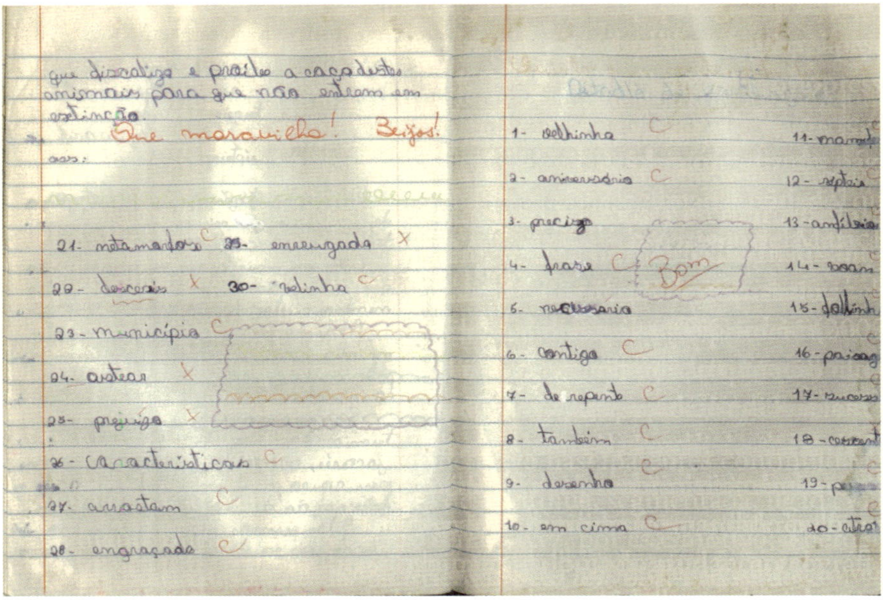

Figura 14 – Caderno Clarissa 3ª série (novembro de 1991).

Fonte: Memorial do Colégio Farroupilha.

As possibilidades de escritas e de suas histórias coexistem simplesmente, plurais como as verdades, com as práticas e os momentos históricos que as engendraram (WINTERMEYER, 2008, p. 31). Nessa perspectiva, o ditado, como dispositivo para a aprendizagem da ortografia e para a avaliação da escrita dos alunos, é um observatório privilegiado da liturgia escolar, e os cadernos dos alunos são documentos preciosos para olhar a escola e os processos educativos.

Referências

ALMEIDA, D. B.; BASTOS, M. H. C.; JACQUES, A. R. Do *Deutscher Hilfsverein* ao Colégio Farroupilha: entre memórias e histórias (1858-2008). In: ENCONTRO DA ASSOCIAÇÃO SUL-RIO-GRANDENSE DE PESQUISADORES EM HISTÓRIA DA EDUCAÇÃO, 14., 2008, Pelotas. *Anais eletrônicos...* Pelotas: ASPHE, 2008. p. 1-15. 1 CD-ROM.

AZEVEDO, A. et al. *Programa de admissão.* São Paulo: Nacional, 1959.

BARUM, S. T. "Uma atividade de fixação e avaliação": orientações sobre o ditado em cartilhas e livros de alfabetização (1900-1990). In: SEMINÁRIO DE PESQUISA EM EDUCAÇÃO DA REGIÃO SUL, 9., 2012, Caxias do Sul. *Anais eletrônicos...* Caxias do Sul: ANPED, 2012. p. 1-15. Disponível em: <http://www.ucs.br/etc/conferencias/index.php/anpedsul/9anpedsul/paper/viewFile/2758/27>. Acesso em: 30 ago. 2013.

BASTOS, M. H. C.; ERMEL, T. F. O que preciso fazer para ingressar no ginásio?: manuais para o exame de admissão (1930-1961). In: DALLABRIDA, N.; CHALOBA, R. F. S. (Org.). *Entre o ginásio de elite e o colégio popular:* o ensino secundário no Brasil (1931-1961). Uberlândia, MG: EDUFU, 2014. No prelo.

CASTILLO GÓMEZ, A. Educação e cultura escrita: a propósito dos cadernos e escritos escolares. *Educação*, Porto Alegre, v. 35, n. 1, p. 66-72, jan./abr. 2012.

CASTILLO GÓMEZ, A.; SIERRA BLAS, V. (Org.). *Mis primeros pasos:* alfabetización, escuela y usos cotidianos de la escritura (siglos XIX y XX). Gijón: Trea, 2008.

CHARTIER, A. M. Exercícios escritos e cadernos de alunos: reflexões sobre práticas de longa duração. In: ______. *Práticas de leitura e escrita:* história e atualidade. Belo Horizonte: Autêntica: CEALE, 2007a. p. 21-66. (Coleção Linguagem e educação).

______. *Cent dictées de notre enfance.* Textes réunis et présentés par Albine NOVARINO. *Histoire de l'Éducation*, Paris, n. 113, p. 182-183, 2007b.

DARCOS, X. *L'école de Jules Ferry (1880-1905).* Paris: Hachette Littératures, 2005.

FLOT, L. Dictée. In: BUISSON, F. *Nouveau dictionnaire de pédagogie et d'instruction primaire.* Lyon: INRP, [1911] 2000. p. 476-478. Édition Électronique.

HOFFMEISTER FILHO, C. *Colégio Farroupilha:* 100 anos de pioneirismo. Porto Alegre: Paloti, 1986.

JACQUES, A. R. *As marcas de correção em cadernos escolares do curso primário do Colégio Farroupilha/RS – 1948/1958.* 2011. 199 f. Dissertação (Mestrado em Educação) - Pontifícia Universidade Católica do Rio Grande do Sul, Porto Alegre, 2011.

NOVARINO, A. *Cent dictées de notre enfance.* Paris: Omnibus, 2006.

RIO GRANDE DO SUL. SESP. O Ditado (Conclusões do "Círculo de Estudos" dos professores primário de Porto Alegre). *Revista do Ensino/RS*, Porto Alegre, v. 1, n. 1, p. 38-41, set. 1939.

______. Provas do exame de admissão ao curso ginasial/1952. *Revista do Ensino/RS,* Porto Alegre, n. 19, p. 11-14, nov. 1953.

ROLLA, S. A. Apresente seu problema: linguagem. *Revista do Ensino/RS,* Porto Alegre, n.8, p.8, ago.1952.

STEPHANOU, M.; BASTOS, M. H. C. Da sensibilidade das mãos à harmonia da escrita: memórias, artefatos e gestos da caligrafia na história da educação. In: TRINCHÃO, G. (Org.). *Do desenho das Belas Letras à livre expressão no desenho da escrita.* Salvador: EDUFBA: EDUEFS, 2013. p. 109-154. (Coleção Estudos Interdisciplinares em Desenho).

TAILLAC, P. (Ed.). *Manuel de l'instituter primaires ou principes géneraux de pédagogie de 1831:* l'instituteur du XIX siècle au secours des parents du XXI siècle. Paris: Bebourin, 2008.

TELLES, L. *Do Deutscher Hilfsverein ao Colégio Farroupilha 1858/1974.* Porto Alegre: Globo, 1974.

TRINDADE, I. F. *Identidades alfabetizandas:* histórias não tão pessoais assim. Porto Alegre: Ed. UFRGS, 2006.

WINTERMEYER, R. Introduction. In: WINTERMEYER, R.; BOUILLOT, C. (Org.). *Moi public et moi privé dans les mémoires et les écrits autobiographiques du XVIIe siècle à nous jours.* Rouen: Universités de Rouen et du Havre, 2008. p. 11-31.

Entre zonas de sombra: apontamentos sobre as escritas infantis[1]

Ana Chrystina Mignot

Descrita em prosa e verso, há muito tempo a infância seduziu escritores e poetas. Até uma breve incursão na memorialística brasileira permite tal afirmação. O mesmo não se pode dizer, quando voltamos nosso olhar para a historiografia e a historiografia da educação. Juntamente com as mulheres, os livros e os negros, a infância permanecia à margem, obscurecida, esquecida.

Uma inflexão em torno dos objetos, questões e métodos, que se deu na última década dos novecentos, não apenas contribuiu para uma maior atenção ao tema como também trouxe à tona a possibilidade de adentrar pelo seu universo, elegendo a versão da própria criança sobre suas descobertas, dores, sonhos e vivências. Tal inflexão, por sua vez, favoreceu a tomada de consciência sobre a importância de examinar as escritas infantis – íntimas, escolares, livres ou impostas –, tais como cartas, diários, jornais e cadernos escolares.

Mapear os estudos sobre as escritas infantis, em diálogo com autores que se têm voltado para a escrita das pessoas comuns, constitui-se

[1] O presente texto resulta de outros trabalhos já publicados, nos quais analiso escritas infantis, tais como: MIGNOT, Ana Chrystina. Exercício de intimidade: uma aproximação com a aprendizagem da escrita de si. *Revista da FAEBA,* n.40, p.237-246, 2013; e MIGNOT, Ana Chrystina. Janelas indiscretas: os cadernos escolares na historiografia da educação. In: VIDAL, Diana; SCHWARTZ, Cleonara (Org.). *História das culturas escolares no Brasil.* Vitória: EDUSF, 2010, p.423-446, por exemplo.

em horizonte deste texto, que pretende colaborar tanto para uma maior valorização dessas fontes na historiografia da alfabetização no Brasil quanto chamar a atenção para a necessidade de formular políticas públicas de preservação desses documentos efêmeros produzidos no âmbito familiar e escolar, uma condição indispensável para retirar a infância e as escritas infantis cada vez mais das zonas de sombra.

O recente interesse dos historiadores da educação esbarra, invariavelmente, na perda de grande parte desses registros, situação resultante de certo desprezo das instituições encarregadas de sua preservação e guarda.[2] Permanecem, em sua maioria, escondidos em arquivos familiares e pessoais, graças à dimensão afetiva que carregam. Tal interesse, evidenciado através de publicações que resultam de congressos e exposições,[3] de certo modo se con-

[2] Tratando da perda desses documentos produzidos por crianças, Arias Carrascosa e Garnacho Gómez (2009) afirmam que os cadernos escolares estão entre os "documentos efêmeros", isto é, entre aqueles objetos criados para não serem conservados, o que explica que a grande maioria se tenha perdido, e suas possibilidades de estudo sejam minimizadas, na medida em que poucos são guardados, em função do desconhecimento dos autores que ignoravam a importância histórica que esses objetos teriam, como também pelo desprezo dos próprios pesquisadores e das instituições encarregadas de conservar a memória das pessoas comuns.

[3] Dentre os eventos e publicações sobre a escrita infantil, ressalto: VIII Congresso Internacional de Historia de la Cultura Escrita, promovido, em 2005, na Universidad de Alcalá, que elegeu "Escrituras cotidianas en contextos educativos", como tema central, e que resultou na publicação de *Mis primeros pasos: alfabetizacion, escuela y usos cotidianos de la escritura*, organizado por Antonio Castillo e Veronica Sierra Blás, com textos agrupados em torno dos seguintes eixos: Iniciação à cultura escrita; Provas, cadernos escolares e grafites e Diários, agendas e cartas. Há também o Colóquio Internacional sobre "Escrituras Infantiles", celebrado em setembro de 2011, no Centro Internacional de la Cultura Escolar (CEINCE), em homenagem ao Professor Davide Montino, cujos textos integram o dossiê temático da revista *History of Education and Children's Literature* (HECL), de julho de 2012, da Universidad de Macerata, na Itália, organizado por Veronica Sierra Blás, Juri Meda e Antonio Castillo, reunindo, além de Verónica Sierra Blás e Juri Meda, estudos de Antonio Viñao, Maria del Mar del Pozo Andrés, Anton Costa Rico, Sjaak Braster, Dorena Caroli, Anne Wingenter, Rudolf Dekker, Arianne Baggerman, Monica Ferrari, Pamela Giorgi, Francesca Borruso, Ana Badanelli e Antonio Gibelli. Especificamente sobre cadernos escolares, destacam-se as seguintes publicações: "Convegno Internazionale di Studi Quaderni di Scuola: una fonte complessa per la storia delle culture scolastiche e dei costumi educativi tra Ottocento e Novecento", na Universidade de Macerata, Itália, ocasião na qual foram montadas três importantes exposições sobre esse objeto da cultura escrita e da cultura material da escola: "I quaderni di scuola nel Novecento: la produzione industriale di Cartiere Paolo Pigna (Cartiere Paolo Pigna S.p.A., Itália)"; "Tra banchi e quaderni", com a curadoria de Paolo Ricca (da Associazione 'Il salotto verde', Itália) e "Les cahiers des écoliers du monde. Un cahier d'écolier qui apprend à écrire de chaque pays du monde", com a curadoria de Henry Merou (Association En marge des cahiers, França). Do evento resultou uma publicação em dois volumes: MEDA, Juri; MONTINO, Davide; SANI, Roberto (Org.). *School Exercise Books:* A Complex Source for a History of the Approach to Schooling and Education in the 19th and 20th Centuries. Firenze: Edizioni Polistampa, 2010. Na esteira desses estudos, cabe mencionar ainda a publicação de *Cadernos à vista:* escola, memória, cultura escrita, que organizei em 2008, publicado pela EdUERJ, bem como a exposição da qual fui curadora, em Natal, durante o III Congresso Internacional de Pesquisa (Auto)Biográfica, em 2008: *Não me esqueça num canto qualquer*, e que contou com a participação de pesquisadores de diversas Universidades e Programas de Pós-Graduação em Educação do país: Universidade do Estado do Rio de Janeiro (UERJ), instituição da curadora, Universidade Federal do Rio Grande do Norte, Universidade Tiradentes, Universidade do Estado da Bahia, Universidade do Estado de Minas

trapõe a uma constatação feita por Quinto Antonelli e Egle Becchi (1993), no início da última década do século passado: documentos produzidos pela pena infantil eram material pouco digno de estudo, revelando, assim, o pouco interesse pela cultura não adulta. Essa constatação caminha na mesma clave de Dominique Julia (1993), ao observar que trabalhar com a escrita infantil e juvenil numa perspectiva histórica é extremamente difícil, pois a documentação é rara e, talvez, não haja outro campo da história com uma taxa de conservação de documentos tão baixa quanto essa.

Em sua apresentação da revista *History of Education & Children's Literature,* publicada recentemente, na Itália, no dossiê "La memoria escrita de la infancia", que publica os anais do Colóquio Internacional Escrituras Infantiles, anteriormente citado em nota, Antonio Castillo Gómes (2012, p. 20) ressalta:

> No curso destes anos, o tema aqui abordado deixou de ser uma raridade, ofuscado pelas correntes historiográficas hegemônicas, para converter-se em um dos terrenos de investigação mais pujantes, objeto de abordagem interdisciplinar [...]. Vinculada estreitamente à História da Educação, a memória escrita da infância reclama igualmente a atenção teórica e metodológica daqueles que centram a atividade na História Social da Cultura Escrita, como também requer a atenção de sociólogos, historiadores da Literatura ou especialistas na conservação documental.

Uma brevíssima incursão na historiografia da educação traz alguns exemplos dessa valorização da escrita infantil, particularmente, estudos sobre o gênero autobiográfico, mostrando que elas não se restringem às escritas escolares e se constituem em importantes chaves de compreensão do mundo não adulto, na medida em que guardam modos particulares de ver a sociedade, a família e a escola.

Outro conjunto de estudos que tem conquistado um significativo número de pesquisadores trata das escritas produzidas no contexto escolar

Gerais, Universidade de São Paulo, Universidade da Cidade de São Paulo, Universidade Metodista de São Paulo, Universidade do Estado de Santa Catarina, Universidade Federal do Rio Grande do Sul, Pontifícia Universidade Católica do Rio Grande do Sul e Universidade Federal de Pelotas. Tal interesse tem gerado a criação de um número expressivo de museus escolares. Comentando esse aspecto, Antonio Viñao (2005) observa que estudo do Museu Pedagógico da Galícia identificou a existência de 683 museus escolares em todo o mundo com páginas na internet, criados nos últimos trinta anos, sendo que 492 estão localizados na Europa, 192 na América, 40 na Oceania, 8 na Ásia e 1 na África.

e, em especial, os cadernos. Sobre esses dois tipos de escritas – íntimas e escolares – debruço-me agora.

Alguns estudos sobre o universo escritural autobiográfico infantil

Apesar de as escritas autobiográficas, como diários e cartas, produzidas na infância, serem raras e mais difíceis de serem encontradas, o pesquisador italiano Davide Montino (2008) salienta que, historicamente, os motivos que determinam a própria possibilidade de escrever sobre si são análogos para as crianças e adultos. Ressalta, porém, que, embora tenham capacidade de reelaborar as vivências e sobre elas escrever, as crianças têm um menor grau de subjetividade, já que, via de regra, suas escritas são disciplinadas e controladas pelo adulto e fruto de uma aprendizagem escolar. No entanto, indica a existência de um número significativo de exemplos de escritas autobiográficas mais livres, as quais derivam de ocasiões especiais: a viagem, a guerra e a escola.

O autor lembra que a escola é, sem sombra de dúvidas, um espaço de aprendizagem e exercício da escrita de si. Observa que tais registros de si feitos pelas crianças na escola, desde o final do século XIX e início do XX, resultam da discussão proposta por educadores – dentre os quais Maria Montessori –[4] que colocaram em discussão a retórica da redação escolar, procurando deslocar para o centro dessa escrita a própria criança e seu mundo. O autor assinala que há uma diferença entre escrita livre e escrita autobiográfica. Exemplifica com um caso: ao ser instado a falar de sua escola primária, um menino de 13 anos preferiu, após as cinco primeiras linhas, copiar do livro *Cuore*, de Eduardo de Amicis, o texto sobre o primeiro dia na escola, pondo em pauta a liberdade, condição para a escrita de si, reveladora da intimidade.

Por mais que a escrita autobiográfica sobre a infância traga elementos para pensar contextos vividos, ela difere da escrita autobiográfica na infância. Se esta é produzida ao sabor dos acontecimentos, sem o peso

[4] O autor cita, ainda, Giuseppe Lombardo Radice, Giuseppe Faccaroli, Augusto Monti, Giuseppina Pizzigoni e Maria Boschetti Alberti, para quem, "[a]o serem deixadas livres, as crianças adquirem grande facilidade na linguagem escrita, não encontram mais diferença entre a fala e a escrita. Assim as composições resultam simples, naturais e espontâneas, manifestam o caráter deles, as tendências deles" (ALBERTI, 1951, p. 85, apud MONTINO, 2008, p. 126).

da experiência que matiza, amplia, apaga, o olhar adulto e o correr dos anos certamente orientam o esforço retrospectivo que vagueia pelo passado, com as questões do presente, detendo-se em pormenores de um tempo fugidio e distante, conferindo sentido ao que ficou para trás e, por isso mesmo, elegendo, enfeitando, retocando e deformando a própria vida.

Três estudos recentes sobre cartas escritas por crianças ajudam a pensar sobre as possibilidades de compreensão das experiências infantis:

Mulheres educadas para governar: o cotidiano das lições nas cartas das princesas Isabel e Leopoldina

Trata-se de Dissertação de Mestrado defendida em 2012, na Universidade Católica de Petrópolis (RJ), por Jaqueline Vieira de Aguiar. A autora discute com rigor e delicadeza o projeto educacional a que estavam submetidas as herdeiras do trono, enfocando as preocupações do Imperador com a educação das filhas, os mestres escolhidos e as disciplinas ensinadas, a visão das meninas sobre o processo educativo ao qual estavam submetidas e a própria escrita de cartas, como parte do processo educativo, o que se evidencia na obediência aos rituais epistolares, na caprichosa caligrafia e no cuidado com a escolha dos papéis que traziam monogramas e ilustrações.[5] A autora lembra que as cartas escritas pelas princesas, em português, francês e italiano,

> [...] eram rascunhadas, corrigidas pelos mestres e depois copiadas em papéis geralmente ornamentados. Este procedimento era adotado porque as cartas não só informavam ao pai o andamento do aprendizado das meninas, mas também o expressavam concretamente. Quando o Imperador recebia as cartas, analisava desde a caligrafia até o seu estilo e teor. Para passar por este escrutínio, elas precisavam estar perfeitas. (AGUIAR, 2012, p. 55).

Palabras huérfanas: los niños y la Guerra Civil

Trata-se de livro de Verónica Sierra Blás (2009), que, inserida num movimento mais amplo da escrita da história que não se contenta em

[5] Há referência, inclusive, a esses papéis nas missivas das Princesas, como, por exemplo, na escrita por Isabel à sua mãe, em 16 de março de 1858, quando lhe pede para fazer o favor "[...] de ver na cidade para mim e para a mana papeis da especie d'estes em que lhe escrevi hontem e lhe escrevo hoje." (apud AGUIAR, 2012, p. 52).

resgatar do passado a versão das figuras ilustres a povoar os livros didáticos e rebelando-se com uma lógica que predomina entre os "gestores da memória", os quais decidem o que deve ou não ser preservado, explora as cartas escritas por crianças espanholas durante o período de exílio na União Soviética, quando desembarcaram nos portos de Yalta e Leningrado. Do país que as acolhera escreveram para seus pais, familiares, amigos e órgãos de assistência.[6] Ao privilegiar a escrita infantil, a autora acredita que estaria dando a conhecer uma versão dessa história, diferente daquela que privilegia crônicas jornalísticas e documentos oficiais da época, deixando de lado preciosos testemunhos daqueles que viveram essa experiência a qual modificou seus destinos, deixando-os órfãos, "[...] ainda que muitos não o fossem de verdade" (SIERRA BLÁS, 2009, p. 21). As cartas representaram para os "[...] pequenos exilados o elo de união com tudo aquilo que haviam deixado para trás" (SIERRA BLÁS, 2009, p. 21). No entendimento da autora, escrever nessas circunstâncias os ajudou a povoar a solidão, a manter contato com familiares distantes, a nutrir esperança de reencontro, a superar traumas e saudades, mesmo que a maior parte não tenha chegado ao seu destino, pois, como tantos outros documentos pessoais, foram convertidos em provas para culpabilizar seus proprietários.

[6] A autora realizou também uma exposição, em outubro de 2012, na cidade de Salamanca, com recursos do Ministério da Presidência da Espanha, dentro das subvenções destinadas às vítimas do franquismo, no bojo do projeto de pesquisa "Entre España y Rusia. Recuperando la historia de los niños de la Guerra", como homenagem às crianças espanholas que saíram da Espanha em 1937 e 1938, por causa da Guerra Civil. Nessa exposição, foram enfocados: *Guerra e infância, De la evacuación al exílio, Una patria, tres mil destinos, De españoles a rusos: vida cotidiana, educación y política, Entre dos guerras e Retornos y memórias.* A exposição reuniu documentos escritos e iconográficos dispersos em diferentes instituições de guarda: Archivo del AMSAB-Instituut voor Sociale Geschiedenis (Gante); Archivo Fotográfico de la Agencia Rusa de Información Novosti (RIA Novosti) (Moscú); Archivo Fotográfico Histórico de la Agencia EFE (Madrid); Archivo de la Fundación Francisco Largo Caballero (Madrid); Archivo General de la Administración (Alcalá de Henares, Madrid); Archivo General de la Nación de México (Ciudad de México); Archivo Histórico del Partido Comunista de España (Madrid); Arxiu Nacional de Catalunya (Sant Cugat del Vallès, Barcelona); Asociación de Niños de la Guerra de Lieja y alrededores (Micheroux, Soumagne, Bélgica); Asociación de Niños de la Guerra de Namur (Namur-Erpent, Bélgica); Biblioteca Nacional de España (Madrid); Centre d'Études et de Documentation Guerre et Sociétés Contemporaines (Bruselas); Centro Documental de la Memoria Histórica (Salamanca); Colección particular de Isabel Argentina Álvarez Morán; Colección particular de Elisabeth Eidenbenz; Colección particular de Gregorio Nicolás Rodríguez; Eibarko Udala-Ayuntamiento de Eibar (Guipúzcoa); Fundación Pablo Iglesias (Alcalá de Henares, Madrid); Fundación Sabino Arana, Museo del Nacionalismo Vasco (Artea-Arratia, Bilbao); Fundación Universitaria Española (Madrid); Kutxateka (San Sebastián) e Museo del Pueblo de Asturias (Gijón). Cf. folder da exposição.

"Epístolas infantis: fragmentos emergentes do quotidiano rural no tempo escolar (1955-1958)"

Trata-se de capítulo de Maria Isabel Pereira Aleixo e Maria do Céu Alves, no livro *Mis primeros pasos*, de Antonio Castillo e Verónica Sierra Blás (2008).[7] Encontra-se na terceira parte da obra, dedicada aos estudos do universo escritural autobiográfico: cartas, diários e agendas. Nesse capítulo, as autoras trabalharam com a correspondência de alunos de escolas rurais de Portugal, que foram produzidas no bojo do projeto de Intercâmbio Escolar, iniciado na década de 1930, por iniciativa da Sociedade de Geografia de Lisboa, a qual estimulava a troca "[...] epistolar entre escolas da metrópole, e destas, com as colônias e com os núcleos portugueses no estrangeiro." (p. 455). Trata-se de um estudo que exemplifica o quanto a aprendizagem da escrita de cartas esteve presente, na sala de aula, para inculcar códigos de civilidade e disciplinar o espírito. Longe de serem escritas livres, ditadas pela necessidade de encurtar distâncias, ao sabor de saudades, elas não apenas foram estimuladas por um programa de intercâmbio, como também cumpriam o guia escolar, que, por sua vez reproduzia, provavelmente, os manuais epistolares.

Alguns estudos sobre as escritas escolares infantis

Os cadernos escolares têm sido, recentemente, cada vez mais objeto do desejo de pesquisadores, dentre os estudos sobre escritas escolares infantis,[8] em diferentes países. Interessados em processos de alfabetização

---

[7] Ver nota 3.

[8] Julgo importante fazer uma distinção no âmbito das escritas escolares. Para além das escritas dos alunos, os professores também lançam mão da escrita para registrar, elogiar, reivindicar, punir, sugerir. Em texto já publicado, chamei a atenção para o fato de que "[...] os variados registros da aprendizagem dos alunos – cadernos de exercício, de caligrafia, de cópia, de ditado, de deveres de casa, de pontos, rascunhos, provas – cumprem a função de exercitar a atenção, o raciocínio, a memória e a criatividade, atestando a importância conferida à aprendizagem e ao uso da escrita. Presentes em diversas fotografias de estudantes que têm, ao fundo, bandeiras, paisagens, mapas, datas comemorativas e palácios, evidenciam a centralidade que desempenham no espaço escolar". Cf. MIGNOT, Ana Chrystina. *Papéis guardados.* Rio de Janeiro: Rede Sirius, 2003, p. 11. Ver o recente dossiê coordenado por BASTOS, Maria Helena Camara, "Escritas estudantis em periódicos escolares", publicado na *Revista História da Educação,* Pelotas, v.17, n.40, p. 7-10, maio/ago. 2013. Ver também: CARUSO, Andrea Soares. *Traço de União como vitrine*- educação feminina, ideário católico e práticas escolanovistas no periódico do Colégio Jacobina. 2006. 231f. Dissertação (Mestrado em Educação)–Universidade do Estado do Rio de Janeiro, Rio de Janeiro, 2006; bem como o VI Encontro Maranhense de História da Educação, realizado na UFMa, em São Luís, em junho de 2013, que teve por temática "Livros e imprensa escolar", com variados estudos sobre jornais escolares daquele Estado

e escolarização, disciplinas escolares e currículo, pesquisadores começam a se voltar para a escrita escolar e seus suportes, compreendendo, como José Maria Hernandez Diaz (2002, p. 225), que, tanto ontem quanto hoje, as paredes, o mobiliário e os utensílios da escola guardam "[...] uma ordem convencional, imposta, casual, visível ou um sistema de relações invisível, ordenado, permitido, negociado ou desestruturado em outras ocasiões." Para ele, a história dos objetos escolares é, portanto, em boa medida, a história do modo de atuar na escola, dos projetos educativos reivindicados pelo professor individualmente ou em grupo.

Dentre os estudos sobre cadernos escolares, destacarei os seguintes:

1 Na França

Jean Hébrard (2001) debruçou-se sobre cadernos escolares, considerando que, a partir do momento em que a escola francesa não mais se limitou a ensinar a ler, escrever e contar, eles passaram a ser o espaço da escrita no qual o aluno aprendeu a ordenar o espaço gráfico e o tempo destinado às atividades escolares. Para o autor, a generalização dos cadernos na escola primária possivelmente está situada no primeiro terço do século XIX, mas não existem fontes documentais suficientemente seguras que permitam estabelecer uma história do caderno escolar com informações precisas. Dominique Julia (1993), por sua vez, considera que os cadernos se constituem em importantes observatórios do conteúdo ensinado, propiciando examinar os usos do tempo na escola. Além disso, mesmo nos exercícios de cópia e de cálculo, que aparentemente teriam finalidades específicas, é possível perceber a importância da educação moral presente nos enunciados. Eles exemplificam como a criança foi construindo o espaço gráfico, o que pode ser visto nos títulos e entretítulos e no respeito às margens e pautas, fazendo com que os cadernos muito se assemelhem aos livros.

Nos estudos de Anne-Marie Chartier – dentre outros, a conferência de abertura, "Travaux d'éleves et cahiers scolaires: l'histoire de l'education du côté des pratiques", proferida no XII Colóquio Nacional de

e de outros das regiões Norte e Nordeste. Ainda sobre periódicos escolares, devo destacar que nem sempre eles trazem as escritas infantis. Por vezes, são escritas de jovens. Muitos deles contam com a participação de professores, os quais corrigem os textos antes da publicação e, também, neles publicam seus próprios textos.

História de la Educación, promovido pela Sociedade Espanhola de História da Educação, na Universidade de Burgos, em 2003 –, a autora afirma que, por meio dos cadernos escolares, é possível vislumbrar a ideologia e o sistema, e que eles se constituem em possibilidades para adentrar na "caixa preta" da história da educação, o dia a dia das aulas, na medida em que são documentos produzidos pelos alunos e não documentos oficiais.

2 Na Argentina

Silvina Gvirtz (1997) examinou, nesses dispositivos mais utilizados nas salas de aula, as práticas escolares desde as primeiras décadas do último século. A análise efetuada evidenciou as operações mais rotineiras no cotidiano escolar que ultrapassavam as reformas educativas, as crenças pedagógicas e os momentos políticos: copiar, traduzir, selecionar, classificar, ordenar, enumerar, completar, separar, compor, relacionar, definir, analisar, resumir, redigir, calcular e resolver.

3 Na Espanha

Antonio Viñao (2008) sintetiza a importância dos cadernos escolares para os historiadores da educação. São, no seu entendimento,

> [...] uma fonte, não menos complexa que outras, que durante as duas últimas décadas vem figurando no cruzamento de três campos historiográficos relacionados, inclusive complementares, mas com diferentes enfoques e interesses: a história da infância, a da cultura escrita e a da educação. Nada estranho se se tem em conta que os cadernos escolares são, ao mesmo tempo, uma produção infantil, um espaço gráfico e um produto da cultura escolar. (VINÃO, 2008, p. 15).

Também da Espanha, dois estudos de Maria del Mar del Pozo Andrés e Sara Ramos Zamora, que tomam 275 exemplares arquivados em processos que visavam a apurar o envolvimento político das professoras, durante o franquismo, exemplificam esse crescente interesse: "Niñas hablando a mujeres: narraciones femeninas recojidas en los cuadernos escolares (1928-1942)", de 2004 e "Los cuadernos de clase como representaciones simbólicas de la cultura escrita escolar", de 2003, publicado em 2008 e

2009, no Brasil e na Espanha, são reveladores de um investimento maior, no sentido de capturar como os conhecimentos eram transmitidos cotidianamente na sala de aula e como os alunos os interiorizavam.[9]

4 Na Itália

Juri Meda, Davide Montino e Robero Sanni organizaram um livro italiano que resulta das discussões travadas no "Convegno internazionale di studi quaderni di scuola: una fonte complessa per la storia delle culture scolastiche e dei costumi educativi tra Ottocento e Novecento", realizado em setembro de 2007, na Universidade de Macerata, que reuniu pesquisadores de várias partes do mundo – Itália, Suíça, França, Espanha, Portugal, Bélgica, Alemanha, Inglaterra, Suécia, Sérvia, Eslovênia, Rússia, China, Brasil, Bolívia, Argentina e Canadá. O evento obteve apoio de diversas instituições[10], o

[9] No primeiro, numa perspectiva de gênero, partem da compreensão de que esses documentos possibilitam analisar, nas escritas obrigatórias e livres, os modelos femininos que eram transmitidos nas salas de aula, a partir de alguns núcleos temáticos: família, mãe, escola e perspectivas de futuro para a mulher e a vida cotidiana infantil. Em meio a esses exercícios, encontraram inúmeros exemplos os quais demonstram que cabia à mulher obedecer ao marido e segui-lo, sacrificando-se pelo bem-estar de todos os membros da família. Aos homens, era reservado o dever de proteger, defender e representar a esposa e a família. Os modelos de mães e donas de casa eram reforçados em temas trabalhados em disciplinas como Higiene e Economia Doméstica, nas quais eram ressaltadas lições sobre a ventilação da casa, os cuidados com a limpeza, a organização do lar. Nos temas relativos à escola e perspectivas de futuro da mulher, concluíram que, mesmo tendo os mesmos conteúdos ensinados para meninos e meninas, havia um currículo oculto que legitimava a diferenciação de gênero. Nos cadernos escolares das meninas, foi encontrado um número maior de valores religiosos e preceitos morais e, nos dos meninos, valores referentes ao mundo do trabalho. Procurando cruzar com as categorias de classe e a procedência geográfica dos cadernos, as autoras encontraram nas atividades cotidianas das meninas, especialmente nas referências ao lazer, brincadeiras e espaços de recreação no ambiente da casa, e os meninos no espaço da rua, sem participação efetiva nas obrigações domésticas. No segundo, elas se voltam para as possibilidades historiográficas do documento. Investigando ainda a mesma coleção, estabelecem uma tipologia dos cadernos a partir de sua materialidade e examinam a hierarquização dos saberes escolares e sua representação nos cadernos de classe. Com relação ao primeiro aspecto, detectaram cinco tipos de cadernos, considerando desde a capa até o formato interior. Essa descrição permitiu concluir que essa representação externa simboliza a persistência de práticas da sala de aula arraigadas na cultura escolar. O formato interior dos cadernos, por sua vez, trouxe importantes elementos sobre rituais e práticas cotidianas, especialmente as margens dos cadernos, que deviam ser respeitadas, com a finalidade de aproveitar sempre e cada vez mais o papel, marcando o tempo e transmitindo ordem e eficácia. Com relação à hierarquização das disciplinas, as autoras mapearam os conteúdos trabalhados, procurando assinalar a importância dada a determinados conhecimentos, atentas ao modo como isso se expressava no espaço material do caderno.

[10] Ministero per i Beni e le Attività Culturali, Archivio ligure della scrittura popolare – Università degli Studi di Genova, Dipartimento di storia moderna e contemporanea di Genova (DISMEC), Università degli Studi di Genova – Facoltà di Lettere e Filosofia, Fondazione Archivio Diaristico Nazionale - onlus di Pieve Santo Stefano, Centro di documentazione e ricerca sulla storia delle istituzioni scolastiche, del libro scolastico e della letteratura per l'infanzia – Università degli Studi del Molise, Centro di documentazione e ricerca sulla storia del libro scolastico e della letteratura per l'infanzia – Università degli Studi di Macerata, Centro internazionale di etnostoria di Palermo, Museo dell' Educazione - Dipartimento di Scienze dell'Educazione dell' Università di

que expressa o movimento de profissionais de diferentes tradições disciplinares para aprofundar a análise sobre esse suporte da escrita, como se pode observar nas seções do evento dedicadas: ao caderno como objeto gráfico, ao conteúdo da escrita infantil, à propaganda política contida nas capas e nos exercícios, ou ao caderno como fonte de pesquisa sobre a história da edição escolar, da didática, da educação escolar e da língua.

5 No Brasil

Ana Maria Casasanta Peixoto (2004) estudou coleção de cadernos escolares do Museu da Escola de Minas Gerais, trazendo pistas importantes sobre a produção desses suportes da escrita. Para ela, a partir dos meados da década de 1930, a indústria dos cadernos dava indícios de desenvolvimento, e foram produzidos muitos cadernos com capas de cunho cívico-patriótico, como o *Avante*, com a finalidade de "[...] valorizar a juventude e incentivá-la a construir e defender o país" (PEIXOTO, 2004, p. 277). Essas capas expressam, no seu entendimento, "[...] uma visão dos valores sociais que a escola desejava incutir" (PEIXOTO, 2004, p. 275).

Considerando os cadernos escolares como "ego-documentos", Maria Helena Camara Bastos (2008) examina cinco exemplares utilizados entre 1953 e 1957, numa escola particular da cidade de Porto Alegre/RS, para discutir como essas escritas ordinárias, ao expressarem uma memória da educação escolarizada, possibilitam refletir sobre a cultura escolar, os saberes e práticas educativas, bem como sobre o modelo de aluno produzido, naquele contexto específico.

Além do livro *Cadernos à vista:* escola, memória, cultura escrita, o qual organizei em 2008 e em que se priorizou a produção, a circulação e os usos desses suportes de escrita, dissertações e teses defendidas no país indicam também o crescente interesse pelos cadernos escolares.[11]

Padova, Museo della scuola e del libro per l'infanzia di Torino – Fondazione Tancredi di Barolo, Museo storico della didattica di Roma – Università degli Studi di Roma III, Dipartimento di Scienze dell'educazione e della formazione di Macerata, Institut Teorii i Istorii Pedagogiki – Rossijskoj Akademii Obrazovaniya, Kazanskij Gosudarstvennyj Universitet, Institut für Historische Bildungsforschung – Pestalozzianum e do International Standing Conference for the History of Education (ISCHE).

[11] Sobre as escritas escolares infantis, há um número significativo de dissertações, teses e publicações dos grupos de pesquisa brasileiros, especialmente de Programas de Pós-Graduação em Educação da UDESC, PUC-RGS, UFRGS e UFPel, coordenados respectivamente por Maria Teresa Santos Cunha, Maria Helena Camara Bastos,

Apontamentos finais sobre as escritas infantis

Segundo Verónica Sierra Blás (2012), no âmbito das escritas infantis, as investigações sobre as escritas escolares estão mais solidificadas, embora não se possa ignorar que há um interesse crescente por escritas de diário, agendas e cartas, o que evidencia um interesse pelos espaços nos quais as crianças escrevem e vivem: a família e a escola. No seu entendimento, esses estudos têm permitido "[...] reconstruir o mundo da infância desde sua dimensão mais íntima e cotidiana, mais real e humana." (SIERRA BLÁS, 2012, p. 34).

Gostaria, por fim, de assinalar alguns cuidados com as escritas infantis, que exercem tanto fascínio, até mesmo em pesquisadores mais experimentados:

> 1. É necessário considerar que elas estão sempre, de um modo mais forte ou mais tênue, submetidas às normas, ao controle do adulto, sejam os pais, sejam professores, e esse controle pode aparecer sob a forma tanto de incentivo quanto de correção.
>
> 2. Tal como em relação aos documentos produzidos por adultos, os produzidos pela pena infantil precisam ser perscrutados, levando-se em consideração quem escreveu, quando escreveu, por que escreveu, para que escreveu, para quem escreveu, como escreveu, o que escreveu. Isto é, seu exame exige pensar no sujeito que escreve, nos contextos, nas motivações, nas finalidades, nos modos, nos suportes e nos conteúdos da escrita.
>
> 3. Como os adultos, as crianças também selecionam, elegem, omitem, enfeitam a própria vida. Suas escritas são apenas fragmentos de seus modos de ver o mundo. Não escrevem sobre tudo o que viveram, não vivem tudo o que escreveram.
>
> 4. As escritas infantis representam para os pesquisadores armadilhas para o olhar, uma vez que, como tantos outros documentos, trazem apenas vestígios do passado e não o que verdadeiramente aconteceu. São também resultado de censura e invenção.

Maria Stephanou e Eliane Peres. No Programa de Pós-Graduação da Universidade do Estado do Rio de Janeiro, ver BRAGA, Rosa Maria de Souza. *Caligrafia em pauta:* a legitimação de Orminda Marques no campo educacional. Rio de Janeiro. Universidade do Estado do Rio de Janeiro: Programa de Pós-Graduação em Educação. Dissertação de Mestrado, 2008, que orientei; e FERREIRA, Luiz Carlos. *Cadernos de Perguntas:* recursos para a discussão de identidade afro-descendentes com alunos do Ensino Fundamental. Rio de Janeiro. Universidade do Estado do Rio de Janeiro: Programa de Pós-Graduação em Educação, Dissertação de Mestrado, 2004, orientado por Nilda Alves, dissertações que tangenciam essas escritas.

5. As escritas infantis permitem explorar versões excluídas ou silenciadas na historiografia e na historiografia da educação, mas essa compreensão se constitui em convite para analisar os próprios limites que enfrentamos, por não termos políticas públicas de preservação de tais documentos, em nosso país.

Referências

AGUIAR, J. V. *Mulheres educadas para governar:* o cotidiano das lições nas cartas das princesas Isabel e Leopoldina. 2012. 286 f. Dissertação (Mestrado em Educação) - Faculdade de Educação, Universidade Católica de Petrópolis, Petrópolis, 2012.

ALEIXO, M. I. P.; ALVES, M. C. Epístolas infantis: fragmentos emergentes do quotidiano rural no tempo escolar (1955-1958). In: CASTILLO GÓMEZ, A.; SIERRA BLÁS, V. (Org.). *Mis primeros pasos:* alfabetización, escuela y usos cotidianos de la escritura (siglos XIX y XX). Gijón: Ediciones Trea, 2008. p. 455-476.

ANTONELLI, Q.; BECCHI, E. (a cura di). *Scritture bambine:* testi infantili tra passato e presente. Roma-Bar: Laterza, 1993.

ARIAS CARRASCOSA, M. A.; GARNACHO GÓMEZ, I. Los cuadernos escolares. In: SIERRA BLÁS, V.; MARTINEZ, L.; MONTEAGUDO, J. I. (Org.). *Esos papeles tan llenos de vida...*: materiales para el estudio y edición de documentos personales. Girona: CCG Ediciones, 2009. p. 51-60.

BASTOS, M. H. C. Relíquias escolares, uma vida em cadernos: um campo de pesquisa da cultura escolar. In: PASSEGGI, M. C. (Org.). *Tendências da pesquisa (auto)biográfica.* Natal, RN: EDUFRN; São Paulo: Paulus, 2008. p. 179-208.

______. Escritas estudantis em periódicos escolares. *Revista História da Educação*, Pelotas, v. 17, n. 40, p. 7-10, maio/ago. 2013.

BRAGA, R. M. S. *Caligrafia em pauta:* a legitimação de Orminda Marques no campo educacional. 2008. 181 f. Dissertação (Mestrado em Educação) - Faculdade de Educação, Universidade do Estado do Rio de Janeiro, Rio de Janeiro, 2008.

CARUSO, A. S. *Traço de União como vitrine:* educação feminina, ideário católico e práticas escolanovistas no periódico do Colégio Jacobina. 2006. 231 f. Dissertação (Mestrado em Educação) - Universidade do Estado do Rio de Janeiro, Rio de Janeiro, 2006.

CASTILLO GÓMES, A. Presentación: la infancia y la escritura. *History of Education & Children's Literature,* Macerata, p. 15-20, 2012.

CASTILLO GÓMES, A.; SIERRA BLÁS, V. (Org.). *Mis primeros pasos:* alfabetización, escuela y usos cotidianos de la escritura (siglos XIX y XX). Gijón: Ediciones Trea, 2008.

CHARTIER, A. M. Travaux d'élèves et cahiers scolaires: l'histoire de l'education du côté des pratiques (Conferência Inaugural). In: COLOQUIO NACIONAL DE HISTORIA DE LA EDUCACIÓN: etnohistoria de la escuela, 12., 2003, Burgos. *Anais...* Burgos: Universidad de Burgos : SEDHE, 2003. p. 23-40.

FERREIRA, L. C. *Cadernos de perguntas:* recursos para a discussão de identidade afro-descendentes com alunos do Ensino Fundamental. 2004. 142 f. Dissertação (Mestrado em Educação) - Faculdade de Educação, Universidade do Estado do Rio de Janeiro, Rio de Janeiro, 2004.

GVIRTZ, S. *Del curriculum prescripto al curriculum enseñado:* uma mirada a los cuadernos de clase. Buenos Aires: Aique, 1997.

HÉBRARD, J. Por uma bibliografia material das escritas ordinárias: o espaço gráfico do caderno escolar (França – séculos XIX-XX). *Revista Brasileira de História da Educação*, Campinas, n. 1, p. 115-141, jan./jun. 2001.

HERNANDEZ DIAZ, J. M. Etnografia e historia material de la escuela. In: ESCOLANO BENITO, A.; HERNANDEZ DIAZ, J. M. (Coord.). *La memoria y el deseo*: cultura de la escuela y educación deseada. Valencia: Tirant lo Blanch, 2002. p. 225-246.

JULIA, D. Documenti della scrittura infantile in Francia. In: ANTONELLI, Q.; BECCHI, E. (a cura di). *Scritture bambine:* testi infantili tra passato e presente. Roma-Bar: Laterza, 1993. p. 5-24.

MEDA, J.; MONTINO, D.; SANI, R. (Org.). *School exercise books:* a complex source for a history of the approach to schooling and education in the 19th and 20th Centuries. Firenze: Edizioni Polistampa, 2010.

MIGNOT, A. C. *Papéis guardados.* Rio de Janeiro: Rede Sirius, 2003.

______ (Org.). *Cadernos à vista:* escola, memória e cultura escrita. Rio de Janeiro: EdUERJ, 2008.

______ (Org.). *Não me esqueça num canto qualquer.* Rio de Janeiro: Laboratório Educação e Imagem, 2008. CD-ROM.

______. Janelas indiscretas: os cadernos escolares na historiografia da educação. In: VIDAL, D.; SCHWARTZ, C. (Org.). *História das culturas escolares no Brasil.* Vitória: EDUSF, 2010. p. 423-446.

______. Exercício de intimidade: uma aproximação com a aprendizagem da escrita de si. *Revista da FAEBA,* Salvador, n. 40, p. 237-246, 2013.

MONTINO, D. As crianças e a escrita de si: ocasiões, limites, ambiguidades. In: PASSEGI, M. C. (Org.). *Tendências da pesquisa autobiográfica.* Natal, RN: EDUFRN; São Paulo: Paulus, 2008. p. 113-130.

PEIXOTO, A. M. C. Museu da escola: uma leitura em aberto. In: MENEZES, M. C. *Educação, memória, história:* possibilidades, leituras. Campinas: Mercado de Letras, 2004. p. 265-287.

POZO ANDRÉS, M. M.; RAMOS ZAMORA, S. Los cuadernos de clase como representaciones simbólicas de la cultura escrita escolar. In: COLOQUIO NACIONAL DE HISTORIA DE LA EDUCACIÓN: etnohistoria de la escuela, 12., 2003, Burgos. *Anais...* Burgos: Universidad de Burgos/SEDHE, 2003. p. 653-664.

POZO ANDRÉS, M. M.; RAMOS ZAMORA, S. Niñas hablando a mujeres: narraciones femeninas recojidas em los cuadernos escolares (1928-1942). In: COLOQUIO INTERNACIONAL DE LA ASOCIACIÓN ESPAÑOLA DE HISTORIA DE LAS MUJERES, 12., 2004, Sevilla. *Anais...* Sevilla, 2004. Mimeografado.

SIERRA BLÁS, V. *Palabras huérfanas:* los niños y la Guerra Civil. Madrid: Taurus, 2009.

______. En busca del "eslabón perdido": algunas reflexiones sobre lãs escrituras infantiles. *History of Education & Children's Literature*, Macerata, p. 21-44, 2012.

VIÑAO, A. La memoria escolar: restos y huellas, recuerdos y olvidos. *Annali di Storia dell'Educazione e delle Istituzioni Sclostatique,* Brescia, n. 12, p. 19-34, 2005.

______. Os cadernos escolares como fonte histórica: aspectos metodológicos e historiográficos. In: MIGNOT, A. C. V. (Org.). *Cadernos à vista:* escola, memória e cultura escrita. Rio de Janeiro: EdUERJ, 2008. p. 15-34.

Modelos para ensinar a leitura: dois manuais de ensino de leitura para professores: décadas de 1940-1960

Maria Teresa Santos Cunha

> Para aprender a ler é preciso ler bem devagar, e em seguida é preciso ler bem devagar e, sempre, até o último livro que terá a honra de ser lido por você, será preciso ler bem devagar. [...] Ler devagar é o primeiro princípio, e se aplica a toda e qualquer leitura. É como a essência do ato de ler. (FAGUET, 2009, p. 10-11).

Introdução

Instrumentos de ensino, marcos pedagógicos, objetos sob controle do Estado desde os finais do século XIX, os manuais de ensino sistematizaram conhecimentos de várias áreas de saber e consolidaram-se a partir dos inícios do século XX, no conjunto de várias especializações da chamada Pedagogia *científica*, tanto pela construção de um sistema público de instrução obrigatório e gratuito, como aliado a uma política de formação de professores que defendia a proliferação das escolas normais como índice de progresso.[1]

Os manuais de ensino, apresentados em forma de tratados com lições e observando um diálogo com a psicologia, por exemplo, tiveram, como uma das suas principais funções, a de subsidiar a atuação de professores para iniciar, principalmente alunos e alunas da Escola Normal, nas chamadas "ciências da educação". São também considerados como manuais de

[1] Reflexões sobre outros manuais de ensino se encontram no capítulo de Maria do Rosário Longo Mortatti, que integra este livro. [N.O.].

profissionalização que visavam a fundar práticas profissionais para o magistério, em conformidade com um modelo de ensinar, por meio da proposição de um conjunto das justificativas e prescrições historicamente produzidas. Sua produção, circulação e uso condicionaram um modo de organização da cultura escolar[2] ao propiciar, aos professores, formas de pensar e de praticar o ensino, objetivando construir um sistema escolar sobre princípios científicos e universais, mais como "[...] um saber técnico que como um conhecimento fundamental na medida em que se organizava preferentemente em torno dos princípios e estratégias de ensino." (NÓVOA, 1994, p. 2003).

Amplamente utilizados no ambiente escolar, os manuais eram tidos como auxiliares à prática de ensino de professores, pela precisão, sutileza e propostas de agilidade de quem, sendo breve, poderia ser profundo na transparência de transmissão de normas e prescrições, na clareza das ideias, na coerência da escrita, na presença de imagens discursivas e visuais que se teciam em suas páginas em narrativas simples, quase coloquiais. Eles continham em sua configuração física e textual mapas para um percurso ao leitor, materializados em índices por assuntos, páginas numeradas, alguns até com desenhos ilustrativos, e exemplos edificantes que pretendiam enraizar-se numa cultura do gesto e do agir, para facilitar a prática docente. Sua textualidade, em especial, dialogava no *terreno psicológico* e expressava teorias pedagógicas, valores, conteúdos e métodos prescritos que, ao serem adotados, eram reconhecidos como preciosos elementos de auxílio para "[...] o entendimento de práticas culturais que contribuíram para a constituição do indivíduo moderno." (GOMES, 2004, p. 11).

Nessa perspectiva, este texto analisa dois manuais para o ensino da leitura na escola que foram produzidos na década de 1930, com circulação e tradução no Brasil, na década de 1940, momento em que houve significativa ampliação do parque gráfico nacional (HALLEWELL, 1981, p. 235) e produção e divulgação de literatura pedagógica (revistas, livros, decretos, congressos, conferências) visando a consolidar um sistema nacional de ensino sobre princípios científicos.

[2] Entendida aqui como espaço de movimentos no interior da escola, seleção e organização de informações (VALDEMARIN, 2000); como complexo simbólico e tecnológico que articula as dimensões básicas do dizer, do fazer e do agir didático e as pedagógicas (MAGALHÃES, 2008) e como processos que ocorrem no interior da escola, onde se mesclam elementos estruturantes e elementos cambiantes (VIDAL, 2013).

Como artefatos culturais destinados *a ensinar a ser professor*, os dois manuais serão analisados a partir das prescrições feitas pelos autores para o ensino da leitura na Escola, com destaque para as proposições de conhecimentos que contribuíram para fazer da leitura um saber escolarizado. O estudo oferece, igualmente, indícios sobre os modelos prescritos, relativos ao ato de ler, que circularam nas décadas de 1940 a 1960, até onde se têm notícias de sua circulação pelo número de suas edições. O empreendimento envolve estudos em relação à capa, título, autores, data de publicação, organização dos capítulos, diálogos teóricos e recomendações expostas para o ensino e a prática de leitura, notadamente a leitura silenciosa, inseridos em "[...] uma política editorial cujo objetivo é a formação de uma nova cultura pedagógica [...] representada como necessária ao desempenho escolar de seu destinatário: o professor." (CARVALHO; TOLEDO, 2007, p. 107, 91). Procurou-se encaminhar a análise com base em alguns pontos já delineados por autores como Mortatti (2000, p. 31):

> [...] às opções temático-conteudísticas (o que?) e estruturais-formais (como?), projetadas por um determinado sujeito (quem?) que se apresenta como autor de um discurso produzido de determinado ponto de vista e lugar social (de onde?) e momento histórico (quando?), movido por certas necessidades (por que?) e propósitos (para quê?), visando a determinado efeito em determinado tipo de leitor (para quem?). [...]. A análise integrada desses aspectos é que propicia ao investigador: reconhecer e interrogar determinado texto como configuração "saturada de agoras" e "objeto singular e vigoroso", e dele pode produzir uma leitura possível e autorizada, partir de seus próprios objetivos, necessidades e interesses.

O primeiro manual em análise está intitulado *A arte da leitura,* de autoria do português *Mário Gonçalves Viana,* publicado pela Editora Educação Nacional, na cidade do Porto, em 1949, dentro da Coleção Didáctica – produzido em Portugal, e com circulação no Brasil, entre professores do Curso Normal. O segundo manual intitula-se *Como se ensina a leitura.* Suas autoras são as professoras norte-americanas Mary Elizabeth Pennell e

Alice Mattie Cusack,[3] tendo sido publicado pela Editora Livraria Globo, de Porto Alegre, em 1942 (2ª edição).[4]

Conservados em bibliotecas públicas e em acervos privados, cabe ao historiador do presente o desafio de problematizar o papel e o lugar desses manuais escolares ainda pouco conhecidos do grande público. Trata-se, sim, de um patrimônio cultural, que teve papel considerável na educação escolarizada das classes médias e populares (pela via da escola pública) e ocupou um espaço importante e frequentemente ignorado na educação de crianças e leitores.

O estudo dos dois manuais possibilita compreender e interpretar esses livros em sua materialidade física e em seus conteúdos, como locais onde, por escolhas deliberadas de temas, se concentram sinais, vestígios, imagens e discursos que permitem reconhecer prescrições para o ensino da leitura, pela via da interpretação histórica, a qual sinaliza para a tripla tarefa do historiador a fim de produzir credibilidade: convocar o passado que já não está em um discurso no presente; mostrar as competências interpretativas do historiador, dono das *fontes*; e convencer o destinatário (leitor) dessa historicidade. No fazer historiográfico, acham-se associados, portanto: conhecimento e relato; prova e retórica; saber crítico e narração (CHARTIER, R., 2009, p. 15-16).

As problematizações que governaram a pesquisa intentam rastrear a presença de proposições sobre a leitura, feitas nos manuais escritos por Viana (1949/2ª edição) e Pennell e Cusack (1942/3ª edição), centradas em questões sobre a escolarização da leitura e sobre os tipos de preceitos propostos pelos autores, que se relacionam às práticas de leitura na escola, exemplificados, muito pontualmente, por intermédio de excertos de trechos que remetam às prescrições sobre o ato de ler. Esses excertos são formas de mediação as quais muitas vezes normatizaram e legitimaram um modo de fazer e pensar leitura na escola. Além do mais, é provável que, em

---

[3] Reflexões sobre esse manual também se encontram no capítulo de Eliane Peres, que integra este livro [N.O.].

[4] Os dois exemplares em estudo integram minha coleção pessoal e foram, ambos, presentes das professoras Janice Gonçalves e Maria Fernanda Batista Faraco Werneck de Paula, a quem agradeço muito a delicadeza do ato e o mimo, em si. As citações de suas páginas, ao longo deste texto, serão realizadas observando-se a atualização gráfica das palavras pelas regras atuais vigentes.

algum momento de sua formação inicial ou continuada, os professores e professoras, cada qual em sua época, tenham entrado em contato com esses textos, o que ajuda a legitimar mais o estudo, sem, contudo, avançar para além da enunciação das prescrições.

Sobre a leitura nos manuais

> A leitura é uma conversa [...] Os leitores respondem a um diálogo provocado silenciosamente por palavras escritas uma página. (MANGUEL, 2005, p. 10).

A leitura é uma prática simbólica e um dos principais ícones de orientação do pensamento. Exercício vagaroso, tarefa algumas vezes exaustiva, outras vezes fascinante, atividade prazerosa ou rechaçada, controlada ou livre, realizada de forma solitária ou em grupos, disseminadora de modelos, ela envolve um ritual. Torná-la obrigatória, como item curricular, foi uma das estratégias que a educação escolarizada tomou a si, desde os finais do século XIX, com a propagação dos manuais, seja para transmitir ensinamentos, seja para exercer controle, alimentar o imaginário e, enfim, construir leitores. Parece inegável que a leitura, como resposta *a um diálogo provocado por palavras escritas numa página,* crie possibilidades para que as pessoas se descubram, se construam, se façam autoras de sua vida pela apropriação e ressonância de textos (ou de fragmentos deles) e, mesmo quando realizada fora da escola, abram espaço para a imaginação e para descobrimentos singulares.

A disseminação da leitura pelos manuais escolares já mereceu vários estudos (BASTOS, 2006, BASTOS; MOGARRO, 2009; CARVALHO, 1998; CHOPIN, 2002; CUNHA, 2011; FRADE, 2010; SILVA; CORRÊA, 2004; SILVA, 2004; TREVISAN; PEREIRA, 2009; VIDAL, 1999). Segundo Chopin (2002, p. 14), eles foram divulgadores de noções científicas, de métodos pedagógicos e de representações de um comportamento social, bem como depositários de conteúdos educativos, que tinham "[...] o papel de transmitir às jovens gerações, saberes e habilidades (o 'saber ser') os quais, em uma dada área e momento, foram julgados indispensáveis à sociedade para perpetuar-se."

Os manuais escolares, na dimensão da história da leitura, ainda que se constituam em gêneros menores e de pouco reconhecimento social e simbólico, foram investigados por Anne-Marie Chartier (2004), que reconhece um campo de leitura na educação escolar mostrando que os manuais de ensino estavam destinados a instruir os professores e que os livros de leitura eram destinados aos alunos, para educar com relatos comoventes, descrições admiráveis e edificantes. Os manuais de ensino, conforme a autora, "[...] colocavam em evidência todo um discurso persuasivo para recordar o trabalho, o esforço e a importância de ser bom professor." (CHARTIER, A.-M., 2004, p. 50).

A prática de adotar manuais de ensino objetivava instrumentalizar o professor para o ensino da habilidade ali proposta e, nos casos em estudo, incluía propor a escolarização da língua como matéria, meio e suporte curricular, quer como uma matéria que transversalizava todo o currículo escolar, quer como uma prática simbólica, envolvendo concentração e paciência e exigindo um investimento para transformar o *habilitado a ler* em um *leitor efetivo*, conforme propõe, na Introdução, a obra de Viana (1949, p. 6):

> Não se trata de [utilizar] manuais pesados e maciços, nem de obras superficiais ou vazias de sentido ideológico, mas sim de pequenos tratados práticos cuidadosamente documentados nos autores mais respeitáveis e escritos com o bom senso e o espírito das realidades humanas e portuguesas de que há sempre mister.

Semelhante proposição encontra-se no Prefácio do manual de Pennell e Cusack (1942, p. 5), nos seguintes termos:

> Em todos os setores da atividade humana, dia a dia, mais e mais se vem sentindo o valor da leitura rápida e inteligente. O domínio da leitura dá ao indivíduo a faculdade de enriquecer sua própria vida, aumentar sua capacidade profissional e tornar-se mais útil à sociedade.

Para Correia e Peres (2005, p. 197), os manuais ou livros de texto participam da "gramática da escola", fazem parte do território dos "discursos pedagógicos" e curriculares e, nessa clave, reafirma-se a intenção de rastrear prescrições para atividades de leitura presentes nesse suporte e que circularam na educação escolarizada, como verdadeiros *modelos* a serem ensinados pelos professores e propostos aos alunos para ler com arte. Nesse sentido, fazia-se necessário que os manuais de ensino referendassem a legitimidade dos alicerces de comportamentos preconizados, por meio do uso desses materiais, os quais contribuiriam para firmar uma liturgia/ritual escolar, historicamente produzida.

O Manual de Mário Gonçalves Viana: *A Arte da Leitura*

O livro *A arte da leitura*, de Mário Gonçalves Viana – Editora Educação Nacional – Porto/1949 –, considera a leitura como arte e como prática cultural "[...] susceptíveis de servirem às necessidades da pedagogia e da cultura portuguesa caldeadas pela observação direta da vida, pela experiência profissional e pela prática." (VIANA, 1949, p. 5).

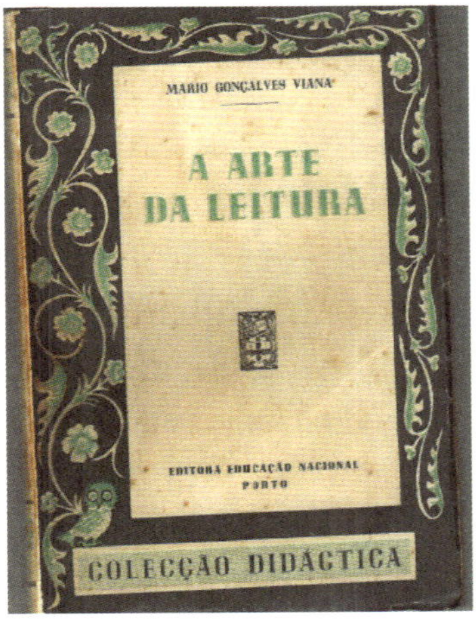

Figura 1 – Capa do Livro A arte da leitura, de Mário G. Viana, 1949.

Fonte: Acervo pessoal da autora.

Mário Gonçalves Viana, nascido em Lisboa, em 1900, e falecido em 1977, foi sociólogo, pedagogo e professor. Licenciado em Direito, foi autor de numerosos trabalhos acerca dos mais variados assuntos: *Elementos de Arquivologia e Classificação* (1940); *Biografias de Figuras Nacionais* (1943), *O Problema do Saber Humano* (1945), *A Técnica Publicitária* e *A Arte de Redigir* (1946); *A Arte da leitura* (1949), *Psicologia do Adolescente* (s/d), *A Arte de organizar bibliotecas públicas e particulares* (1958) etc. Dirigiu, ainda, a coleção Biblioteca de Cultura Geral da Editora Figueirinhas/ Portugal, iniciada precisamente pelo volume *A Arte de Redigir.*[5]

Sua obra circulou no Brasil, haja vista sua presença atual nas estantes virtuais de compra de livros, em citações em outros manuais de ensino,[6] em acervos nacionais, como o da Biblioteca Nacional, em bibliotecas universitárias, como a da Universidade do Estado de Santa Catarina (UDESC), que contém duas de suas obras. Tais presenças atestam sua circulação em terras brasileiras, ainda que não se tenha notícia de seu uso diretamente escolar, no Brasil. Não consta ter sido publicado por editoras brasileiras, porém, suas obras saíram principalmente por editoras portuguesas, como a Editorial Domingos Barreira e a Editora Educação Nacional – Propriedade de Adolfo Machado/ Rua da Almada, nº125, na cidade do Porto/Portugal. O livro integra a *Colecção Didáctica*, a qual também publicou do mesmo autor *A arte de pensar*, *A arte de estudar* e *A educação integral* e, como o próprio título anuncia, tem seu público-alvo entre professores e estudantes. Na contracapa desse livro, encontram-se os objetivos da Coleção, assim apresentados:

> Colecção Didáctica
> Qualquer das obras desta interessantíssima e útil coleção fornece a todos os estudantes, principalmente aos estudantes e aos autodidatas, os conhecimentos teóricos e práticos indispensáveis para uma orientação segura, progressiva e metódica em qualquer sector da cultura. Os livros da Colecção Didáctica constituem verdadeiros tratados práticos, sendo os respectivos temas versados com proficiência e clareza. (VIANA, 1949).

O livro *A Arte da Leitura* tem 232 páginas, uma capa sem ilustrações, mas com arabescos laterais que destacam o título centralizado e a pertença à *Coleção Didactica*. Não há, em seu interior, lista de referências bibliográficas,[7] mas traz um "Índice Sinóptico", dividido em duas partes,

---

[5] Informações gerais coligidas no *site:* <www.memoria-africa.ua.pt>. Acesso em: 15 jun. 2012, complementadas por informações retiradas da contracapa do livro *A Arte da Leitura* (1949).

[6] Há duas citações desse manual de Mário Viana em: ARCHÊRO JÚNIOR, Aquiles. *Lições de Pedagogia.* Para uso nas escolas Normais. Terceiro Ano. São Paulo: Edições e Publicações Brasil, 1955.

[7] Não há referências ao final de cada capítulo, entretanto, ao longo das páginas, há citações de autores, em forma de pensamentos e máximas. Os mais citados são: Octávio Domingues, Antero de Quental, Carlyle, Fernão Mendes Pinto, Júlia Lopes de Almeida, Emílio Faguet, Antônio Feliciano de Castilho, Ramalho Ortigão, Gustavo Le Bon, Marden, Pe. António Vieira, Guerra Junqueiro, D. Francisco Manuel de Melo, Montaigne, Rousseau, Santo Tomás de Aquino etc.

sendo 13 subtítulos na primeira parte e sete subtítulos compondo a segunda parte, conforme se pode ver no quadro abaixo:

PRIMEIRA PARTE/ Títulos	SEGUNDA PARTE / Títulos
I. A leitura dirigida	I. A leitura em voz alta
II. A Seleção dos livros	II. A pronúncia e a voz
III. Ler devagar	III. Pausas, respiração e inflexão da voz
IV. Os livros inconvenientes ou perigosos	IV. A leitura dos diversos estilos
V. Os livros recomendáveis	V. A leitura da prosa e do verso
VI. Os livros de estudo e os livros de crítica	VI. Recitação e declamação
VII. Quando e como se deve ler	VII. Conversar
VIII. Ler bem	
IX. Reler e meditar	
X. Ciência pedante ou livresca	
XI. A leitura ao serviço da mulher	
XII. A autodidaxia	
XIII. A organização de uma biblioteca	

Quadro 1 – Títulos dos capítulos do livro *A arte da Leitura*, de Mário G. Viana, 1949.

Fonte: Acervo pessoal da autora.

O caráter prescritivo para a leitura no livro de Mário Gonçalves Viana não se limita apenas ao Capítulo VII da Primeira Parte, como o título anuncia, mas está presente em todo o volume e se pauta significativamente em aspectos sobre os hábitos de *boa leitura, da leitura escolar* e sobre a *importância* da leitura para estudo e divertimento (lazer). Essas prescrições estão expressas como:

> O professor terá sempre o cuidado de fazer indicações de livros a ler, de maneira metódica e evolutiva, escolhendo, de preferência livros que satisfaçam a curiosidade da infância e proporcionando-lhes conhecimentos e diversão sadia. (VIANA, 1949, p. 14).
>
> A indicação de obras de ler pelos alunos será, nos primeiros tempos, tanto quanto possível e variada, para que fique com uma apreciável cultura geral. (VIANA, 1949, p. 15).
>
> Ler bem não consiste em soletrar palavras abstraindo das idéias que representam [...] O hábito de ler deve originar o hábito do estudo e tem grande valor educativo porque ensina a procurar e a sentir a beleza verdadeira. (VIANA, 1949, p. 183).

Outro aspecto a considerar são as recomendações para a leitura, inicialmente silenciosa, que se encaminharia para uma leitura em voz alta. Essa recomendação funcionava como um dos objetivos da leitura escolar, que outorgava um privilégio à mente e depois à voz, dentro da atividade leitora, e fazia desse tipo de leitura uma prática usual prescrita em manuais e prevista como item programático nas Escolas Primárias. Mesmo que a prescrição não reverbere automaticamente em prática efetiva, no livro de Viana (1949), o tema merece ainda um capítulo especial, que abre a segunda parte e está expresso nos seguintes termos:

> A leitura em voz alta e o necessário complemento da leitura mental. Quem não sabe ler em voz alta (precedida da leitura silenciosa...) não sabe verdadeiramente ler. Quem não pratica, com método e frequência, este gênero de leitura nunca pode falar corretamente, com boa pronúncia e entoação, conforme salientam os pedagogos e higienistas. (VIANA, 1949, p. 151).

O sentido dado já no título ao ato de ler como uma arte obedece a uma força materializada através de preceitos modeladores propostos, como os que se referem aos valores e objetivos da leitura, qualificados como "instrutiva" (p. 26); "sadia" (p. 44); "leitura convenientemente dirigida pelos professores" (p. 31); "leitura em voz alta para educar a voz e sensibilidade" (p. 84); "leitura silenciosa para compreender o texto, mais do que para decifrar palavras" (p. 123), finalizando com um aconselhamento que objetiva fixar uma função modelar que reafirma a escola como um *locus* para aprendizagem de saberes leitores:

> Os livros didáticos relêem-se para estudar; os eruditos relêem-se para aprender; as obras meramente literárias, que agradaram, relêem-se para sentir a beleza da Arte, da Vida ou do Bem: os livros de que não se gostou relêem-se para retificar impressões e para sobre essa nova leitura ajuizar a evolução do nosso espírito, sempre inquieto e sequioso de perfeição. (VIANA, 1949, p 92).

O manual de Mary E. Pennell e Alice M. Cusack: *Como se ensina a leitura*

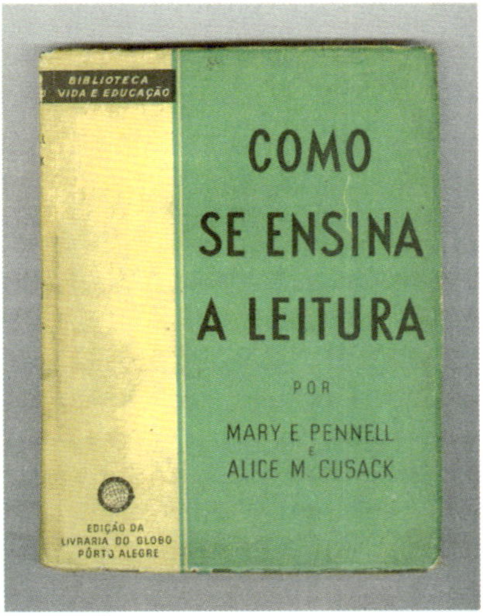

Figura 2 – Capa do manual *Como se ensina a leitura*, de Mary E. Pennell e Alice M. Cusack, 2ª edição, 1942.

Fonte: Acervo pessoal da autora.

Mary Elizabeth Pennell e Alice Mattie Cusack foram, respectivamente, Supervisora Escolar e Diretora do Jardim de Infância e do Departamento Primário da cidade de Kansas, nos Estados Unidos. Esse manual originalmente intitulado *How to Teach Reading,* foi publicado em 1924, pela Editora Houghton Mifflin, ligada à Universidade de Michigan. No Brasil, o livro foi traduzido entre 1938/1939, pela professora Anadyr Coelho, responsável pela cadeira de Pedagogia na Escola Normal de Porto Alegre, e publicado pela Editora da Livraria do Globo, em Porto Alegre, como segundo volume de uma Coleção intitulada *Vida e Educação,*[8] sob a direção do Professor Álvaro Magalhães, em 1942.

Segundo os estudos de Torresini (1999, p. 69, 90), a Editora Globo (Porto Alegre/RS), com assessoria do então Professor da Universidade de Porto Alegre, Álvaro Magalhães, colocou no mercado editorial, nas décadas de 1930/1940, edições pedagógicas (livros técnicos, dicionários e enciclopédias) de obras voltadas para o ensino superior associadas à recém-criada (1934) Universidade Federal do Rio Grande do Sul. A Coleção *Vida & Educação* trazia como primeiro volume uma obra do Professor Everardo Backheuser,[9] intitulada *Ensaio de Biotipologia Educacional,* e, como terceiro volume, o *Manual de Pedagogia Moderna (Teórica e Prática) – para uso das Escolas Normais e Institutos de Educação*, do mesmo autor. Os objetivos dessa Coleção, expressos na contracapa desse manual, prometiam:

> Pretendendo secundar o admirável esforço e o decidido trabalho dos poderes públicos na esfera educacional e no intuito de colaborar para o incentivo e a difusão da cultura no Brasil em que os TEMAS PEDAGÓGICOS e a EDUCAÇÃO se acham na ordem do dia - a Livraria do Globo, de Porto Alegre, tem a satisfação de apresentar aos pais, aos mestres, aos educadores a biblioteca VIDA & EDUCAÇÃO, dirigida pelo experimentado Prof. ÁLVARO MAGALHÃES. A nova coleção de propõe estudar os problemas educacionais e culturais nas suas mais variadas formas e aspectos, através de obras super selecionadas entre os melhores trabalhos nacionais e estrangeiros que se enquadram dentro desse programa. (PENNEL; CUSACK, 1942, aba 2).

Uma capa simples e convencional abriga um manual com 276 páginas, em cuja última página há uma listagem bibliográfica composta de 38 títulos (apenas autor e obra, sem datação). Os mais citados eram:

---

[8] A primeira edição foi publicada, possivelmente, em 1940, quando a Coleção Vida & Educação ainda não havia sido criada, conforme explicação na segunda aba do manual.

[9] Everardo Backheuser (1879-1951) foi professor na Escola Politécnica do Rio de Janeiro e autor do *Manual de Pedagogia Moderna* (Teórica e Prática) – para uso das Escolas Normais e Institutos de Educação, publicado pela Editora Globo, nesse período (ver TORRESINI, 1999).

AUTOR	TÍTULO
Dewey. J.	*How We Think*
Dewey. J.	*Democracy and Education*
Dewey. J.	*Interest and Effect*
Dewey. J.	*Moral Principles in Education*
Gray, W. S.	*Remedial Cases in Reading*
Gray, W. S.	*Methods of Testing Reading/v.XVI*
Bobbit	*The Curriculum*
Bolenius	*Silent and Oral Reading in the Elementary Schools*
Bolenius	*First Grade Manual*

Quadro 2 – Principais autores citados no livro *Como se ensina a leitura*, de Mary E. Pennell e Alice M. Cusack, 2ª edição, 1942.

Fonte: PENNEL; CUSACK, 1942, p. 276.

A referência a várias obras de John Dewey (1859-1952) sinaliza para a presença de um dos mais importantes autores vinculados aos princípios da chamada "escola ativa", cujos pressupostos, em diálogo especialmente com a psicologia, ressoaram no Brasil no campo pedagógico e nas mudanças no ensino, a partir da década de 1920, dando o tom para a própria Coleção. Essa vinculação aparece detalhadamente explicada no prefácio do livro, que, conforme tudo indica, foi escrito pelo organizador da Coleção, nos seguintes termos:

> Os psicologistas estudaram cientificamente o processo da leitura, chegando a determinar através de numerosas experiências os fatores que a condicionaram. [...]. É fundamental que nossos professores saibam apreciar o valor da contribuição dos psicólogos e utilizar-se dos princípios por eles estabelecidos quando tiverem de auxiliar a criança na formação de desenvolvimento de bons hábitos de leitura. "Como se ensina a leitura" procura expor e estudar os princípios psicológicos que envolvem a leitura de maneira que qualquer pessoa, ainda que não familiarizada com a terminologia psicológica possa entendê-los e aprecia-los. (PENNEL; CUSACK, 1942, p. 5-6).

O Sumário ou Índice está organizado em quatro grandes partes, a saber:

I PARTE	A leitura eficiente na vida
II PARTE	Método e processos que podem auxiliar a criança a ter eficiência
III PARTE	Leitura oral e Leitura silenciosa
IV PARTE	Divisão do trabalho por anos

Quadro 3 – Índice Geral do livro *Como se ensina a leitura*, de Mary E. Pennell e Alice M. Cusack, 2ª edição, 1942.

Fonte: PENNEL; CUSACK, 1942, p. 267-275.

O caráter prescritivo da III Parte – Leitura oral e silenciosa – mostra as formas como as autoras encaminham para a importância de ler bem e silenciosamente, anúncio que é feito nas partes iniciais do livro, do seguinte modo:

> É a leitura silenciosa o tipo de leitura mais largamente usado na vida. Nem se poderá considerar bom leitor quem não possua a capacidade de apreender exata e rapidamente o pensamento do autor, pela leitura silenciosa. A boa leitura silenciosa está condicionada a vários fatores: desejo de ler, capacidade de evocação de sentidos, domínios do instrumentos da leitura. (PENNELL; CUSACK, 1942, p. 17).

A parte III desse Manual (PENNELL; CUSACK, 1942, p. 91-149) apresenta um grande número de instruções que determinam, em diálogo com a psicologia, as vantagens da leitura silenciosa sobre a leitura oral. O aprendizado dessa forma de ler aparece relacionado às experiências escolares e encaminha para "[...] novos enfoques em que se exercita leitura silenciosa, rápida, seletiva e autônoma" (PENNELL; CUSACK, 1942, p. 92), seguida de "[...] liberdade de escolha" (PENNELL; CUSACK, 1942, p. 93) e estruturada em torno de objetivos como "[...] desejo de ler e amor á leitura, capacidade de pensar com clareza, demonstrar domínio da mecânica da leitura, maior eficiência do ponto de vista da compreensão e manuseio correto dos livros" (PENNELL; CUSACK, 1942, p. 94). Em contrapartida, as desvantagens da leitura oral são frisadas como propulsoras de "[...] dificuldades para entender os enunciados de qualquer problema, incapacidade de selecionar e organizar o material para sua solução, principalmente em história e geografia, que os leva a decorar os textos" (PENNELL; CUSACK, 1942, p. 93).

Esse manual fornece ao futuro professor muitas atividades que podem ser realizadas em classe, para o "[...] desenvolvimento de hábitos, habilidades e atitudes que se devem desenvolver através da leitura silenciosa" (PENNELL; CUSACK, 1942, p. 95) e que se fazem presentes como "[...] oferta de lições edificantes" (PENNELL; CUSACK, 1942, p. 104) e a procura de uma "[...] elegância gráfica que ofereça leveza e equilíbrio" (PENNELL; CUSACK, 1942, p. 106), "[...] a possibilidade de aprendizados ligados a experiências e motivações da infância" (PENNELL; CUSACK, 1942, p. 117) e "[...] insistência de trabalho independente associado á leitura silenciosa" (PENNELL; CUSACK, 1942, p. 112, 121).

O olho do presente em manuais do passado

> O que o historiador pode propor? A "retomada" não faz parte evidentemente de seus atributos. Todavia, ele pode convidar a um desprendimento do presente, graças à prática do olhar distanciado. [...] Explicar o "mundo ao mundo", responder as questões do homem de hoje, tal é, pois a tarefa do historiador que enfrenta o vento. (HARTOG, 2013, p. 11, 21).

Produzidos em um passado, esses manuais de ensino fizeram circular ideias, valores, formas de conceber o ensino; deslocando-se no tempo, ainda hoje insistem no presente e pode-se considerar que o que caracteriza sua pertinência como experiência histórica é a sua ressonância social para além do tempo em que foram editados, lidos e utilizados, prolongando sua presença por meio da memória e cuja força está em servir para problematizar a própria educação. Estudá-los, agora, parte de uma ruptura: afinal, eles estão desaparecendo! É isso que move o historiador que exercita o olhar distanciado àquelas regras para o ato de ler e vai do presente ao passado, na tentativa de mapear continuidades e descontinuidades em busca de um sentido selecionado e construído pelo presente (KNAUSS, 2010).

Os dois manuais de ensino aqui estudados evidenciam a presença de prescrições para o ato de ler bem, como o investimento do Estado para transformar a leitura em um saber escolarizado. Mesmo que houvesse diferenças nas posições da época sobre o ensino da leitura e que não haja garantias de que as prescrições fossem efetivamente praticadas, pode-se levar em conta, igualmente, uma linha de continuidade que revelava um conjunto de regras, um corpo de prescrições, de definições, de instrumentos, o qual deu uma dimensão metodológica à leitura escolar. A eficiência da leitura, a capacidade de ler devagar, inteligente e rapidamente, a possibilidade de bem ler silenciosamente ou de o fazer oralmente são saberes que mereceram atenção na chamada "cultura escolar".

De igual maneira, pode-se considerar que a preocupação de formação *técnica* dos professores, perseguida pelos autores de manuais de ensino, esteja afinada com a emergência, a partir da década de 1940, de uma sociedade em bases urbano-industriais, que coloca em cena aparatos tecnológicos capazes de instigar maior conhecimento das técnicas e da ciência aplicada, em detrimento de conhecimentos meramente ilustrativos ou aqueles chamados "belas letras", vigentes na escola dita *tradicional,* mnemônica por excelência. Some-se a isso o fato de que a década abordada encerra um período singular, pois representa um momento de reforma para a educação, em que mais um movimento de renovação escolar brasileiro ocorreu, com a promulgação Lei Orgânica Federal do Ensino Primário e Ensino Normal, denominação dada aos decretos nº 8.529 e 8.530, ambos de 02 de janeiro de 1946 (WERNECK DE PAULA, 2013).

Conhecer mais sobre os manuais escolares em circulação nas escolas é ainda compreender como o Estado fez da leitura um saber escolar e a ressignificou, a ponto de a escola assumir a responsabilidade de formação de leitores e leitoras. A escolarização da leitura, como se deveria ler e para que ler são questões a que se procurou responder, na clave de uma História da Educação e da Leitura, no momento em que os manuais passaram a ocupar um importante lugar na educação escolarizada, contribuindo, também, para a normatização da vida profissional e cotidiana, já que integravam os currículos oficiais para a formação de professores(as), nas Escolas Normais no Brasil.

Essas prescrições autorizam a pensar em leituras em páginas com arranjos visuais, as quais conferem um novo caráter à palavra, afetando sua interpretação. Representação de uma intenção, ela poderá suscitar uma adesão, uma negação. Em discursos persuasivos, a leitura silenciosa é recomendada com um zelo crescente nos manuais e anuncia como as ideias tiveram circulação, por via da produção pedagógica, com a ressonância de um repertório de modelos e prescrições que serviram para formar gerações de professores.

Tais recomendações desvelam propostas presentes nesses impressos pedagógicos, que indicam atividades para o ensino e aprendizagem da leitura, tangenciando o movimento conhecido como "escola nova", seja nos diálogos guiados pela psicologia, seja nas propostas pedagógicas, que exaltavam o interesse e a motivação da criança como descobertas fundamentais ao processo de aquisição do código alfabético.

Folhear, hoje, esses livros amarelados pela passagem do tempo e manchados pelo manuseio permitiu o confronto com atividades voltadas para o processo de aprendizagem da leitura, como aquelas feitas em voz alta ou em silêncio, ou como aquelas feitas para o entretenimento ou para estudo, que são marcas da escola. Possibilitou, igualmente, identificar um período em que ainda se perseguia o desejo de uma escola em bases humanistas – para aprimorar o espírito –, na qual a leitura era procedimento nobre, por excelência. As recomendações nesses livros parecem ter encaminhado para certa consolidação programática que uniformizou estilos e propostas, modos de ler na escola.

Os manuais faziam evocação de autoridades e se encomendavam prefácios a especialistas de prestígio reconhecido, mas o que chancelava a autoridade de seu autor era, quase sempre, a sua trajetória acadêmica ou política, como se pode verificar na escolha dos autores pelas editoras e nas publicação de breves currículos, nas folhas iniciais dos manuais. Como protocolo para essa interpretação, parece ser útil entender uma possível circulação de saberes e ideias sobre a leitura, entre os dois autores contemporâneos entre si, e exercitar a capacidade de estabelecer relações entre os textos, criando possibilidades para que o leitor confira algum sentido e intua sobre ressonâncias, no interior de estudos sobre práticas e histórias de livros e leituras.

Com o olho do presente dirigido às formas de ler recomendadas pelos manuais de ensino da década de 1940, é possível ao historiador do século XXI reconhecer a própria historicidade, pela diferença dos tempos, e considerar, em uma transmutação de sentido, que a leitura, oral ou silenciosa, aprendida na escola ou fora dela, nos faz a oferenda de uma liberdade e de uma síntese de pensamento: ler, para estar vivo, e narrar, para não morrer, continuam a ser questões do nosso presente. Afinal, para o exercício de explicar "[...] o mundo ao mundo", a tarefa do historiador é enfrentar a *história* como "[...] aquela certeza fabricada no instante em que as imperfeições da memória se encontram com as falhas da documentação." (BARNES, 2012, p. 23).

Referências

ARCHÊRO JÚNIOR, A. *Lições de Pedagogia:* para uso nas escolas normais: terceiro ano. São Paulo: Edições e Publicações Brasil, 1955.

BARNES, J. *O sentido de um fim.* Rio de Janeiro: Rocco, 2012.

BASTOS, M. H. C. Uma biografia dos manuais de história da educação adotados no Brasil (1860-1950). In: CONGRESSO LUSO-BRASILEIRO DE HISTÓRIA DA EDUCAÇÃO, 6., 2006, Uberlândia. *Anais...* Uberlândia: Ed. UFU, 2006. v. 1, p. 334-349.

BASTOS, M. H. C.; MOGARRO, M. J. Manuais de História da Educação em Portugal e Brasil (segunda metade do século XIX - primeira metade do século XX). In: ARAÚJO, M. M. (Org.). *História(s) comparada(s) da Educação.* Brasília, DF: Liber, 2009. v. 1, p. 241-283.

CARVALHO, M. A Escola Nova e o impresso: um estudo sobre estratégias editoriais de difusão do escolanovismo no Brasil. In: FARIA FILHO, L. M. (Org.). *Modos de ler, formas de escrever:* estudos de história da leitura e da escrita no Brasil. Belo Horizonte: Autêntica, 1998. p. 65-86.

______. Pedagogia Moderna, Pedagogia da Escola Nova e Modelo Escolar Paulista. In: CHAGAS, M. M. C.; PINTASSILGO, J. (Org.). *Modelos culturais, saberes pedagógicos, instituições educacionais:* Portugal e Brasil, histórias conectadas. São Paulo: EDUSP: FAPESP, 2011. p. 185-214.

CARVALHO, M.; TOLEDO, M. R. A. Os sentidos da forma: análise das coleções de Lourenço Filho e Fernando de Azevedo. In: OLIVEIRA, M. A. T. (Org.). *Cinco estudos em história e historiografia da educação.* Belo Horizonte: Autêntica, 2007. p. 89-110.

CHARTIER, A. M. *Enseñar a leer y escribir:* una aproximación histórica. Tradução Diana Luz Sánchez. México: FCE, 2004.

CHARTIER, R. *A história ou a leitura do tempo.* Belo Horizonte: Autêntica, 2009.

CHOPIN, A. O historiador e o livro escolar. *História da Educação*, Pelotas, v. 6, n. 11, p. 5-24, abr. 2002.

CORREIA, A. C. L.; PERES, E. Aprender a ser professor a través de los libros: representación profesional, currículum escolar y modelos de aprendizaje em los manuales de pedagogia y didática para la formación de professores de enseñanza primaria em Portugal (1870-1950). In: GUEREÑA, J. L., OSSEMBACH, G.; DEL POZO, M. M. (Org.). *Manuales escolares en España, Portugal y America Latina (siglos XIX e XX).* Madrid: UNED, 2005. p. 195-213.

CUNHA, M. T. S. Das mãos do autor aos olhos do leitor: um estudo sobre livros escolares: a série de leitura graduada Pedrinho de Lourenço Filho (1950/1970). *História (São Paulo)*, Franca, v. 30, p. 12-32, 2011.

FAGUET, E. *A arte de ler*. Rio de Janeiro: Casa da Palavra, 2009.

FRADE, I. C. S. Alfabetização, escolarização e cultura escrita em Minas Gerais no século XIX. In: MARINHO, M.; CARVALHO, G. T. (Org.). *Cultura escrita e letramento*. Belo Horizonte: Ed. UFMG, 2010. p. 249-278.

GOMES. A. C. (Org.). *Escrita de si, escrita da história*. Rio de Janeiro: FGV, 2004.

HALLEWELL, L. *O livro no Brasil.* 2. reimpr. (1. impr. 1981) São Paulo: EDUSP, 1985.

HARTOG, F. *Regimes de historicidade:* presentismo e experiências do tempo. Belo Horizonte: Autêntica, 2013.

KNAUSS, P. Usos do passado e história do tempo presente; Arquivos da repressão e conhecimento histórico. In: SIMPÓSIO NACIONAL DE HISTÓRIA E HISTORIOGRAFIA, 4., 2010, Ouro Preto. *Anais...* Ouro Preto: UFOP-MG, 2010. Texto digitalizado.

MAGALHÃES, J. P. Escrita escolar e oficialização da Escola Portuguesa. In: CASTILLO GOMEZ, A.; SIERRA BLÁS,V. (Org.). *Mis primeros pasos*: alfabetización, escuela y usos cotidianos de la escritura (siglos XIX y XX). Madrid: Ediciones Trea, 2008. p. 19-40.

MANGUEL, A. *Os livros e os dias:* um ano de leituras prazerosas. São Paulo: Companhia das Letras, 2005.

MORTATTI, M. R. L. *Os sentidos da alfabetização*: São Paulo - 1876/1994. Brasília, DF: MEC/INEP/COMPED; São Paulo: Ed. UNESP, 2000.

NÓVOA, A. *História da Educação.* Lisboa: Universidade de Lisboa, Faculdade de Psicologia e de Ciências da Educação, 1994.

PENNELL, M. E.; CUSACK, A. M. *Como se ensina a leitura.* Tradução Anadyr Coelho. 2. ed. Porto Alegre: Editora da Livraria Globo, 1942.

SILVA, V. B. Uma história das leituras para professores: análise da produção e circulação de saberes especializados nos manuais pedagógicos (1930-1971). In: REUNIÃO ANUAL DA ANPED, 25., 2002, Caxambu. *Anais eletrônicos...* Rio de Janeiro: ANPED, 2004. 1 CD-ROM. G.T. 2 – História da Educação.

SILVA, V. B.; CORREIA, A. C. L. Saberes em viagem nos manuais pedagógicos (Portugal – Brasil). *Cadernos de Pesquisa*, São Paulo, v. 34, p. 613-632, set./dez. 2004.

TORRESINNI, E. R. *Editora Globo:* uma aventura editorial nos anos 30 e 40. São Paulo: EDUSP: Com-Arte; Porto Alegre: Ed. UFRGS, 1999.

TREVISAN, T.; PEREIRA, B. C. *Manuais de ensino franceses e brasileiros para o ensino da leitura e escrita no Brasil (1851-1966)*. 2009. Digitado.

VALDEMARIN, V. T. Lições de coisas: concepção científica e projeto modernizador para a sociedade. *Cadernos Cedes*, Campinas, v. 20, n. 52, p. 74-87, nov. 2000.

VIANA, M. G. *A arte da leitura*. Porto: Educação Nacional, 1949.

VIDAL, D. G. Livros por toda parte: o ensino ativo e a racionalização da leitura nos anos 1920 e 1930 no Brasil. In: ABREU, M. (Org.). *Leitura, história e história da leitura*. Campinas: Mercado de Letras: Associação de Leitura do Brasil; São Paulo: FAPESP, 1999. p. 335-355.

WERNECK DE PAULA, M. F. B. F. Dois manuais escolanovistas para docentes: os conceitos de leitura e escrita que ecoam de Aguayo. (Santa Catarina - 1946-1949). In: SIHELE - SEMINÁRIO INTERNACIONAL SOBRE HISTÓRIA DO ENSINO DE LEITURA E ESCRITA, 2., 2013, Belo Horizonte. *Anais...* Marília: ABAlf, 2013.

Fontes consultadas

DEWEY, J. *Experiência e natureza*. São Paulo: Abril Cultural, 1974. (Os Pensadores).

ESCOLANO, A. B. El libro escolar como espacio de memória. In: OSSEMBACH, G.; SOMOZA, M. (Org.). *Los manuales escolares como fuente para la historia de la educación en América Latina*. Madrid: UNED, 2001. p. 35-46.

VALDEMARIN, V. T. *História dos métodos e materiais de ensino:* a escola e seus modos de uso. São Paulo: Cortez, 2010. (Biblioteca básica da história da educação brasileira, v. 6).

VIDAL, D. G. *Culturas escolares e a pesquisa em História da Educação*. Florianópolis, 2013. Slides de Power Point. Conferência no Programa de Pós-Graduação em Educação/UDESC.

Manuais para ensinar a ensinar leitura e escrita (1940-1950) na história da alfabetização no Brasil

Maria do Rosário Longo Mortatti

Introdução

Desde a década de 1980, no Brasil, vêm-se expandindo estudos e pesquisas acadêmico-científicos sobre livro didático, em diferentes campos de conhecimento e com diferentes abordagens teórico-metodológicas. Como se sabe, essa expansão está também relacionada com a implementação de programas governamentais/políticas públicas para a educação, com a consolidação do mercado editorial desse tipo de impresso e com a consolidação de programas de pós-graduação em Educação e em áreas afins.

Nos campos da história da educação e da história da alfabetização,[1] igualmente se constata, nas três últimas décadas, acentuado crescimento quantitativo e qualitativo das pesquisas sobre livro didático, seja como objeto de investigação, seja como fonte para o estudo de temas específicos ou das matérias/disciplinas escolares.[2] O potencial explicativo dessas pesquisas

[1] Reflexões sobre a constituição do campo da história da alfabetização se encontram em Mortatti (2011).

[2] Como estudos matriciais para a produção da história do livro didático no Brasil, devem-se destacar os de Pfromm Neto, Rosamilha e Dib (1974), Hallewell (1985), Arroyo (1968), Bittencourt (1993, 2004) e Lajolo (1996). Para a expansão, em diversos países, de pesquisas sobre história do livro didático, colaboraram decisivamente as realizadas pelo professor e pesquisador francês Alain Choppin. [Síntese da atuação e produção desse pesquisador se encontra no texto de Circe Bittencourt, que integra este livro. N.O.]. No Brasil, essa expansão foi acompanhada da criação de grupos e projetos de pesquisa, bancos de dados e acervos especializados, com destaque para: Projeto LIVRES, criado em 1994, sob coordenação de Circe Bittencourt, junto à Faculdade de Educação da Universidade de São Paulo; e "História das disciplinas escolares e dos livros didáticos", coordenado por Circe Bittencourt e Kazumi Munakata, junto à Pontifícia Universidade Católica de São Paulo. Em Munakata (2012), há importante análise da

tem propiciado compreender importantes aspectos relativos tanto ao livro didático quanto à educação e à alfabetização.

Com o objetivo de contribuir para a compreensão desses aspectos, relacionadamente à história da alfabetização no Brasil, apresento, neste texto, reflexões sintéticas sobre principais aspectos da configuração textual[3] de cinco manuais de ensino escritos por brasileiros e destinados (na íntegra ou em alguns capítulos) a ensinar a ensinar leitura e escrita no curso primário.[4] Com primeiras edições publicadas nas décadas de 1940 e 1950, com circulação até pelo menos a década de 1970, por editoras à época proeminentes na edição de livros didáticos, em consonância com as orientações oficiais e políticas educacionais, esses manuais de ensino colaboraram para processos de constituição, instituição, transmissão e perpetuação de um conjunto de saberes considerados necessários para a formação e atuação de professores primários. Não, porém, como mera "transposição didática" (CHEVALLARD, 1991) de saberes científicos, mas como constituintes de saberes criados no âmbito de disciplinas curriculares e integrantes de uma cultura escolar[5] até hoje atuante nas práticas de ensino de leitura e escrita, no Brasil.

---

constituição desse campo de pesquisa. Relacionados mais especificamente com o campo da história da alfabetização, podem-se destacar: Projeto "Memória da leitura", coordenado por Marisa Lajolo e Márcia Abreu, junto ao Instituto de Estudos da Linguagem da Universidade Estadual de Campinas (UNICAMP); Centro de Alfabetização, Leitura e Escrita (CEALE), sediado na Universidade Federal de Minas Gerais e dirigido atualmente por Isabel C. A. S. Frade; Grupo de Pesquisa "História do ensino de língua e literatura no Brasil" (GPHELLB), sediado na Universidade Estadual Paulista (Unesp) – campus de Marília e coordenado por Maria do Rosário L. Mortatti; Projeto Memórias da Alfabetização, vinculado ao História da Alfabetização, Leitura, Escrita e dos Livros Escolares (HISALES), vinculado à Universidade Federal de Pelotas/RS e coordenado por Eliane Peres; ALLE – Alfabetização, Leitura e Escrita, sediado na Faculdade de Educação da UNICAMP e coordenado por Lilian L. Martin da Silva.

[3] As reflexões apresentadas neste texto vêm ampliar aspectos indicados em Mortatti (2000a) e Mortatti et al. (2009). Trata-se de reflexões decorrentes de pesquisas desenvolvidas, entre 2001 e 2009, no âmbito do GPHELLB, criado em 1994. Assim como faço sinteticamente neste texto, nessas pesquisas também se analisou a configuração textual de manuais de ensino que tratam do ensino da linguagem (leitura e escrita), ou contendo capítulos dedicados a esse ensino. Esse método de análise consiste em abordar o conjunto de aspectos constitutivos do sentido de um texto – considerado como discurso – os quais são designados por meio da expressão "configuração textual", que se refere: às opções temático-conteudísticas (o quê?) e estruturais-formais (como?), projetadas por um determinado sujeito (quem?), que se apresenta como autor de um discurso produzido de determinado ponto de vista e lugar social (de onde?) e momento histórico (quando?), movido por certas necessidades (por quê?) e propósitos (para quê?), visando a determinado efeito em determinado tipo de leitor (para quem?) e logrando determinado tipo de circulação, utilização e repercussão. Para expansão do conceito de configuração textual, ver Magnani (1993) e Mortatti (2000a).

[4] Reflexões sobre outros manuais de ensino podem ser vistas no capítulo de Maria Teresa Santos Cunha, que integra este livro. [N.O.].

[5] Emprego aqui o termo "cultura escolar" entendido como "[...] certos conteúdos cognitivos e simbólicos, que selecionados, organizados, normatizados e rotinizados, sob o efeito dos imperativos de didatização, constituem

Manual de ensino: um tipo de livro didático

Sob a denominação genérica "livro didático", podem-se distinguir diferentes tipos[6] desse objeto multifacetado, que se apresenta como gênero textual impresso, "suporte de conteúdo educativo" e "instrumento pedagógico", dirigido (por indicação expressa do autor ou da editora, ou por "funcionamento"/"uso" como tal) à utilização nos diferentes níveis e modalidades de ensino.[7]

No que se refere especificamente ao ensino de leitura e escrita no curso primário no Brasil,[8] podem-se distinguir dois tipos básicos de livros com finalidades didáticas: aqueles destinados à utilização por parte dos alunos; e aqueles destinados à utilização por professorandos/alunos dos cursos de formação de professores primários.[9]

Dentre os do primeiro tipo, têm-se os que receberam as seguintes denominações predominantes, conforme ordem cronológica e em correspondência com os níveis e modalidades de ensino a que se destina(va)m:

- "cartilha para o ensino da leitura" (meados do século XIX a início do século XX); "cartilha de alfabetização" (do início ao final do século XX); e "livro de alfabetização ou letramento" (a partir das décadas finais do século XX);[10]
- "livro de leitura", que, com as cartilhas, integrava "séries de leitura graduada" (meados do século XIX a meados do século XX); e "livros de

habitualmente o objeto de uma transmissão deliberada no contexto das escolas." (FORQUIN, 1993, p. 167). Relativamente à cartilha de alfabetização, essas reflexões se encontram em Mortatti (2000b).

[6] A respeito da tipologia, classificação e designações desse tipo de impresso escolar, ver, especialmente, Choppin (2004, 2009).

[7] Reflexões sobre o assunto estão no capítulo deste livro, em que Circe Bittencourt sintetiza as contribuições de Alain Choppin. [N.O.].

[8] Utilizo aqui a denominação "curso primário" para me referir ao nível e modalidade de ensino, instituído formalmente no final do século XIX e correspondente ao que atualmente se denomina "anos iniciais do ensino fundamental". São denominações atribuídas, em diferentes momentos históricos, ao nível de ensino com finalidades e características relativamente semelhantes, ofertado nos anos iniciais de escolarização de crianças. Essas denominações foram estabelecidas, respectivamente: em regulamentações da instrução pública paulista, elaboradas após a proclamação da República; na Lei Federal n.5692/1971; e na Lei de Diretrizes e Bases da Educação Nacional (LDB) n.9394/1996, complementada pela Lei n.11.274/2006, que regulamenta o Ensino Fundamental de 9 Anos.

[9] A respeito dessa diferença de destinação, ver Chartier (2004).

[10] Embora não sejam objetos de análise neste texto, destaco que, no âmbito do GPHELLB, há também significativa produção de pesquisas sobre cartilhas de alfabetização e livros de leitura publicados nos séculos XIX e XX.

língua portuguesa", "livro de comunicação e expressão em língua portuguesa" e "livro de Português" (a partir da segunda metade do século XX, também compondo séries de livros).

Dentre os do segundo tipo – para uso dos alunos dos cursos de formação de professores primários – têm-se os que receberam as denominações predominantes: "tratado" (século XIX);[11] e "compêndio" e "manual de ensino" (até a segunda metade do século XX).

Ainda que provisória, essa tentativa de caracterização dos impressos identificados como "livros didáticos" visa, não a estabelecer uma tipologia fixa, mas a atender à necessidade de compreensão das mudanças e permanências desse tipo de impresso dirigido ao ensino da leitura e escrita, ao longo da história da educação republicana brasileira, em especial no período abordado neste texto. As diferentes denominações são, obviamente, indicativas de mudanças de concepção, de função e de modo de produção, utilização e circulação de cada tipo de livro, correspondendo à mudança de objetivos e funções dos níveis/modalidades de ensino aos quais se destinavam, em diferentes momentos históricos e de acordo com princípios e finalidades político-educacionais a que se vinculavam.[12]

Com base nessa tipologia, para designar os livros didáticos destinados aos cursos de formação de professores primários, especialmente em meados do século XX, empregamos, nas pesquisas desenvolvidas no GPHELLB, a denominação "manual de ensino".[13] Nesse tipo de livro didático, eram compendiados (sumariados, resumidos, sintetizados, condensados, abreviados) os conhecimentos/noções básicos que caracterizavam um conjunto de saberes considerados necessários para o exercício do ofício de professor – dentre eles, os relativos ao ensino das matérias do curso primário –, visando

[11] No âmbito do GPHELLB, foram ainda desenvolvidas as pesquisas de Trevisan (2011) e Pereira (2013), que focalizam esses livros adotados nos cursos de formação de professores primários, no século XIX.

[12] Deve-se ressaltar que, devido à delimitação temática deste texto, não serão aqui enfocados pelo menos dois aspectos importante sobre o assunto: livros de outros tipos, principalmente teóricos e literários, apesar de não terem sido produzidos originalmente para finalidades didáticas, também "funcionaram" como livros didáticos, seja nos cursos primário e secundário, seja nos cursos de formação de professores; e alguns manuais eram também destinados ou utilizados em cursos de formação em nível superior e por professores em exercício.

[13] Essas reflexões dialogam, em certa medida, com os estudos de Carvalho (2006a, 2007), que, conforme diferentes caracterizações e utilizações previstas, classifica os livros didáticos desse tipo em: "tratados", "caixa de utensílios" e "guias de aconselhamento"; e Silva (2001), que prefere a denominação "manual pedagógico" para se referir ao tipo de livro didático que denominamos "manual de ensino", nas pesquisas do GPHELLB.

à profissionalização do magistério. Além de textos de estudo para os professorandos, funcionavam como manual de ensino, pois eram constituídos predominantemente de prescrições e instruções relativas a normas, procedimentos e atividades a serem executadas pelos professores, com o objetivo de concretizar os princípios e finalidades político-educacionais.[14]

Manuais para ensinar a ensinar leitura e escrita publicados nas décadas de 1940 e 1950, no Brasil

Os cinco manuais de ensino enfocados neste texto são os seguintes, conforme ordem cronológica de publicação:

Práticas escolares: de acôrdo com o programa de prática de ensino do curso normal e com orientações do ensino primário (1940), de Antônio d'Ávila (Editora Saraiva (SP));

- *Metodologia da linguagem* para uso das Escolas Normais e Institutos de Educação (1949), de J. Budin (Companhia Editora Nacional (SP));
- *Noções de metodologia do ensino primário*: para uso das Escolas Normais, Institutos de Educação e Faculdades de Filosofia (1950), de Theobaldo Miranda Santos (Companhia Editora Nacional (SP));
- *Metodologia da linguagem* (1951), de Orlando Leal Carneiro (Editora Agir (RJ)); e
- *Metodologia do ensino primário*: contendo a matéria dos 2° e 3° anos do curso normal (1955), de Afro do Amaral Fontoura (Editora Aurora (RJ)).

Tratando especificamente de metodologia da linguagem ou de metodologia geral do ensino primário, com capítulos sobre o ensino de leitura, escrita, linguagem, esses manuais estão estruturados em unidades

[14] Essas características remetem à crítica de Lajolo (1996) ao livro didático como "(quase) manual de usuário". Em relação ao ensino de leitura e escrita, esses manuais passaram a ocupar o lugar das prescrições e instruções didáticas divulgadas em documentos oficiais e na imprensa pedagógica, que circulavam entre as décadas de 1890 e 1910, especialmente no estado de São Paulo. Prescrições e instruções para o exercício do ofício do professor se tornaram necessárias especialmente com as reformas educacionais efetuadas após a proclamação da República, no estado de São Paulo, como decorrência da necessidade de organização sistemática da instrução pública, de uniformização de métodos e procedimentos didáticos assim como de profissionalização da atividade docente. Nesse momento, também se intensificou processo mais sistemático de avaliação e adoção oficiais de livros didáticos para o ensino da leitura e escrita. A respeito desse processo, ver, especialmente, Mortatti (2000a) e Oliveira e Trevisan (2013). [Sobre esse assunto, ver o capítulo de Márcia Razzini, que integra este livro. A propósito da questão do livro didático no século XIX, no Brasil, ver o capítulo de Kazumi Munakata, o qual também integra este livro. N.O.].

ou capítulos, contendo exposição sintética de cada assunto e exercícios para estudo, sugestões de trabalhos, notas práticas e indicações de leitura.

Práticas escolares..., de Antônio d'Ávila (1903-1989),[15] teve a primeira edição publicada em 1940, pela Editora Saraiva (SP), na Coleção de Ensino Normal, dirigida pelo professor Adolfo Packer. Em 1944, foi acrescentado o volume 2 e, a partir de 1954, o volume 3, ambos com caráter de complementação ao de 1940, o qual passou a constituir o 1º volume (com 340 páginas), publicado até a 8ª edição, de 1958.

Figura 1 – Capa de *Práticas escolares,* de Antônio d'Ávila, 8ª edição, 1958, v.1.
Fonte: Acervo do GPHELLB – Grupo de Pesquisa "História do ensino de língua e literatura no Brasil".

Dentre os 30 capítulos da 1ª edição, cinco são destinados ao ensino da leitura e da escrita e da linguagem oral e escrita. Os demais tratam de assuntos gerais, tais como: organização escolar, testes para organização dos alunos em classes homogêneas, formação e aperfeiçoamento do professor, métodos de ensino, livro didático, projetos, centros de interesse, biblioteca

[15] Antônio d'Ávila nasceu na cidade de Jaú-SP, em 1903, e faleceu em 1989, na capital do estado de São Paulo. Realizou seus estudos primários em grupos escolares nessa capital, ingressou na Escola Normal de São Paulo, em 1917, diplomou-se professor, em 1920, e passou a se dedicar ao magistério e aos problemas da educação. Atuou em todos os graus do magistério e ocupou importantes cargos na administração escolar: lecionou em grupo escolar e em escolas distritais, rurais e reunidas, foi lente de Didática na Faculdade de Filosofia, Ciências e Letras de Campinas, diretor do Serviço de Orientação Pedagógica do Departamento de Educação de São Paulo e diretor geral desse Departamento. Proferiu diversas conferências e atuou, também, como redator de periódicos, crítico pedagógico e tradutor de livros. É autor de: 23 manuais de ensino; 23 livros didáticos; 3 capítulos de livros; 78 artigos em periódicos; 102 textos na coluna "Escola Pitoresca"; 65 artigos na coluna "Galeria de Patronos de Escolas"; 29 textos biográficos; 20 conferências e discursos; uma tese de concurso; uma cotradução; uma entrevista; e 7 textos não publicados. Todas essas informações foram extraídas de Trevisan (2003), onde se encontra estudo detalhado sobre d'Ávila e o manual *Práticas Escolares*.

do professor, reforma ortográfica, ensino das diferentes matérias do curso primário. Na 8ª edição, são acrescentados dois capítulos: sobre caixa escolar e sobre tarefas para casa.

Baseando-se em estudos de autores, como o brasileiro Manoel Bergström Lourenço Filho, o porto-riquenho/cubano Alfredo M. Aguayo e o português Antonio F. de Castilho,[16] d'Ávila apresenta um "breve histórico" do ensino da leitura, salienta a importância dos métodos de ensino, da motivação do aluno e dos aspectos psicológicos, os quais devem ser considerados, no ensino da leitura e da escrita, recomendando a aplicação dos testes ABC, de Lourenço Filho.[17]

E, como conclui Trevisan (2003), as posições e orientações expostas por D'Ávila se encontram estreitamente relacionadas com as sustentadas por Alfredo A. Aguayo, no livro *Didática da Escola Nova*, publicado no Brasil em 1959, pela Companhia Editora Nacional, com tradução e notas por J. B. Damasco Penna e Antonio d'Ávila.

Metodologia da linguagem..., de J. Budin (1914-1953),[18] foi publicado em 1949 pela Companhia Editora Nacional de São Paulo (SP). Não foram localizadas informações sobre outras edições desse manual, mas é possível presumir que teve grande circulação entre os normalistas, pois consta em um exemplar da 1ª edição a indicação de tiragem de 4.623 exemplares.

---

[16] É importante lembrar que António Feliciano de Castilho (1800-1875), além de escritor e polemista, foi o criador do Método Castilho para o ensino de leitura, bastante conhecido e adotado inclusive no Brasil, no século XIX. A respeito desse método, ver, especialmente: Boto (2004).

[17] Trata-se dos testes ABC, para verificação da maturidade necessária ao aprendizado da leitura e da escrita, criados por Lourenço Filho e apresentados aprofundadamente em Lourenço Filho (1934). Estudo detalhado sobre o livro e os testes ABC está em Magnani (1996) e Mortatti (2000a). [Sobre a atuação de Lourenço Filho para a formulação de políticas para o livro didático, ver o texto de Estela Bertoletti, que integra este livro. N.O.].

[18] Janetta Budin nasceu em 1914, no estado do Rio Grande do Sul, e faleceu em 1953, na cidade do Rio de Janeiro. Diplomou-se em Letras pela Escola de Filosofia e Letras da Universidade do Distrito Federal (UDF) e foi professora catedrática no Instituto de Educação do Distrito Federal. Além de *Metodologia da linguagem...*, é coautora, com Sílvio Elia, de: *Compêndio de Língua e Literatura*: gramática – literatura – antologia (1951); e *Compêndio de língua e literatura*: para uso das Escolas Normais, Institutos de Educação, Faculdades de Filosofia e alunos do Colegial (1953), composto por três volumes, todos publicados pela Companhia Editora Nacional (SP). Essas informações foram extraídas de Sales (2009), onde se encontra estudo sobre Budin e o manual *Metodologia da linguagem*.

Figura 2 – Capa de *Metodologia da Linguagem*, de J. Budin, 1949.
Fonte: Acervo do GPHELLB – Grupo de Pesquisa "História do ensino de língua e literatura no Brasil".

Trata-se do primeiro manual específico para o ensino da linguagem. É composto por 168 páginas, com sete unidades, antecedidas pela apresentação do Programa de Ensino do Curso Normal do Instituto de Educação do Distrito Federal. Seis unidades se destinam aos alunos da 2ª série do Curso Normal e contemplam os seguintes assuntos: linguagem, relações entre criança e linguagem e fundamentos metodológicos de seu ensino, ensino da leitura e da escrita, ensino da composição, da ortografia e da gramática. A unidade 7 é dirigida aos alunos do 3ª série do Curso Normal e aborda o ensino da literatura infantil. Ao final de cada unidade, a autora faz sugestões de propostas de atividades e temas para discussões e insere uma relação de livros para leitura complementar.

A autora define linguagem como conjunto de símbolos, cuja origem é inata nas pessoas, e critica a concepção de infância adotada pela "Escola Tradicional", defendendo, em especial, a necessidade de reconhecer os interesses da criança e de utilizar o "método de projetos", para motivação da aprendizagem e do trabalho coletivo.

Apresenta também as bases teóricas dos métodos de ensino de leitura e escrita, citando Jean Piaget e expoentes do ideário da Escola Nova, como Édouard Claparède, John Dewey, Anísio Teixeira e Lourenço Filho. Destaca a importância da maturidade para a aprendizagem da leitura e escrita, propõe a aplicação dos testes ABC e sugere a leitura de *Didática da Escola Nova,* de A. M. Aguayo, assim como de *Práticas escolares,* de d'Ávila.

Noções de metodologia do ensino primário..., de Theobaldo Miranda Santos (1905-1971),[19] foi publicado em 1950, pela Companhia Editora Nacional (SP), como volume 10 da coleção "Curso de Psicologia e Pedagogia". A mais recente edição localizada é a 11ª, de 1967.

Figura 3 – Capa de *Noções de metodologia do ensino primário*, de Theobaldo Miranda Santos, 11ª edição, 1967.

Fonte: Acervo do GPHELLB – Grupo de Pesquisa "História do ensino de língua e literatura no Brasil".

O manual é dedicado a Orlando Leal Carneiro, que certamente é um dos autores a quem Santos se refere, na advertência que faz no prefácio: "Nada tendo de novo e original, este compêndio procura resumir e sistematizar os ensinamentos metodológicos dos melhores autores nacionais e estrangeiros"

O manual é composto por 251 páginas e está organizado em duas partes, tratando, respectivamente, de: Metodologia Geral, onde se abordam evolução dos processos, formas, modos e material didáticos, com destaque para métodos ativos e escola nova; e de Metodologia Especial das diferentes matérias do curso primário, dentre as quais: metodologia da leitura, metodologia da escrita e metodologia da linguagem oral. Ao final de cada capítulo, são apresentados exercícios, sob a forma de questionário a respeito da matéria estudada, notas e bibliografia.

[19] Theobaldo Miranda Santos nasceu em 1905 e faleceu em 1971. Foi professor catedrático do Instituto de Educação da Faculdade de Filosofia Santa Úrsula e da Universidade Católica do Rio de Janeiro e ficou conhecido, especialmente, por ter produzido uma significativa quantidade de manuais de ensino destinados aos cursos de formação de professores primários, no Brasil. Dentre as temáticas de seus manuais de ensino, destacam-se os manuais sobre Metodologia do ensino primário, Psicologia, Filosofia, História da Educação, Didática, Pedagogia e Administração Escolar. As informações contidas neste tópico foram extraídas de Carvalho (2001), onde se tem estudo sobre Santos e o manual *Noções de metodologia do ensino primário*.

Em relação às metodologias da leitura e da escrita, após breve exposição sobre a evolução histórica dos métodos de ensino, Santos defende o método analítico, que considerava um "aperfeiçoamento" do método proposto pelo professor francês Joseph Jacotot (1770-1840), no livro *Ensino universal da língua materna* (1818).

O autor destaca, também, a importância de despertar na criança a motivação, o interesse pela leitura, assim como a necessidade de o professor procurar se ajustar às características e capacidades de cada aluno. Para a seleção do método para o ensino da leitura e da escrita, Santos (1967) afirma que três argumentos devem ser direcionadores: o psicológico, o pedagógico e o fisiológico. Enfatiza, ainda, a necessidade de utilização dos testes ABC, de Lourenço Filho.

Metodologia da linguagem, de Orlando Leal Carneiro (1893-1977,[20] foi publicado, presumivelmente, em 1951, pela Editora Agir (RJ), como volume 1 da "Biblioteca de Cultura Pedagógica". A 2ª edição (revista e melhorada), com prefácio de Theobaldo Miranda Santos, foi publicada em 1955, e a 3ª edição, em 1959.

Figura 4 – Capa de *Metodologia da linguagem, de* Orlando Leal Carneiro, 2ª edição, 1955.

Fonte: Acervo do GPHELLB – Grupo de Pesquisa "História do ensino de língua e literatura no Brasil".

[20] Orlando Leal Carneiro nasceu em 1893 e faleceu em 1977. Atuou como professor catedrático da disciplina Metodologia da Linguagem, na Universidade Católica e no Instituto de Educação do Distrito Federal e foi chefe de Distrito Educacional da prefeitura do Rio de Janeiro. Até o momento, não foi possível localizar outras informações sobre esse educador e sua produção bibliográfica. *Metodologia da linguagem* teve pelo menos três edições, sendo a primeira presumivelmente de 1950 e a mais recente que foi possível localizar, a 3ª edição, de 1959. As informações apresentadas neste tópico foram extraídas de Galluzzi (2006), onde se encontra estudo preliminar sobre Carneiro e o manual *Metodologia da linguagem.*

O manual é composto de 321 páginas e está organizado em cinco partes, subdivididas em 11 unidades, nas quais são tratados assuntos, tais como: fundamentos filosóficos da linguagem e fundamentos psicológicos da linguagem infantil; objetivos e fundamentos históricos, psicológicos e metodológicos do ensino da linguagem; ensino da leitura e da escrita; ensino da elocução e da composição; ensino da ortografia e da gramática; "técnicas de medida objetiva da aprendizagem da linguagem"; e linguagem nos programas das escolas primárias do Distrito Federal.

Além da bibliografia ao final de cada parte, ao longo das unidades são citadas quase quatro centenas de nomes de autores de livros sobre assuntos correlatos ao tema de cada tópico, dentre os quais estão Antonio d'Ávila, Theobaldo Miranda Santos, Lourenço Filho, Anísio Teixeira, A. M. Aguayo, Édouard Claparède.

Carneiro destaca que, antes de estudar os métodos de ensino, é preciso estudar a criança, levando em consideração seis fatores relacionados à aprendizagem da leitura e da escrita: fatores higiênicos; matéria de leitura; vocalização na leitura e formação de hábitos linguísticos; inteligência do aluno; diferenças individuais; e apreciação. Para isso, recomenda a aplicação dos testes ABC.

Sobre a preparação para o ensino da leitura e da escrita, o professor deve contemplar a preparação, iniciação, graduação, aplicação e correção de defeitos. Para o ensino específico da boa escrita, salienta a necessidade de enfatizar a legibilidade, a rapidez e a beleza.

Metodologia do ensino primário..., de Afro do Amaral Fontoura (1912-19--),[21] foi publicado em 1955, pela Editora Aurora (RJ). Em 1957, foram publicadas a 2ª e a 3ª edições, em 1959, presumivelmente, a 4ª e 5ª edições, e, em 1961, a 6ª e 7ª edições. Em 1965, foram publicadas

[21] Afro do Amaral Fontoura nasceu em 1912. Diplomou-se bacharel pela Faculdade de Filosofia do Brasil e atuou como professor na Faculdade de Filosofia Santa Úrsula e na Escola de Comando e Estado Maior do Exército e, como professor titular, nas seguintes instituições: Pontifícia Universidade Católica de São Paulo, Universidade Estadual do Rio de Janeiro e Faculdade de Serviço Social do Distrito Federal. Foi presidente da Associação Brasileira das Escolas Normais, na década de 1960, além de presidir o 1º Congresso Brasileiro de Ensino Normal, realizado no Rio de Janeiro. Sua produção bibliográfica foi significativa, sobretudo a de manuais de ensino. Teve publicados: uma cartilha; quatro compilações de legislação educacional; 19 manuais de ensino e alguns artigos em periódicos. Era o representante da Escola Viva, vertente católica da Escola Nova. As informações apresentadas neste tópico foram extraídas principalmente de Francisco (2006), onde se encontra estudo preliminar sobre Amaral Fontoura e o manual *Metodologia da Linguagem*.

a 11ª, 12ª e 13ª edições; em 1966, a 14ª, 15ª e 16ª edições; e, em 1971, a 18ª edição, provavelmente a última.

Assim como os manuais de Orlando Leal Carneiro e Theobaldo Miranda Santos, *Metodologia do ensino primário*, de Afro do Amaral Fontoura, integrava uma coleção, a "Biblioteca Didática Brasileira – série I – Escola Viva". Dirigida pelo autor do manual, a coleção tinha como objetivos ensinar ao professor o que fazer e também mostrar como fazer, "[...] tudo dentro de um espírito de grande equilíbrio, que fica eqüidistante da 'escola velha' e dos exageros da 'escola nova'." (EDITORA AURORA, 1971, p. XXII).

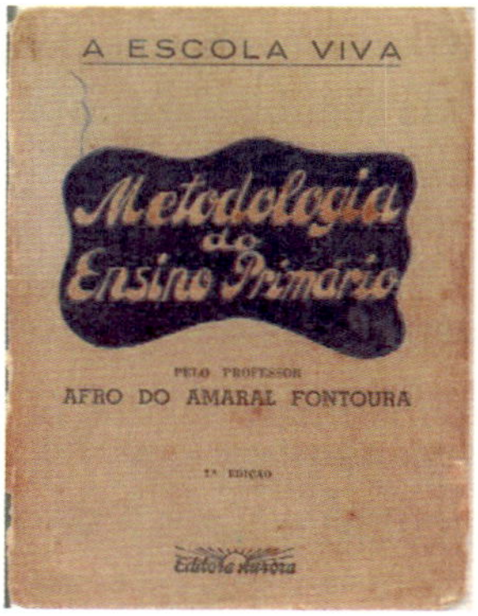

Figura 5 – *Metodologia do ensino primário...*, de Afro do Amaral Fontoura, 7ª edição, 1961.

Fonte: Acervo do GPHELLB – Grupo de Pesquisa "História do ensino de língua e literatura no Brasil".

O manual contém 449 páginas e está organizado em cinco partes e 10 capítulos. Para esclarecer os objetivos do ensino de leitura e escrita, Amaral Fontoura trata de aspectos enfocados nos demais manuais abordados neste texto, como o problema da motivação da aprendizagem com base no interesse da criança e a recomendação de aplicação dos testes ABC, para verificação da maturidade necessária ao aprendizado da leitura e escrita. Em relação aos métodos de ensino de leitura, após apresentá-los, defende a utilização de qualquer um deles, desde que possa atender às necessidades da aprendizagem. E, quanto ao ensino da escrita, sustenta a ideia de seu caráter prático e educativo, que tem como objetivo registrar a fala, expressar pensamentos e mutiplicar palavras. Conclui que leitura e escrita devem ser ensinadas simultaneamente, devendo-se iniciar o ensino da escrita com letra manuscrita maiúscula e o da leitura com a letra de imprensa, dando preferência aos processos globais, que vão do "todo" para as "partes".

Os manuais de ensino de leitura e escrita no *terceiro momento crucial* da história da alfabetização no Brasil

Conforme determinações legais e com mercado editorial de livro didático em franca expansão/consolidação, os manuais analisados compõem o processo de publicação sistemática, entre as décadas de 1940 e 1950, de manuais de ensino escritos por brasileiros, com base em suas experiências didáticas consideradas bem-sucedidas.

Sintonizados com o contexto educacional do momento histórico em que foram publicados e em que circularam, esses manuais apresentam muitas semelhanças importantes entre si, dentre as quais se podem destacar: bases teóricas comuns em relação à educação e ao ensino; indicação para uso em cursos normais das escolas normais e dos institutos de educação, em consonância com a legislação sobre livro didático e com finalidades e programas do ensino normal e do ensino primário, estabelecidos em nível federal pelas "leis orgânicas" de 1946; e conformação à tradição fundada no *terceiro momento crucial* da história da alfabetização no Brasil, proposto por Mortatti (2000a).

Estudando a história da alfabetização no Brasil, com ênfase na escolarização inicial de crianças, no período compreendido entre final do século XIX e dias atuais, constatei o complexo movimento marcado pela recorrência discursiva da mudança, indicativa da tensão constante entre permanências e rupturas, no âmbito de disputas pela hegemonia de projetos políticos e educacionais e de um sentido moderno para a alfabetização. Com base em documentos que classifico como "tematizações", "normatizações" e "concretizações", proponho a divisão desse complexo movimento em quatro momentos cruciais. Cada um deles é marcado por um "novo" sentido atribuído à alfabetização, relacionado com a fundação de uma "nova tradição", como resultado de disputas entre antigos e modernos e cuja face mais visível se encontra na questão dos métodos de alfabetização.

O *terceiro momento crucial* (meados dos anos de 1920 a final da década de 1970) se caracteriza pelas disputas entre defensores dos "antigos" métodos de alfabetização (sintéticos e analíticos) e os dos então "novos" testes ABC para verificação da maturidade necessária ao aprendizado da leitura e escrita, criados por Manoel Bergström Lourenço Filho. Fundamentados em estudos sobre psicologia (da aprendizagem), os testes tinham caráter diagnóstico e prognóstico e deviam ser aplicados aos alunos matriculados no 1º ano primário. Os resultados individuais obtidos deviam servir de base para a organização de classes homogêneas e, ao mesmo tempo, para a organização do trabalho do professor, visando a obter rendimento adequado dos alunos assim como eficiência e economia para o sistema de ensino. Conforme centralidade desde então atribuída à psicologia, na direção do pensamento e da prática pedagógicos, tornam-se hegemônicas as bases psicológicas da alfabetização propostas por esse educador e psicólogo. Como decorrência, diferentemente dos dois momentos anteriores, esse *terceiro momento* se caracteriza, sobretudo, pela relativização da questão dos métodos de alfabetização e pela rotinização de métodos mistos ou ecléticos.

Esse deslocamento do eixo das discussões funda uma nova tradição, a "alfabetização sob medida", concebida em novas bases científicas e diretamente associada ao movimento renovador do campo educacional desencadeado na década de 1920, à frente do qual também esteve Lourenço Filho.

As marcas dessa nova tradição fundada se encontram presentes nos cinco manuais abordados neste texto. Fundamentados no novo ideário pedagógico, em especial na "didática da escola nova", seus autores – contemporâneos entre si e copartícipes de mesma rede de relações – tratam, de pontos de vista semelhantes, das questões relativas ao ensino da leitura e da escrita, seja como parte da metodologia do ensino primário, seja no âmbito específico da metodologia da linguagem.

Esses pontos de vista, por sua vez, estão também diretamente vinculados às mudanças impostas, nesse momento histórico, pela legislação sobre o livro didático e sobre o curso normal e o curso primário.

Acompanhando o gradativo processo de reorganização da educação brasileira, durante o Estado Novo (1927-1945), o livro didático fora objeto de regulamentação em nível federal, por meio do Decreto-lei n.1106, de 30 de dezembro de 1938 (BRASIL, 1938), reestruturado pelo Decreto-lei n.8.460, de 26 de dezembro de 1945. Esse decreto traz a definição de livro didático, estabelece a liberdade de produção ou importação, assim como normas para sua elaboração e utilização. Determina, ainda, a obrigatoriedade de autorização prévia do Ministério da Educação para a adoção de livros didáticos – incluindo os editados pelos poderes públicos – em todos os níveis e modalidades de ensino, excetuando-se o ensino superior [22]. Uma vez que estar de acordo com a legislação era condição para autores e editoras obterem autorização para publicação,[23] os manuais analisados explicitavam a obediência às normas legais, por meio, por exemplo, de apresentação de informações em elementos paratextuais (capa, prefácio, orelhas) e de transcrição de programas de ensino.

Quanto ao ensino normal, responsável pela formação de professores primários, na Lei Orgânica de 1946, fixava-se, dentre suas finalidades, a de "[d]esenvolver e propagar os conhecimentos e técnicas relativos à educação da infância" (BRASIL, 1946a, p. 300).[24] Essa lei federal estabelecia tam-

[22] No Capítulo I desse decreto, constam os seguintes artigos: "Art. 2º Para os efeitos da presente lei, são considerados livros didáticos os compêndios e os livros de leitura de classe. § 1º Compêndios são os livros que exponham, total ou parcialmente, a matéria das disciplinas constantes dos programas escolares. § 2º Livros de leitura de classe são os livros usados para leitura dos alunos em aula. Art. 3º A partir de 1 de janeiro de 1940, os livros didáticos que não tiverem tido autorização prévia, concedida pelo Ministério da Educação, nos termos desta lei, não poderão ser adotados no ensino das escolas preprimárias, primárias, normais, profissionais e secundárias, em toda a República. Art. 4º Os livros didáticos editados pelos poderes públicos não estarão isentos da prévia autorização do Ministério da Educação, para que sejam adotados no ensino preprimário, primário, normal, profissional e secundário. [...] Art. 6º É livre ao professor a escolha do processo de utilização dos livros adotados, uma vez que seja observada a orientação didática dos programas escolares. *Parágrafo único.* Fica vedado o ditado de lições constantes dos compêndios ou o ditado de notas relativas a pontos dos programas escolares." (BRASIL, 1938).

[23] Sobre o impacto da regulamentação e da avaliação do livro didático e os debates e problemas gerados à época, ver o capítulo de Estela Bertoletti, que integra este livro. [N.O.]

[24] Saviani (2005) distingue três momentos decisivos na trajetória histórica da formação docentes no Brasil. Mais diretamente relacionado com o tema deste texto é o segundo momento (décadas de 1920 a 1960), no qual: "[...] a partir das reformas do ensino no Distrito Federal, iniciada em 1932 por Anísio Teixeira e no Estado de São Paulo, em 1933, por Fernando de Azevedo, define-se o modelo de Escola Normal que, adotado por vários Estados brasileiros, se incorporou na Lei Orgânica do Ensino Normal decretada em 1946." (p. 16). Com a finalidade de reorganizar a educação e o ensino, em bases científicas e alinhadas com as políticas de nacionalização e modernização do país, foram efetuadas reformas no ensino primário e no ensino normal. Neste, visava-se à profissionalização da atividade de educadores e professores, por meio de "[...] um novo modelo que corrigisse as insuficiências e distorções" (SAVIANI, 2005, p. 16.), criticadas na escola normal no século XIX. O paradigma adotado nessas reformas "[...] prevaleceu em âmbito nacional com a aprovação do decreto-lei 8.530, de 2 de janeiro de 1946, conhecido como Lei Orgânica do Ensino Normal (BRASIL, 1946a) [que estabelece, no Artigo 4,] três tipos de estabelecimentos de ensino normal: o curso normal regional, a escola normal e o instituto de educação. (BRASIL, 1946a, p. 301)". O modelo de Escola Normal então estabelecido prevaleceu até a aprovação da Lei n. 5.692, de 11 de agosto de 1971. Como se sabe, essa lei modificou os ensinos primário e médio, alterando sua denominação respectivamente para "Ensino de primeiro grau" (de oito anos) e "Ensino de segundo grau" (de três ou quatro anos). O caráter profissio-

bém que os programas das disciplinas desse curso deviam ser "simples, claros e flexíveis" e deviam ser compostos e executados em conformidade com "processos pedagógicos ativos". Apresentavam-se ainda orientações explícitas para as aulas de Metodologia, nas quais deveria "[...] ser feita a explicação sistemática dos programas de ensino primário, seus objetivos, articulação da matéria, indicação dos processos e formas de ensino [...]"; e para a prática de ensino, a qual deveria se constituir de "[...] exercícios de observação e de participação real no trabalho docente, de tal modo que nela se integrem os conhecimentos teóricos e técnicos de todo o curso [...]" (BRASIL, 1946a).

Também conforme essa lei, a disciplina mais diretamente ligada com ensinar a ensinar leitura e escrita no curso primário era "Metodologia do ensino primário", a ser ministradas nas duas últimas séries do curso normal. Devem-se ressaltar, ainda, a presença das disciplinas "Psicologia educacional" e "Prática de ensino", diretamente relacionadas, respectivamente, com a ênfase nas bases psicológicas científicas do conhecimento sobre a infância e seu desenvolvimento, e com a necessidade de formação prática do professor.

Bases e orientações gerais semelhantes estavam igualmente presentes na Lei Orgânica do Ensino Primário (Decreto-lei n.8.529, de 2 de janeiro de 1946), o qual determinava como princípios do ensino primário fundamental: "a) Desenvolver-se de modo sistemático e graduado, segundo os interesses naturais da infância; b) ter como fundamento didático as atividades dos próprios discípulos; c) apoiar-se nas realidades do ambiente em que se exerça [...]" (Capítulo IV, Artigo 10). (BRASIL, 1946b). E a matéria "Leitura e linguagem oral e escrita" constava dos programas de todas as séries do Curso Primário elementar (de quatro anos) e do Curso primário complementar (de um ano).

Além desses aspectos e embora não seja possível discutir, na extensão deste texto, deve-se ressaltar como importante para a compreensão do sentido desses manuais, no contexto histórico de sua produção e circulação, o papel desempenhado pelas casas publicadoras dos manuais em questão e a criação de coleções didáticas, como estratégia editorial escolanovista (CARVALHO, 2006b; CARVALHO; TOLEDO, 2004).

---

nalizante imposto ao "2º. Grau" se estendeu à Habilitação Específica de 2º grau para o exercício do magistério de 1º grau (HEM), tendo resultado na extinção dos cursos e escolas normais assim como dos institutos de educação.

A consonância com políticas e teorias educacionais hegemônicas no momento histórico de sua publicação, articuladamente à expansão do mercado editorial de livros didáticos, constituem os principais aspectos a que se podem atribuir: o prestígio conquistado pelos autores-professores desses manuais, que ficaram conhecidos por sua obra como escritores didáticos;[25] e a ampla circulação desses manuais, que tiveram considerável número de edições e tiragens, tendo sido utilizados em vários estados brasileiros,[26] até pelo menos a década de 1970.[27]

Tendo em vista a relação direta com seus contextos de publicação e de circulação, pode-se considerar que o "ciclo de vida" dos manuais analisados acompanha o "ciclo de vida" do curso normal e o correspondente modelo de formação de professores, assim como o "ciclo de vida" *explícito* da "didática da escola nova" e das bases psicológicas "lourencianas", as quais caracterizam o *terceiro momento crucial* na história da alfabetização, no Brasil.

Com a extinção do curso normal, de acordo com as bases técnicas e políticas da educação nacional estabelecidas pela Lei 5692, de 1971, os manuais de ensino produzidos nas décadas anteriores foram-se tornando "dispensáveis", até "desaparecerem" das orientações oficiais, dos catálogos das editoras e dos cursos de formação de professores (primários).

Especificamente no que concerne ao ensino inicial de leitura e escrita, a "dispensabilidade" dos manuais de ensino também está vinculada à introdução, na década de 1980, da teoria construtivista em alfabetização,

---

[25] O processo de profissonalização do escritor didático, que engendrou especialidade editorial correspondente, expandiu-se e firmou-se, no Brasil, nas décadas iniciais do século XX, com a publicação de livros didáticos para o ensino primário, em particular as séries de leitura graduada, compostas por cartilhas e livros de leitura. A esse respeito, ver, especialmente, Mortatti (2010).

[26] Merece destaque o fato de esses manuais terem circulado nas bibliotecas dos Institutos de Educação do estado de São Paulo, como leituras destinadas aos alunos do Curso Normal, como exemplifica a pesquisa de Valéria Souza dos Santos (2003) sobre a biblioteca do Instituto de Educação "Peixoto Gomide", de Itapetininga - SP: os manuais aqui analisados constavam do acervo dessa biblioteca; Amaral Fontoura, Antônio d'Ávila, J. Budin e Theobaldo Miranda Santos figuravam entre os principais autores que tinham manuais de ensino disponíveis nesse acervo; Amaral Fontoura e Santos estavam entre os autores com maior número de ocorrência de títulos sobre educação e ensino na biblioteca desse IE.

[27] Assim como a maior parte dos livros didáticos do acervo do GPHELLB, localizei os exemplares dos manuais analisados neste texto em sebos paulistanos, entre 1992 e 1993, e os adquiri por preços irrisórios. Naquela época, eram livros esquecidos numa espécie de "limbo": já não serviam para sua finalidade original, porque, no curso normal, não havia mais espaço, seja para manuais, em si, seja para as concepções de educação, formação de professores e ensino de leitura e escrita que eles veiculavam; e esse tipo de impresso ainda não tinha sido amplamente "descoberto" em seu valor documental, como uma das fontes privilegiadas para pesquisas em história da educação, cuja expansão como campo de pesquisa então se sedimentava, no Brasil.

segundo apropriações dos resultados das pesquisas sobre a psicogênese da língua escrita, realizadas por Emilia Ferreiro e colaboradores. A hegemonia dessa teoria centrada no processo de *aprendizagem* do aluno como decisiva para a aquisição da língua escrita[28] resultou em progressivo processo de "desmetodização da alfabetização", neste *quarto momento crucial* na história da alfabetização, no Brasil.

Tendo-se deslocado o eixo das discussões para o processo (psicogenético) da aprendizagem, tanto a secular discussão sobre métodos de *ensino* inicial de leitura e escrita a crianças quanto suas concretizações em cartilhas de alfabetização e em manuais de ensino passaram a ser tidas como "tradicionais". Foram, assim, gradativamente abolidas do discurso oficial e do discurso pedagógico. Não desapareceram, porém, os antigos métodos de alfabetização, cartilhas e instruções de ensino. Ainda que implícita e silenciosamente, continuam atuando, uma vez que foram incorporados à tradição – de que são constitutivos – fundada no *terceiro momento* da história da alfabetização, no Brasil.

A função instrucional, prescritiva e normativa dos manuais de ensino, por sua vez, foi transferida para outros "dispositivos" a serviço da concepção operante de professor como executor de programas governamentais/políticas públicas.[29] E eles foram substituídos por outros tipos de impressos de caráter didático-pedagógico, sob a forma quer de documentos oficiais, como, por exemplo, se verifica em propostas curriculares ou em programas de formação de professores, quer de livros de divulgação, em coleções "destinadas ao magistério". Talvez, ainda, tenham simplesmente deixado de circular, nos cursos de formação de professores, os impressos sob a forma de livros, em favor das cópias "xerox" de livros, de capítulos e de artigos ou, mais recentemente, em favor de textos em formato eletrônico, para leitura em tela.

Considerações finais

Apesar da forma sintética, conforme cabível na extensão deste texto, os principais aspectos da configuração textual dos cinco manuais

[28] A esse respeito, ver, por exemplo: Mortatti (2000a) e Mello (2007).

[29] A esse respeito, ver, especialmente: Magnani (1993) e Mortatti (2008).

analisados propiciam constatar que eles ocupam lugar destacado na história recente da alfabetização, no Brasil. Juntamente com as cartilhas de alfabetização e os livros de leitura, esses manuais contribuíram para constituição, instituição, transmissão e perpetuação de certo modo de pensar, sentir, querer e agir, os quais se tornaram modelares para a conformação de práticas de ensino de leitura e escrita, no Brasil.

Mesmo com o "desaparecimento" dos manuais, em si, esses modelos permanecem e são indicativos de complexo processo de sua transmissão para as novas gerações de professores alfabetizadores, por meio uma cultura escolar que, com constantes ajustamentos e atualizações, permanece atuante, até hoje, nas práticas de ensino de leitura e escrita, no Brasil.

Referências

AGUAYO, A. M. *Didática da Escola Nova.* Tradução e notas J. B. Damasco Penna e Antônio D'Ávila. São Paulo: Ed. Nacional, 1935. (Atualidades Pedagógicas, v. 15).

ARROYO, L. *Literatura infantil brasileira*: ensaio de preliminares para a sua história e as suas fontes. São Paulo: Melhoramentos, 1968.

BITTENCOURT, C. M. F. Autores e editores de compêndios e livros de leitura (1810-1910). *Educação e Pesquisa* (USP), São Paulo, v. 30, n. 3, p. 475-491, set./dez. 2004.

BITTENCOURT, C. M. F. *Livro didático e conhecimento histórico:* uma história do saber escolar. 1993. 384 f. Tese (Doutorado em História Social) - Faculdade de Filosofia, Letras e Ciências Humanas, Universidade de São Paulo, São Paulo, 1993.

BOTO, C. Aprender a ler entre cartilhas: civilidade, civilização e civismo pelas lentes do livro didático. *Educação e Pesquisa* (USP), São Paulo, v. 30, n. 3, p. 493-511, 2004.

BRASIL. *Decreto-Lei nº 1.006, de 30 de Dezembro de 1938.* Estabelece as condições de produção, importação e utilização do livro didático. Brasília, DF, 1938. Disponível em: <http://www2.camara.leg.br/legin/fed/declei/1930-1939/decreto-lei-1006-30-dezembro-1938-350741-publicacaooriginal-1-pe.html>. Acesso em: 15 nov. 2013.

______. *Lei Orgânica do Ensino Normal.* Decreto-lei nº 8.530, de 2 de janeiro de 1946. Brasília, DF, 1946a. Disponível em: <http://www.soleis.adv.br/leiorganicaensinonormal.htm>. Acesso em: 15 out. 2013.

______. *Lei Orgânica do Ensino Primário*. Decreto-lei n. 8.529, de 2 de janeiro de 1946. Brasília, DF, 1946b. Disponível em: <http://www.soleis.adv.br/leiorganicaensinoprimario.htm>. Acesso em: 15 out. 2013.

BUDIN, J. *Metodologia da linguagem*: para uso das escolas normais e institutos de educação. São Paulo: Ed. Nacional, 1949.

CARNEIRO, O. L. *Metodologia da linguagem*. 2. ed. Rio de Janeiro: Agir, [1951] 1955.

CARVALHO, M. M. C. A caixa de utensílios e o tratado: modelos pedagógicos, manuais de pedagogia e práticas de leitura de professores. In: CONGRESSO LUSO-BRASILEIRO DE HISTÓRIA DA EDUCAÇÃO, 4., 2006, Goiânia. *Anais*... Goiânia: UFGO, 2006a. p. 1-10.

______. Livros e revistas para professores: configuração material do impresso e circulação internacional de modelos pedagógicos. In: PINTASSILGO, J. et al. (Org.). *História da escola em Portugal e no Brasil:* circulação e apropriação de modelos culturais. Lisboa: Edições Colibri: Centro de Investigação em Educação da Faculdade de Ciências da Universidade Lisboa, 2006b. p. 141-175.

______. Uma biblioteca pedagógica francesa para a Escola Normal de São Paulo (1882): livros de formação profissional e circulação de modelos culturais. In: BENCOSTTA, M. L. A. (Org.). *Culturas escolares, saberes e práticas educativas*. São Paulo: Cortez, 2007. Não paginado.

CARVALHO, M. M. C.; TOLEDO, M. R. A. A coleção como estratégia editorial de difusão de modelos pedagógicos: o caso da Biblioteca de Educação, organizada por Lourenço Filho. In: CONGRESSO BRASILEIRO DE HISTÓRIA DA EDUCAÇÃO, 3., 2004, Curitiba. *Anais*... Curitiba: SBHE, 2004. Não paginado.

CARVALHO, R. L. *Um estudo sobre 'Noções de metodologia do ensino primário', de Theobaldo Miranda Santos*. 2001. 36 f. Trabalho de Conclusão de Curso (Graduação em Pedagogia) - Faculdade de Filosofia e Ciências, Universidade Estadual Paulista, Marília, 2001.

CHARTIER, A. M. *Enseñar a leer y escribir:* una aproximación histórica. Tradução Diana L. Sánchez. México: Fondo de Cultura Económica, 2004.

CHARTIER, A. M.; HÉBRARD, J. Método silábico e método global: alguns esclarecimentos históricos. *História da Educação*, Pelotas, v. 5, n. 10, p. 141-154, 2001.

CHEVALLARD, Y. *La transposition didactique*: du savoir savant au savoir enseigné. Paris: La Fenseé Sauvage, 1991.

CHOPPIN, A. História dos livros e das edições didáticas: sobre o estado da arte. Tradução Maria Adriana C. Cappello. *Revista Educação e Pesquisa*, São Paulo, v. 30, n. 3, p. 549-566, set./dez. 2004. Disponível em: <http://www.scielo.br/pdf/ep/v30n3/a12v30n3.pdf>. Acesso em: 15 out. 2013.

______. O manual escolar: uma falsa evidência histórica. *História da Educação*, Pelotas, v. 13, n. 27, p. 9-75, jan./abr. 2009.

D'ÁVILA, A. *Práticas escolares:* de acordo com o programa de ensino do curso normal e com a orientação do ensino primário. 2. ed. São Paulo: Saraiva, 1942. (1ª edição em 1940).

EDITORA AURORA. In: FONTOURA, A. A. *Metodologia do ensino primário:* contendo a matéria dos 2º e 3º anos do Curso Normal. 18. ed. Rio de Janeiro: Aurora, 1971. p. XXII.

FONTOURA, A. A. *Metodologia do ensino primário:* contendo a matéria dos 2º e 3º anos do Curso Normal. 7. ed. Rio de Janeiro: Aurora, [1955] 1961.

FORQUIN, J. C. *Escola e cultura*: as bases sociais e epistemológicas do conhecimento escolar. Tradução Guacira Lopes Louro. Porto Alegre: Artes Médicas, 1993.

FRANCISCO, D. A. *Um estudo sobre 'Metodologia do ensino primário' (1961), de Afro do Amaral Fontoura.* 2006. 92 f. Trabalho de Conclusão de Curso (Graduação em Pedagogia) - Faculdade de Filosofia e Ciências, Universidade Estadual Paulista, Marília, 2006.

GALLUZZI, M. *Um estudo sobre 'Metodologia da linguagem' (1955), de Orlando Leal Carneiro.* 2006. 73 f. Trabalho de Conclusão de Curso (Graduação em Pedagogia)- Faculdade de Filosofia e Ciências, Universidade Estadual Paulista, Marília, 2006.

HALLEWELL, L. *O livro no Brasil*: sua história. Tradução M. P. Villalobos e L. L. Oliveira. São Paulo: T.A. Queirós: EDUSP, 1985.

LAJOLO, M. Livro didático: um (quase) manual de usuário. *Em Aberto*, Brasília, DF, v. 16, n. 69, p. 3-9, jan./mar. 1996.

LOURENÇO FILHO, M. B. *Testes ABC:* para verificação da maturidade necessária ao aprendizado da leitura e da escrita. São Paulo: Melhoramentos, 1934.

MAGNANI, M. R. M. *Em sobressaltos*: formação de professora. Campinas: Ed. UNICAMP, 1993.

______. Testes ABC e a fundação de uma tradição: alfabetização sob medida. *Cadernos de Estudos Linguísticos* (UNICAMP), Campinas, v. 31, p. 145-168, 1996.

MELLO, M. C. O. *Emilia Ferreiro e a alfabetização no Brasil:* um estudo sobre 'Psicogênese da língua escrita'. São Paulo: Ed. UNESP, 2007.

MORTATTI, M. R. L. *Os sentidos da alfabetização*: São Paulo - 1876/1994. Brasília,DF: MEC/INEP/COMPED; São Paulo: Ed. UNESP, 2000a.

______. Cartilha de alfabetização e cultura escolar: um pacto secular. *Cadernos CEDES,* Campinas, v. 20, n. 52, p. 41-54, nov. 2000b. Disponível em: <http://www.scielo.br/scielo.php?pid=S0101-32622000000300004&script=sci_arttext>. Acesso em: 15 out. 2013.

______. Notas para uma história da formação do alfabetizador no Brasil. *Revista Brasileira de Estudos Pedagógicos*, Brasília, DF, v. 89, p. 467-476, 2008.

______. Antonio Firmino de Proença, na história da alfabetização no Brasil. In: RAZZINI, M. P. G. (Org.). *Antonio Firmino de Proença:* professor, formador, autor. São Paulo: Porto de Ideias, 2010. p. 117-139.

______. (Org.). *Alfabetização no Brasil*: uma história de sua história. São Paulo: Cultura Acadêmica; Marília: Oficina Universitária, 2011.

MORTATTI, M. R. L. et al. Manuais para a formação de professores primários (1940-1960) e a conformação de práticas de ensino de leitura e escrita no Brasil. In: SEMINÁRIO BRASILEIRO LIVRO E HISTÓRIA EDITORIAL, 2., 2009, Niterói. *Anais...* Niterói: Universidade Federal Fluminense, LIHED - Núcleo de Pesquisa Livro e História Editorial no Brasil, 2009. p. 1-14.

MUNAKATA, K. O livro didático: alguns temas de pesquisa. *Revista Brasileira de História da Educação*, Campinas, v. 12, n. 3[30], p. 179-197, set./dez. 2012.

OLIVEIRA, F. R.; TREVISAN, T. Livros recomendados para o ensino de leitura e escrita na escola primária paulista: a Comissão do Livro Didático de 1918. In: CONGRESSO BRASILEIRO DE ALFABETIZAÇÃO, 1., SEMINÁRIO INTERNACIONAL SOBRE HISTÓRIA DO ENSINO DE LEITURA E ESCRITA, 2., 2013, Belo Horizonte. *Anais...* Belo Horizonte; Marília: Associação Brasileira de Alfabetização, 2013. p. 1-18.

PEREIRA, B. C. *Prescrições para ensinar a ensinar leitura e escrita na Escola Normal de São Paulo*: circulação de saberes pedagógicos Brasil/França (1874-1889). 2013. 258 f. Tese (Doutorado em Educação) - Faculdade de Filosofia e Ciências, Universidade Estadual Paulista, Marília, 2013.

PFROMM NETO, S.; ROSAMILHA, N.; DIB, C. Z. Comunicação e expressão. In: PFROMM NETO, S. *O livro na educação*. Rio de Janeiro: Primor: INL, 1974. p. 151-221.

SALES, G. G. P. *Um estudo sobre 'Metodologia da linguagem' (1949), de J. Budin*. 2009. 76 f. Trabalho de Conclusão de Curso (Graduação em Pedagogia)-Faculdade de Filosofia e Ciências, Universidade Estadual Paulista, Marília, 2009.

SANTOS, T. M. *Noções de metodologia do ensino primário:* para uso das escolas normais, Institutos de educação e Faculdades de Filosofia. 11. ed. São Paulo: Ed. Nacional, [1950] 1967.

SANTOS, V. S. *Leituras para professorandos:* uma descrição do acervo da biblioteca do instituto de educação "Peixoto Gomide", de Itapetininga (1953-1975). 2003. 64 f. Trabalho de Conclusão de Curso (Graduação em Pedagogia) - Faculdade de Filosofia e Ciências, Universidade Estadual Paulista, Marília, 2003.

SAVIANI, D. História da formação docente no Brasil: três momentos decisivos. *Educação* (UFSM), Santa Maria, v. 30, n. 2, p. 1-26, jul./dez. 2005.

SILVA, V. B. *História de leituras para professores*: um estudo da produção e circulação de saberes especializados nos "manuais pedagógicos" brasileiros (1930-1971). 2001. 243 f. Dissertação (Mestrado em Educação) - Faculdade de Educação, Universidade de São Paulo, São Paulo, 2001.

TREVISAN, T. A. *História da disciplina Pedagogia nas escolas normais do estado de São Paulo (1874-1959)*. 2011. 222 f. Tese (Doutorado em Educação) - Faculdade de Filosofia e Ciências, Universidade Estadual Paulista, Marília, 2011.

______. *Um estudo sobre 'Práticas Escolares' (1940), de Antônio D'Ávila*. 2003. 66f. Trabalho de Conclusão de Curso (Graduação em Pedagogia) - Faculdade de Filosofia e Ciências, Universidade Estadual Paulista, Marília, 2003.

Projeto novas metodologias: a produção material da alfabetização nos anos 1975-1979, no Brasil

Cancionila Janzkovski Cardoso

Introdução

Este estudo está inscrito na história da alfabetização, campo caracterizado por Frago (1993, p. 81) por meio dos termos "[...] ruptura e abertura, desagregação e até mesmo explosão". Para esse autor, "[a] história da alfabetização mantém relação com, interessa-se por e abriu-se a campos e questões tão diversos – mas todos conectados – que finalmente parece ter-se diluído". Esse campo de estudo interdisciplinar e confluente é, segundo Soares e Maciel (2000), ainda novo no Brasil. Em meio à diversidade, abertura e diluição do campo, temos nos detido em investigações sobre a história do livro, da leitura e da cultura escrita.

Este texto aborda aspectos dessa história, em especial, a produção de materiais de alfabetização no contexto de uma política pública nacional. O objetivo é explorar fontes relacionadas à produção de materiais didáticos (cartilhas, subsídios metodológicos, guias curriculares, sugestões de atividades) por diferentes estados brasileiros, elaborados no contexto de uma política pública nacional de alfabetização. Trata-se de explorar alguns resultados do projeto de pesquisa "Alfabetização no Brasil: o projeto *Desenvolvimento de novas metodologias aplicáveis ao processo ensino-aprendizagem do 1º Grau* (1975-1979)[1] (CARDOSO, 2013). Implementada pelo governo

[1] Essa pesquisa contou com financiamento do CNPq.

federal em 1975, essa política pública de alfabetização se inseriu no contexto do II Plano Setorial de Educação e Cultura e proporcionou/estimulou uma importante produção de materiais relacionados à alfabetização, dos quais se podem depreender representações, concepções e práticas vigentes na época. As fontes localizadas permitiram a realização de estudos comparativos de cartilhas e materiais elaborados por alguns estados, buscando-se estabelecer seus pressupostos teóricos e suas propostas metodológicas.

O contexto legislativo e regulador: planejar é preciso

De 1º de abril de 1964 a 15 de março de 1985, do ponto de vista político, o Brasil viveu o período de ditadura militar. Esse período produziu três planos nacionais de desenvolvimento.

O I Plano Nacional de Desenvolvimento, referente aos anos de 1972-1974, teve como objetivo preparar a infraestrutura necessária para o desenvolvimento do Brasil nas décadas seguintes. A ênfase desse plano foi dada aos setores de transportes e telecomunicações, com investimentos em ciência e tecnologia e na expansão das indústrias naval, siderúrgica e petroquímica. Como frutos desse tempo, temos a usina hidrelétrica de Itaipu, a Ponte Rio-Niterói e a rodovia Transamazônica. O II Plano Nacional de Desenvolvimento, proposto para os anos de 1975 a 1979, teve como objetivo manter o crescimento econômico e estimular a produção de insumos básicos, bens de capital, alimentos e energia. Finalmente, o III Plano Nacional de Desenvolvimento, relativo aos anos de 1979 a 1985, objetivou promover: o crescimento de renda e do emprego; o equilíbrio do balanço de pagamentos; o controle da dívida externa; o combate à inflação; e o desenvolvimento de novas fontes de energia.

O estudo aqui apresentado detém-se no II Plano Nacional de Desenvolvimento. Dos três, este foi o que deu maior ênfase à educação, entendida não apenas "[...] como fator de aumento de produtividade dos recursos humanos mas também como forma de salário indireto, no quadro mais amplo da distribuição social dos frutos do desenvolvimento." (BRASIL, 1976, p. 62). No interior desse plano, a política de desenvolvimento de tecnologia ganha nova dimensão, vinculando-se ao campo da educação. Como consequência, os discursos enfatizam o processo de inovação educacional.

Os planos nacionais de desenvolvimento eram subdivididos em subplanos, elaborados especialmente para atender aos principais setores sociais. Desse modo, temos, no interior do II Plano Nacional de Desenvolvimento, o II Plano Setorial de Educação e Cultura (1975-1979) – doravante II PSEC –, caracterizado pelo Ministério da Educação e Cultura (MEC) como uma Política Nacional Integrada da Educação.

II Plano Setorial de Educação e Cultura: a dura realidade educacional

O II PSEC apresenta mais detalhadamente a política educacional para o período 1975/1979, ou seja, ele se constitui na explicitação do II Plano Nacional de Desenvolvimento para o setor da educação. Parte de um diagnóstico básico: a seletividade do sistema educacional. Apenas 40% dos alunos matriculados eram promovidos da 1ª para a 2ª série do Ensino do 1º Grau. Em 1974, são contabilizados 12,5 milhões de analfabetos com 15 anos, estando a maioria concentrada na zona rural. Nesse plano, a presença de jovens com idade superior à correspondente a cada série é explicada pelo ingresso tardio na primeira série, repetências e reingresso de alunos evadidos. O texto oficial defende que

> [t]ais fenômenos, à sua vez, poderiam ser atribuídos a três ordens de fatores. O primeiro fator diz respeito a restrições na oferta – de acesso ou de séries de continuação –, que se dariam em zonas de menores recursos ou onde as escolas estão subdimensionadas em face da clientela. O segundo fator é a ocorrência de mobilidade das famílias rurais, que constituem mão-de-obra flutuante, mudando de região conforme o favorecimento das safras e retirando seus filhos das escolas em meio do ano. O terceiro fator refere-se às carências da própria clientela escolar, sejam de natureza nutricional, de saúde ou cultural. (BRASIL, 1976, p. 16).

Nesse contexto, a não aprendizagem da criança é ligada diretamente à pobreza e consequentes carências nutricionais, propondo-se "[...] iniciar-se um trabalho sistemático, por razões óbvias, de compensação das carências e de suprimento de melhores condições para os estudos formais." (BRASIL, 1976, p. 16).

Em que pese esse diagnóstico cruel do sistema brasileiro de ensino, o II PSEC, ao definir a política educacional, considera que "[...] os déficits escolares historicamente acumulados" foram praticamente vencidos com a "[...] aceleração dos programas de expansão desde os finais dessa década" (BRASIL, 1976, p. 16) "[...] subsistindo resíduos que o prazo curto absorverá até uma porcentagem tolerável" (BRASIL, 1976, p.31). Para o plano, trata-se de uma fase de intermediação, a qual marca a

> [...] passagem de uma situação em que a primeira dimensão do problema educacional no Brasil – a dimensão quantitativa – precisa ser atacada frontalmente e a prazo curto, para uma outra, em que a segunda dimensão - que incorpora reclamos qualitativos crescentes deve ser enfrentada no seu âmago. (BRASIL, 1976, p. 31).

O plano explicita que os esforços estão concentrados nas seguintes áreas: 1) Inovação e renovação do ensino; 2) Preparação de recursos humanos; 3) Expansão e melhoria da rede física; 4) Planejamento e administração.

O II PSEC está, portanto, integrado à filosofia geral do II Plano Nacional de Desenvolvimento, como sabemos, uma filosofia liberal, que vê a educação como investimento e como instrumento de mudança social, ancorada na Teoria do Capital Humano. Especificando essa filosofia para o 1º Grau, o II PSEC "[...] reforça o sentido democratizante deste, ou seja, a garantia 'de igualdade de oportunidade de formação básica' para toda a população na faixa etária de 7 a 14 anos." (BRASIL, 1980, p. 46).

Foram determinadas quatro metas para o II PSEC, sendo que este texto focará as duas primeiras, quais sejam:

> 01. Elevação dos índices de promoção da 1ª. para a 2ª. série através de experimentação e expansão de metodologias e tecnologias específicas para o processo de alfabetização;
>
> 02. Redução dos índices de distorção idade/série, através da experimentação e expansão de metodologias e técnicas adequadas à aceleração da escolaridade. (BRASIL, 1980, p. 48).

O objetivo geral do 1º Grau foi o de "[U]niversalizar progressivamente o ensino [...] na faixa dos 7 aos 14 anos, atingindo a taxa de 90% no período." (BRASIL, 1976, p. 35).

Na avaliação de Barreto et al. (1979, p. 23), nesse plano, "[à] tecnologia educacional cabe o papel central na discriminação de estratégias, programas e projetos." Assim, são propostas inúmeras mudanças que passam pela reformulação de currículos, elaboração e experimentação de materiais didáticos, proposição de novas metodologias para se alfabetizar e desenvolvimento de sistemas de informação.

Os aspectos acima sistematizados configuram o contexto legislativo e regulador (CHOPPIN, 2004, p. 561) que condicionou a existência, a estrutura e a produção dos materiais analisados nesta pesquisa.

Profusão de fontes

Todas as 22 unidades federadas brasileiras, de então, aderiram a essa política nacional integrada de educação. Embora tivessem diretrizes gerais emanadas das Sistemáticas Operacionais 75, 76 e 76, os estados (re-) interpretaram objetivos e prioridades e fundaram seus próprios caminhos. Dois pontos cruciais são apontados como problemas da produtividade do ensino: reprovações na 1ª série e regularização do fluxo escolar. A solução desses problemas requeria várias medidas, dentre elas a proposição e utilização de novas metodologias.

Portanto, em um contexto de desafios para a qualidade da educação oferecida, de grande abertura para proposição de novas formas para se ensinar e de financiamento público, uma gama considerável de material foi produzida país afora.

Na busca dessas fontes, deparei com relatos de pesquisa experimental sobre: uso e proposição de métodos de alfabetização; produção de cartilhas; propostas de currículos; e, ainda, a produção de subsídios curriculares, sugestões de atividades; apostilas; boletins informativos; enfim, materiais diversos, constituindo uma profusão de fontes.

Como momento privilegiado dessa busca, destaco o encontro de um documento emblemático: *Estudo Avaliativo do Projeto Desenvolvimento de Novas Metodologias aplicáveis ao processo ensino-aprendizagem na área de ensino de 1º grau (SE/QF-1975 a 1978).* Trata-se de uma vigorosa avaliação realizada por uma equipe interdisciplinar da Universidade Federal de Goiás, a respeito da implantação do Projeto Novas Metodologias (doravante PNM) em todas as unidades federadas. O trabalho, que foi contratado pelo Departamento de Ensino Fundamental do MEC, veio a público em 1980, contém 202 páginas e escrutina as ações de todas as unidades federadas.

Para efeitos deste artigo, realizei um recorte, apresentando uma análise de material produzido por apenas três estados brasileiros: Mato Grosso, Piauí e Rio de Janeiro. Em uma primeira categorização de todo o material recolhido, pude constatar a presença das "[...] muitas facetas da alfabetização" (SOARES, 1985, p. 19) na elaboração de tais materiais. Mato Grosso produziu uma cartilha, num contexto em que a ênfase foi no aspecto linguístico; Piauí, igualmente, produziu uma cartilha, mas a ênfase recaiu no método; Rio de Janeiro produziu um material, cuja ênfase foi o currículo.

Mato Grosso e a cartilha regional, adaptada à realidade linguística da criança

No estado do Mato Grosso, o PNM, em seu primeiro ano (1975), atuou de forma tímida. Com uma equipe de apenas três professoras na Secretaria de Educação, foi possível somente dar início a um esboço de projeto local e tentar seguir a Sistemática Operacional 75,[2] no que concerne à realização de uma pesquisa experimental. A experiência com métodos de alfabetização ocorreu em nove escolas, sendo escolhidos o analítico (palavração), o sintético (fônico) e o eclético. Em 1976, a equipe é mais bem estruturada e prossegue-se com a "pesquisa experimental" – experiência com métodos. Nesse momento, participam 12 escolas, 12 professoras e 432 alunos, sendo contratada a assessoria de Nívia Gordo – Coordenadora da Escola de Aplicação da Faculdade de Educação da Universidade de São Paulo (USP).

Ao final do ano, a pesquisa experimental é criticada pela equipe e, igualmente, são criticadas as cartilhas adotadas, que traduziam os métodos utilizados no experimento. Segundo a análise feita, além de distantes da

[2] "A *Sistemática Operacional* é o instrumento que o DEF/MEC utiliza para direcionar a elaboração dos projetos cuja execução é delegada às Unidades Federadas, através de convênio próprio, por repasse de recursos financeiros oriundos do salário educação, quota federal. É, portanto, o instrumento de compatibilização do proposto na Política Nacional Integrada de Educação e na Lei 5692/71, resguardadas as Metas definidas no PSEC 75/78. A Sistemática Operacional objetiva, pois, orientar as Unidades Federadas na definição e detalhamento de suas programações com vistas ao aperfeiçoamento do processo de planejamento." (BRASIL, 1980, p. 47).

realidade das crianças mato-grossenses, as cartilhas pouco consideravam as especificidades da língua portuguesa. Havia, por conseguinte, grande lacuna nos materiais disponíveis para a alfabetização. A equipe assim se posiciona:

> Partindo da dedução de que a aprendizagem seria mais eficaz se o professor empregasse uma cartilha que atendesse a esses aspectos e que fosse adequada à nossa realidade, esta coordenadoria juntamente com o Departamento de Educação, após consulta feita ao DEF/MEC, decidiu elaborar e aplicar para o ano de 1977 uma cartilha própria. (MATO GROSSO, 1976, p. 36).

Tais ações foram fortemente influenciadas pela linguista Nívia Gordo, assessora do projeto. Em depoimento escrito em 2008, ela rememora:

> [...] as professoras [...] demonstraram muito interesse e disposição para o trabalho e acataram minha ideia de inverter a pesquisa sobre métodos de alfabetização para uma "proposta de alfabetização", praticamente centrada no que hoje chamam de "linha tradicional", mas fundamentada na linguística estrutural que tem como base o conceito de signo verbal de Saussure, com estudo ampliado por Martinet. (GORDO, 12 jun. 2008).

A ênfase na perspectiva linguística pode ser deduzida de alguns discursos, como: "Não estamos oferecendo nenhum método inédito, mas acreditamos que este seja um material eficaz por ser de manuseio simples, adaptado à nossa realidade" (PERSONA et al., 1978, p. 3); ou, ainda, "[...] elaborar um material de fácil manuseio pelo professor e que atendesse às características da língua portuguesa em sua escala gradativa de dificuldades." (MATO GROSSO, 1979, p. 2).

Desse modo, estavam dadas as condições concretas para a elaboração do conjunto de alfabetização *Nossa Terra Nossa Gente*, posteriormente transformado em *Ada e Edu*.[3] São autoras do material: Rosa Maria Jorge Persona, Maria Antonieta Fernandes, Regina Lúcia Borges Araújo, Renete M. de Almeida Maciel, Francisca Amélia Marques e Ana Maria Dias da Silva.

---

[3] Em 1978, a Bloch Educação/Rio de Janeiro, publicou esse conjunto, com o título de *Ada e Edu*, divulgando nacionalmente o material criado em Mato Grosso. A história desse material está registrada no livro, de minha autoria, *Cartilha Ada e Edu:* produção, difusão, circulação (1979-1985), publicado pela EdUFMT, em 2011.

Figura 1 – Capa de *Nossa terra nossa gente,* de Rosa Maria Jorge Persona et al., 1977a.

Fonte: Acervo do Centro de Documentação/UFMT.

Figura 2 – Capa de *Caderno de atividades*, de Rosa Maria Jorge Persona et al., 1977b.

Fonte: Acervo do Centro de Documentação/UFMT.

Figura 3 – Capa de *Livro do professor,* de Rosa Maria Jorge Persona et al., 1977c.

Fonte: Acervo do Centro de Documentação/UFMT.

Duas crenças importantes da equipe aparecem em um documento intitulado "Exposição de motivos". Por um lado, a esperança em poder materializar uma cartilha ideal do ponto de vista linguístico: usando uma linguagem regional, próxima à linguagem dos escolares, e apresentando a língua de forma graduada, contemplando suas dificuldades e sua complexidade. Dessa forma, ela seria de fácil manejo pelo professor e de melhor apropriação pelos alunos. Por outro lado, com base na definição dos objetivos e conteúdos inerentes à 1ª série, a esperança de poder homogeneizar a aprendizagem das crianças.

A partir desses pressupostos, o plano do livro, aquilo que definiu a sua forma, foi materializado na ideia de apresentar a linguagem, por meio de palavras-chave dispostas numa sequência gradativa de dificuldades, considerando as vogais orais e nasais, os diferentes tipos de sílabas, os dígrafos, as ocorrências gráficas e os ditongos.

Encontramos esse plano, claramente explicitado, no Relatório de 1977, no item "Método de Alfabetização":

> Levando em consideração as idéias expostas neste relatório a respeito dos fatores intervenientes na alfabetização, elaboramos e empregamos a cartilha "Nossa Terra, Nossa Gente" com as seguintes características:

> 1. estrutura vocabular composta de 42 palavras-chave, dispostas numa seqüência gradativa de dificuldade a saber: vogais orais; vogais nasais; consoante + vogal; vogal + consoante; consoante + vogal + consoante; consoante + consoante+ vogal oral; consoante + consoante+ vogal nasal; dígrafos; ocorrências gráficas e ditongos;
> 2. atendimento às exigências fonéticas evitando a apresentação de palavras inadequadas para as dificuldades a serem aprendidas;
> 3. emprego de substantivos para as palavras-chave, segundo a realidade lingüística da região;
> 4. apresentação de textos cujos temas estão adequados à realidade sócio-econômica da região;
> 5. freqüência na apresentação dos estímulos para fixação da aprendizagem. (MATO GROSSO, 1977, p. 20-21).

A exposição segue explicitando a metodologia da cartilha. O grupo lembra que, tendo em vista o caráter fonético, a unidade "sílaba" da língua e, ainda, os casos de não coincidência entre fonemas e grafemas, optou por dar ênfase inicialmente ao estudo das vogais orais e das sílabas simples. Progressivamente, o trabalho incide sobre o estudo das ocorrências gráficas dos fonemas, insistindo-se nas habilidades de distinção dos fonemas do ponto de vista gráfico e oral, por meio de exercícios de análise fonética e fonológica e de exercícios de escrita, predominantemente cópia e ditado. Por fim:

> Visando à economia de esforços, de tempo e gasto financeiro, o processo empregado consistiu no estudo da palavra-chave, seguindo-se-lhe quase que imediatamente, o estudo das respectivas sílabas-chave e atividade de formação de palavras novas. Posteriormente, mais ao fim do processo, as palavras novas foram empregadas em atividades de estruturação de frases e até de composição de textos. (MATO GROSSO, 1977, p. 20-21).

Nesse sentido, as explicações centradas na organização dos aspectos linguísticos trabalhados pela cartilha evidenciam a influência de Nívia Gordo, com sólida formação na área de Letras, e o seu processo de formação das autoras.

O material foi utilizado a partir do ano de 1977. Como resultados, apresentam-se os seguintes dados: em 1975, na experimentação com três diferentes métodos, obtiveram-se 55,3% de aprovação e 44,6% de reprovação; em 1978,[4] com a utilização da cartilha *Nossa Terra Nossa Gente*, a aprovação foi de 63,34% e a reprovação, de 36,25%, melhorando em 9% o sucesso escolar.

Piauí: a arte como elemento integrador do método

O estado do Piauí não acata de pronto a sugestão da Sistemática 75, qual seja, a pesquisa experimental para determinar qual método de alfabetização seria mais adequado. No entanto, a equipe decide realizar, em 1975, uma pesquisa sobre a problemática do retardo escolar na passagem dos alunos de 1ª para 2ª série, "[...] com a finalidade de determinar conteúdos específicos que provocam o retardo escolar dos alunos." A investigação foi elaborada a partir das seguintes hipóteses: "1) Deficiência visual auditiva e motora do aluno; 2) Despreparo do professor para a alfabetização; 3) Carência de material didático adequado aos métodos e técnicas de alfabetização; 40 Inadequação dos Programas de alfabetização." (BRASIL, 1980, p. 98).

Após a realização da pesquisa, com testagem das hipóteses, várias ações foram desencadeadas, entre elas, a produção do material "Novas metodologias: alfabetização através da arte" (mimeografado, com capa). Trabalhando com metas – "01- Elevação dos índices de promoção através da implementação de projetos que propiciem a melhoria do rendimento escolar na 1ª. série, e ou a redução dos índices de evasão 1ª. série para a 2ª. série" e "01.02 – Desenvolvimento dos projetos de experimentação de metodologias e/ou tecnologias de ensino para 1ª. série" (BRASIL, 1980, p. 98) –, o estado do Piauí, em 1976, propôs-se realizar outra pesquisa, agora experimental, com o objetivo de testar a qualidade do material produzido comparativamente ao "método de Sete Semanas" (criado e em uso no Piauí). A proposta abrangeu 30 classes de 15 escolas e 1.200 alunos.

A concepção de alfabetização do grupo de autores do material fica expressa na abertura do texto dirigido aos professores, quando se refere ao propósito da metodologia: "Oferecer condições possíveis que permitam ao aluno, não só aprender a ler e a escrever, mas, sobretudo, tornar-se capaz de identificar-se como alguém que experimenta, descobre, inova, contesta e cria significação, procurando superar repetições e imitações." (PIAUÍ, [1977?], p. 7).

[4] Não disponho de dados do final do projeto, em 1979.

A autoria do material aparece ao final do texto (p. 160), creditada a: Aída de Almeida Singi; Antônio Murilo de Macedo Eckhardt; Elizabeth de Carvalho Barbosa; Maria José Melo; Videlina Maria Silva Pinheiro; Sônia Maria Vieira.[5]

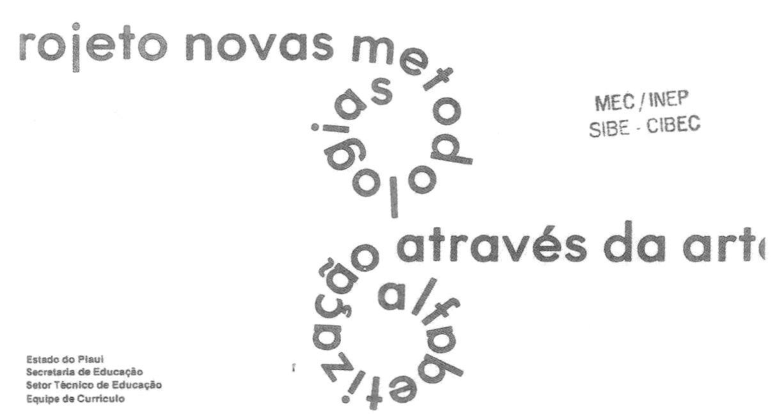

Figura 4 – *Alfabetização através da arte*: manual do professor, 1976.
Fonte: MEC/INEP/SIBE-CIBEC.

A fundamentação teórica contida na manual do professor informa, inicialmente, como é percebido o processo de alfabetização, fundamentado em 5 princípios gerais: 1) Processo dinâmico; 2) Contínuo e intemporal; 3) Sistemática (*sic*); 4) Complexo; 5) De natureza interdisciplinar.

Ao tematizar a dinamicidade do processo, frente a um mundo que exige um "[...] homem reflexivo, aberto para si e para o outro, consciente de suas possibilidades e limitações, participante ativo nos acontecimentos e problemas universais", o grupo critica a escola com seu processo de alfabetização centralizado "[...] simplesmente no aspecto mecânico", que "[...] tende ao insucesso" (PIAUÍ, [1977?], p. 10).

[5] O trabalho cita, como colaboradores: Nilza Nunes Marreiros Guerra; Maria da Conceição Teixeira Castelo Brando; Isabel Avelino Duarte; Angelita Etelvina de Amorim; Reginaldo Carvalho. (PIAUÍ, [1977?], p. 160).

Em contrapartida, os autores propõem um método de alfabetização centrado na arte:

> A arte permite vivenciar integralmente todos os fenômenos contidos no processo de aprendizagem; e na nossa metodologia, ela será o elemento integrador de várias situações aproveitadas do cotidiano da criança. [...] Através da arte, a criança terá sua sensibilidade e emoção desenvolvidas, o que contribuirá para que o processo de alfabetização não seja meramente racional/mecânico, mas sim racional/emotivo. (PIAUÍ, [1977?], p. 14-15).

Desse modo, não surpreende que a nova metodologia se desenvolvesse na "Oficina experimental de atividades criativas" (PIAUÍ, [1977?], p. 5) e que se organizasse em torno de 3 fases:

- 1ª fase: *Descondicionamento para compreensão da realidade* – pretende romper com o princípio de trabalho da escola tradicional, que impõe um determinado comportamento ao aluno. Segundo o material, aqui não haverá preocupação de recompensas, punições ou obrigações de acertar, mas se trata de um planejamento no qual o aluno terá oportunidade de liberar seu potencial criativo. Essa liberação gera um conflito na medida em que ele se "desreprime", gerando, na sequência, a necessidade de organização do trabalho por parte do próprio aluno;
- 2ª fase: *Captação de informações – critérios de organização* – partindo da necessidade de organização, decorrente da 1ª fase, caracteriza-se como momento de procura de um comportamento ordenado. "Cabe ao professor acompanhar intensivamente este processo, não oferecendo soluções prontas ao aluno, mas subsídios necessários à manipulação dos mais variados meios de organização." (PIAUÍ, [1977?], p. 18).
- 3ª fase: *Maturação e campos de criatividade – características* – não é considerada como o final de um processo, mas como um "estado de prontidão (alerta)" para o aluno receber estímulos diversos e mover-se para diversos campos da criação e do conhecimento. "É o momento em que o aluno apresenta características de ampla receptividade a todo e qualquer estímulo [...] em matéria de trabalho e vivência." (PIAUÍ, [1977?], p. 18).

A equipe afirma que essa metodologia não se vincula a um regime seriado e, pois, os alunos dispõem de quatro períodos letivos (semestres) para vivenciarem as três fases, tornando-se aptos para ingressarem na 3ª série (PIAUÍ, [1977?], p. 154). Trata-se, como vemos, de uma proposta de bloco único, que engloba a 1ª e 2ª séries, com o uso de um material e método específico para tal.

O Manual contém 165 páginas e se divide em cinco partes: I) Propósitos da metodologia; II) Sugestões de aplicação da metodologia; III) Avaliação; IV) Aplicação da metodologia experimental; V) Implementação da experiência.

A parte II contém 103 sugestões de atividades relativas à 1ª fase do método, 82 relativas à 2ª fase e 44 relativas à 3ª fase. Assim, o desenvolvimento da metodologia totaliza 229 sugestões, com ênfase em jogos, músicas, ritmo, artes, recorte, colagem, expressão corporal, dramatização etc.

Como resultados, focalizam-se os seguintes dados, relativos ao ano de 1977:

> Classes de controle: aprovação – 65%; reprovação - 35%;
>
> Classes de experimentação: aprovação para 3ª. Série – 87%; reprovação – 13%. (BRASIL, 1980, p. 99).

Rio de Janeiro: o currículo por atividades

O estado do Rio de Janeiro estabelece como metas a serem alcançadas pelo PNM, em 1975: a) Elevação dos índices de promoção da 1ª para a 2ª série, através de experimentação e expansão de metodologias e tecnologias específicas para o processo de alfabetização; b) Redução dos índices de distorção idade/série escolar através da implementação de projetos que propiciam a aceleração da escolaridade. Para tanto, propõe, inicialmente, "[...] um estudo para obter melhor rendimento do processo de alfabetização da clientela de áreas mais carentes [...]" (BRASIL, 1980, p. 113). Também, inicialmente, se propôs atender 13.120 alunos analfabetos de 1ª série, matriculados em escolas situadas em zonas carentes de 10 Regiões Administrativas do município do Rio de Janeiro (500 turmas/105 escolas). No entanto, almejava expandir tal atendimento a todas as classes de alfabetização do município.

Nesse mesmo ano, foi desenvolvido um projeto de experimentação, voltado para a melhoria da produtividade das escolas rurais, partindo da seguinte hipótese: "Alunos de escolas rurais isoladas que trabalham com projetos de ATIVIDADES INTEGRADAS apresentam atitude mais positiva em relação à escola do que alunos que trabalham pelo MÉTODO TRADICIONAL." (BRASIL, 1980, p. 114).

Para testar a hipótese, foi selecionada uma amostra estratificada por região: a) grupo experimental: 6 escolas, 6 turmas, 198 alunos; b) grupo-controle: 6 escolas, 6 turmas, 190 alunos.

A experiência utilizou um material elaborado (Projeto Atividades Integradas) para a 1ª fase (set./75), com a saúde como fio condutor, e para a 2ª fase (nov./75), com o trabalho como fio condutor. Segundo a equipe, os resultados confirmaram a hipótese inicial, revelando "[...] a íntima relação entre a atitude do aluno para com a escola e a metodologia aplicada." (BRASIL, 1980, p. 115).

No ano de 1976,[6] continuou a experimentação efetuada no ano anterior, propondo-se, ainda para as escolas rurais, um terceiro material com sugestão de atividades integradas, tendo como elementos centrais: educação, cultura e trabalho.

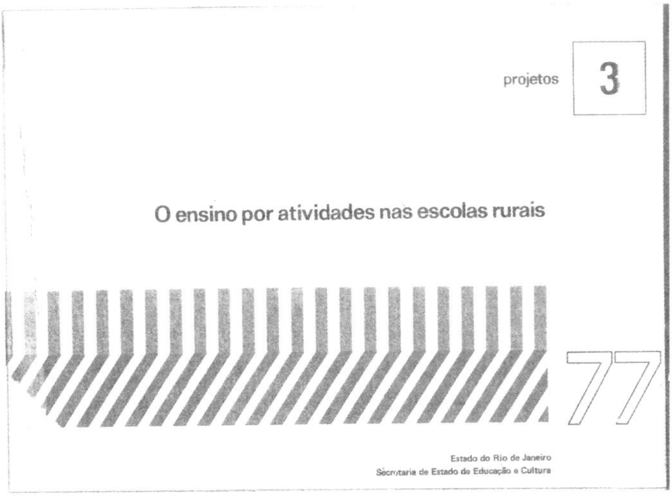

Figura 5 – *O ensino por atividades nas escolas rurais*, 1977.
Fonte: MEC/INEP/SIBE-CIBEC.

[6] O relatório informa que esse material foi produzido em 1976 e impresso em 1977.

A autoria do material é creditada à Secretaria de Estado de Educação e Cultura – Coordenação de Ensino de 1º Grau – do estado do Rio de Janeiro. Começa-se com o item "Orientação para o Professor" (p. 2-22). Salienta o texto:

> O que estamos propondo é um modo de trabalhar diferente, numa escola diferente, que desenvolva o raciocínio em lugar de propor coisas para decorar. [...] Uma escola dinâmica, movimentada, que crianças achem interessante e para onde elas queiram ir. (RIO DE JANEIRO, 1977, p. 3).

A seguir, o item "Guia de atividades" (p. 23-41) focaliza esquemas de trabalho para as quatro séries, ora integrando a 1ª com a 2ª, ora a 2ª, 3ª e 4ª séries, e, na maior parte do tempo, aulas conjuntas para a 3ª e 4ª séries.

O material específico para cada série vem a seguir: *Pombo Correio*, destinado à 1ª série, possui 12 páginas; *Leva e traz*, 2ª série, 95 páginas; *...Novidades*, 3ª série, 94 páginas; *Notícias de cá... e de lá*, 4ª série, 104 páginas, além de um anexo com 4 páginas.

A ênfase no currículo por atividades é mencionada pelo material, lembrando que a Lei 5.692/71 estabelece essa modalidade de estudo. O item "O que queremos" revela intencionalidades presentes no material: "Em primeiro lugar, estamos tentando integrar as diferentes áreas. Apresentar as atividades sem os assuntos. Os objetivos que queremos alcançar são os mesmos, em todas as áreas, ainda que por modos distintos". (RIO DE JANEIRO, 1977, p. 6).

A vivência da criança, trazida para a escola, é sugerida como ponto de partida para o trabalho. Respeitando o que elas trazem do seu meio, a escola deverá promover estímulos para que elas possam "[...] observar, coletar dados, discutir com os colegas e com você, tirar conclusões [pois] É importante que a criança consiga se expressar, com imaginação e criatividade, através das várias linguagens ao seu alcance (linguagem oral, escrita, plástica, musical, corporal, matemática)." (RIO DE JANEIRO, 1977, p. 7).

Para o *Estudo Avaliativo*, o projeto contém "[...] método de ensino globalizado e dinâmico, em que as situações de experiência a serem desenvolvidas pelo aluno, individualmente ou em grupo, se apresentem integradas e em que a relação professor/aluno se redefine." (BRASIL, 1980, p. 113).

Conforme os dados disponíveis, em 1978, o projeto atendeu a 57 municípios, 1.405 escolas e 57.612 alunos, usando esse material e evidenciando uma abrangência considerável de sujeitos participantes da "experiência".

Em termos de resultados, há no documento *Estudo Avaliativo* apenas uma menção no ano de 1976: "[...] 57% dos professores conseguiram resultados satisfatórios", seguida de uma observação: "Os alunos de professores que (*sic*) demonstraram melhores resultados, que os de professores que de alguma forma apresentavam barreira ao projeto." (BRASIL, 1980, p. 114).

A avaliação do projeto *Novas Metodologias*

A equipe da Universidade Federal de Goiás, que realizou a avaliação do Projeto de Desenvolvimento de Novas Metodologias Aplicáveis ao Processo Ensino-Aprendizagem do 1º grau, desenvolvido pelas unidades federadas no período de 1976 a 1978, foi contratada pelo então departamento de Ensino Fundamental do MEC. A equipe foi composta pelos pesquisadores Ana Christina de Andrade Kratz, José Luiz Domingues, Lais Terezinha Monteiro e Mindé Badauy de Menezes, além de vários colaboradores. "Para se proceder à avaliação foram reconstruídos os pressupostos do Projeto Novas Metodologias, na proposição feita pelo DEF/MEC e na decodificação feitas pelas Unidades Federadas" (BRASIL, 1980, p. 27). Foram consideradas quatro etapas, relativas ao processo de adoção e de liberação de recursos pelo MEC: elaboração da nova metodologia e preparação para a testagem; testagem-piloto; consolidação da nova metodologia e difusão para o sistema.

A análise linguística do material produzido pelos estados adotou seis princípios, como critério de qualificação: 1. Sistematicidade da linguagem; 2. Natureza social da linguagem; 3. Primazia da fala sobre a escrita; 4. Criatividade linguística; 5. Variação linguística; 6. Desenvolvimento cognitivo. Cada princípio foi descrito por quatro diferentes níveis: superior, médio, mínimo e nenhum. O Quadro 1 sintetiza a classificação dos materiais aqui descritos:

UF / PRINCÍPIO	MATO GROSSO	PIAUÍ	RIO DE JANEIRO
Sistematicidade da linguagem	Mínima	Superior	Superior
Natureza social	Mínima	Média	Superior
Primazia da fala sobre a escrita	Mínima	Média	Superior
Criatividade linguística	Mínima	Superior	Superior
Variação linguística	Nenhuma	Nenhuma	Superior
Desenvolvimento cognitivo	Médio	Superior	Superior
Documentos analisados	- Alfabetização: mínimo estabelecido para o 1º Ano; - Nossa Terra Nossa Gente; - Ada e Edu.	-Plano de Curso; -Planejamento 1ª fase; -PNM: Alfabetização através da arte	- Caminhando para a Alfabetização - Alfabetização: reformulação de Currículos

Quadro 1 – Análise linguística do material.

Fonte: BRASIL, 1980, p. 166 (adaptado pela autora).

O *Estudo Avaliativo* é composto por vários textos, cada qual tematizando um aspecto do projeto. Deter-me-ei, a seguir, no texto de autoria de Paulo Marcelino: "Alfabetização no Projeto Novas Metodologias".

O autor inicia informando que "[o] Projeto serviu primeiramente, talvez não unicamente, para nos evidenciar o despreparo absoluto para execução de um projeto de nível nacional na área da educação." (BRASIL, 1980, p. 187). Segundo Marcelino, há evidências de equipes improvisadas, indicadas por conveniência político-partidária, trocadas por inconveniências, ou escolhidas independentemente de qualquer competência ou especialização.

O avaliador queixa-se da ausência de dados nas pesquisas realizadas, tais como, classe socioeconômica dos alunos, grau de nutrição, nível de prontidão para alfabetização; da não consulta aos pais; da ausência do "caráter de regionalização". Aponta, ainda, "[a] estranha concepção restrita de alfabetização, como letrificação." (BRASIL, 1980, p. 188). Para ele, há uma grande incoerência no PNM, sendo ela a tentativa de "[...] acelerar a aprendizagem do aluno cujo problema é mais sócio-econômico e da própria escola que só pode alfabetizar mal [...] É o caso de acelerar a aprendizagem lingüística do faminto." (BRASIL, 1980, p. 188).

Por todas essas razões, conclui "[...] pela não validade externa do Projeto", entendendo que a "[n]ão validade externa, verificada do ponto de vista técnico, não significa não utilidade de todo o material reconstituído e das próprias equipes estaduais para a evolução educacional de cada região." (BRASIL, 1980, p. 189). Para tanto, sugere estudos e continuidade de atuação.

Mais especificamente em relação a um dos materiais analisados neste artigo, Marcelino se posiciona, quando aborda os "Mistérios acontecidos no projeto":

> O trabalho "Alfabetização pela arte" encetado no Piauí. Criador. Cartilha elaborada pelo grupo local, metodologicamente válida, baseada em sólidos princípios psicológicos (coordenação motora, faixas etárias, prontidão, estruturas mentais disponíveis) e em princípios psicosemiológicos de reforçamento simbólico, irônico (sic) e indicial, ao desenvolvimento sígnico, foi interrompido após apenas dois (sic) de execução inicial. Por falta de recursos? Sem dúvida, o trabalho que mais prometia. (BRASIL, 1980, p. 189).

Considerações finais

No período analisado neste artigo, a concepção de educação oficial vigente era a de que "[a] educação é, reconhecidamente, um dos fatores de transformação social, além de ser um instrumento básico para a plena realização do ser humano". Mais que isso, "[...] a educação constitui o instrumento para a formação do que se convencionou chamar de 'recursos humanos' para o desenvolvimento." (BRASIL, 1976, p. 31-32).

O Plano Nacional de Desenvolvimento tinha como principal meta educativa a "[...] implementação do processo de alfabetização sistemática, visando a erradicar o analfabetismo no decorrer da década." (BRASIL, 1976, p. 7).

Encontramos nessa política pública a antiga e polêmica discussão sobre os efeitos e consequências da difusão do alfabetismo: desenvolvimento socioeconômico, ordem social e progresso individual. Para Graff, esses efeitos, que presumivelmente acompanhariam a difusão do alfabetismo nos últimos séculos, "[...] têm sido ligados às teorias sociais e pós-iluministas, 'liberais' e às expectativas contemporâneas com respeito ao papel do alfabetismo e da escolarização no desenvolvimento sócio econômico, na ordem social, e no progresso individual." (GRAFF, 1990, p. 31). A esse conjunto de conjecturas, o autor denominou "mito do alfabetismo", no qual se cria "[...] indústria (?) do alfabetismo-como-uma-via-para-o-desenvolvimento." (GRAFF, 1990, p. 35).

Em que pesem permanências históricas de concepções e representações, a história da alfabetização tem o método em seu centro. Percebe-se que,

> Em diferentes momentos históricos, diferentes sujeitos movidos por diferentes urgências sociais e políticas, sempre alegando se basear nas mais "modernas verdades científicas", passaram a apresentar versões de seu presente e de seu passado (recente), acusando de "antigos" e "tradicionais" os métodos então utilizados e propondo em sua substituição "novos" e "revolucionários" métodos (de alfabetização). (MORTATTI, 2009, p. 94).

A partir desta premissa, pergunto: o que há de novo no movimento de elaboração de materiais do PNM?

Seria indício de novo, na cartilha *Ada e Edu*, a insistência do grupo em focar o sistema de escrita de forma sistemática, mesmo que, na ocasião, considerado código? O fato de o material falar em vogais orais e nasais e sugerir, mesmo que ao final do livro, o trabalho com "textos", também pode ser avaliado como avanço para um material elaborado na década de 1970? Ainda que defenda a ideia de apresentação gradual da língua, ressaltando-se as diferentes composições silábicas, *Ada e Edu* se diferencia das outras cartilhas suas contemporâneas, à medida que sugere o trabalho, concomitantemente, de duas sílabas diferentes e, por vezes, duas palavras-chave. Isso seria um avanço?

A proposta do material *Alfabetização através da Arte,* para além da mecânica do aprender a ler e a escrever, caracterizando-a como *processo dinâmico, contínuo e intemporal* (ao longo da vida); *sistemático; complexo* (aspecto filosófico e social; biopsicológico; linguístico; natureza interdisciplinar) e *de natureza interdisciplinar* poderia ser considerada uma nova concepção de alfabetização? Para além dos princípios da proposta, concretamente, há atividades que envolvem gêneros textuais e/ou suportes textuais, como poemas, provérbios, palavras cruzadas, carta enigmática, mapas, história em quadrinhos, jornal e dicionário. Para a equipe, eram importantes as "[...] proposições da Arte para alfabetizar as nossas crianças, a fim de que elas tenham a oportunidade de ler e escrever, expressando e comunicando a realidade cultural em que vivem." (PIAUÍ, [1977?], p. 12).

Podemos enxergar algo de novo na proposta de Currículo por Atividades, elaborada pelo Rio de Janeiro? Outros estados fizeram propostas semelhantes (a exemplo dos estados do Paraná e do Rio Grande do Sul), denotando uma preocupação em dar uma resposta prática, teórica e metodológica ao que preconizava a Lei 5692/71. No entanto, até hoje discutimos e tentamos superar a tradição disciplinar no ensino destinado aos pequenos. Enfatiza o grupo de autores da proposta do Rio de Janeiro:

> Se o mundo da criança não corresponde à lógica do adulto, não há porque organizá-lo a partir desse ponto de vista. Daí a proposta de levar a criança a fazer e descobrir, através de condições e situações criadas pela escola para que ela possa agir. E, pelas suas experiências, aprender. (RIO DE JANEIRO, 1977, p. 3).

À ênfase na expressão criadora – trabalhos com barro, expressão corporal, histórias, pesquisas etc. – correspondeu uma proposta de trabalho significativo com a língua e com as interações, voltadas para o meio rural, o ambiente da criança. Aqui também são propostas atividades, para além do gênero epistolar, a maior marca do trabalho, com outros gêneros textuais e, sobretudo, integrando as diferentes áreas do conhecimento.

Acredito que, para além das marcas de seu tempo, encontramos nesses materiais, em alguma medida, indícios do processo de letramento, cujo termo/fenômeno só viria a se popularizar nas discussões brasileiras sobre alfabetização mais de 30 anos depois.

Para terminar, registro que, nos limites deste artigo, trouxe muito pouco do que as fontes me proporcionaram. O projeto "Desenvolvimento de novas metodologias aplicáveis ao processo ensino-aprendizagem no 1º Grau (1975-1979)", desenvolvido no interior de uma política pública federal de alfabetização, ocorrida imediatamente antes do período da "não cartilha" e do construtivismo, representa, provavelmente, o último "suspiro" da discussão sobre métodos de alfabetização, no Brasil. As fontes localizadas testemunham o potencial do período estudado e sugerem análises mais amplas, que serão oportunamente realizadas.

Referências

BARRETO, E. S. et al. Ensino de 1º e 2º Graus: intenção e realidade. *Cadernos de Pesquisa*, São Paulo, n. 30, p. 21-40, 1979. Disponível em: <http://www.fcc.org.br/pesquisa/publicações/cp/arquivos/455.pdf>. Acesso em: 5 maio 2013.

BRASIL. Ministério de Educação e Cultura. *II Plano Setorial de Educação e Cultura* (1975/1979). Brasília, DF, 1976.

______. Ministério de Educação e Cultura. Universidade Federal de Goiás. *Estudo avaliativo do Projeto Desenvolvimento de Novas Metodologias aplicáveis ao processo ensino-aprendizagem na área de ensino de 1º. grau (SE/QF – 1975-1978).* Brasília, DF, 1980.

CARDOSO, C. J. *Cartilha Ada e Edu*: produção, difusão, circulação (1977-1985). Cuiabá: Ed. UFMT, 2011.

______. *Alfabetização no Brasil:* o projeto "Desenvolvimento de novas metodologias aplicáveis ao processo ensino-aprendizagem do 1º. Grau" (1975-1979). Brasília, DF: CNPq, 2013. Relatório de pesquisa.

CHOPPIN, A. História dos livros e das edições didáticas: sobre o estado da arte. *Educação e Pesquisa*, São Paulo, v. 30, n. 3, p. 549-566, set./dez. 2004.

FRAGO, A. V. *Alfabetização na sociedade e na história*: vozes, palavras e textos. Tradução Tomaz Tadeu da Silva e outros. Porto Alegre: Artes Médicas, 1993.

GORDO, N. *Depoimento concedido a Cancionila J. Cardoso*. São Paulo, 12 jun. 2008.

GRAFF, H. O mito do alfabetismo. *Teoria & Educação*, Porto Alegre, p. 30-64, 1990.

MATO-GROSSO. Secretaria de Educação e Cultura. *Projeto Novas metodologias:* relatório geral das atividades desenvolvidas. Cuiabá-MT, Período 1975/1978.

______. Secretaria de Estado de Educação e Cultura. Of. SEC/DE/DEIG/PNM/17/1979. Cuiabá, 1979.

MORTATTI, M. R. L. A "querela dos métodos" de alfabetização no Brasil: contribuições para metodizar o debate. *Acolhendo a Alfabetização nos Países de Língua Portuguesa*, São Paulo, 2009. Disponível em: <http://www.acoalfaplp.net/0005acoalfaplp/0005acoalfaplp_tx/3fundaeducalfab/302metodomortatti.pdf>. Acesso em: 5 jun. 2013.

PERSONA, R. M. J. et al. *Cartilha Nossa Terra Nossa Gente*. Cuiabá: Governo do Estado de Mato Grosso, Secretaria de Educação e Cultura, 1977a.

______. *Nossa Terra Nossa Gente*: caderno de atividades. Cuiabá: Governo do Estado de Mato Grosso, Secretaria de Educação e Cultura, 1977b.

______. *Nossa Terra Nossa Gente*: livro do professor. Cuiabá: Governo do Estado de Mato Grosso, Secretaria de Educação e Cultura, 1977c.

______. *Ada e Edu*: livro do professor. Rio de Janeiro: Bloch, 1978.

PIAUÍ. Secretaria de Educação. *Projeto Novas Metodologias:* alfabetização através da arte: manual do professor. Teresina, [1977?].

RIO DE JANEIRO (Estado). Secretaria de Estado de Educação e Cultura. *O ensino por atividades nas escolas rurais*. Rio de Janeiro: Secretaria de Estado de Educação e Cultura, 1977. 4 cadernos.

SOARES, M. As muitas facetas da alfabetização. *Cadernos de Pesquisa*, São Paulo, n. 52, p. 19-24, 1985.

SOARES, M.; MACIEL, F. I. P. *Alfabetização:* estado do conhecimento. Brasília, DF: INEP/COMPED, 2000.

Sobre o livro didático no Brasil: a resposta de Lourenço Filho (1961)

Estela Natalina Mantovani Bertoletti

Introdução

Neste artigo, analiso a atuação do educador e intelectual brasileiro, Manoel Bergström Lourenço Filho (1897-1970), relativamente à questão do livro didático no Brasil,[1] com destaque ao documento *Livros didáticos,*[2] no qual respondeu a duas perguntas feitas pelo Ministério da Educação e Cultura, em 1961, sobre esse assunto, a saber:[3]

> 1. Acha que o livro didático brasileiro está à altura de servir adequadamente ao desenvolvimento tecnológico que deverá servir de base ao desenvolvimento econômico nacional?
>
> 2. Que diz do livro único sob o ponto de vista econômico (para os pais) e sob o ponto de vista filosófico-pedagógico tendo em vista os altos valores perseguidos pela educação? (BRASIL, 1961, não paginado).

---

[1] Desde 1995, venho realizando pesquisas sobre aspectos pouco explorados da atuação de Manoel Bergström Lourenço Filho na educação brasileira, no âmbito da alfabetização (BERTOLETTI, 1997, 2006a) e da literatura infantil e juvenil (BERTOLETTI, 2006b, 2012). Essas pesquisas foram desenvolvidas junto ao Programa de Pós-Graduação em Educação, na UNESP/Marília, sob orientação de Maria do Rosário Longo Mortatti e vinculadas ao Grupo de Pesquisa "História do Ensino de Língua e Literatura no Brasil" (GPHELLB) e ao Projeto Integrado de Pesquisa "Ensino de língua e literatura no Brasil: repertório documental republicano" (PIPHELLB) (CNPq e FAPESP).

[2] Esse, assim como outros documentos utilizados como fonte neste artigo, está localizado no "Arquivo Lourenço Filho", no Centro de Pesquisa e Documentação de História Contemporânea do Brasil (CPDOC) – Fundação Getúlio Vargas/RJ.

[3] Não obtive, até o momento, dados sobre a quem, além de Lourenço Filho, essas perguntas foram endereçadas. Posso afirmar, no entanto, que se originaram no Ministério da Educação e Cultura, devido ao papel timbrado em que foram datilografadas.

A meu ver, a resposta de Lourenço Filho a essas perguntas é representativa das ações do Estado sobre o movimento editorial de livros didáticos no Brasil, não somente pelos inúmeros cargos que Lourenço Filho exerceu ao longo de sua carreira e de sua ligação com o Estado, mas também pela grande influência de suas ideias e ações nos rumos da educação brasileira.[4]

No entanto, esse e tantos outros aspectos da obra de Lourenço Filho permanecem ainda pouco explorados[5], embora, nos últimos anos, no país, sua atuação e produção escrita venham sendo estudadas e não somente nos aspectos ligados à educação e psicologia, que prevaleceram na avaliação de sua obra (ABU-MERHY, 1997).

Ações do Estado sobre o movimento editorial de livros didáticos

No Brasil, em meio às discussões para implantação do Estado Novo, durante o governo de Getúlio Vargas, uma das primeiras – entre tantas práticas centralizadoras – que esteve ligada às ações do Estado sobre o movimento editorial de livros didáticos foi a promulgação do Decreto-lei n.1.006, de dezembro de 1938, que estabeleceu as condições de produção, importação e utilização do livro didático.

Em cinco capítulos, esse documento prescreveu as normas de elaboração e uso de livros didáticos, a criação da Comissão Nacional do Livro Didático (CNLD), o processo de autorização de livros didáticos, as causas que impediam essa autorização e as proibições e penalidades relativas a seu conteúdo.

Sobre esse Decreto-lei, a Câmara Brasileira do Livro (CBL) assim se manifestou:

---

[4] Sobre a influência e a permanência do pensamento de Lourenço Filho, ver, sobretudo: Magnani (1997) e Mortatti (2000).

[5] A análise incide sobre aspectos da "configuração textual" de documentos que apresentam essa faceta do educador e intelectual brasileiro. Esse método de análise permite abordar a identidade dos documentos em sua natureza e especificidade, ou seja, os documentos são *textos* assumidos como ponto de partida e de chegada do processo interpretativo, que materializam um projeto discursivo "[...] concebido, executado e avaliado por um sujeito que, a partir de certas necessidades, movido por certos objetivos, sobressaltado pelas contingências e mediado pela linguagem, em determinadas condições históricas e sociais, escolhe — dentre as possíveis e conhecidas — as opções de dizer/escrever o que precisa escrever para outro (s)" (MORTATTI, 2000, p. 14-15). Reflexões sobre esse método de análise se encontram também no capítulo de Maria do Rosário Longo Mortatti, que integra este livro. [N.O.].

> Até fins do ano de 1938, a disparidade de critérios na aprovação e adoção de livros didáticos pelos Estados, Territórios e Distrito Federal, não permitiu o desenvolvimento regular da indústria livreira do país, sabido como é que, à falta de normas gerais disciplinadoras, existiam interêsses menos confessáveis, já porque se estavam introduzindo nas escolas livros de caráter desnacionalizador, especialmente nas zonas de imigração, já também porque a prática de adoção de livros por agentes de administração poderia determinar a preferência de certos e determinados títulos, em detrimento de outros, embora fossem estes de maior valor técnico-pedagógico ou de preço mais acessível – o que poucas vezes sucedeu. (CÂMARA BRASILEIRA DO LIVRO, 1951, p. 1).[6]

No entanto, estudos têm demonstrado que muitas foram as controvérsias que esse decreto gerou, sobretudo relacionadas ao capítulo segundo, em que se criou a CNLD.[7] Tanto é que muitos outros decretos-lei vieram modificar o de 1938, reestruturado pelo Decreto-lei n.8.460, de 26 de dezembro de 1945, com o fim do Estado Novo. A CNLD foi instalada somente em julho de 1940, estruturada de maneira mais efetiva pela Portaria Ministerial n.253, de dezembro de 1940, e extinta pela Portaria Ministerial nº 594, de 1969. O número dos membros dessa Comissão foi alterado pelos Decretos-lei n.1.177, de março de 1939, e n.6.339, de março de 1944; a determinação de prazo de uso de livro didático não autorizado foi prorrogada entre 1940 e 1943; e o processo de autorização dos livros didáticos foi alterado pelo Decreto-lei n.8.222, de novembro de 1945, entre outras modificações.

Na verdade, as avaliações dos livros didáticos pela CNLD tiveram impacto profundo na produção desse material no Brasil. A CBL, como órgão representativo dos editores e livreiros nacionais, reagiu em muitos momentos, principalmente às reformas dos programas e ortográficas, que repercutiam em todo o movimento editorial de livros didáticos. Em 1947, em resposta à solicitação da CBL sobre esse assunto, a partir de estudos feitos pelo Instituto Nacional do Livro (INL) e pelas Comissões encarregadas do anteprojeto da Lei de Diretrizes e Bases da Educação Nacional, o Ministério da Educação e Saúde garantiu a manutenção do *Pequeno Vo-*

[6] Nessa e em todas as citações de documentos, mantive a ortografia de época.

[7] Sobre as controvérsias do Decreto-lei n. 1006, ver, entre outros: Franco (1980); Ferreira (2008); e Filgueiras (2008).

cabulário da Academia Brasileira, de 1943, "[...] até que novo vocabulário seja publicado por esse órgão, e marcado prazo por êste Ministério e sua adoção." E garantiu, também, "[...] que a renovação de seriação e, portanto, de programas, só virá a ser feita progressivamente, ou ano a ano, de modo que, ainda por esse lado, nenhum prejuízo haverá na produção e comércio do livro didático." (BRASIL, 1947, não paginado).

No interior da CNLD, a avaliação dos livros didáticos seguia um roteiro com orientações para análise dos elementos considerados na ficha de julgamento, visando à atribuição de notas[8]. Segundo Filgueiras (2008, p. 5-6), a ficha era composta pelos seguintes itens:

> Formato – Dimensões (altura, largura e grossura)
>
> Material – Capa (resistência, gosto);
>
> Papel (cor, qualidade);
>
> Tinta (cor, qualidade).
>
> Feição gráfica – Composição (Tipo e corpo, variedade, entrelinhas, comprimento, correção);
>
> Paginação (facilidade de leitura, distribuição das gravuras);
>
> Impressão (da capa, do texto e das legendas, das gravuras).
>
> Valor didático – Noções científicas (exatidão, ajustamento ao programa de ensino, método de exposição, propriedade dos exemplos, emprego de citações, uso de termos técnicos);
>
> Linguagem (correção geral, clareza, concisão, propriedade em relação à matéria, propriedade em relação ao grau de ensino, propriedade em relação ao nível intelectual correspondente à série ou à classe);
>
> Gravura (variedade, propriedade, exatidão, ajustamento ao texto, precisão das legendas).

Conforme essa autora, as notas eram atribuídas de zero a dez, a cada elemento da ficha, e em seguida somadas para formar uma única nota. Acrescenta ela:

> Não poderiam ser autorizados os livros que obtivessem nota 0 em qualquer elemento da divisão **Valor Didático** (Noções científicas, Linguagem, Gravura), ou menos de 50% do total de pontos atribuídos, em conjunto, às divisões **Formato, Material e Feição Gráfica**. (FILGUEIRAS, 2008, p. 6, grifos do autor).

---

[8] Ao que tudo indica, essa ficha foi gerada por influência de Lourenço Filho, como procuro mostrar no próximo tópico deste artigo.

Em 1951, no estado de São Paulo, por meio da Lei n.1536, foi criada a Comissão Estadual do Livro Didático, e, embora tenha havido questionamentos sobre a legitimidade dessa lei,[9] as comissões estaduais continuaram a existir, durante os anos de 1950, concomitantemente à existência da CNLD (FILGUEIRAS, 2008).

Nesse mesmo ano, a CBL endereçou ao Presidente da República, Getúlio Vargas, e ao Ministro da Educação e Saúde, Ernesto Simões Filho, um memorial em que indicava questões as quais considerava atuais sobre o livro didático, reivindicando a atenção da presidência e do ministério para o assunto. De acordo com a CBL, o preço dos livros didáticos brasileiros não vinha acompanhando o aumento dos preços de produtos industriais ou similares ao livro, como o jornal. Estes, segundo a CBL, tiveram aumentos entre 380% e 900%, enquanto aqueles não ultrapassavam o aumento de 250%. Em vista disso, a entidade reivindicou a manutenção do Decreto-lei n.1006 – em particular no que tange à livre e à leal concorrência entre editores e livreiros na produção do livro didático, no Brasil –, condenando a adoção do livro-único, pertinente apenas em países de regime totalitário, a fim de sustentar que era esse tipo de concorrência que vinha permitindo preços mais baixos para os livros didáticos. Em acréscimo, solicitou cautela quanto a reformas nos programas ou ortográficas, que gerariam perda de estoque.

> Um rápido levantamento feito pela Câmara Brasileira do Livro, entre as maiores empresas editoras, revelou a existência de cerca de 6 milhões de exemplares de livros didáticos destinados aos cursos primário, secundário, normal e profissional. Se a esse número juntar-se o contingente em poder de revendedores, cooperativas escolares e casas de família, a soma de livros escolares prontos para uso, em todo o país, não será inferior a dez milhões. Isto significa patrimônio nunca inferior a 150 milhões de cruzeiros, que será desperdiçado se as medidas de reforma não forem adotadas de forma cautelosa e progressiva.
>
> E, como acontece que o preço do papel apresenta hoje o mais alto nível já atingido em toda a história dessa indústria, não só em nosso país, mas no mundo, bem certo é que novos livros só poderão ser editados por preços muito superiores aos atuais, quer sejam eles impressos por particulares quer pelo Estado. (CÂMARA BRASILEIRA DO LIVRO, 1951, p. 4).

[9] Lourenço Filho, por exemplo, por meio do Parecer n.93, de 1952, consultou o Conselho Nacional de Educação (CNE) sobre a legitimidade de legislação estadual para o livro didático, uma vez que havia uma legislação federal em vigor (FRANCO, 1980).

Em 1956, foi instituída a Campanha Nacional de Material de Ensino, por meio do Decreto n.38.556 de janeiro daquele ano. Dez anos depois, em 1966, com o acordo entre o Ministério da Educação (MEC) e a Agência Norte-Americana para o Desenvolvimento Internacional (USAID), foi permitida a criação da Comissão do Livro Técnico e Livro Didático (COLTED), com o objetivo de coordenar as ações referentes à produção, edição e distribuição do livro didático, no Brasil.

Lourenço Filho e a questão do livro didático

Lourenço Filho nasceu na então vila de Porto Ferreira/SP, no dia 10 de março de 1897, e faleceu no Rio de Janeiro/RJ, no dia 03 de agosto de 1970. Formou-se professor primário, em 1914, na Escola Normal Primária de Pirassununga/SP; professor secundário, em 1917, na Escola Normal Secundária de São Paulo/SP; e bacharel em Ciências Jurídicas e Sociais, em 1929, na Faculdade de Direito de São Paulo/SP. Ao longo de sua vida e formação, exerceu inúmeras e diversificadas atividades didáticas, administrativas e intelectuais, sobre variados temas, em uma intensa carreira[10] voltada para os problemas da educação onde eles aconteciam: no espaço escolar. Demonstrou atenção especial pela leitura e por seu ensino e por temas a ela correlatos, como literatura e livros, entre eles, os livros didáticos.

Sua atuação foi orientada por ideias, as quais instituiu e divulgou, juntamente com outros intelectuais da época, ligadas ao movimento da Escola Nova, que, segundo seus protagonistas, propunha um novo tratamento aos problemas da educação, no sentido de difundir a instrução elementar, opondo-se às formas tradicionais de ensino, tendo como consequência a reforma da sociedade. Nesse contexto, a leitura era considerada como um dos elementos de educação popular, e o livro, como instrumento de transformação cultural.

Em vista disso, Lourenço Filho não somente debateu e disseminou ideias sobre o assunto, em textos teóricos e de divulgação, como também exerceu cargos, buscando normatizar o ensino e o incremento da produção de material de leitura. Produziu, ainda, como escritor, livros de

[10] Detalhados dados biográficos e bibliográficos *de* e *sobre* Lourenço Filho podem ser encontrados, especialmente, em Monarcha e Lourenço Filho (2001).

literatura infantil e juvenil e livros didáticos, como cartilhas, livros de matemática e livros de leitura, tendo ele mesmo cuidado da produção de seus próprios livros,[11] influenciando na produção de outros autores.[12]

Diretamente associadas à atuação de Lourenço Filho sobre a questão do livro didático, destaco, em ordem cronológica, as seguintes funções que exerceu: a partir de 1925, atuação como consultor editorial da Companhia Melhoramentos de São Paulo; em 1928, publicação de *Cartilha do Povo* – para ensinar a ler rapidamente; debate, em 1938, com Levi Carneiro,[13] sobre o "problema do livro nacional", publicado no texto "O problema do livro nacional"; proposição de ficha de avaliação de livros didáticos, em documento não datado; publicação, em 1941 e 1942, dos livros didáticos de matemática *Aprenda por si*! (Série A) e *Aprenda por si*! (Série B), respectivamente; publicação, a partir de 1953, da Série de Leitura Graduada Pedrinho (composta por cinco livros, sendo uma cartilha de alfabetização intitulada *Upa, cavalinho*!); produção de documento endereçado ao Ministério da Educação e Cultura, em 1953,[14] intitulado *O problema do livro didático* – notas para o Sr. Ministro; elaboração de resposta, contida no documento *Livro Didático,* endereçada ao Ministério da Educação e Cultura, em 1961.

Na atuação junto à Companhia Melhoramentos de São Paulo, Lourenço Filho emitiu milhares de pareceres a livros para crianças, tanto didáticos quanto de literatura infantil. Por meio dessa atuação, exerceu influência sobre autores, ao corrigir os originais, fazer sugestões de mudanças de "fundo" e "forma" e aprovar ou reprovar as publicações, e sobre todo o mercado editorial brasileiro, uma vez que a Melhoramentos estava, a sua época, entre as primeiras editoras do país (DONATO, 1990).

---

[11] Segundo Dr. Ruy Lourenço Filho, filho de Lourenço Filho, seu pai acompanhava, orientava e sugeria o que deveria ser feito na produção gráfica de seus livros, especialmente os didáticos (Informação obtida em conversa informal com o Dr. Ruy Lourenço Filho, em 1997).

[12] Sobre a produção escrita de Lourenço Filho relativa à leitura e a temas correlatos, ver, sobretudo: Mortatti (2001) e Bertoletti (2006b, 2012).

[13] Levi Fernandes Carneiro nasceu em Niterói/RJ, no dia 8 de agosto de 1882, e faleceu no Rio de Janeiro/RJ, no dia 5 de setembro de 1971. Foi jurista e ensaísta, tendo sido eleito membro da Academia Brasileira de Letras, para a Cadeira n.27, no dia 23 de julho de 1936, e recebido no dia 7 de agosto de 1937. (ACADEMIA BRASILEIRA DE LETRAS, 2013).

[14] O documento não está datado, mas por indicação de seu conteúdo, foi possível identificar a data de produção: 1953.

Na produção como escritor de livros didáticos, Lourenço Filho garantiu prestígio e reconhecimento a seu nome, em nível nacional, graças à exitosa trajetória editorial de sua produção didática[15] e ao caráter inovador e sintonizado com as necessidades e urgências de sua época, presente nessa produção, sendo essa a faceta mais destacada em sua obra, de acordo com Ruy Lourenço Filho (1997).

Resultante da conferência realizada por Levi Carneiro, no Instituto de Estudos Brasileiros, o debate entre ele e Lourenço Filho consistiu em acalorada discussão sobre a questão do livro no Brasil.[16] O primeiro, ressaltando a importância e necessidade dos livros como "[...] instrumento precioso de cultura", acusou a escola ativa, por sua "[...] reação anti-livresca", como responsável pela decadência do livro no Brasil. Baseando-se no escritor francês, Jorge Duhamel, Carneiro (1938) apontou "instrumentos modernos", tais como o cinema, o rádio e o jornal, como formas diferentes e menos exigentes de cultura, que vinham contribuindo para a "era da confusão". Além disso, relacionou o destino da humanidade ao destino do livro e aproveitou para avaliar que, no Brasil, "[...] é preciso não esquecer que, em nossos dias, se teem destruido, sistematicamente, milhões de livros, com a preocupação de exterminar certas culturas, de combater certas orientações doutrinarias ou políticas." (CARNEIRO, 1938, p. 87). Carneiro também enfatizou outros fatores que via como problemas que "conspiravam" contra o livro: a falta de bibliotecas e de livreiros preparados para orientar as leituras, os direitos autorais que atrapalhavam a difusão da cultura e as traduções de originais franceses, muitas vezes mal feitas, que impediam a leitura do texto na língua original.

Nesse debate, Lourenço esclareceu que a escola ativa não condenava o livro, mas o livro-único, ressaltando que a criação de bibliotecas escolares nos estados da federação se devia, exatamente, à ação da escola ativa. Contestando as ideias de Carneiro apoiadas em Duhamel, Lourenço Filho defendeu a não existência de decadência do livro brasileiro, mas a do livro francês "como livro universal"; destacou o cinema e o rádio como formas diferentes de cultura e mostrou-se favorável ao aumento do número

---

[15] As diferentes edições e tiragens dos livros didáticos para ensino de leitura e escrita e de literatura infantil de Lourenço Filho encontram-se em: Bertoletti (1997, 2006a, 2006b, 2012).

[16] O debate também contou com o posicionamento de Afrânio Peixoto, José Leite, Paulo Azevedo e Ribas Carneiro.

de publicações e de traduções, mesmo que mal feitas, "[...] porque os maus livros se combatem com outros livros bons [...]" (LOURENÇO FILHO, 1938, p. 96), como forma de transformar a língua portuguesa em língua de cultura.

Carneiro acusou Lourenço Filho de não ter lido o livro de Duhamel, afirmando que este não focalizara a crise do livro francês, mas a crise mundial do livro. Lourenço Filho contestou, garantindo que lera o livro mencionado e que este estava errado, exatamente por ter generalizado a questão. O jurista Carneiro (1938) insistiu no assunto e acusou Lourenço Filho de

> [...] homem do Distrito Federal. V. Ex. não está vendo, no seu otimismo, de chefe de um magnífico serviço do Distrito Federal, não está vendo o Brasil. V. Ex. tem o otimismo do funcionário bem instalado. [...] E essa crise V. Ex. não vê, porque não quer ver, porque tem seus oculos côr de rosa. (CARNEIRO, 1938, p. 102).

O contendor considerou, ainda, que o aumento de livros, no Brasil, não vinha sendo compatível com a demanda de leitores e que não havia decadência na língua francesa, sendo esta "instrumento insuperável de cultura", assim concluindo:

> [...] affirmar-se que eu trouxe para aqui um assunto que Duhamel imaginou atravez das agruras dos editores francêses e que transplantei para o Brasil, fantasiosamente – é um esforço de imaginação, não meu, mas do ilustre contraditor.
>
> Verdadeiramente, é preciso ter um otimismo invejável e pairar numa esfera muito acima das dificuldades que estamos a enfrentar, para poder contrapôr à minha afirmação, corroborada, brilhantemente, desde logo por dois grandes editores e por um grande escritor, a de que não há crise do livro no Brasil e que nunca estivemos melhor, no Brasil, em matéria de livros e de edições! (CARNEIRO, 1938, p. 103).

Talvez pela acusação de crise no setor livreiro, Lourenço Filho tenha proposto a ficha de avaliação de livros didáticos,[17] como necessidade

[17] Não consegui precisar, até o momento, para quem foi endereçada a proposição, mas posso interpretar que foi aos membros da CNLD, devido à similitude entre a ficha proposta por Lourenço Filho e a utilizada para avaliação dos livros didáticos, conforme apresentei no tópico anterior.

de "[...] julgamento objetivo dos livros escolares", para garantir "[...] um julgamento impessoal, que permita a apuração ou rejeição dos livros destinados às crianças, impedindo a propagação dos maus" e para "[...] indicações que concorram para a melhoria dos compêndios, por parte dos editores e autores" (LOURENÇO FILHO, [194-], p. 1). Para isso, Lourenço Filho encaminhou sugestão de ficha e solicitou a colaboração dos interessados na avaliação de sua sugestão, mediante resposta às seguintes questões:

> 1. Julga completas para a apreciação dos livros didáticos, os itens que constam na ficha?
> 2. No caso negativo, que acréscimos ou modificações sugere?
> 3. Julga possível reduzir os itens a avaliações numéricas e, em caso afirmativo, que percentagem atribue a cada um dos itens? (LOURENÇO FILHO, [194-], p. 1).

De acordo com a sugestão de Lourenço Filho, os livros didáticos deveriam ser avaliados em sua "feição material" e em seu "conteúdo". Assim, elencou os itens que considerava necessários em cada aspecto e apresentou uma síntese explicativa de cada item. Em relação à "feição material", levou em conta:

> 1. formato (dimensões) a) altura b) largura c) proporção
> 2. encadernação a) aspecto b) durabilidade c) colorido da capa
> 3. papel a) estrutura b) espessura c) côr
> 4. impressão a) corpo b) tipo c) entrelinha d) comprimento da linha e) separação das palavras f) tinta g) gosto
> 5. gravuras a)impressão b) propriedade no assunto c) propriedade na execução d) variedade de assunto e) gosto na escôlha. (LOURENÇO FILHO, [194-], p. 2).

Quanto ao "conteúdo", considerou:

> 1. Exatidão das noções expostas
> 2. Linguagem
> a) propriedade em relação ao grau de ensino
> b) propriedade em relação à idade
> c) propriedade em relação ao assunto. (LOURENÇO FILHO, [194-], p. 3).

Seguindo essas preocupações, no documento *O problema do livro didático* – notas para o Sr. Ministro, Lourenço Filho (1953) destacou a importância do tema e a necessidade de que fosse visto de maneira objetiva, preliminarmente, recolhendo dados sobre a produção, circulação e venda de livros, reconhecidos por ele como problemas.

Para analisar o primeiro problema, baseou-se nos dados do memorial enviado pela Câmara Brasileira do Livro ao Presidente da República e ao Ministro da Educação e Saúde, em 1951, sublinhando o aumento do preço dos livros como menor que o de outros produtos industriais e que mudanças nos programas e ortográficas vinham acarretando dificuldades ao setor. Em relação ao segundo problema, referiu-se às dificuldades de frete e transporte, assim como de dependência à existência de agentes para circulação de livros didáticos. No que concerne ao terceiro problema, contabilizou o custo da impressão, da distribuição, do preço do papel e da produção em massa, como determinantes do preço de venda e dos lucros do setor. Em vista disso, Lourenço Filho (1953) propôs ao Ministério da Educação e Cultura que criasse cooperativas escolares para reduzir o preço dos livros, quando houvesse ausência de revendedor; distribuísse gratuitamente livros didáticos nas escolas primárias do país; produzisse ou fabricasse livros para distribuição ou venda a baixo custo.

Em 1961, Lourenço Filho redigiu o mencionado documento *Livros didáticos*, em resposta às questões feitas pelo Ministério da Educação e Cultura.

A resposta de Lourenço Filho

A resposta de Lourenço Filho sobre a questão do livro didático no Brasil, no documento mencionado, foi datilografada, em dezembro de 1961, em dez páginas numeradas, datadas e assinadas por ele.

Em resposta à primeira pergunta, para avaliar se o livro didático brasileiro estava à altura de servir ao desenvolvimento tecnológico para desenvolvimento econômico, Lourenço Filho (1961) considerou necessário esclarecer dois pontos: um relativo ao regime de produção e utilização do livro didático no país e, outro, atinente ao papel do livro didático no progresso tecnológico.

Segundo Lourenço Filho (1961), a questão do livro didático estava condicionada à questão dos programas de ensino e normas complementares, haja vista sua obediência direta às normas oficialmente adotadas para o ensino primário e secundário, conforme a legislação do livro didático. Assim, para o autor, a responsabilidade pelo fato de os livros didáticos não atenderem ao desenvolvimento tecnológico necessário não podia ser atribuída a autores e editores, mas ao próprio Ministério da Educação, que, na legislação sobre o livro didático, imputava aos livros a obrigatoriedade de seguir normas oficialmente definidas.

Essa análise negativa foi feita pelo autor, especialmente em relação ao ensino secundário, no qual, a seu ver, planos e programas não atendiam ao progresso tecnológico. Quanto ao ensino primário, Lourenço Filho (1961, p. 2) aludiu à necessidade de "[...] vasta investigação, fundada em critérios de avaliação objetiva", embora tenha mencionado o estudo realizado, em 1956, pela Organização das Nações Unidas para a Educação, a Ciência e a Cultura (UNESCO), publicado em francês, inglês e espanhol e, em português, em seu livro *Educação Comparada*, publicado em 1961. No ensino superior, como não havia exigência legal de registro e autorização de uso de livros didáticos, Lourenço Filho qualificou a situação de mais positiva, pois havia a criação de um mercado complementar e de profissionais em serviço.

Desse modo, salientou Lourenço Filho:

> a) quaisquer deficiências quantitativas e qualitativas existentes na produção dos livros didáticos para o ensino primário e médio (e elas são inegáveis) quanto ao desenvolvimento tecnológico, só poderão ser atribuídas à deficiência de orientação dos planos de ensino e programas oficiais, a que tais livros obrigatoriamente devem atender;
> b) quanto ao ensino superior, onde não existe exigência, observa-se, nos últimos tempos, especialmente por expansão de mercado e dificuldades na importação de livros estrangeiros, melhoria crescente; dizemos **especialmente** porque outra razão concorre, a da incapacidade quase geral dos alunos de lerem textos que não sejam em português e espanhol. Essa é também uma das razões (embora não única) de manterem os professores de ensino superior o regime de apostilas mimeografadas. (LOURENÇO FILHO, 1961, p. 3, grifos do autor).

Quanto ao lugar do livro didático no progresso tecnológico, Lourenço Filho pontuou que, malgrado o livro didático fosse um instrumento importante e original na formação do espírito tecnológico dos estudantes, a predominância de um "ensino verbal" e "livresco", ocasionado pela falta de preparo de professores e das condições de organização e administração escolar, podia representar uma distorção desse espírito. Para ele, fazia-se necessário que "[...] as escolas passem a compreender que a sua tarefa não é a de ministrar conhecimentos verbais, mas sim de encarar uma *problemática*, a de integrar a vida dos alunos nas realidades da comunidade próxima, local, regional, nacional." (LOURENÇO FILHO, 1961, p. 4, grifos do autor). E acrescentou:

> [...] que as escolas tenham recursos para ensino experimental, coisas, instrumentos, pequenas oficinas, laboratórios e bem providos onde seja necessário; e que associem também seu trabalho aos das iniciativas de produção econômica da localidade, e da região. Certo que livros didáticos apropriados em tudo isso importarão sempre. Mas, mesmo os melhores textos poderão ser utilizados de forma aberrante ou formas aberrantes podem comunicar-se aos próprios livros. (LOURENÇO FILHO, 1961, p. 4).

Assim, Lourenço Filho, exemplificou a "aberração" feita ao ensino intuitivo, propagado no fim do século XIX e início do XX, no Brasil, no qual livros de "Lições de Coisas" eram centrados em perguntas e respostas que os alunos tinham que decorar, "[...] a fim de repeti-las em arguições, sabatinas e exames." (LOURENÇO FILHO, 1961, p. 5).

A segunda pergunta, sobre seu ponto de vista a respeito do livro-único, Lourenço Filho buscou analisar de um ponto de vista ao mesmo tempo filosófico e econômico.

De acordo com Lourenço Filho (1961), livro-único é aquele concebido como um só texto didático em todas as escolas ou graus, ou como vários livros, mas de orientação uniforme, por imposição governamental, geralmente produzidos diretamente pelo governo ou por instituições para esse fim organizadas. Esses livros procedem "[...] dos governos totalitários, nazistas ou fascistas, e também comunistas." (LOURENÇO FILHO, 1961, p. 5). Assim, o autor posicionou-se contrário à ideia de livro-único, baseando-se tanto no ponto de vista da filosofia política, centrada no direito à liberdade, quanto no da filosofia pedagógica ou técnica, respaldado por conclusões de estudo realizado pelo *Bureau International d' Education*, UNESCO e *Office of Education*, a saber:

> a) o livro-único impede a renovação dos conhecimentos;
> b) impede por igual o progresso das técnicas pedagógicas, fundado na experimentação;
> c) retira dos mestres a iniciativa de escolher, entre textos igualmente bons, os que mais convenham à sua escola, seja pelas condições do ambiente, adiantamento dos alunos ou mesmo a preparação do professor;
> d) em países extensos, com variações culturais diversas e níveis variáveis de progresso tecnológico, impede a elaboração e circulação de textos que atendam às necessidades regionais;
> e) impede, enfim, o reajustamento dos programas de ensino, pois inverte a relação programas-textos, nesta outro texto-único-programa. (LOURENÇO FILHO, 1961, p. 6).

Quanto à ideia de que o livro-único correspondia à economia que poderia baratear o ensino, Lourenço Filho posicionou-se contundentemente contrário ao fundamento que a sustentava: o de que o uso de somente um livro levava ao crescimento do mercado e, aumentando-se o número de edições, diminuíam-se o custo industrial e o preço de venda. Para esse autor, os gastos anuais com livros didáticos, pelos alunos ou por seus familiares, não ultrapassavam os gastos com entradas de cinema ou com sorvetes. Além disso, não eram garantia de barateamento das edições, nem as "edições oficiais", devido às despesas com estocagem, embalagem, distribuição e contabilidade, nem tampouco a ideia de produção de livros didáticos por encomenda a empresas particulares, pois isso representaria um complicador ao "[...] regime de livre-concorrência, introduzindo nele fatores de muito difícil controle quanto ao aspecto da escolha das editoras e, mais ainda, dos originais a editar." (LOURENÇO FILHO, 1961, p. 9).

Lourenço Filho (1961) mencionou nomes de países que adotavam o regime de distribuição gratuita de livros no ensino primário, seja como doação ou para propriedade dos alunos, seja como empréstimo, permanecendo os livros como propriedade da escola, considerando essa uma ideia de "providência governamental".

Considerações finais

Como se pode perceber, questionado sobre o livro didático pelo Ministério da Educação e Cultura, em 1961, Lourenço Filho não se privou, em sua resposta, de analisar e pontuar o problema, nem tampouco de emitir sua opinião, baseando-se na obra de uma vida, permeada pelas questões da educação, na qual aspectos relativos ao livro didático estiveram bastantes presentes.

É importante ressaltar que, mais que uma questão, o livro didático constituía um "problema", apontado por Lourenço Filho, mas aparente em toda legislação sobre esse assunto e nos debates e ideias de instituições voltadas para ele.

Sintonizado com as urgências e necessidades de sua época, portanto, quando o livro didático era considerado problema a ser resolvido, seja pela legislação e controle, seja pelo debate e reflexões, Lourenço Filho participou ativamente dessas discussões, prescrições e elaborações, em textos teóricos, regulamentações e livros didáticos.

Certamente, a busca do Ministério da Educação e Cultura por sua resposta era o reconhecimento de toda essa produção. De fato, Lourenço Filho "falava" de um lugar no qual leitura, literatura e livros – incluídos os didáticos – eram meios para se alcançarem os fins da educação, e esta, o meio de garantia da reforma da sociedade. Sua resposta é síntese de sua época, quer por sua preocupação com as reformas nos programas e ortográficas que afetavam diretamente o setor livreiro no país, quer na produção de uma ficha de avaliação, seja na preocupação com a centralização ou descentralização da política do livro didático, seja na concorrência entre editores e não adoção do livro-único, nem de edições exclusivamente oficiais.

Como se pode perceber pela atuação de Lourenço Filho, destacando-se sua resposta às perguntas do Ministério da Educação e Cultura, em 1961, grande foi a influência desse educador e intelectual sobre os rumos que a política sobre o livro didático tomou, no Brasil. Talvez possa até arriscar-me a afirmar que a ideia do livro não consumível, criada e adotada no Brasil, anos depois, e da distribuição gratuita de livros tenha sido gestada na resposta de Lourenço Filho, analisada neste artigo.

Desta feita, posso reafirmar que sua resposta é representativa das ações do Estado sobre o movimento editorial de livros didáticos, no Brasil, e que conhecer e analisar a atuação de Lourenço Filho relativamente à produção sobre o livro didático seja relevante e necessário.

Referências

ABU-MEHRY, N. F. *Centenário de Lourenço Filho*. Rio de Janeiro: Associação Brasileira de Educação, 1997.

ACADEMIA BRASILEIRA DE LETRAS. *Levi Carneiro*. Rio de Janeiro, 2013. Disponível em: <http://www.academia.org.br/abl/cgi/cgilua.exe/sys/start.htm?infoid=759&sid=271>. Acesso em: 25 set. 2013.

BERTOLLETTI, E. N. M. *Cartilha do povo e Upa, cavalinho!*: o projeto de alfabetização de Lourenço Filho. 1997. 129 f. Dissertação (Mestrado em Educação) - Faculdade de Filosofia e Ciências, Universidade Estadual Paulista, Marília, 1997.

______. *Lourenço Filho e a alfabetização*: um estudo de *Cartilha do povo* e da Cartilha *Upa, cavalinho!* São Paulo: Ed. UNESP, 2006a.

______. *A produção de Lourenço Filho sobre e de literatura infantil e juvenil (1942-1968):* fundação de uma tradição. 2006. 275 f. Tese (Doutorado em Educação) - Faculdade de Filosofia e Ciências, Universidade Estadual Paulista, Marília, 2006b.

______. *Lourenço Filho e literatura infantil e juvenil*. São Paulo: Ed. UNESP, 2012.

BRASIL. Ministério da Educação e Saúde. *Ofício*. Rio de Janeiro, 1947. Não paginado. Ofício do Ministério da Educação e Saúde ao Senhor Jorge Saraiva, Presidente da Câmara Brasileira do Livro.

______. Ministério da Educação e Saúde. *Questões*. Rio de Janeiro, 1961. Não paginado. Perguntas do Ministério da Educação e Saúde a Lourenço Filho sobre o livro didático.

CÂMARA BRASILEIRA DO LIVRO. *Cópia do Memorial enviado pela Câmara Brasileira do Livro aos Srs. Presidente da República e Ministro da Educação e Saúde, sobre atuais questões do livro didático*. São Paulo, 1951.

CARNEIRO, L. O problema do livro nacional. *Estudos Brasileiros*, Rio de Janeiro, v. 1, n. 1, p. 83-93, jul./ago. 1938.

DONATO, H. *Cem anos de Melhoramentos:* 1890-1990. São Paulo: Melhoramentos, 1990.

FERREIRA, R. C. C. *A Comissão Nacional do Livro Didático durante o Estado Novo (1937-1945)*. 2008. 139 f. Dissertação (Mestrado em História) - Faculdade de Ciências e Letras, Universidade Estadual Paulista, Assis, 2008.

FILGUEIRAS, J. M. Os processos de avaliação de livros didáticos na Comissão Nacional do Livro Didático. In: ENCONTRO REGIONAL DE HISTÓRIA: poder, violência e exclusão, 19., 2008, São Paulo. *Anais...* São Paulo: ANPUH/SP, USP, 2008. Disponível em: <http://www.anpuhsp.org.br/sp/downloads/CD%20 XIX/PDF/Autores%20e%20Artigos/Juliana%20Miranda%20Filgueiras.pdf>. Acesso em: 15 set. 2013.

FRANCO, M. L. A política do livro didático a nível de legislação. *Plural*, São Paulo, v. 3, n. 6, p. 25-41, 1980.

LOURENÇO FILHO, M. B. O problema do livro nacional. Debate na Conferência de Levi Carneiro. *Estudos Brasileiros*, Rio de Janeiro, v. 1, n. 1, p. 83-93. jul./ago. 1938.

______. *Sugestão de ficha de avaliação de livros didáticos*. Rio de Janeiro, [194-].

______. *O problema do livro didático*: notas para o Sr. Ministro. Rio de Janeiro, 1953.

______. *Livros didáticos*. Rio de Janeiro, 1961. Resposta de Lourenço Filho a duas questões sobre o livro didático.

LOURENÇO FILHO, R. Lourenço Filho, escritor. In: MONARCHA, C. (Org.). *Centenário de Lourenço Filho:* 1897-1970. Londrina: Universidade Estadual de Londrina; Marília: Universidade Estadual Paulista; Rio de Janeiro: Associação Brasileira de Educação, 1997. p. 17-45.

MAGNANI, M. R. M. *Os sentidos da alfabetização*: a "questão dos métodos" e a constituição de um objeto de estudo (São Paulo/1876-1994). 1997. 389 f. Tese (Livre-Docência em Metodologia do Ensino de 1º Grau/Alfabetização) - Faculdade de Ciências e Tecnologia, Universidade Estadual Paulista, Presidente Prudente, 1997.

MONARCHA, C.; LOURENÇO FILHO, R. (Org.). *Por Lourenço Filho:* uma biobibliografía. Brasília, DF: MEC/INEP, 2001. (Coleção Lourenço Filho).

MORTATTI, M. R. L. *Os sentidos da alfabetização*: São Paulo - 1876/1994. Brasília, DF: MEC/INEP/COMPED; São Paulo: Ed. UNESP, 2000.

______. Produção didática e de literatura infantil. In: MONARCHA, C.; LOURENÇO FILHO, R. (Org.). *Por Lourenço Filho*: uma biobibliografia. Brasília, DF: INEP, MEC, 2001. p. 127-134.

Autores e autoras de livros em Minas Gerais: entre Estado, edição e métodos para o ensino inicial da leitura e escrita (1889-1980)

Isabel Cristina Alves da Silva Frade

A compreensão sobre as práticas profissionais que vêm cercando a produção de um texto impresso, antes que ele chegue aos seus leitores finais, permite evidenciar as condições sócio-históricas envolvidas na produção, na difusão e na circulação da cultura escrita e, no caso deste artigo, as condições sócio-históricas que determinam a alfabetização no estado de Minas Gerais. Pode-se afirmar que o fato de existirem autor e texto não garante as condições para produção, circulação e uso dos livros, pois a sua produção deve ser submetida a uma ordem dos livros (CHARTIER, 1994, 1996, 2002). Assim, a ordem dos livros didáticos, além do diálogo com uma cultura pedagógica, é configurada por questões de financiamento, compra, distribuição, divulgação e uso pelos governos e pelo mercado editorial.

Trabalhos de Munakata (1997), Razzini (2010), assim como os de Batista e Galvão (2009), revelam uma tendência – que se vem fortalecendo no Brasil –, nos estudos da história dos livros didáticos, a se ir além da discussão de métodos pedagógicos para pensar esse objeto. Daí, a necessidade de se buscar uma visão ecológica do livro didático denominado "cartilha", visto que esta é produto de um conjunto de relações (CHOPPIN, 2002). Darnton (1995) sugere um modelo geral para a análise de como os livros surgem e se difundem na sociedade e chama a atenção para a necessidade de se entender cada "etapa" do circuito que propõe, de forma relacionada às demais, objetivando alcançar uma perspectiva mais integrada do livro como meio de comunicação.

Se os estudos relativos à história dos livros, como o de Chartier (1994), trazem contribuições valiosas para o entendimento das relações dos autores com o mundo da cultura escrita, a Bibliografia Material e a Sociologia de Textos, campos consolidados por Mckenzie (1991), conduzem a uma perspectiva teórico-metodológica que, ao contemplar uma análise material dos suportes e dos sentidos, também entende os textos como produções sociais. Ou seja, existe uma dinâmica humana e institucional de sua produção e de sua conservação. Os livros para alfabetizar, então, precisam ser estudados na sua especificidade gráfica e de uso, para além da discussão de sua metodologia, e sempre no diálogo com outros materiais que os antecedem historicamente, assim como os que os sucedem, numa sequência de uso – os livros de leitura, por exemplo (FRADE, 2010a, 2012). É a partir de um olhar comparativo que conseguimos compreender aspectos materiais e simbólicos que constroem a especificidade de livros para iniciantes. Além disso, a pragmática de seu uso também pode explicar a sua permanência ou efemeridade e mesmo o deslocamento de práticas de leitura do mesmo suporte que vão além do que foi projetado pelo autor.

Assumindo que "[...] tudo o que está no livro nos reenvia para fora dele" (BELO, 2002, p. 104; DARNTON, 1995) e analisando o objeto livro em seu circuito de comunicação, os dados eleitos para estudo neste artigo se referem às relações recuperadas nos livros e fora deles, sobretudo quando esses dados se referem aos motivos da produção de determinado autor, aos aspectos específicos de sua forma de produção e, mesmo, à rede de relações que permitem a divulgação de seu trabalho. Um dos problemas para recuperar dados da produção que se relacionam com alguma rede de influência não destacada nos manuais – como as relações com o mundo editorial – é a não disponibilização de contratos de editoras com seus autores, ou até a falta de profissionalização do trabalho do autor de livros didáticos, em determinados períodos. Os dados trabalhados neste artigo são oriundos de fontes documentais encontradas em livros de leitura, cartilhas ou *pré-livros,*[1] de correspondências do Arquivo Público Mineiro que

[1] O termo "pré-livro" é uma designação dos livros de alfabetização que foram produzidos, no Brasil, com base no método global. O material impresso apresenta características específicas, como folhas soltas que vão sendo distribuídas e compiladas, à medida que os contos ou histórias são apresentados, até compor o conjunto de

mencionam relações comerciais, compras e vendas de livros, além de outros estudos bibliográficos. Para o período posterior a 1950, são utilizadas entrevistas com autoras, concedidas a partir de um projeto de história oral.

Tendo em vista esses pressupostos, este artigo visa a tratar de alguns aspectos referentes à relação dos autores com o mundo editorial e problematizar as relações que autores mineiros desenvolvem no cenário educacional e o modo como são recrutados ou mobilizados para a produção de suas obras, considerando as redes de sociabilidade, as reformas educacionais, os movimentos pedagógicos e outras motivações pessoais, partindo das seguintes indagações:

a) *Em relação ao contexto educacional* – As cartilhas produzidas entre o final do século XIX e o início do século XX se valeram de quais contextos pedagógicos? Haveria ligação entre uma política educacional e a produção de livros? Os autores de cartilhas eram professores primários, de cursos de formação, gestores do sistema, intelectuais? Eles ocuparam lugares privilegiados na hierarquia educacional?

b) *Em relação às motivações para a produção* – A produção se originou numa prática profissional de alfabetizador consolidada, ou em movimentos de inovação? As cartilhas seriam testadas antes, em classes de alfabetização? O que leva um autor a produzir um livro: a distinção em relação aos outros livros que vieram antes, ou o valor simbólico de produzir?

c) *Em relação aos processos editoriais e autorais* – No caso dos autores de cartilhas do período em questão, havia processos de profissionalização? Como se fazia seu recrutamento para a produção? Quem são os autores das cartilhas, no emaranhado de relações/mediações que cercam a produção dos impressos? Qual é o nível de participação desses profissionais, na definição e na construção do impresso? Seu conhecimento e sua participação baseavam-se num saber pedagógico sobre um método, ou se ampliavam mediante interlocuções com ilustradores ou projetistas gráficos? Até que ponto autores não profissionais e profissionais de cartilhas e livros didáti-

histórias. Geralmente, as lições individuais do aluno são a reprodução, em ponto pequeno, de um cartaz de classe. As páginas com os textos completos podem ou não ser acrescidas de páginas com texto dividido em sentenças, páginas com frases divididas em palavras, páginas com palavras divididas em sílabas, para serem recortadas em função de uma segmentação gráfica e colecionadas em envelopes. Essa estratégia possibilita montar e desmontar unidades linguísticas e o próprio "livro".

cos tinham o poder de determinar movimentos da edição, na relação de forças que estabeleceram com o mercado editorial, com as necessidades de uma política educacional, ou com um problema pedagógico?

Aspectos gerais ligados aos autores e à produção de suas obras

O Quadro 1, abaixo, focaliza os autores, o método de alfabetização que defendiam e datas que permitem avaliar o possível período de edição dos seus livros, embora a maioria das obras consultadas não apresente data da primeira edição, o que nos levou a apurar algumas informações editoriais, consultando outros estudos sobre o autor ou mediante algumas entrevistas concedidas.

AUTOR	MÉTODO	Ano/Edição/data de impressão
Maria Guilhermina Loureiro de Andrade	Palavração	1894
Artur Joviano	Método de Palavração	1907
Anna Cintra	Método Eclético (palavração)	1919
Anita Fonseca	Método Global de Contos	1940
Lucia Casasanta	Método Global de Contos	1954
João Lúcio	Método eclético/Global	1939 (?) 1945 (?)
Helena Jorge	Método Global de contos	1957 (data da impressão?)
Magdala Lisboa Bacha	Método Eclético	1962
Maria Yvonne Atalécio	Método Eclético	1967
Maria Serafina de Freitas	Método Global de Contos	1968
Iêda Dias da Silva	Método Eclético	1971
Therezinha Casasanta	Método Misto	1978
Elisa Barbosa	Método Global de Contos	1984

Quadro 1 – Autores, métodos e ano (ordem cronológica).

Fonte: Elaborado pela autora.

O quadro mostra a predominância de mulheres como autoras de livros didáticos e a tendência ao emprego de métodos analíticos, no estado de Minas Gerais, com algumas variações, que podem ser entendidas, se vincularmos os autores a uma rede de influências de cunho mais intelectual e pedagógico, ou o seu pertencimento a uma rede institucional ligada ao mundo da escola, ou ao mundo do livro. Esses dados, os quais serão tratados mais adiante, revelam que essas ordens são produzidas mediante negociações ou variações em torno de modelos pedagógicos, modelos de livros, incluindo suas materialidades, políticas educacionais do período e demandas de editoras. Embora a produção desses autores não possa ser detalhada no âmbito deste artigo, alguns exemplos serão mais bem explorados para revelar aspectos que se destacam nessa rede, que não é homogênea, nem em relação aos métodos adotados, nem com respeito ao modo como os mesmos se relacionam com a rede à qual pertencem, nem quanto ao que motivou a produção de seus livros.

O Quadro 2 mostra a participação dos autores em esferas educacionais, políticas e culturais, o que ajuda a caracterizar a sua influência, seu conhecimento sobre o funcionamento do sistema de ensino e suas demandas pelo livro didático, assim como relações com o Estado[2].

[2] Nesse caso, a palavra "Estado" designa tanto a configuração regional, por tratar-se de autores que trabalharam em Minas Gerais, como as ações do Estado no plano estadual e nacional, que produzem um ordenamento político da educação pública e, consequentemente, da alfabetização, interferindo nos modelos de livros, na compra e adoção de obras.

REFORMA OU PROGRAMA	AUTOR	RELAÇÃO COM O ESTADO E OUTRAS FUNÇÕES
Reforma Caetano de Campos (SP/1890) e Reforma João Pinheiro/Carvalho de Brito (MG, 1906)	Maria Guilhermina Loureiro de Andrade	- Professora - Diretora de escola pública e particular - Membro da Escola Modelo, anexa à Escola Normal/SP - Tradutora - Articulista
Reforma João Pinheiro (1906)	Arthur Joviano	- Livreiro - Jornalista - Professor de Português - Diretor da Escola Normal da Capital - Membro do Conselho Superior de Instrução Pública - Inspetor Escolar e Superintendente de Instrução
Sucede a Reforma João Pinheiro (1906) e antecede a Reforma Francisco Campos	Anna Cintra	- Professora - Diretora do Grupo Cesário Alvim
Reforma João Pinheiro	João Lúcio	- Inspetor Técnico do Ensino da Secretaria do Interior - Secretário Geral da Prefeitura
Reforma Francisco Campos (1927-28)	Lúcia Casasanta	- Fundadora da Escola de Aperfeiçoamento de Minas Gerais - Professora da Cadeira de Língua Portuguesa
Programa de Assistência Brasileiro Americano do Ensino Elementar (1956-1964) com influência até a década de 70	Magdala Lisboa Bacha Maria Yvonne Atalécio	- Professoras de Ensino Primário e Departamento de Linguagem do PABAEE
	Iêda Dias da Silva	- Cargos administrativos na Secretaria de Educação – DAP
	Therezinha Casasanta	- Professora educadora/assistente das classes primárias de demonstração e Centro de Artes Gráficas do PABAEE
	Maria Serafina de Freitas	- Professora/Inspetora, Secretária de Educação do município
	Elisa Barbosa	- Professora de curso de Pedagogia do Instituto de Educação de MG e técnica de SEE/Belo Horizonte
	Helena Jorge	- Sem dados

Quadro 2 – Relações dos autores com o Estado – Minas Gerais.

Fonte: Elaborado pela autora.

Dados de entrevistas evidenciam uma intensa relação que várias autoras passam a estabelecer, desde fins da década de 1930, com a influência intelectual de Lucia Casasanta. No que concerne às posições ocupadas por cada um dos autores na esfera intelectual e pedagógica, há desde professoras e sujeitos sobre os quais não temos informações, até intelectuais e técnicos que participaram de movimentos definidores da produção de livros em Minas Gerais, considerando, principalmente, uma rede de relações criada em torno de inovações.

Relação de autores com programas, reformas e edição: final do século XIX e início do século XX

Em Minas Gerais, no início do século XX, é a partir da Reforma João Pinheiro, de 1906, que se instaura um processo progressivo de implementação da seriação, ordenando as classes por idade, um modo de organização da escola primária que permite também uma nova organização do material escolar (FARIA FILHO, 2003).[3] No mesmo período, instala-se igualmente a obrigatoriedade da utilização do método de palavras[4] para as classes que serão alfabetizadas na escola.

Conforme estudos de Chamon (2008), Maria Guilhermina de Loureiro Andrade se destaca do ponto de vista da sua circulação em mais de uma atividade intelectual, em mais de um sistema de ensino, e por mais de uma região, tendo produzido, em 1894, o *Primeiro Livro de Leitura*, um livro com o método de palavração. Sua atividade editorial extrapola a escola, pois, além de escrever livros didáticos, ela é também tradutora, articulista e reformadora, nos estados de São Paulo e Minas Gerais. Se essa autora avançou muito em relação ao perfil masculino dominante no cenário brasileiro de primeiros livros do período, por que seu livro não se tornou um suporte importante para a Reforma João Pinheiro? Dados disponíveis

[3] Choppin (2002) ressalta que o livro didático só pode ser entendido se ligado ao conjunto de práticas pedagógicas que o conformam: o livro didático se torna necessário, quando é possível separar em níveis e séries um conjunto de conhecimentos ensináveis, sobretudo num contexto de ensino simultâneo, presente a partir do século XIX.

[4] O termo "método de palavras" é utilizado por Arthur Joviano, no prefácio de *Primeira Leitura*, em que menciona a reforma executada pelo Secretário de Interior, Sr. Dr. Carvalho Britto: "Para o ensino da leitura primária prescreveu o methodo da palavra, em substituição ao do syllabismo, por soletração ou vocalização das letras" (JOVIANO, 1910, p. IX).

sobre adoção, compras, remessas e indicações possibilitam verificar a pouca circulação de seu livro, nas escolas. Se é inegável a importância da autoria feminina de um material didático naquele período, nem sempre isso indica disseminação do livro. Chamon (2008) apresenta a hipótese de que era muito alto o custo de um livro impresso nos Estados Unidos, pela editora American Book Company.

No cenário da Reforma João Pinheiro, é o mineiro Arthur Joviano que ocupa um lugar de destaque. Fiel defensor de ideias inovadoras e um cooperador do Estado na Reforma João Pinheiro, foi professor de Português, diretor da Escola Normal de Belo Horizonte, membro do Conselho Superior de Instrução Pública e, logo depois, Inspetor escolar; posteriormente, mudou-se para o Rio de Janeiro, onde desenvolveu atividades relativas à Educação, como Inspetor e Superintendente de Instrução. Conforme indicado em estudo anterior (FRADE, 2010b), sua relação com os livros é mais intensa do que aquela que teve como autor, uma vez que se dedicou, também, ao comércio livreiro.

Como jornalista, foi redator, com Mendes Pimentel e Azevedo Júnior, dos jornais *Estado de Minas*, *Jornal do Povo* e *Folha Pequena*. Prefácios e manuais que acompanham seu *Primeiro Livro de Leitura* indicam conhecimento sobre os teóricos da educação mais importantes da época. Seu envolvimento com a cultura da escrita e com a cultura escolar parece extrapolar a questão dos impressos, visto que consta em sua biografia, ainda, que patenteou móveis específicos para a escola (carteiras, cadeiras, mesas), brinquedos pedagógicos, assim como tinteiros.

Um aspecto que chama a atenção na análise do paratexto do livro *Primeira Leitura* de Joviano é a familiaridade do autor com aspectos legais do mundo do livro, pois ele publicou, nas páginas iniciais desse livro, uma petição de direitos autorais,[5] que enviou ao diretor da Biblioteca Nacional, o Sr. Dr. Manuel Cícero, protocolada em 1908, solicitando confirmação do registro de sua obra naquela biblioteca, feito em 1907. Nas páginas seguintes a essa petição, é publicado o documento de registro, efetuado

[5] "*Exmo. Sr. Dr. Diretor da Bibliotheca Nacional. Dê-se a certidão. Em 29 de janeiro de 1908. Dr. Manoel Cícero.* Arthur Joviano, autor da obra intitulada *Primeira Leitura*, a qual já se acha registrada nesta Bibliotheca, vem respeitosamente requerer a v. exc., afim de resguardar seus interesses, que se digne mandar certificar como foi feito o referido registro e bem assim como foi requerido pelo autor. Nestes termos P. deferimento. Rio de Janeiro, 29 de Janeiro de 1908. – P. P. – Claudino de Oliveira Mello."

no ano seguinte. Ao anexar os documentos às páginas do seu livro, o autor mostra sua preocupação em tornar públicos os registros, o que indicia sua familiaridade com aspectos jurídicos da produção editorial.

Sem constar na lista de livros de maio de 1907 adotados pelo governo de Minas Gerais, o livro de Arthur Joviano é aprovado pelo Conselho Superior da Instrução Pública e aparece no *Boletim Vida Escolar*, 15 dias depois, com a seguinte informação: "O Conselho Superior aprovou o livro *A Primeira Leitura*, do Sr. Arthur Joviano, que ofereceu ao Estado a primeira edição desse trabalho para ser distribuída gratuitamente pelas escolas públicas." (KLINKE, 2001, p. 88). A carta de Arthur Joviano, endereçada ao então Secretário de Interior, Dr. Manoel Thomaz de Carvalho Brito, anexada às páginas iniciais de seu livro *Primeira Leitura* – talvez para agregar maior prestígio à obra, e já respondendo a demandas da Reforma João Pinheiro, de 1906 – dá a entender que sua contribuição foi solicitada e que está prestando um serviço às escolas. Assim, ele mesmo oferece sua edição ao governo.[6]

Diferentemente da maioria dos livros editados na mesma época, de autoria masculina (Hilário Ribeiro, Arnaldo Barreto, João Lucio, Abílio Cesar Borges, Felisberto de Carvalho, Artur Joviano), Anna Cintra desponta como mais uma autora, mas sem a participação em esferas mais amplas, além de ter sido professora e diretora da escola Cesário Alvim, situada em Belo Horizonte/MG, cidade considerada "capital pedagógica do Brasil". Seu livro *Lições para o ensino completo da leitura pela professora Anna Cintra* é baseado na sua experiência, talvez ocupando um lugar de destaque, pelo fato de ser professora/diretora e atuar na prática pedagógica, pois não há dados que permitam constatar que exerceu cargos administrativos, ou de maior relevância, como professora de Escola Normal, ou no campo de inspeção escolar, como foi o caso de alguns autores do período: Artur Joviano, em Minas Gerais, e Arnaldo Barreto, em São Paulo. Sua produção também não se estende aos livros de leitura graduada; é circunscrita ao livro para alfabetizar, o que demonstra que Anna Cintra não se profissionalizou como autora de outras obras didáticas (FRADE; MACIEL, 2012).

[6] "Offereço a primeira edição deste meu trabalho ao governo de Minas, por intermedio de V. Ex., para que mande imprimir e distribuir gratuitamente pelas escolas. Espero que a sua divulgação va combater a rotina dos velhos methodos, substituindo-os, por um processo prático, intuitivo e natural, de ensinar a ler às creanças. De. V. Ex. Patricio e Amigo *Arthur Joviano*. Bello Horizonte, 2 de março de 1907."

Sobre o uso e a circulação do seu livro, ainda que seja em menor escala, se comparado a outros pedidos como aqueles relacionados aos livros de Arthur Joviano, são encontrados, desde 1922, pedidos, recibos e inventários que atestam a sua circulação em Minas Gerais. Há, ainda, dados concretos sobre a sua indicação em programas oficiais.[7] Indicações de adoção oficial e de existência de estoque a ser aproveitado no ano de 1927 também são importantes para confirmar a aprovação e, consequentemente, a adoção do livro nas escolas mineiras.

Uma correspondência da Livraria Francisco Alves evidencia igualmente sua relação com os programas, embora se possa constatar outro dado: o livro de Anna Cintra é o de menor custo. Em 1927, enquanto o livro *Primeira Leitura*, de Arthur Joviano, custava 1.400 réis líquidos, e o *Livro de Zezé*, de João Lúcio, custava o mesmo preço, o dela podia ser comprado pela Secretaria do Interior por 1.200 réis (Fonte: Arquivo Público Mineiro. Secretaria do Interior. 4155, 1926). A estratégia de encaminhar atestados de uso, mencionada numa carta de colegas professoras, anexada às páginas iniciais do livro de Anna Cintra, dá conta da força exercida pelas suas colegas de ofício, na legitimação de sua obra:

> Exma. Sra. D. Anna Cintra de Carvalho, D. D. Directora do Grupo << Cesario Alvim >>.
> [...] Ufanas de tão proveitoso labor, vimos obrigar-vos a pôr de parte os vossos escrupulos de educadora, rogando-vos acceiteis os attestados que junto vos remettemos e deis todas as providencias necessarias para que, dentro de pouco tempo, possamos obter os mesmos resultados, sem grande trabalho, devido à falta de livros para a recapitulação das lições estudadas.
> Estamos certas de que, si apresentardes o vosso valioso methodo capeado dos respectivos attestados ao Conselho Superior de Instrucção, elle, apreciando a organização methodica do processo, a facilidade da execução do mesmo e o bom resultado obtido, não hesitará em approval-o [...].

A carta acima menciona os escrúpulos de Anna Cintra, o que nos dá indícios de que não está em questão um interesse editorial e comercial na produção do livro, ou seja, o livro está fora de certo ordenamento do

7 "Dirijo-me hoje a V. Excia com o principal objectivo de obter para o estabelecimento de ensino que dirijo, registrado nessa secretaria, o material necessario a completa observancia do regulamento e programa de ensino em vigor. [...] 1 Livro de Anna Cintra [...]." (Fonte: Arquivo Público Mineiro. Secretaria do Interior. 4132 – papeis findos, 1925).

mundo editorial (CHARTIER, 1994). A impressão – pela Imprensa Official do Estado de Minas Gerais – e a consequente aquisição dos direitos das obras de Arthur Joviano e Anna Cintra pela Livraria Francisco Alves, editora com grande capacidade profissional para divulgação e venda, mostram que suas obras podem ter ganhado circulação nacional.[8]

Rede intelectual e cruzamentos com a produção de outros livros para a alfabetização: 1940 a 1984

A produção de livros para a alfabetização em Minas Gerais se intensifica e ganha destaque nacional, a partir do final da década de 1920, quando professores do estado de Minas Gerais vão para a Universidade de Columbia (EUA) estudar os princípios dos métodos globais. Lucia Casasanta, que viajou, entre 1927 e 1929, para Columbia, acompanhando classes de demonstração de escolas anexas ao *Teachers College* daquela universidade, foi fundadora da Escola de Aperfeiçoamento de Minas Gerais, em 1929, para divulgação do movimento escolanovista (MACIEL, 2001). Uma das principais divulgadoras do método global no Brasil, Lucia Casasanta manteve em sua biblioteca obras europeias e americanas, como de Buisson, Javal, Piaget, Claparéde, Decroly, que conviviam com as de William Gray, Buswell, Gates, Pennel e Kusak, Kilpatrick. Comentando sobre outras reformas brasileiras do período, Hilsdorf (2011) afirma que a reforma Francisco Campos, em Minas Gerais, é a que mais se destaca nos aspectos micropedagógicos (o que acontecia na sala de aula, na relação professor/criança), em vez da preocupação com o macropedagógico (a expansão do acesso à educação elementar, na luta contra o analfabetismo). Na reforma mineira, a escola é encarada como ação social, atenta à criança e aos seus interesses, enfatizando-se a introdução da Psicologia Educacional na Escola Normal, que daria as bases científicas do desenvolvimento infantil, com o uso de testes e programas experimentais.

A produção, em Minas Gerais, de livros para o método global, com repercussão nacional, teve seu início pela reforma de Francisco Campos, em 1927. Na década de 1930, Lucia Casasanta incentiva suas alunas

[8] Embora se possa dizer que a obra ganha em relação a melhores condições de divulgação e venda, no caso dos livros de Anna Cintra, chama atenção a pouca alteração no projeto gráfico, aferida pela comparação que pudemos fazer entre as edições das duas editoras.

a criarem e testarem seus livros nas classes de demonstração da Escola de Aperfeiçoamento de Minas Gerais. Foi o caso de *O livro de Lili*, produzido por Anita Fonseca. Publicado em 1940, *O Livro de Lili* teve seu auge com a adoção oficial no estado de Minas Gerais, seguido por vários outros, da mesma tendência metodológica; seu modelo gráfico/metodológico inspirou a produção de livros em outros estados, como *Sarita*, no Rio Grande do Sul. No entanto, o pré-livro *As mais Belas Histórias*, de autoria da divulgadora, usando a história dos três porquinhos, seria produzido apenas em 1954, conforme Maciel (2010).

Lúcia Casasanta influenciou inúmeros autores que vieram depois, seja por ter sido professora de vários deles (Maria Serafina de Freitas, Magdala Lisboa Bacha, Maria Yvonne Atalécio, Therezinha Casasanta), seja por ter inspirado um modelo de livro com estética da literatura (para Iêda Dias da Silva). Influenciou significativamente outra autora, Elisa Barbosa Campos, e, nesse caso, trata-se de fidelidade metodológica, o que explica a produção de um livro já na década de 1980, quando o método global perde terreno para outras tendências.

Dez anos depois de ter feito seu pré-livro – tarefa de curso realizada para a professora Lúcia Casasanta – e de tê-lo abandonado em versão artesanal, essa autora sente-se provocada a publicar um pré-livro. Este saiu, primeiramente, pela Editora Lemi e, depois, pela Vigília, ambas editoras regionais. Em entrevista concedida em 2011, Elisa Barbosa Campos destaca a sua adesão incondicional ao método e menciona o legado deixado a ela, por Lúcia Casasanta, de dar continuidade à divulgação do método global (informação verbal).[9]

O PABAEE em Minas Gerais: influências editoriais e pedagógicas a partir da década de 1950

Estudos de Paiva e Paixão (1997, 2002) abordam a criação, em 22/06/1956, de um acordo de cooperação entre o Brasil e os Estados Unidos, conhecido como Programa de Assistência Brasileiro-Americana ao Ensi-

[9] "A Elisa era lá do Instituto, eu imagino que ela fosse professora formadora, mas não tenho certeza. Inclusive, ela era o maior expoente da demonstração do método global. Minha tia tinha plena confiança nela." (Entrevista concedida por Therezinha Casasanta).

no Elementar (PABAEE), firmado entre o Ministério da Educação e Cultura e a United States Operation Mission – Brasil (USOM-B). O programa visava a enviar aos Estados Unidos instrutores de professores do Ensino Normal para integrar o quadro de instrutores da Escola Normal de Belo Horizonte. Dos centros-piloto previstos para o Brasil, apenas um se efetivou, o do Instituto de Educação de Belo Horizonte. Segundo Paiva e Paixão (1997, 2002), os cursos eram oferecidos para professoras do Curso Normal, supervisores e diretores de escolas primárias e normais e, do final da década de 1950 até o início da década de 1970, o PABAEE trabalhou com cursos, produção e distribuição de material didático, além de assessoria a secretarias de Educação. As autoras citadas observam que a chegada do PABAEE, embora com uma ideologia pragmática, fez reviver os tempos de Francisco Campos e o clima de inovação, "[...] retomando o lugar de vanguarda na educação de que se orgulhavam os mineiros e garantir para Belo Horizonte o título do Capital Pedagógica do Brasil" (PAIVA; PAIXÃO, 1997, p. 12), conquistado na época das reformas de Francisco Campos. O professor Mário Casasanta, um dos pioneiros da Escola Nova – marido de Lúcia e tio de Therezinha – foi nomeado diretor do centro-piloto criado em Minas Gerais, como uma forma de dar sequência ao trabalho desenvolvido por ele, durante a Reforma Francisco Campos (1931).

A implementação do PABAEE intensificou o intercâmbio de professores que, ao fazer parte da equipe desse programa, marcaram uma diferença metodológica na alfabetização. Magdala Lisboa Bacha e Therezinha Casasanta foram as primeiras a seguir para universidades americanas, na turma de 1956, ano de criação do convênio. Entre a instituição do programa e a viagem, transcorreram apenas quatro meses e, na volta, Therezinha Casasanta foi alocada como professora educadora assistente das classes primárias de demonstração, enquanto Magdala Bacha ocupou o Departamento de Linguagem. De 10 estados brasileiros envolvidos, São Paulo ocupa a segunda posição em número de profissionais enviados – 20 –, enquanto Minas Gerais envia 61 professores, incluindo quatro autoras de pré-livros: Therezinha Casasanta (1956/57), Magdala Lisboa Bacha (1956/57), Maria Yvonne Atalécio (1958/59) e Iêda Dias da Silva (1961/62).

Essas autoras mantêm relações com o PABBAE, mas há muitas diferenças na forma como isso ocorre, do ponto de vista da produção de livros.

Magdala e Maria Yvonne têm forte influência da divulgação de seus métodos ecléticos, exercida nas viagens de formação que empreendem pelo Brasil, por esse programa, mas publicam em editoras fora do estado. Aluna do Curso de Aperfeiçoamento para Professores do Ensino Normal (CAPEN), ministrado pelo PABAEE, Iêda Dias da Silva consegue uma bolsa da Secretaria da Educação de Minas Gerais, a qual tem intenção de criar um serviço de supervisão. Iêda vai para um intercâmbio nos EUA, participa de cursos sobre cultura americana, sobre o sistema de educação americano, sobre supervisão e administração escolar. Na volta, passa a fazer parte, em 1963, do PABAEE, numa seção de formação da Secretaria de Educação de Minas Gerais, com intenso trabalho em vários estados brasileiros. Foi nesse contexto que ministrou cursos por todo o Brasil, abordando a expressão oral e o método eclético de Maria Yvonne e Magdala Lisboa Bacha. Se essas viagens reforçaram a adoção dos pré-livros dessas últimas autoras, também proporcionaram para Iêda conhecimento daquilo que faltava nos livros do período: segundo a autora, não havia uma proposta de formação estética/ética da criança, para além do método de alfabetização, conclusão a que chegou ao participar da Comissão do Livro Técnico e do Livro Didático (COLTED).[10] No entanto, foi somente oito anos depois que produziu o seu próprio material, o pré-livro *O Barquinho Amarelo* (FRADE; PEREIRA, 2012).

Por outro lado, Therezinha Casasanta não parece ter-se aproveitado da sua posição de destaque no PABAEE para a produção de seu livro, que não se deu na sequência de sua viagem, embora tenha participado do setor editorial, no Centro de Artes Gráficas do PABAEE após seu retorno e, posteriormente, tenha dado apoio à criação de *A Grafiquinha Ltda* (RODRIGUES; VAZ, 1980, p.45).

Na entrevista realizada com a professora Maria Serafina, uma das autoras que adaptou o método global de contos, no livro *O Circo do Carequinha* (1969), reduzindo suas lições a duas histórias, sob a chancela de Lúcia Casasanta – que fez a apresentação desse livro –, não aparece menção ao PABAEE. Porém, um estudo de Rodrigues e Vaz (1980) revela

[10] A COLTED fazia parte de um acordo de cooperação técnica, econômica e financeira entre o Brasil e o governo americano, e o setor editorial de livros didáticos foi marcado por essa influência, através de acordos assinados pelo Ministério da Educação e pela Agência Internacional de Desenvolvimento (AID), de 1964 a 1968. Um dos acordos, o MEC/USAID visava a atender à educação e aumentar substancialmente a distribuição de livros para alunos (RODRIGUES; VAZ, 1980, p. 32-33).

que havia no corpo editorial de *A Grafiquinha Ltda/Editora Veja*, de Belo Horizonte, professores do Instituto de Educação ligados ao PABAEE.[11] As circunstâncias de sua produção fazem supor que houve, na época, possibilidades de relação entre pesquisas desenvolvidas no PABAEE e a produção de livros didáticos (FRADE; PEREIRA, 2011).

Sobre a influência do contexto PABAEE, destaca-se a produção de Magdala Lisboa Bacha, autora do pré-livro *O presente*. Seu depoimento mostra que nem sempre a intenção inicial é a autoria de um livro; todavia, a reunião de algumas condições acaba configurando essa decisão (informação verbal).[12]

Além da prática de experimentação do livro feita em classes das escolas primárias, chama a atenção, em vários livros ou pré-livros, publicados desde a década de 1920, uma recuperação da ideia de experimentação como metodologia, que se firmou em Minas Gerais e que ajudava a aprimorar os livros. Temos, assim, exemplos: de Anna Cintra; de Maria Serafina de Freitas, que testou seu livro por 10 anos; de Iêda Dias da Silva, que trabalhou com aplicação de seu material em classes de experimentação. E destacam-se, em vários dos pré-livros, os gráficos com resultados testados, numa perspectiva de apresentar evidências quantitativas de sua testagem, mesmo quando o autor não se prende a descrições científicas desse tipo de método.

[11] Consta no manual: "A organização da presente obra teve a orientação técnica do Conselho desta Editora, constituído pelas professoras Nazira Abi-Saber e Therezinha Casasanta, técnicas de Educação da Divisão de Aperfeiçoamento do Professor (DAP) do Centro Regional de Pesquisas Educacionais João Pinheiro".

[12] "[...] fui uma das pioneiras dessa parte e, depois de mim, a professora Maria Yvonne Atalécio Araújo. Então nós duas trabalhamos em uma instituição que se chamava Programa de Assistência Brasileira Americana ao Ensino Elementar. Na volta dos Estados Unidos, fizemos outro curso aqui no Brasil [...] 'Como escrever para crianças...', não me lembro bem o título, mas, o assunto era esse. Eu já trabalhava com o PABAEE; nós não fizemos um curso apenas teórico, ele tinha também parte prática. E na parte prática, nós éramos obrigados a escrever algo, a fim de comprovar que realmente a aprendizagem estava sendo eficiente. E eu então, como estava muito interessada em divulgar o Método Eclético, e no Brasil não havia material com o qual a gente pudesse trabalhar, então eu escrevi um pré-livro, intitulado *O presente*. [...] ele foi escrito neste curso, e depois ele foi mimeografado e experimentado em uma das salas de aula da nossa escola de experimentação. Depois que foi experimentado, ele, então, sofreu várias modificações, por sugestões da professora que estava aplicando, e com observação da própria reação da criança, etc.; não é que então ele realmente se transforma no livro? [...] posteriormente foi então publicado pela editora *Agir* e, junto ao pré-livro – isso foi na década de 1960 – o manual para o professor. O pré-livro também era acompanhado de um caderno de atividades" (Magdala Lisboa Bacha, depoimento).

Tipo de produção e algumas questões editoriais

No perfil da produção didática, constata-se uma diferenciação, pois alguns autores publicaram apenas obras de alfabetização, não investindo em novas demandas, e nem se rendendo a apelos editoriais para a continuidade da produção, como Anna Cintra, Anita Fonseca, Helena Jorge, Maria Serafina de Freitas; outros investiram em séries graduadas e obras didáticas, como Maria Guilhermina Loureiro, Lúcia Casasanta, João Lucio, Iêda Dias da Silva, Magdala Lisboa Bacha; e outros, ainda, concentraram sua produção em obras de literatura infantil. Destaca-se o caso de Arthur Joviano, que produziu livro de alfabetização, coleção graduada, mas, também, móveis e utensílios escolares. Em alguns perfis relacionados ao de tipo de produção, nota-se um cruzamento entre o mundo da literatura e o dos livros didáticos, sendo que uma autora, Therezinha Casasanta, investiu grande parte de sua escrita em obras de literatura (6 livros didáticos e 22 livros de literatura) e escreveu a cartilha *Ora Bolas*, em coautoria com Bartolomeu Campos de Queirós, renomado escritor de literatura.

Se alguns livros não foram classificados como livros de literatura, entrando inicialmente no campo de livros didáticos, foram apropriados como tal, a partir de seus usos, conforme dados de entrevista de Iêda Dias da Silva sobre seus livros e sobre sua formação, que atestam intenções artísticas e literárias imbricadas na produção de seu pré-livro, *O Barquinho Amarelo*, e nos livros de leitura graduada de sua série de publicações.

Chama a atenção também o processo de adaptação de obras bastante conhecidas, como inspiração para se construírem pré-livros, como *As mais Belas histórias – pré-livro* (baseado na história dos Três Porquinhos, de Joseph Jacobs), *Joãozinho e Maria,* de Helena Jorge (baseado na obra dos irmãos Grimm), e *Sítio do Pica-pau Amarelo*, de Therezinha Casasanta (baseado na obra de Monteiro Lobato). Do ponto de vista editorial e pedagógico, isso pode ser compreendido como forma de dialogar com um repertório conhecido das crianças. Além disso, há um caso específico de propriedade de direitos autorais da editora Bloch, que detinha alguns direitos sobre a obra de Monteiro Lobato, o que determinou o convite para a produção do pré-livro inspirado no Sítio do Pica-pau amarelo, feito a Therezinha Casasanta.

O Quadro 3 possibilita verificar a relação dos autores com várias editoras, localizadas na região de Minas Gerais/Belo Horizonte, em outros estados brasileiras, assim como fora do País.

AUTOR	EDITORAS/LOCAL
Maria Guilhermina Loureiro de Andrade	- American Book Company (**New York, Cincinatti, Chicago**) - Ginn & Company (**Boston**) - Typ. e Lith. de Machado (**Rio de Janeiro**) - Imp. Monte Alverno/tradução (**Rio de Janeiro**)
Anita Fonseca	- Editora do Brasil S/A (**São Paulo**) - Livraria Francisco Alves (**Rio de Janeiro**) - São Paulo e Indústria Gráfica Cruzeiro do Sul (**São Paulo**) - Editora Paulo Azevedo Ltda. (**São Paulo**)
Anna Cintra	- Imprensa Official (**Belo Horizonte**) - Livraria Francisco Alves (**Rio de Janeiro/São Paulo/Belo Horizonte**)
Arthur Joviano	- Gibraltar – Typographia Papelaria (**Belo Horizonte**) – dados de nota de compra - Livraria Francisco Alves (**Rio de Janeiro/São Paulo/Belo Horizonte**)
Elisa Barbosa	- Lemi S/A (**Belo Horizonte**) - Editora Vigília (**Belo Horizonte**)
João Lúcio	- Typografia Oliveira & Costa (1os ex. série graduada – **Belo Horizonte**) - Empresa Gráfica da Revista dos Tribunais Ltda. (**São Paulo**) - Livraria Francisco Alves (séries graduadas) - Companhia Editora Nacional (**São Paulo**) – Cedoc/FAE - Alfabetização
Ieda Dias da Silva	- Vigília Ltda. (**Belo Horizonte**)
Lúcia Casasanta	- Ed. do Brasil (**Belo Horizonte**)
Helena Jorge	- Estabelecimentos gráficos Santa Maria S/A (**Belo Horizonte**)
Magdala Lisboa Bacha	- Abril (Educação) (**São Paulo**) - Livraria AGIR Editôra (**Rio de Janeiro**)
Maria Serafina de Freitas	- A Grafiquinha Ltda./Vega (**Belo Horizonte**)
Maria Yvonne Atalécio	- Vigília Ltda. (**Belo Horizonte**)
Therezinha Casasanta	- F.T.D. S/A (**São Paulo**) - Bloch Educação (**Rio de Janeiro**) - Editora Lê (**Belo Horizonte**) - Editora do Brasil - Editora Expressão (**Belo Horizonte**)

Quadro 3 – Autores e suas relações com editoras.

Fonte: Elaborado pela autora.

Tendo em vista os dados, salienta-se a relação de vários autores com gráficas, editoras de pequeno porte e grandes editoras. Sair do País para editar, no caso de Maria Guilhermina Andrade, pode ser um fator que dificultou a encomenda do livro, tendo em vista o alto preço da reprodução e/ou transporte. Se Artur Joviano e Ana Cintra tiveram seus livros comprados pela Livraria Francisco Alves, com grande poder de divulgação, são necessárias mais pesquisas para saber se também circularam em outros estados. Esse é igualmente o caso de João Lucio, com sua série graduada. Os autores que diversificaram sua produção, indo além dos livros de alfabetização, ganharam espaço em grandes editoras, e no país. Enquanto *O livro de Lili* foi editado por várias editoras, alterando-se os contratos autorais, o de Lúcia Casasanta foi reeditado, por várias décadas, pela Editora do Brasil. Alguns autores de pré-livros do método global (Helena Jorge, Maria Serafina de Freitas, Elisa Barbosa) e eclético (Ieda Dias da Silva, Maria Yvonne Atalécio) parecem alcançar condições de edição por editoras locais que trabalharam de forma competente com a divulgação de seus livros. Dentre todos os autores, é inegável o sucesso de Lúcia Casasanta. De acordo com os relatórios emitidos pela Fundação de Apoio ao Estudante (FAE)/Ministério da Educação (MEC), na década de 1980, entre as dez cartilhas mais distribuídas no Brasil pelo Programa Nacional do Livro Didático (PNLD), o pré-livro da Coleção *As mais belas histórias*, de Lúcia Casasanta, era um dos mais requisitados pelas escolas brasileiras (MACIEL, 2010). Segundo a autora, seu pré-livro foi editado ininterruptamente, até o ano de 1994, pela Editora do Brasil.

Supomos que poucos se tornaram autores profissionais, vivendo da pena, e que, mesmo sendo autores os quais sustentaram uma única produção de uma editora, não ganharam nada com o livro. No caso da Editora *A Grafiquinha*, Rodrigues e Vaz sublinham que o seu trabalho mais importante foi justamente a produção da publicação de um conjunto para a alfabetização, a série *O Circo do Carequinha*, cujos milhares de exemplares foram vendidos para serem distribuídos pela COLTED, em vários estados brasileiros. Assim, podemos perceber que não foi apenas em Minas Gerais que esse livro circulou.

No entanto, embora certos livros tenham obtido sucesso, nem sempre isso significa que os autores se renderam a esse êxito. Maria Serafina de Freitas foi solicitada, pela Editora Vega, a completar a sua coleção de livros, do 1º ao 4º ano do curso primário, que já era carro-chefe da alfabetização, na editora, mas ela argumentou que o seu principal objetivo era fazer a criança ler e que, a partir desse ponto, qualquer outro material de leitura seria satisfatório. Vemos, por conseguinte, que Maria Serafina não se interessava em ser uma autora profissional de livros escolares de maior abrangência e mantinha a posição de contribuir com seu trabalho na sua região. Do ponto de vista financeiro, a própria autora declara: "[...] não ganhei nada com o *Circo do Carequinha*, não".

Se consta, na 5ª edição de *Joãozinho e Maria*, que o livro de Helena Jorge foi "Premiado pela Academia Brasileira de Letras", permanece a prática de impressão por encomenda do próprio autor, pois Helena Jorge parece ter encomendado, numa gráfica, a impressão do livro ("Composto e impresso pelos Estabelecimentos Gráficos Santa Maria, S/A de Belo Horizonte, para a professora Helena Jorge – novembro de 1957").

Ao serem entrevistados, vários autores demonstram níveis diferenciados de relação com as práticas envolvidas em alguns contratos de edição. Esse é o caso de Therezinha Casasanta, que afirma preferir ser autora de literatura a ser autora de livro didático, por não ter que ficar a serviço da editora, explicando sua obra. Das obras de literatura, diz obter mais prazer, pois estas não precisam de muita explicação. De fato, ela é a autora que mais produziu obras avulsas de literatura, tendo circulado por diversas editoras. Certamente, não foi a produção de livros de alfabetização a sua principal via de profissionalização; isso ficou claro, quando mencionou que, mesmo sendo convidada a continuar a coleção da Editora Bloch, pela adaptação das obras de Monteiro Lobato, recusou-se, por entender que a fórmula tinha chegado a seu esgotamento no pré-livro.

No caso de Iêda, sobre a escolha pela Editora Vigília, a autora comenta que já ministrava cursos sobre o livro de Maria Yvonne Atalécio, publicado pela mesma editora, e que isso foi uma porta de entrada na empresa, que pretendia trabalhar com dois tipos de livros para a alfabetização. Iêda Dias da Silva relata as viagens para divulgação dos seus livros, exigidas pela editora, nos fins de semana, e os problemas da não edição de um manual do professor que acompanhava o livro, com mais de 200 páginas, pela Editora Vigília, uma vez que esse material não era comprado pelo governo, por encarecer o processo.

Sobre a pressão por modelos de manuais dirigidos ao professor que agregassem valor financeiro à editora, foi bem elucidativo o depoimento de Elisa Barbosa Campos, que se recusou a fazer o manual – o qual a editora requisitou, como fruto de uma ordem do Ministério da Educação e Cultura com respostas em vermelho, para facilitar o trabalho do professor.

Além disso, a compra pelos governos de vários estados brasileiros possivelmente suprimia tanto o manual do professor quanto o caderno de exercícios. No caso de Iêda, que teve ampla adoção de seu livro em vários estados brasileiros, quando se exigiu que ela mudasse o formato do livro, tornando-o material consumível (no livro-texto era preciso constar exercícios), a autora não aceitou. Por isso, a obra muda de circuito, passando a circular na rede privada de ensino, ou a constar nas bibliotecas escolares públicas como livros gerais de leitura, que são apropriados como literatura e não como livro de alfabetização. Assim, se a compra pelo Estado ajuda em determinado momento, uma mudança política, metodológica ou editorial faz com que determinada obra desapareça do circuito oficial das escolas públicas. Nesse caso, o aproveitamento é possível em outros contextos, e Iêda relata: "Eu tenho que agradecer ao diretor da Vigília, pois eu estou vivendo com o saldo de livros que ele me deu".

Considerações finais

Com base no resultado deste estudo, é possível perceber que as circunstâncias de publicação de primeiros livros de leitura/cartilhas/pré-livros, de autores mineiros, ao longo do século XX, foram estratégicas para alguns, ao oferecerem uma produção para uma reforma, ou por terem alta influência intelectual. Entretanto, em vários casos, a publicação foi fruto de esforços dos próprios autores e resultado de experimentações bem-sucedidas de práticas de alfabetização desenvolvidas por eles, ou sob a sua supervisão. Curiosamente, várias publicações decorreram da tarefa escolar de produzir um esboço de livro, no contexto de um curso.

Motivações financeiras não aparecem em vários dados, e é sintomático o depoimento de Iêda Dias da Silva, que diz ter sido responsável pela realização de um trabalho social, a partir do contato que teve com crianças do Brasil todo, durante suas viagens como formadora de professores (FRADE;

PEREIRA, 2012). Há autores que não se aproveitaram do sucesso editorial para dar continuidade a suas produções, mesmo com demandas das editoras, o que reforça a ideia da produção de livro como realização pessoal, em que objetivos financeiros não vêm em primeiro plano. Enquanto uns se aproveitaram de posições de destaque para divulgar e manter a adoção de suas obras, outros se recusaram a continuar produzindo.

Recuperando as relações do Estado com a edição e com os autores, vemos que, em determinados momentos, quando coincide uma reforma com um tipo de material didático, ou quando uma Secretaria de Educação, ou o Governo Federal, adotam livros, há ampla divulgação, ao mesmo tempo em que autor e editoras perdem o controle da negociação, quando se trata de anexar, ou não, materiais complementares, como manuais e livros de exercícios, e quando se trata de piorar a qualidade do impresso, visando ao barateamento de custos. Muitos não participam de acordos das editoras com os programas de compra do governo, não sabendo explicar os fatores que levaram à adoção oficial de seus livros.

A recusa em aceitar novos formatos pode fazer com que determinadas obras desapareçam, ou mudem de circuito. Nesse caso, ainda vale citar o exemplo de Iêda Dias da Silva, a qual se recusou a introduzir no seu livro de leitura os exercícios para torná-lo livro consumível, uma exigência do Estado em sua política nacional, na época. A autora alegou que isso teria influência na recepção estética da obra. O fato de não ter aceitado o novo formato pode ter contribuído para que seu livro saísse da lista oficial de livros a serem comprados, mas sua recusa também resguardou um formato que favoreceu a sua utilização como livro de literatura na rede privada de ensino, e professores que o encontram em bibliotecas escolares públicas, sem os exercícios, fazem uso dele como material de leitura, independentemente da alfabetização. Assim, o modo como o Estado se posiciona em relação às obras e aos seus autores parece contraditório, ao analisarmos os dados das entrevistas Ao comentar sobre uma suposta premiação que seu livro teria recebido do Ministério da Educação, Iêda Dias da Silva declara:

> Em 73, eles fizeram no ministério uma avaliação do todos os livros de didática, e o *Barquinho* tirou o primeiro lugar, de todos os livros de didática, naquela época. Por que eu fiquei sabendo? Eu fiquei sabendo, porque o professor Tarcisio Ferreira tinha ido a Brasília, e ele trouxe a noticia, e me deu a noticia pessoalmente. Depois, tinha uma moça chamada Rosi-

> mere, uma americana, que estava como assessora do Ministério, durante dois anos, e ela tinha participado da avaliação. E ela me contou. E isto foi confirmado depois pela professora Ana Bernardes, que era diretora do Departamento de Ensino Fundamental. Mas isto não saiu, porque as grandes editoras – isto é que chegou até mim, não posso afirmar se seria verdade – não deixaram isso sair. Mas eu acho que não foram as grandes editoras que foram culpadas. Porque o meu editor me disse assim: Se ele tirou o primeiro lugar, pior pra ele. Eu falei: Por quê? Ele falou: Porque aí ele, ele não vai ser é pedido pelos professores.

Esse dado nos faz refletir sobre as razões pelas quais os livros mais bem avaliados no Brasil, no presente, não são os mais pedidos pelos professores. É preciso verificar como os verdadeiros usuários dos livros explicam suas escolhas, como os editores lidam com as ações oficiais, como os autores são incluídos ou não nessas estratégias, entre várias questões que definem o circuito de comunicação de um livro (DARNTON, 1995). Nesse sentido, o caso do pré-livro *O Barquinho Amarelo*, na década de 1970, é bem exemplar.

Referências

BATISTA, A. A. G.; GALVÃO, A. M. O. *Livros escolares de leitura no Brasil:* elementos para uma história. Campinas: Mercado das Letras, 2009.

BELO, A. *História & livro e leitura*. Belo Horizonte: Autêntica, 2002.

CHAMON, C. S. *Escolas em reforma, saberes em trânsito:* a trajetória de Maria Guilhermina Loureiro de Andrade. Belo Horizonte: Autêntica, 2008.

CHARTIER, R. *A ordem dos livros:* leitores, autores e bibliotecas na Europa entre os séculos XIV e XVIII. Tradução Mary del Priore. Brasília, DF: Universidade de Brasília, 1994.

______. *Práticas de leitura*. Tradução Cristiane Nascimento. São Paulo: Estação Liberdade, 1996.

______. *Os desafios da escrita*. Tradução Fúlvia M. L. Moretto. São Paulo: Ed. UNESP, 2002.

CHOPPIN, A. O historiador e o livro escolar. *Revista História da Educação*, Pelotas, v. 6, n. 11, p. 5-24, 2002.

DARNTON, R. *O beijo de Lamourette:* mídia, cultura e revolução. Tradução Denise Bottman. São Paulo: Companhia das Letras, 1995.

FARIA FILHO, L. *História da Educação*. Belo Horizonte: Secretaria Estadual de Educação, 2003. (Coleção Veredas, v. 1-3).

FRADE, I. C. A. S. Livros para ensinar a ler e escrever: uma pequena análise da visualidade de livros produzidos no Brasil, em Portugal e na França, entre os séculos XIX e XX. In: BRAGANÇA, A.; ABREU, M. (Org.). *Impresso no Brasil:* dois séculos de livros brasileiros. São Paulo: Ed. UNESP, 2010a. p. 171-190.

______. Arthur Joviano: um estudo sobre as relações entre autor, Estado, editoras, usuários e sobre o método de palavras em Minas Gerais, no início do século XX. In: SCWARTZ, C.; PERES, E.; FRADE, I. (Org.). *Estudos de história da alfabetização e da leitura na escola*. Vitória: EDUFES, 2010b. p. 209-252.

______. Configurações gráficas de livros brasileiros e franceses para o ensino da leitura e seus possíveis efeitos no uso dos impressos (Séculos XIX e XX). *Revista Brasileira de História da Educação,* Campinas, v. 12, n. 2[29], p. 171-208, maio/ago. 2012.

FRADE, I. C. A. S; MACIEL, F. I. P. Lições para o Ensino completo de leitura de Anna Cintra (1919): estudo da produção de uma professora. In: CONGRESSO LUSO-BRASILEIRO DE HISTÓRIA DA EDUCAÇÃO: rituais, espaços e patrimónios escolares, 9., 2012, Lisboa. *Anais...* Lisboa: Instituto de Educação da Universidade de Lisboa, 2012. v. 1. p. 5095-5107.

FRADE, I. C. A. S.; PEREIRA, A. P. P. História da alfabetização: O Circo do Carequinha no impresso e nas memórias da autora Maria Serafina de Freitas. In: CONGRESSO BRASILEIRO DE HISTÓRIA DA EDUCAÇÃO: invenções, tradições e escritas da história da educação no Brasil, 6., 2011, Vitória. *Anais...* Vitória: UFES, 2011. p. 1-15.

FRADE, I. C. A. S.; PEREIRA, A. P. P. O Barquinho Amarelo: produção e proposta pedagógica de Iêda Dias da Silva, nas décadas de 60 e 70 do século XX, em Minas Gerais. In: CONGRESSO LUSO-BRASILEIRO DE HISTÓRIA DA EDUCAÇÃO: rituais, espaços e patrimónios escolares, 9., 2012, Lisboa. *Anais...* Lisboa: Instituto de Educação da Universidade de Lisboa, 2012. p. 1-13.

HILSDORF, M. L.S. *História da educação brasileira*: leituras. São Paulo: Cengage Learning, 2011.

KLINKE, K. *Escolarização da leitura no ensino primário de Minas Gerais (1906/1930).* Belo Horizonte: FAE/UFMG, 2001. Texto de qualificação para o doutorado apresentado à FAE/UFMG.

MACIEL, F. I. P. *Lucia Casasanta e o método global de contos*: uma contribuição à historia da alfabetização em Minas Gerais. 2001. 157 f. Tese (Doutorado em Educação)-Faculdade de Educação, Universidade Federal de Minas Gerais, Belo Horizonte, 2001.

______. As mais belas histórias de Lili em Minas Gerais. In: BRAGANÇA, A.; ABREU, M. (Org.). *Impresso no Brasil:* dois séculos de livros brasileiros. São Paulo: Ed. UNESP, 2010. p. 553-566.

MCKENZIE, D. F. *La bibliographie et la sociologie des textes.* Paris: Éditions du Cercle de Librarie, 1991.

MUNAKATA, K. *Produzindo livros didáticos e paradidáticos.* 1997. 217 f. Tese (Doutorado em História e Filosofia da Educação)-Pontifica Universidade Católica de São Paulo, São Paulo, 1997.

PAIVA, E. V.; PAIXÃO, L. *O PABAEE*: a volta dos tempos de Francisco Campos e a oposição dos educadores católicos. Brasília, DF: INEP, 1997.

PAIVA, E. V.; PAIXÃO, L. P. *PABAEE (1956-1964):* a americanização do ensino elementar no Brasil? Niterói: Ed. UFF, 2002.

RAZZINI, M. G. São Paulo: cidade dos livros escolares. In: BRAGANÇA, A.; ABREU, M. (Org.). *Impresso no Brasil:* dois séculos de livros brasileiros. São Paulo: Ed. UNESP, 2010. p. 101-120.

RODRIGUES, M. M. ; VAZ, P. B. *Vega:* essai de bilan de dix ans d'experience editorial ao Brésil. La place de la petite entreprise dans le marché du livre brésilien. Paris: Université Paris-Nord – XIII. UER. De Sciences del'Expression et de la Communication-Édition. Villetaneuse, 1980.

Fontes consultadas

ANDRADE, M. G. L. *Primeiro livro de leitura.* New York: American Book Company, 1894.

CASASANTA, L. *As mais belas histórias.* 7. ed. Belo Horizonte: Editora do Brasil em Minas Gerais, [19--]. Sem data da primeira edição.

CASASANTA, T.; GONDIM, M. *Sítio do Pica-Pau-Amarelo*: pré-livro: atividades. 3. ed. Rio de Janeiro: Bloch Educação, 1982. Sem data da primeira edição.

CINTRA, A. *Lições para o ensino completo da leitura pela professora Anna Cintra.* 8.ed. Belo Horizonte: Imprensa Official do Estado de Minas, 1922. Sem data da primeira edição.

FONSECA, A. *O livro de Lili.* São Paulo: Editora do Brasil, 1961. Sem data da primeira edição.

FREITAS, M. S. *Manual para o pré-livro O Circo do Carequinha.* 2. ed. Belo Horizonte: A Grafiquinha Editôra, 1969. Sem data da primeira edição.

JORGE, H. *Joãozinho e Maria - Pré-livro.* 5. ed. Belo Horizonte: Estabelecimento Gráfico Santa Maria, 1957. Sem data da primeira edição.

JOVIANO, A. *Primeira leitura*: methodo para ensinar a ler. Bello Horizonte: Imprensa Official do Estado de Minas Gerais, 1910. Sem data da primeira edição.

LÚCIO, J. *Pá, Pé e o Papão*. São Paulo: Revista do Tribunal, 1956.

SILVA, I. D. *O barquinho amarelo:* pré-livro. Belo Horizonte: Vigília, 1995. Sem data da primeira edição.

O PODER DOS LIVROS DE LEITURA NO INÍCIO DO SÉCULO XX

Marcia de Paula Gregorio Razzini

INTRODUÇÃO

Uma das maiores dificuldades dos pesquisadores da história do livro e da leitura é estabelecer a biografia do seu objeto de estudo: o livro. Encontrar a primeira edição ou localizar dados de *imprenta* de uma obra (como ano, cidade, editora, edição, as reedições) torna-se, não raro, trabalho demorado e custoso, em busca de pistas e vestígios deixados por livros, autores, editores e leitores, com resultados frustrantes.

Com o livro escolar, o levantamento de dados pode ser ainda mais difícil, devido a três fatores interligados, que podem tornar esse objeto cultural ainda mais ausente das estantes de bibliotecas públicas e particulares, do que outros livros. O primeiro diz respeito à sua materialidade, muitas vezes fragilizada na produção (nem sempre feita com as melhores matérias-primas ou técnicas de impressão) e depois desgastada pelo uso, manuseio e transporte constantes, contribuindo para seu desaparecimento, apesar das grandes tiragens.[1] O segundo motivo refere-se à sua circulação, restrita a um prazo de validade, ainda que seja bem extenso no caso de alguns livros de leitura

[1] Hallewell dá notícia do *Livro do povo*, de Antonio Marques Rodrigues, "[...] uma antologia de religião, moral" muito usada pelas crianças brasileiras, publicada no Maranhão em 1861 na casa editorial de José Frias, com tiragem inicial de 4000 exemplares, "[...] que se tornou uma raridade", ainda que a quinta edição tenha sido de dez mil exemplares (HALLEWELL, 1985). Sobre *O Livro do Povo*, ver Bittencourt (1993, 2008) e a tese de doutorado de Costa (FE-USP, 2013).

(RAZZINI, 2000), pois o livro didático é concebido no bojo de uma cultura escolar datada (JULIA, 2001), destinado a cumprir programas de ensino, tornando-se, portanto, um produto mais perecível e descartável. E o terceiro fator está ligado à sua pouca valorização social, sobretudo quando é tomado como mera *transposição didática* ou simplificação da ciência de referência, e não é considerado como um produto específico, gerado pela cultura escolar (BITTENCOURT, 2003; CHERVEL, 1998), o que também o torna menos digno de ser guardado e conservado.

Contudo, observa-se que tais dificuldades não bloquearam as pesquisas sobre o livro didático, uma vez que, como adverte Dominique Julia, "[...] não devemos exagerar o silêncio dos arquivos escolares", nem subestimar os pesquisadores, porque "[...] o historiador sabe fazer flechas com qualquer madeira." (JULIA, 2001, p. 17).

Nesse sentido, muitos trabalhos de pós-graduação centrados na história do livro e da leitura escolar foram produzidos nos últimos 30 anos, beneficiados, principalmente, por dois movimentos distintos, mas convergentes. De um lado, a história cultural e a história do livro e da leitura (CHARTIER, 1990; DARNTON, 1990) abriram espaço para a história do livro didático, em publicações coletivas abrangentes (ESCOLAR SOBRINHO, 1996; MARTIN; CHARTIER; VIVET, 1986; MICHON; MOLLIER, 2001). De outro lado, a aproximação da história da educação com a história social, com a história cultural e com outras áreas do conhecimento significou, para a historiografia da educação, o alargamento de abordagens e fontes (NUNES; CARVALHO, 1993; WARDE, 1984, 1990), logo após o final dos anos 1970, período em que se deu a reconfiguração e fortalecimento da área de história da educação, seja nas universidades, com os programas de pós-graduação, seja na criação de órgãos da administração pública destinados a guardar documentos e a desenvolver pesquisas,[2] seja, ainda, na constituição de associações regionais, nacionais e internacionais, que passaram a reunir pesquisadores, promover discussões e intercâmbio de estudos.[3] Ao mesmo tempo, verifica-se o interesse

[2] O Institut National de Recherche Pédagogique (INRP) reformulou repartições públicas anteriores e foi concebido em 1976, na França, como órgão de pesquisa e como centro de documentação em educação. Disponível em: <http://www.inrp.fr/INRP/institut/resolveUid/d14be24c21d0b74afb92d84d7296d9bf>. Acesso em: 8 ago. 2009 e <http://www.inrp.fr/internet_en/institut/>. Acesso em: 18 out. 2013.

[3] O International Standing Conference for the History of Education (ISCHE) foi fundado em 1978. Disponível em: <http://www.ische.org/?page_id=3>. Acesso em: 18 out. 2013.

pela constituição de museus e acervos, com o objetivo de preservar o patrimônio histórico educacional (RAZZINI, 2008a), como o Musée National de l'Éducation, da França, reestruturado nos anos de 1980 pelo INRP – Institut National de Recherche Pédagogique,[4] interesse que se viu aumentado a partir dos anos 1990, sendo muitas iniciativas tributárias da ação direta de pesquisadores de história da educação.[5]

Entre os diferentes tipos de acervos que ganharam maior atenção dos pesquisadores em história da educação, destacam-se as coleções de livros, de cadernos e de outros materiais escolares, quer as mais antigas, constituídas em museus, bibliotecas ou escolas normais, quer as mais recentes, formadas em decorrência dos estudos de grupos de pesquisa de história da educação e de outras áreas de educação, história, letras, comunicação.

Junto ao esforço de reunir materialmente obras didáticas, que passaram a ser cada vez mais usadas como fonte e/ou como objeto de pesquisa, procurando atender às necessidades técnicas de conservação, notam-se iniciativas interinstitucionais para concentrar grande quantidade de informações em bancos de dados específicos, cuja divulgação aumentou exponencialmente com a Internet. Entre estas, destacam-se o projeto francês EMMANUELLE,[6] lançado em 1980, pelo Institut National de Recherche Pédagogique (INRP); o projeto espanhol e latino-americano MANES,[7] constituído em 1992 pela Universidad Nacional de Educación a Distancia, depois reformulado no PATRES MANES; o projeto argentino HISTELEA,[8] organizado em 1996 na Universidad Nacional de Luján; o projeto canadense MSQ,[9] inaugurado em 1997 pela Université Laval; e o projeto brasileiro LIVRES,[10] desenvolvido na Universidade de São Paulo, entre 2003 e 2007, do qual fez parte a pesquisa cujos resultados se apresentam neste texto. Alguns desses projetos incluem, ainda, a digitalização

---

[4] Musée National de l'Éducation – disponível em: <http://www.cndp.fr/musee/?/corps.php>. Acesso em: 18 out. 2013.

[5] Em 2006, foi inaugurado o Centro Internacional de la Cultura Escolar (CEINCE), na Espanha, que guarda copioso acervo de livros didáticos reunido ao longo de vários anos pelo Prof. Agustín Escolano Benito. Disponível em: <http://www.ceince.eu/main.php?id=1>. Acesso em: 18 out. 2013.

[6] Disponível em: <http://www.inrp.fr/she/choppin_emma_banque.htm>. Acesso em: 18 out. 2013.

[7] Disponível em: <http://www.uned.es/manesvirtual/ProyectoManes/proyecto.htm>. Acesso em: 18 out. 2013.

[8] Disponível em: <http://www.histelea.unlu.edu.ar/index.html>. Acesso em: 18 out. 2013.

[9] Disponível em: <http://www.bibl.ulaval.ca/ress/manscol/>. Acesso em: 18 out. 2013.

[10] Disponível em: <http://www2.fe.usp.br:8080/livres/>. Acesso em: 18 out. 2013.

de documentos ou de livros inteiros, o que tem contribuído para a preservação dos mais raros ou daqueles que se encontram em péssimo estado de conservação.

Além do pioneirismo de Alain Choppin (1980), convém assinalar as publicações que fazem um balanço sobre vários aspectos da história do livro didático: *Les Manuels scolaires, histoire et actualité* (CHOPPIN, 1992); *Textbooks in the Caleidoscope* (JOHNSEN, 1993); *Historia ilustrada del libro escolar em España* (ESCOLANO, 1997, 1998); *L'Immagine e l'ideadi Europa nei manuali scolastici*, 1999-1945 (GENOVESI, 2000); e *Los manuales escolares como fuente para la historia de la educación en América Latina* (OSSENBACH; SOMOZA, 2001); e, na Argentina, sobressaem-se os trabalhos coordenados por Berta Braslawki e Rubén Cucuzza (CUCUZZA; PINEAU, 2002).

No Brasil, as teses de Bittencourt (1993) e Munakata (1997) e o estudo de Tambara (2003) concentram dados abrangentes sobre a produção do livro escolar nacional, seguidos de várias pesquisas de mestrado e doutorado que elegeram um tema, um autor ou uma disciplina escolar, concluídas nas faculdades de educação, história, letras e comunicação.[11]

Ao lado de estudos monográficos, sobre a trajetória de um autor[12] e/ou de suas obras,[13] ou de pesquisas sobre a história de um tema, como a alfabetização,[14] ou, ainda, sobre a história de uma disciplina curricular,[15] ou de práticas escolares,[16] outra forma de abordar a história do livro e da leitura na escola é estabelecer e analisar a produção didática de uma casa editorial, num determinado segmento de tempo, esforçando-se para encontrar as datas da primeira e da última edição das obras recenseadas,

---

[11] Consultar extensa bibliografia sobre a história do livro e da leitura escolar no Brasil, realizada por Munakata. Disponível em: <http://www.uned.es/manesvirtual/ProyectoManes/Bibliografia/Documento%20PUC%20Sao%20Paulo.pdf>. Acesso em: 18 out. 2013.

[12] Sobre a trajetória histórica de um autor, ver, por exemplo as publicações organizadas por Bastos; Cavalcante (2009), sobre Lourenço Filho, e por Razzini (2010a), sobre Antonio Firmino Proença.

[13] Sobre as obras de Lourenço Filho, ver, por exemplo, as publicações de Monarcha; Lourenço Filho (2001), Bertoletti (2007), Cunha (2011).

[14] Sobre a história da leitura na França, ver, por exemplo, o livro de Chartier; Hébrard (1995, 2000); sobre a história da alfabetização,em que o livro escolar é a principal fonte, ver Escolano (1992), para a Espanha; e para o Brasil, ver, por exemplo, Soares (1991, 2002), Mortatti (2000), Perez; Tambara (2003), Frade; Maciel (2006).

[15] Sobre as disciplinas escolares, ver, por exemplo, a obra de Valente (1999), acerca de matemática.

[16] Sobre o uso dos cadernos e as práticas de escrita, ver, por exemplo, o livro de Mignot (2008).

tarefa que demanda muito tempo e esforço, pois, além de reconhecer os livros didáticos entre a produção geral da editora, é necessário relacionar a grande massa de dados com a circulação que tais livros tiveram na escola.

Escolhendo este último caminho, situado entre a macroanálise e a microanálise, segundo termos de Robert Darnton (1992), a pesquisa de pós-doutorado desenvolvida entre 2003 e 2007 focalizou a produção e a circulação de livros escolares no estado de São Paulo, de 1889 a 1940, a partir do exame da produção didática de três editoras: a Livraria Francisco Alves, do Rio de Janeiro, instalada em São Paulo, no fim do século XIX, e que em 2014 completa 160 anos; a Tipografia Siqueira, de São Paulo, que teve papel relevante no mercado editorial brasileiro, entre 1894 e 1962 e depois foi fechada; e a Editora Melhoramentos, também de São Paulo, que deu início à publicação de obras didáticas em 1907 e continua ativa até os dias de hoje.

O trabalho relacionou a expansão editorial e o circuito do livro didático com a expansão da escola pública elementar paulista, recorrendo a inúmeras fontes e documentos da história da educação, dando destaque, sobretudo, para a contextualização de aprovações e adoções oficiais, visando a contribuir com a história do livro didático brasileiro e com pesquisas que têm o livro e a leitura escolar como fonte e/ou como objeto de análise.[17]

Inseridas no Projeto Temático "Educação e memória: organização de acervos de livros didáticos",[18] em 2005 foi concluída a pesquisa relativa à Livraria Francisco Alves (RAZZINI, 2005),[19] na Faculdade de Educação da Universidade de São Paulo e, em 2007, com apoio da FAPESP, foi finalizada a parte referente à Tipografia Siqueira e à Editora Melhoramentos (RAZZINI, 2007b), junto ao Programa de Estudos Pós-Graduados em

[17] Os resultados da pesquisa serão publicados em livro, que se encontra no prelo da editora Porto de Ideias.

[18] O Projeto Temático financiado pela FAPESP - Fundação de Amparo à Pesquisa do Estado de São Paulo (2003-2007) compreendeu a organização da Biblioteca do Livro Didático (BLD), do banco de dados LIVRES, disponível em: <http://www2.fe.usp.br:8080/livres/>. Acesso em: 18 out. 2013, e das pesquisas individuais e coletivas da equipe.

[19] A produção didática da Livraria Francisco Alves em São Paulo também foi tema de artigo da revista eletrônica Língua Escrita (RAZZINI, 2007a), do Centro de Alfabetização, Leitura e Escrita, da UFMG. Disponível em: <http://spress.com.br/nomade/midia/docs/39/phpaU84Ft.pdf>. Acesso em: 18 out. 2013.

Educação: História, Política, Sociedade (EHPS), da Pontifícia Universidade Católica de São Paulo.[20]

Este texto apresenta parte da pesquisa que relaciona o considerável aumento da produção e circulação dos livros de leitura da Livraria Francisco Alves, da Tipografia Siqueira e da Editora Melhoramentos, com a expansão da escola pública primária em São Paulo, entre o final do século XIX e início do XX. O trabalho se baseou no levantamento dos livros didáticos e da produção geral das três editoras, sendo usadas várias fontes de história da educação, além dos próprios livros escolares.

A importância dos livros de leitura no mercado editorial paulista (e brasileiro)

Embora haja pesquisas consolidadas sobre a história da imprensa, do livro e da leitura, no Brasil,[21] dados sistematizados sobre a história editorial e sobre a produção de livros escolares são ainda difíceis de ser obtidos, sobretudo no que diz respeito à trajetória de empresas localizadas fora do Rio de Janeiro, cidade que foi a sede do governo imperial (1822-1889) e republicano, até 1960, como é o caso de editoras estabelecidas em São Paulo, voltadas para a produção didática.

O que mais se repete e fica cristalizado nos trabalhos acadêmicos que focalizam a produção editorial brasileira e, dentro desta, a produção didática, são informações colhidas principalmente em duas fontes: *O livro na educação* (1972), de Pfromm Neto, Rosamilha e Dib; e *O livro no Brasil* (1985), de Lawrence Hallewell, obra reeditada em 2005.

Além de se limitarem a repetir o portentoso conjunto de dados reunidos por Hallewell (dados, aliás, que sempre precisam ser verificados e confrontados com fontes primárias, pois alguns estão incorretos e outros

[20] Disponível em: <http://www.pucsp.br/pos-graduacao/mestrado-e-doutorado/educacao-historia-politica-sociedade> e <http://plsql1.cnpq.br/buscaoperacional/detalhegrupo.jsp?grupo=00717080407URY>. Acesso em: 18 out. 2013.

[21] A título de exemplo, podem ser destacadas as seguintes publicações: *O livro, o jornal e a tipografia no Brasil* (1946), de Carlos Rizzini; *História da imprensa no Brasil* (1966), de Nelson Werneck Sodré; *Formação da leitura no Brasil* (1996) e *O preço da leitura* (2001), de Marisa Lajolo e Regina Zilberman; *Leitura, história e história da leitura* (2000), org. por Márcia Abreu; *Cultura letrada no Brasil* (2005), org. por Márcia Abreu e Nelson Schapochnik; *História da imprensa no Brasil* (2008), org. por Tania Regina de Luca e Ana Luiza Martins; *Impresso no Brasil:* dois séculos de livros brasileiros (2010), org. por Aníbal Bragança e Márcia Abreu.

não foram desenvolvidos pelo pesquisador inglês), muitos trabalhos ainda supervalorizam, como verdades inquestionáveis, as informações fornecidas pelas próprias editoras, em obras comemorativas, cujos objetivos, como se sabe, tendem para a apologia das empresas, de seus proprietários ou editores, visando a alguma necessidade do momento, para o melhor posicionamento ou consolidação de algum segmento no mercado editorial brasileiro.[22]

Tal repetição é comum em nossos trabalhos, provavelmente porque, ao contrário da França, não tivemos muitas pesquisas de história quantitativa sobre a produção dos impressos, o sistema escolar e os índices de alfabetização que fornecessem lastro de dados e fontes para os estudos sobre o livro e a leitura pautados pela história cultural. O resultado é que cada pesquisador precisa construir uma base muito ampla de dados, junto com seu objeto de estudo. Ademais, Lawrence Hallewell teve amplo acesso aos arquivos das editoras, o que hoje é impossível para o grande contingente de pesquisadores das várias áreas, que têm o livro e a leitura como objeto de estudo, uma vez que, por se tratar de empresas privadas, quando ainda existem, elas não dispõem de condições (nem há interesse) para franquear tais arquivos.

Somado a isso está o fato peculiar da descentralização do ensino primário em nosso país, isto é, a convivência de vários sistemas de ensino público, um em cada estado, pois, ao contrário do que ocorreu em países europeus e latino-americanos, que unificaram seus sistemas de ensino elementar no século XIX, no Brasil, após a Independência, embora houvesse a preocupação do governo central de garantir a obrigatoriedade e a gratuidade da instrução pública, conforme determinou a primeira Lei de ensino, de 15 de outubro de 1827, logo em seguida, o Ato Adicional à Constituição do Império, de 12 de agosto de 1834, determinou que a instrução popular deveria ficar a cargo das Províncias, situação que seria perpetuada durante o Império e passaria aos Estados, após a Proclamação da República, constituindo diversos sistemas de ensino num país de dimensões continentais. Assim, paralelamente à legislação nacional, o ensino primário esteve sempre sujeito às leis, vicissitudes políticas e recursos locais de cada unidade do Império ou da Federação.

[22] Donato (1990); Editora Ática (1998); Editora FTD (2003); Editora Nacional (2005).

Essa descentralização do ensino primário não somente torna mais difícil o trabalho de contextualização histórica, dada a variedade de sistemas públicos de ensino que conviveram no país, como também exige maior esforço de cooperação entre os pesquisadores, para localizar, analisar e comparar dados sobre a circulação dos livros didáticos adotados oficialmente, nas escolas de cada região. Daí a importância da constituição de grupos de pesquisa e de associações como a Associação Brasileira de Alfabetização (ABAlf), além da promoção de encontros como o Seminário Internacional sobre a História do Ensino de Leitura e Escrita (SIHELE), com a subsequente circulação de seus resultados.

Pelo que se apurou nas inúmeras fontes e documentos reunidos sobre o livro didático brasileiro, na pesquisa de pós-doutorado mencionada, a produção de livros escolares no século XIX era bem menor nas Províncias, quando comparada com a do Rio de Janeiro, então capital do Império. No que diz respeito a essa produção no estado de São Paulo, nota-se inicialmente a publicação de poucas obras, ligadas ao curso Anexo da Academia de Direito, à Escola Normal, ou às escolas de Primeiras Letras, sendo que alguns títulos saíram dos prelos de jornais da capital ou do interior da Província, após serem aprovados pelos deputados. No final do século XIX, verifica-se, contudo, que a produção de livros escolares, em São Paulo, ganharia forte impulso com o início da expansão da então denominada "educação popular", voltada para a ampliação do sistema público de ensino primário.

A reforma e a expansão da escola pública elementar no estado de São Paulo, a partir de 1890, promoveram mudanças significativas, ao eleger o modelo de instrução popular que vinha sendo adotado pelos estados nacionais da Europa e América, ao longo do século XIX, ancorado nos princípios da obrigatoriedade, gratuidade e neutralidade religiosa.

As mudanças foram operadas com a inauguração dos Grupos Escolares, espaços especialmente projetados e construídos nas zonas urbanas da capital e cidades do interior para o funcionamento de escolas primárias, sujeitos a uma hierarquia administrativa e ao controle do estado. Desse modo, ao agrupar pequenas escolas pré-existentes num só prédio, o modelo do Grupo Escolar tornava possível a formação de turmas maiores, em torno de 40 alunos por sala de aula, então projetada e mobiliada para receber essa quantidade de alunos, os quais passaram a ser divididos não somente pelo sexo, mas ainda conforme a idade e os estágios de aprendizagem, o que reorganizou o tempo escolar, agora fracionado em níveis graduados, segundo um programa de estudos pré-estabelecido e comum a todas as escolas do mesmo tipo, em que a duração de cada nível passou a corresponder a um ano letivo, sendo que, salvo oscilações, o curso primário ficou estabelecido em quatro anos (PUJOL, 1896).

Na relação professor-aluno, evitava-se o emprego do modo individual e estimulava-se o modo simultâneo, seja subdividindo a classe em três turmas (A, B e C), no Primeiro Ano, seja adotando-o para toda a sala, nos demais anos do curso primário (SÃO PAULO, 1907-1908), forma de ensino tida também como a mais recomendável para a aplicação do método intuitivo (CALKINS, 1886), processo de aprendizagem que dava importância à intuição, à observação dos objetos e fenômenos por meio dos sentidos (FARIA FILHO, 2000), privilegiando o emprego do desenho e de ilustrações (RAZZINI, 2005, 2007b).

A instrução popular oficial era controlada por meio de legislação específica, de programas curriculares com suas normas de transmissão, da formação dos professores e do uso de materiais escolares autorizados previamente, os quais, por sua vez, tiveram que ser reelaborados ou forjados para se adequarem às novas exigências dos programas, então acrescidos de matérias e conteúdos, oferecidos "intuitivamente", de maneira gradual e seriada. Além disso, a uniformização e a seriação dos conteúdos e a adoção paulatina do modo simultâneo para toda a turma obrigariam que cada aluno passasse a ter seu próprio material escolar, aumentando a demanda por produtos que se tornariam cada vez mais de uso pessoal, como penas, lápis, ardósias, folhas de papel, cadernos e livros.[23] Vê-se, dessa forma, que uma nova cultura material vai sendo instalada junto a essa cultura escolar moderna.

Entre os materiais determinados oficialmente para uso individual dos alunos, destacam-se os livros de leitura (isto é, cartilhas de alfabetização, livros de leitura corrente ou livros de leitura graduada), o que eximia o governo paulista do fornecimento, aos alunos, de livros didáticos das demais disciplinas, cujo principal destinatário passou a ser o professor (PUJOL, 1896;

[23] Sobre os usos dos materiais escolares na escola primária paulista, ver Barra (2001) e Razzini (2008b).

SÃO PAULO, 1907-1908). Convém frisar que a determinação de adotar apenas cartilhas e livros de leitura para uso dos alunos persistiria na legislação até o final da década de 1930 (SÃO PAULO, 1936-1937), tendência que ficou igualmente evidenciada tanto na verificação das adoções oficiais quanto na apuração da produção didática das três editoras estudadas.

A análise dos programas e horários das aulas dos Grupos Escolares, de 1894 e de 1907, particularizando o tempo empregado em cada matéria, mostrou que o ensino de língua materna, o qual compreendia leitura, linguagem escrita e oral, caligrafia, leitura suplementar e declamação, tinha precedência sobre as demais matérias, sendo a leitura uma prática hegemônica nos quatro anos do curso primário, pois tinha a maior carga horária do currículo.

Tal fato confere, ainda, maior destaque aos livros de leitura, então considerados "[...] os mais poderosos auxiliares para o ensino de língua materna" (SÃO PAULO, 1907-1908), o que, sem dúvida, acirrava a concorrência entre os editores e aumentava o controle governamental sobre eles, pois só poderiam ser adotados nas escolas públicas de São Paulo os livros didáticos previamente autorizados pelo Conselho Superior de Instrução Pública e, depois que este foi extinto (em 1897), os livros escolares eram aprovados ou reprovados pelas sucessivas comissões designadas pelo estado. Alguns livros didáticos, além da aprovação, obtinham também a adoção oficial, o que equivalia ao subsídio garantido do governo, o qual se encarregava de custear uma edição ou de comprar grandes quantidades de exemplares para enviar às escolas públicas.

Depois que os livros chegavam às escolas públicas, o governo incumbia aos professores a tarefa de "[...] conservar em boa guarda os moveis, livros e utensis e quaesquer objetos destinados ás suas escolas, não os podendo distrahir para outros misteres [...]", estabelecendo multa pecuniária e sanções ao professor que usasse "[...] de livro ou exemplar mandado eliminar do ensino publico [...]" (SÃO PAULO, 1893).

Fora do controle do estado, mas igualmente fundamental para o processo de produção e circulação do livro didático (e de outros materiais escolares de uso individual), era a progressiva (e massiva) mobilidade das matrículas durante o ano letivo, sendo muito alto o número de desistentes. Em 1904, calcula-se que 40% das classes dos Grupos Escolares eram destinadas ao Primeiro Ano (MONARCHA, 1999), sendo que a evasão escolar era proporcionalmente muito maior nas áreas rurais do que nas áreas urbanas. Da mesma forma, em 1930, registra-se que 52% do total de matrículas do curso primário eram para o Primeiro Ano, 27% para o Segundo, 13% para o Terceiro e só 7% para o Quarto Ano (SÃO PAULO, 1942). Essa condição tornava muito mais atrativo economicamente o segmento editorial dirigido aos iniciantes do curso elementar, fator que se refletia diretamente na tiragem dos livros didáticos e cadernos graduados, que ia diminuindo bastante à medida que o produto era indicado para os níveis mais adiantados do curso primário.

Quanto aos livros de leitura aprovados ou adotados pelo governo de São Paulo para uso nas escolas públicas, percebe-se inicialmente a influência das validações oficiais do Rio de Janeiro, então capital federal, como a tradução do livro *Coração*, de Amicis[24] (REVISTA PEDAGÓGICA, 1891 apud BITTENCOURT, 1993). A preferência maior, no entanto, recaía sobre os livros de leitura de autores que atuavam (ou tinham atuado) no ensino e na imprensa paulista, como João Köpke, Maria Guilhermina, Júlia Lopes de Almeida, Thomaz Galhardo,Tancredo do Amaral e Arnaldo Barreto, aos quais se juntariam depois vários outros nomes nas sucessivas listas de livros autorizados (PUJOL, 1896; REVISTA DE ENSINO, 1902, 1904; SÃO PAULO, 1907-1908, 1918, 1935-1936).

A reforma do ensino, com a constante expansão do sistema oficial de escolas elementares e a preferência pela adoção de autores locais, são apontadas como as principais causas que levaram o editor Francisco Alves a abrir sua primeira filial em São Paulo, inaugurada em abril de 1894 (RAZZINI, 2005, 2007a, 2010b).

A então Livraria Clássica de Alves & Companhia – depois, Livraria Francisco Alves – foi fundada pelo português Nicolau Alves, em 1854, no Rio de Janeiro, destacando-se, desde o início, no segmento escolar do nível secundário e, posteriormente, do primário, sobretudo após Francisco

[24] Para análise e discussão do livro italiano Coração, de Amicis, publicado pela Livraria Francisco Alves, em 1891, ver Bastos, 2004. Disponível em: <http://www.livroehistoriaeditorial.pro.br/pdf/mariahelenacoracao.pdf>. Acesso em: 20 out. 2013.

Alves de Oliveira, sobrinho de Nicolau, ter assumido "[...] a direção plena da empresa", em março de 1883 (BRAGANÇA, 2004).

Os livros de Thomaz Galhardo e de Tancredo do Amaral, que antes eram publicados pela Teixeira & Irmão, a partir de abril de 1894, passaram a fazer parte do catálogo de lançamentos da Livraria Clássica de Alves & Cia.[25] Quanto aos livros de leitura de João Köpke, amplamente adotados no estado de São Paulo, cujas primeiras edições também saíram pela Teixeira & Irmão, desde 1896, passaram para a chancela de Miguel Melillo, pois este comprara a Livraria Paulista dos irmãos Teixeira. Em seguida, foram reeditados pela firma sucessora, a N. Falcone & Cia (1904), até que, finalmente, quando esta última foi adquirida pela Livraria Francisco Alves, em 1908, os livros de leitura de João Köpke continuariam sua longa trajetória, ao menos até o final da década de 1940 (HALLEWELL, 1985, p. 211; RAZZINI, 2005, 2007a).

A entrada da Alves & Cia no mercado paulista pode ser considerada, portanto, como um empreendimento muito bem sucedido, cujo capital investido seria multiplicado por Francisco Alves, devido ao constante crescimento do sistema público de ensino primário.

A grande expansão do catálogo da Livraria Francisco Alves, entre 1894 e 1917, período que compreende a inauguração da filial de São Paulo e a morte de Francisco Alves, contou com a entrada de muitos autores que atuavam no ensino primário e secundário de São Paulo (RAZZINI, 2005). Dos 264 títulos didáticos lançados nesse período, 72 obras eram de autores atuantes no ensino paulista. Entre estas, destacam-se 44 livros de leitura, os quais viriam a reforçar bastante o catálogo da Livraria Francisco Alves, não somente pela aprovação oficial em São Paulo, mas também porque eram títulos gerados dentro de um sistema de ensino que começara a servir de modelo para as reformas de outros estados, fornecendo, inclusive, mão de obra especializada para a instalação de sistemas similares nos estados de Espírito Santo, Goiás, Mato Grosso, Paraná, Pernambuco, Piauí e Santa Catarina (RAZZINI, 2005, 2007a). Tais cartilhas e livros de leitura tinham, portanto, grande potencial de adoção em outros estados, como se

[25] Thomaz Galhardo assinou contrato com a Alves & Comp. em 3 de abril de 1894, para a publicação da *Cartilha da infância* e, em 6 de setembro de 1894, para a publicação do *Segundo livro de leitura* (BRAGANÇA, 2000).

constatou no caso das cartilhas adotadas em Minas Gerais, Rio Grande do Sul e Mato Grosso (FRADE; MACIEL, 2006).

Os 11 autores e respectivas obras publicadas pela Livraria Francisco Alves são: Tancredo do Amaral (*História do Estado de S. Paulo*, 1894; *Geografia Elementar*, 1895; *Analectos Paulistas*, 1896; *O Estado de S. Paulo*, 1896; *Livro das Escolas*, 1913), Thomaz Galhardo (*Cartilha da Infância*, 1895; *Segundo*, 1895 e *Terceiro Livro de Leitura*, 1906), Arnaldo Barreto (*Primeiras Leituras*, 1908; *Cartilha Analítica*, 1909; *Leituras Moraes*, 1909; *Cartilha das Mães*, 1911), Romão Puiggari (*Cousas Brasileiras*, 1895; *Album de Gravuras*, 1898 e, com Arnaldo Barreto, Série Puiggari-Barreto, *Primeiro*, 1909; *Segundo*, 1911; *Terceiro*, 1911 e *Quarto Livro de Leitura*, 1909), Ramon Roca (*Pequenas Leituras*, 1913), Alfredo Bresser (*Leitura Manuscripta*, 1909, com Romão Puiggari e Ramon Roca, sob a sigla BPR, das iniciais dos sobrenomes), João Köpke (*Fábulas*, 1910; *Leituras Praticas*, 1915; e *Primeiro*, 1908; *Segundo*, 1908; *Terceiro*, 1908; *Quarto*, 1908 e *Quinto Livro de Leituras Moraes e Instrutivas*, 1911), Diogo Esteves da Silva (*Instrução Moral*, 1897), Mario Bulcão (*Vida Infantil – Primeiro*, 1906; *Segundo*, 1906; *Terceiro*, 1906 e *Quarto Livro*, 1906), Francisco Viana (*Leituras Infantis – Cartilha*, 1912; *Histórias para Pequeninos*, Leitura Preparatória, 1909; *Primeiro*, 1908; *Segundo*, 1908 e *Terceiro Livro*, 1908; *Primeiros Passos na Leitura*, 1915; *Aprendizagem da Leitura*, 1916; *Cadernos de Linguagem*, 1909) e Rita de Macedo Barreto (*Corações de Crianças* – Leituras Preparatórias, 1914; *Primeiro*, 1913; *Segundo*, 1913; *Terceiro*, 1913 e *Quarto Livro*, 1916).

É importante assinalar o movimento de transferência de obras publicadas por pequenas editoras da capital paulista para a Livraria Francisco Alves, a qual se tornaria a maior editora brasileira de livros didáticos, especialmente a partir de 1908, com sucessivas aquisições e associações com outras editoras, porque grande parte dos livros de leitura citados acima já tinha sido testada por editoras menores de São Paulo, como a Teixeira e Irmão (da Livraria Paulista, e seus sucessores, Mellilo e Falcone), a Costa & Santos (da Livraria Civilização) e a Tipografia Siqueira, outra empresa que se destacou no mercado de livros escolares (HALLEWELL, 2005, p. 330-331).

As atividades da Tipografia Siqueira[26] tiveram início em 1894, com a publicação de relatórios oficiais e de obras destinadas à Academia de Direito, mas, logo em seguida, apareceram vários títulos direcionados ao ensino elementar, especialmente de educadores vinculados à Escola Normal da capital e à administração pública de ensino. No total, foram localizados 346 títulos, publicados de 1894 a 1962, sendo 55 destinados ao ensino elementar e 43 dirigidos ao ensino secundário, que incluía o Curso Normal.

Os negócios da Tipografia Siqueira com o governo paulista incluíam, além do fornecimento de "livros em branco" para escrituração administrativa, a publicação de obras oficiais extensas, como os *Anuários de Ensino*, cujo primeiro número saiu em 1908, fartamente ilustrado com fotografias de Escolas Normais e de Grupos Escolares do estado e documentado com quadros estatísticos, sobretudo porque foi concebida como obra a ser apresentada na grande Exposição Nacional, do Rio de Janeiro, que comemorou o centenário da abertura dos portos do Brasil, por D. João (SÃO PAULO, 1907-1908, p. VI).

Com relação aos livros de leitura da Tipografia Siqueira,[27] foram localizados 23 títulos publicados entre 1900 e 1927 de autores oriundos do sistema de ensino paulista: Arnaldo Barreto (*Leituras Moraes*, 1900; *Cartilha das Mães*, 1901; *A Pobre Abelhinha*, 1926), Romão Puiggari (*Álbum de Gravuras*, 1901; *Cousas Brasileiras*, 1901), Alfredo Bresser (*Leitura Manuscripta*, 1901, com Romão Puiggari e Ramon Roca, sob a sigla BPR, correspondente às iniciais dos sobrenomes), João Pinto e Silva (*Historietas*, 1901; *Cartilha do Lar*, 1914; *Leituras Nacionaes*, 1902; *Minha Pátria – Segundo*, 1914 e *Terceiro Livro*, 1914; *Meus Deveres – Segundo*, 1926; *Terceiro*, 1914 e *Quarto Livro*, 1926), Ramon Roca (*Cartilha Moderna*, 1902), Mariano de Oliveira (*Novas Leituras – Segundo*, 1927 e *Terceiro Livro*, 1914, com Ramon Roca), Carlos Alberto Gomes Cardim (*Cartilha Infantil*, 1919; *Tradições Nacionaes*, 1914; *Comemorações Cívicas as Festas Escolares*, 1916)

[26] A Tipografia Siqueira teve várias denominações: Typographia a vapor Espindola, Siqueira & Comp., de 1894 a 1905; Typ. Augusto Siqueira & Comp., de 1906 a 1922; Siqueira, Salles & Comp., em 1910; Siqueira, Nagel & Comp., de 1911 a 1915; Siqueira, Salles Oliveira, Rocha & Comp., de 1927 a 1933; Typographia Siqueira, de 1912 a 1947; Casa Siqueira, Salles Oliveira & Cia. Ltda., em 1934; Gráfica Siqueira e Indústria Gráfica Siqueira S/A, nos anos de 1950 até 1962 (RAZZINI, 2007b).

[27] As datas de publicação se referem aos exemplares localizados em acervos e bibliotecas, maneira pela qual foi reconstituída a história e a produção didática da Tipografia Siqueira, por se tratar de editora que não existe mais (RAZZINI, 2007b).

e Theodoro de Moraes (*Cartilha do Operario*, 1918; *Meu Livro Primeiras Leituras*, 1920).

A Tipografia Siqueira destacou-se, ainda, por ter sido durante várias décadas a casa impressora da Coleção FTD, sigla que homenageava o Frère Théophane Durand. Os livros didáticos dessa coleção, elaborados pela Congregação Marista do Brasil, a partir de 1902, foram inicialmente impressos na cidade francesa de Lyon, pela tipografia de Emmanuel Vitte. Sua boa aceitação em outras escolas confessionais do país, além dos colégios Maristas de São Paulo, Rio de Janeiro e Congonhas do Campo (MG), fez com que os Irmãos Maristas firmassem contrato de distribuição com a Livraria Francisco Alves, em 1906, e, quando aumentaram as dificuldades com a distância do impressor, em 1908, as obras passaram a ser impressas também em São Paulo, pela Tipografia Siqueira. Em 1963, "a Coleção FTD" seria "transformada em Editora FTD S/A" e, anos mais tarde, ela se tornaria uma das maiores editoras brasileiras especializadas no segmento didático e paradidático e em "[...] livros de literatura para uso na escola" (RAZZINI, 2007b).

A Editora Melhoramentos se destacou igualmente no segmento de livros didáticos, desde o início de suas atividades. A sociedade com o conterrâneo Bühnaeds, natural da cidade alemã de Hamburgo, introduziu os irmãos Weiszflog nas artes gráficas, em 1899, na capital paulista. Em 1905, os Weiszflog compraram a parte de Bühnaeds e, sob a denominação de "Estabelecimento Graphico Weiszflog Irmãos & Comp." (DONATO, 1990), saiu em 1907 a primeira publicação da casa, a *Gramática Expositiva*, de Eduardo Carlos Pereira, então professor do Ginásio do Estado, cujo exemplar foi localizado no IEB – Instituto de Estudos Brasileiros, da USP. O direcionamento dos negócios para o mercado escolar continuou em 1909, quando foram publicados os *Mappas Parker* "[...] para o ensino de Arithmetica", e os cadernos de *Caligrafia Vertical*, de Francisco Viana, coleção que teria sucesso duradouro, atingindo centenas de edições, em 1990, com mais de 51 milhões de exemplares produzidos (RAZZINI, 2007b).

Somente em 1915 é que seria lançado *O Patinho Feio*, de Hans Christian Andersen, livro considerado equivocadamente a primeira publicação da Editora Melhoramentos (HALLEWELL, 1985, p.257; DONATO, 1990, p. 44-50; RAZZINI, 2007b), obra ilustrada por Frans Richter e adaptada por Arnaldo de Oliveira Barreto, organizador deste e dos volumes seguintes da Biblioteca Infantil, coleção que foi indicada para "leitura supplementar" nas escolas primárias paulistas (SÃO PAULO, 1918).

A opção dos irmãos Weiszflog pelo segmento didático fica patente, ainda, no catálogo da editora de 1917, quando foram apresentados 49 títulos, entre livros e outros materiais de ensino (inclusive nove títulos da Biblioteca Infantil), todos reunidos em duas páginas, enfeixados pelo título na capa "Weiszflog Irmãos, Lista de Preços de Livros Escolares, Edições da Casa, 1-7-17". Até o final de 1920 – antes, portanto, da fusão com a Companhia Melhoramentos de São Paulo –, os irmãos Weiszflog já haviam publicado 27 livros didáticos, sendo 15 para o ensino secundário e 12 para o ensino primário (RAZZINI, 2007b). Entre estes últimos, seis eram livros de leitura, sendo três de Mariano de Oliveira[28] (*Nova Cartilha Analitico-sintetica*, 1916; *Paginas infantis*, 1916; e *Nova Cartilha Ensino Rapido da Leitura*, 1917); e três de Erasmo Braga (*Leitura I*, 1919; *Leitura II*, 1919; e *Leitura III*, 1921).

De uma perspectiva mais ampla da produção, da quantidade de lançamentos, até 1940, e sem considerar as reedições que, no caso das cartilhas e livros de leitura graduada, foram inúmeras, verifica-se que, do total de títulos lançados, os livros de leitura ocupam parcela muito significativa na produção geral das três editoras, desde o início de suas atividades, ainda que correspondam a períodos diferentes: de 1854 até 1940, para a Francisco Alves; de 1894 até 1962, para a Siqueira; e de 1907 a 1940, para a Melhoramentos. O quadro a seguir mostra essa representatividade na produção geral dessas empresas:

[28] A *Cartilha Ensino Rapido da Leitura* teve trajetória excepcional, na Melhoramentos, com 2.230 edições, até 1996, com mais de 6 milhões de exemplares produzidos, marca que seria ultrapassada apenas pela *Cartilha do Povo* (1928), de Manoel Bergström Lourenço Filho, que teve 2.204 edições e mais de 11 milhões de exemplares produzidos até 1994 (RAZZINI, 2007b).

Tabela 1 – Produção de livros didáticos e livros de leitura.

Editora	Livros de Leitura do Primário	Livros Didáticos do Primário	Livros Didáticos do Secundário	Subtotal Livros Didáticos P+S	Outros (Não Didáticos)	Total
Livraria Francisco Alves (1854-1940)	196	**318**	307	625	434	**1059**
%	61,6%	**100%**		59%	41%	**100%**
Tipografia Siqueira (1894-1962)	48	**62**	48	110	241	**351**
%	77,4%	**100%**		31,3%	68,7%	**100%**
Editora Melhoramentos (1907-1940)	27	**151**	132	283	569	**852**
%	17,8%	**100%**		33,2%	66,7%	**100%**

Fonte: RAZZINI, 2005 e 2007b.

Se, junto disso, forem consideradas as constantes reedições das cartilhas de alfabetização e dos livros de leitura, nas primeiras décadas do século XX, fica patente o fato de que os livros de leitura se constituíram como principal produto da Livraria Francisco Alves, da Tipografia Siqueira e da Editora Melhoramentos.

Considerações finais

O controle da instituição patrocinadora da educação sobre o livro didático sempre fez parte da história desse objeto cultural, no ensino religioso, leigo, público ou privado. Daí a necessidade da frequente composição entre os que estão na ponta da produção (autores e editores) e os agentes encarregados da aprovação oficial dos livros para uso dos seus consumidores finais, alunos e professores. No Brasil, registra-se que essa função reguladora foi exercida pela Companhia de Jesus, pela metrópole portuguesa e, depois da Independência, pelos governos centrais, provinciais e estaduais.

Em São Paulo, desde o início da República, o governo controlou a adoção dos livros didáticos nas escolas públicas primárias, quer sob a alegação da necessidade de uniformização do ensino, quer porque legislava sobre programas e currículos, quer porque se convertera em principal comprador do produto. Assim, além da construção ou adaptação de prédios e do fornecimento do mobiliário, que obedeciam aos preceitos higienistas, a legislação previa que o governo providenciaria outros materiais escolares, sendo que os livros didáticos, depois de passarem pelo crivo do governo, seriam destinados aos alunos mais carentes.

O aumento e a variedade de títulos aprovados não deixam claro o principal fator do controle estatal na adoção de livros didáticos, que era o estabelecimento de que somente os livros de leitura deveriam ser destinados ao uso dos alunos. As adoções oficiais apontaram, ainda, que os autores selecionados eram, sem exceção, ou professores formados pela Escola Normal da Capital ou educadores ligados ao ensino paulista, que seguiam, portanto, as novas diretrizes da reforma.

No início do século XX, o ritmo de produção dos livros de leitura aumentou sensivelmente, junto com o oferecimento de vagas nos Grupos Escolares, tendência que pode ser averiguada nos dados sobre a expansão escolar, na constante ampliação das listas de livros aprovados pelo governo e no lançamento cada vez maior, pelas editoras analisadas, de títulos de autores que atuavam no ensino público paulista.

Os dados também não deixam dúvidas sobre a precedência do ensino de língua materna sobre as outras matérias do currículo e a maior importância da leitura sobre as demais práticas escolares, características que, somadas à determinação oficial de que somente os livros de leitura podiam ser destinados ao uso dos alunos, configuravam o principal filão do mercado de livros escolares, restrito aos livros de leitura concebidos para os alunos dos anos iniciais do curso primário, por causa da alta taxa de evasão dos últimos anos.

Por conseguinte, os livros didáticos para o ensino público primário que emergem desse controle estatal e dessa realidade de mercado com estrondoso sucesso de vendas são as cartilhas de alfabetização e os primeiros volumes dos livros de leitura graduada, complementados por outros impressos, tais como as coleções de cadernos de caligrafia, de cartografia, de linguagem e de desenho, cujas tiragens eram igualmente mais robustas nos volumes dirigidos aos anos iniciais do curso primário.

Compreende-se, desse modo, o poder econômico e simbólico que alcançaram os livros de leitura, nas primeiras décadas do século XX, a proporção que ocuparam, no faturamento das editoras, e a importância que passaram a significar, no segmento de livros didáticos e no mercado editorial brasileiro, uma vez que tais obras tinham grande potencial de adoção nos estados que vinham implementando reformas de ensino similares.

Referências

BARRA, V. M. *Da pedra ao pó:* o itinerário da lousa na escola paulista do século XIX. 2001. Dissertação (Mestrado em História e Filosofia da Educação)-Pontifícia Universidade Católica de São Paulo, São Paulo, 2001.

BASTOS, M. H. C. Leituras de formação. *Coração* de Edmundo de Amicis (1886). In: SEMINÁRIO BRASILEIRO SOBRE LIVRO E HISTÓRIA EDITORIAL, 1., 2004, Rio de Janeiro. *Anais eletrônicos...* Rio de Janeiro: FCRB: UFF, 2004. Disponível em: <http://www.livroehistoriaeditorial.pro.br/pdf/mariahelenacoracao.pdf>. Acesso em: 20 out. 2013.

BASTOS, M. H. C.; CAVALCANTE, M. J. M. (Org.). *O Curso de Lourenço Filho na Escola Normal do Ceará*. Campinas: Alínea, 2009.

BERTOLETTI, E. N. M. *Lourenço Filho e a alfabetização:* um estudo de Cartilha do Povo e da Cartilha *Upa, Cavalinho!* São Paulo: Ed. UNESP, 2007.

BITTENCOURT, C. M. F. *Livro didático e conhecimento histórico:* uma história do saber escolar. 1993. 369 f. Tese (Doutorado em História Social)-Faculdade de Filosofia, Letras e Ciências Humanas, Universidade de São Paulo, São Paulo, 1993.

______. Disciplinas escolares: história e pesquisa. In: OLIVEIRA, M. T.; RANZI, S. F. (Org.). *História das disciplinas escolares no Brasil:* contribuições para o debate. Bragança Paulista: EDUSF, 2003. p. 9-38.

______. *Livro didático e saber escolar:* 1810-1910. Belo Horizonte: Autêntica, 2008.

BRAGANÇA, A. A política editorial de Francisco Alves e a profissionalização do escritor no Brasil. In: ABREU, M. (Org.) *Leitura, história e história da leitura.* Campinas: Mercado de Letras: Associação de Leitura do Brasil; São Paulo: FAPESP, 2000. p. 451-476.

______. Francisco Alves no contexto da formação de uma indústria brasileira do livro. In: SEMINÁRIO BRASILEIRO SOBRE LIVRO E HISTÓRIA EDITORIAL, 1., 2004, Rio de Janeiro. *Anais eletrônicos*... Rio de Janeiro: FCRB: UFF, 2004. Disponível em: <http://livroehistoriaeditorial.pro.br/pdf/anibalbraganca.pdf>. Acesso em: 18 out. 2013.

CALKINS, N. A. *Primeiras lições de coisas*. Adaptação e tradução Rui Barbosa. Rio de Janeiro: Imprensa Nacional, 1886.

CHARTIER, A. M.; HÉBRARD, J. *Discursos sobre a leitura 1880-1980*. São Paulo: Ática, 1995.

______. *Discours sur la lecture, 1880-2000*. 2. éd. revue et augmentée. Paris: Fayard-BPI, 2000.

CHARTIER, R. *A história cultural:* entre práticas e representações. Lisboa: Difel, 1990.

CHERVEL, A. *La culture scolaire*. Paris: Belin, 1998.

CHOPPIN, A. L'histoire des manuels scolaires: une approche globale. *Histoire de l'Éducation*, Paris, n. 9, p. 1-25, déc. 1980.

______. *Les manuels scolaires:* histoire et actualité. Paris: Hachette Éducation, 1992.

COSTA, O. A. *O Livro do Povo na expansão do ensino primário no Maranhão (1861-1881)*. 2013. 210 f. Tese (Doutorado em Educação)-Faculdade de Educação, Universidade de São Paulo, São Paulo, 2013. Disponível em: <http://www.teses.usp.br/teses/disponiveis/48/48134/tde-24042013-134450/pt-br.php>. Acesso em: 19 out. 2013.

CUCUZZA, R. (Dir.); PINEAU, P. (Codir.) *Para uma historia de la enseñanza de la lectura y escritura em Argentina:* del catecismo colonial a *La Razón de mi Vida*. Buenos Aires: Niño y Dávila, 2002.

CUNHA, M. T. S. Das mãos do autor aos olhos do leitor: um estudo sobre livros escolares: a série de leitura graduada Pedrinho de Lourenço Filho (1950/1970). *História*, Franca, v. 30, n. 2, p. 81-99, ago./dez. 2011. Disponível em: <http://www.scielo.br/pdf/his/v30n2/a05v30n2.pdf>. Acesso em: 19 out. 2013.

DARNTON, R. *O beijo de Lamourette*. São Paulo: Companhia das Letras, 1990.

______. História da leitura. In: BURKE, P. *A escrita da história*. São Paulo: Ed. UNESP, 1992. p. 199-236.

DONATO, H. *100 anos de Melhoramentos:* 1890-1990. São Paulo: Melhoramentos, 1990.

EDITORA ÁTICA. *Momentos do livro no Brasil*. São Paulo, 1998.

EDITORA FTD. *FTD 100 anos fazendo o amanhã*. São Paulo, 2003.

EDITORA NACIONAL. *Homens e livros*. São Paulo, 2005.

ESCOLANO BENITO, A. (Dir.). *Leer y escribir em España:* doscientos años de alfabetización. Madrid: Salamanca: Fundación Germán Sánchez Ruipérez: Pirámide, 1992.

______ (Dir.). *Historia ilustrada del libro escolar em España*: del antiguo Régimen a la Segunda República. Madrid: Fundación Germán Sánchez Ruipérez, 1997. v. 1.

______ (Dir.) *Historia ilustrada del libro escolar em España*: de la postguerra a la reforma educativa. Madrid: FundaciónGermán Sánchez Ruipérez, 1998. v. 2.

ESCOLAR SOBRINHO, H. *Historia ilustrada del libro español.* Madrid: Fundación Germán Sánchez Ruipérez, 1993-1996. 3 v.

FARIA FILHO, L. M. Instrução elementar no século XIX. In: LOPES, E. M. T.; FARIA FILHO, L. M.; VEIGA, C. G. *500 anos de educação no Brasil.* 2. ed. Belo Horizonte: Autêntica, 2000. p. 135-150.

FRADE, I. C. A. S.; MACIEL, F. I. P. (Org.). *História da alfabetização:* produção, difusão e circulação de livros (MG/RS/MT – Séc. XIX e XX). Belo Horizonte: UFMG/FaE, 2006.

GENOVESI, G. *L'Immagine e l'ideadi Europa nei manuali scolastici, 1999-1945.* Milano: Franco Angeli, 2000.

HALLEWELL, L. *O livro no Brasil.* São Paulo: EdUSP: T. A. Queirós, 1985.

______. *O livro no Brasil.* 2. ed. São Paulo: EdUSP, 2005.

JOHNSEN, E. B. *Textbooks in the caleidoscope*: a critical survey of literature and research on educational texts. Ósló: ScandinavianUniversity Press, 1993.

JULIA, D. A cultura escolar como objeto histórico. *Revista Brasileira de História da Educação*, Campinas, n. 1, p. 9-43, jan./jun. 2001.

MARTIN, H. J.; CHARTIER, R.; VIVET, J.P. *Histoire de l'édition française.* Paris: Promodis, 1986. 4 v.

MICHON, J.; MOLLIER, J. Y. (Dir.) *Les mutations du livre et de l'édition dans le monde du XVIIIe siècle à l'an 2000.* Sainte-Foy: Les Presses de l'Université Laval; Paris: L'Harmattan, 2001.

MIGNOT, A. C. V. (Org.). *Cadernos à vista:* escola, memória e cultura escrita. Rio de Janeiro: Ed. UERJ, 2008.

MONARCHA, C. *Escola normal da Praça:* o lado noturno das luzes. Campinas: Ed. UNICAMP, 1999.

MONARCHA, C.; LOURENÇO FILHO, R. *Por Lourenço Filho:* uma biobibliografia. Brasília, DF: INEP, 2001. Disponível em: <http://www.publicacoes.inep.gov.br/arquivos/biobibliografia_v1_204.pdf>. Acesso em: 19 out. 2013.

MORTATTI, M. R. L. *Os sentidos da alfabetização*: São Paulo – 1876/1994. Brasília, DF: MEC/INEP/COMPED; São Paulo: Ed. UNESP, 2000.

MUNAKATA, K. *Produzindo livros didáticos e paradidáticos*. 1997. 217 f. Tese (Doutorado em História e Filosofia da Educação)-Pontifícia Universidade Católica de São Paulo, São Paulo, 1997.

NUNES, C.; CARVALHO, M. M. C. Historiografia da educação e fontes. *Cadernos ANPED*, Porto Alegre, n. 5, p. 7-64, set. 1993.

OSSENBACH, G.; SOMOZA, M. *Los manuales escolares como fuente para la historia de la educación em América Latina*. Madrid: UNED, 2001.

PERES, E.; TAMBARA, E. (Org.). *Livros escolares e ensino da leitura e da escrita no Brasil* (séculos XIX – XX). Pelotas: Seiva, 2003.

PFROMM NETTO, S.; ROSAMILHA, N.; DIB, C. Z. *O livro na educação*. Rio de Janeiro: Primor: INL, 1972.

PUJOL, A. *Relatório apresentado ao Exmo. Snr. Dr. Presidente do Estado de São Paulo em 30 de Março de 1896,* pelo Secretario de Estado dos Negócios do Interior e Instrucção Publica. São Paulo: Typographia do Diario Official, 1896.

RAZZINI, M. P. G. *O espelho da nação:* a Antologia Nacional e o ensino de Português e de Literatura (1838-1971). 2000. 442 f. Tese (Doutorado em Letras)-Instituto de Estudos da Linguagem, Universidade Estadual de Campinas, Campinas, 2000.

______. *Livro didático e expansão da escola pública elementar em São Paulo (1889-1920):* a Livraria Francisco Alves. 2005. Relatório de Conclusão (Estágio de Pós-Doutorado)-Faculdade de Educação, Universidade de São Paulo, São Paulo, 2005.

______. Livro didático e expansão escolar em São Paulo (1889-1930). *Língua Escrita*: revista eletrônica do CEALE, Belo Horizonte, 2007a. Disponível em: <http://spress.com.br/nomade/midia/docs/39/phpaU84Ft.pdf>. Acesso em: 18 out. 2013.

______. *Produção de livros didáticos e expansão da escola pública elementar em São Paulo na Primeira República:* a Tipografia Siqueira e a Editora Melhoramentos. 2007. Relatório de Conclusão (Estágio de Pós-Doutorado em Educação)-Pontifícia Universidade Católica de São Paulo, São Paulo, 2007b.

______. Acervos e pesquisas em história da educação: das vitrines do progresso aos desafios da conservação digital. *História da Educação*, Pelotas, v. 12, n. 25, p. 131-151, maio/ago. 2008a. Disponível em: <http://seer.ufrgs.br/asphe/article/view/29063/pdf>. Acesso em: 18 out. 2013.

______. Instrumentos de escrita na escola elementar: tecnologias e práticas. In: MIGNOT, A. C. V. (Org.). *Cadernos à vista:* escola, memória e cultura escrita. Rio de Janeiro: Ed. UERJ, 2008b. p. 91-113.

______ (Org.). *Antonio Firmino de Proença*: professor, formador, autor. São Paulo: Porto de Ideias, 2010a.

______. São Paulo: cidade dos livros escolares. In: BRAGANÇA, A.; ABREU, M. (Org.). *Impresso no Brasil:* dois séculos de livros brasileiros. São Paulo: Ed. UNESP, 2010b. p. 101-120.

REVISTA DE ENSINO. São Paulo: Typographia do Diario Official, out. 1902.

______. São Paulo: Typographia do Diario Official, jun. 1904.

SÃO PAULO (Estado). *Actos do poder executivo.* Decreto 218, de 27 de novembro de 1893. Approva o regulamento da instrucção publica. São Paulo: Typographia do Diario Official, 1893.

______. *Annuario do Ensino do Estado de São Paulo.* São Paulo: Typ. Augusto Siqueira, 1907-1908.

______. *Annuario do Ensino do Estado de São Paulo*. São Paulo: Augusto Siqueira, 1918.

______. *Anuário do Ensino do Estado de São Paulo*. São Paulo: Tip. Siqueira, 1935-1936.

______. *Annuario do Ensino do Estado de São Paulo*. São Paulo: Typ. Siqueira, 1936-1937.

______. *Anuário Estatístico do Estado de São Paulo*. São Paulo, Imprensa Oficial, 1942.

SOARES, Magda. *Metamemória-memórias:* travessia de uma educadora. São Paulo: Cortez, 1991.

______. *Letramento:* um tema em três gêneros. Belo Horizonte: Autêntica, 2002.

TAMBARA, E. *Bosquejo de um Ostensor do repertório de textos escolares, utilizados no ensino primário e secundário no século XIX no Brasil*. Pelotas: Seiva, 2003.

VALENTE, W. R. *Uma história da matemática escolar no Brasil (1730-1930)*. São Paulo: Annablume, 1999.

WARDE, M. Anotações para uma historiografia da educação brasileira. *Em Aberto,* Brasília, DF, v. 3, n. 23, p. 1-6, 1984.

______. Contribuições da história da educação. *Em Aberto,* Brasília, DF, v. 9, n. 47, p. 3-11, 1990.

A LEGISLAÇÃO COMO FONTE DE HISTÓRIA DO LIVRO DIDÁTICO, NUMA ÉPOCA EM QUE SUPOSTAMENTE NÃO HAVIA LEIS SOBRE ISSO E MUITO MENOS A HISTÓRIA DO LIVRO DIDÁTICO

Kazumi Munakata

Sobre o livro didático – e quem se atreve a estudá-lo – paira uma terrível maldição. Ele

> [...] não tem uma história própria no Brasil. Sua *história* não passa de uma sequência de decretos, leis e medidas governamentais que se sucedem, a partir de 1930, de forma aparentemente desordenada, e sem a correção ou a crítica de outros setores da sociedade (partidos, sindicatos, associações de pais e mestres, associações de alunos, equipes científicas etc.). Essa *história* da seriação de leis e decretos somente passa a ter sentido quando interpretada à luz das mudanças estruturais como um todo, ocorridas na sociedade brasileira, desde o Estado Novo até a "Nova República". (FREITAG; COSTA; MOTA, 1993, p. 11, grifos dos autores).[1]

O que surpreende nessas parcas linhas é a quantidade de disparates que encerram. Em primeiro lugar, a própria concepção de história aí subjacente, de que a existência de leis cancela a historicidade da matéria a que se

[1] Segundo Moreira (2011), "Freitag *et al* apresentaram em 1987, a pedido do Instituto Nacional de Estudos e Pesquisas Educacionais (INEP), um panorama analítico sobre a produção do livro didático (LD) no país, concentrando-se nos 15/20 anos anteriores à data da pesquisa que realizou. A obra *O Estado da Arte do Livro Didático no Brasil* se divide em cinco partes básicas: história, política, economia, conteúdo, usos e contexto do LD. A partir de 1989, essa obra foi publicada pela editora Cortez, com o título *O Livro Didático em Questão*, tendo sido reeditada em 1993 e 1997".

referem. Assim fosse, isso que o texto nomeia como "setores da sociedade" ("partidos, sindicatos, associações de pais e mestres, associações de alunos, equipes científicas etc.") não teria igualmente história, já que tais setores, talvez, à exceção de "equipes científicas", estão todos constrangidos por lei – e nós, pessoas físicas, também. Parece que Marx já havia denunciado esse equívoco, quando comentou, no famoso "Prefácio de 1859", que

> [...] relações jurídicas, tais como formas de Estado, não podem ser compreendidas nem a partir de si mesmas, nem a partir do assim chamado desenvolvimento geral do espírito humano, mas, pelo contrário, elas se enraízam nas relações materiais de vida, cuja totalidade foi resumida por Hegel sob o nome de "sociedade civil" (*bürgerliche Geselschaft*) [...] (MARX, 1974, p. 135).

A menção a esse conhecidíssimo trecho de Marx não é por acaso. Pois, em segundo lugar, essa concepção de história faz parte de certo imaginário historiográfico, produzido no Brasil, que presumiu que a sociedade, nessas paragens, era incapaz de se organizar, requerendo o Estado e suas leis para se efetivar. O que passou a se chamar "a peculiaridade brasileira" (ou dos países em "situação de dependência") consistia na precedência do Estado como o único sujeito e demiurgo da História, cuja efetividade engendraria a Sociedade, a Nação, o Povo – e, de roldão, até mesmo o livro didático. Mas não qualquer Estado: apenas aquele que emerge em 1930, com a chamada "Revolução de 30". Que esse imaginário coincidisse com o discurso dos que venceram em 1930 era um pormenor de somenos importância. Em todo caso, já há, hoje, uma farta bibliografia que faz a crítica desse imaginário e de toda a interpretação que nele se apoia.[2]

Não à toa, a maldição acima referida afirma que essa história da "sequência de decretos leis e medidas governamentais" concernentes ao livro didático começa em 1930. Era preciso afirmar a fatídica data, mesmo que a primeira lei arrolada sobre o livro didático tenha a data de 1937, com a criação do Instituto Nacional do Livro (INL), e de 1938, quando se instaura a Comissão Nacional do Livro Didático, a qual iria definir "[...] o que deve ser entendido por livro didático." (FREITAG; COSTA; MOTA,

[2] Ver, em especial, Vesentini e De Decca (1976), De Decca (1981) e Vesentini (1997). Do escrevinhador que mal-traça estas linhas, podem-se consultar Munakata (1984, 1996).

1993, p. 12). Esse descompasso cronológico não importa. Ambas as datas fazem parte do conjunto de fatos inaugurados em 1930.

Em terceiro lugar, na medida em que *se sabe* de antemão que o Brasil só começou em 1930, o que houve antes simplesmente não pode ter existido. *Não realizar a pesquisa* torna-se, então, a condição essencial para sustentar o pressuposto de que a "sequência de decretos, leis etc." iniciou-se em 1930. Porém, bastaria uma rápida consulta na legislação dos períodos anteriores, até mesmo do Império, para verificar que o livro didático constituía, já, matéria de lei. E não para imprimir-lhe a historicidade, mas simplesmente porque o livro didático existia na sociedade, no mercado e na escola, de modo que a sua produção, a sua circulação e o seu consumo deveriam ser regulados juridicamente.

Este texto pretende tão somente apresentar algumas dessas leis do período imperial e indicar a sua fertilidade para investigações em História da Educação. A pesquisa básica foi realizada por Luna Abrano Bocchi (2005), em 2004-2005, quando desenvolveu seu estágio de Iniciação Científica, com financiamento da Fundação de Amparo à Pesquisa do Estado de São Paulo (FAPESP). Mesmo reclamando muito do enfado que a leitura de leis lhe causava, ela folheou estoicamente página por página os volumes da *Collecção das Leis do Império do Brazil*, além de redigir um competente relatório, que serve de base para este texto, cujos devaneios não lhe podem ser atribuídos. Posteriormente, o trabalho será completado com os dados referentes a demais períodos até os dias recentes, para compor um capítulo do livro que Circe Bittencourt está organizando sobre livro didático no Brasil.

Pesquisar a legislação relativa ao livro didático requer algumas definições prévias. Por "livro didático" adota-se aqui a definição utilizada no projeto "Educação e Memória: organização de acervos de livros didáticos", coordenado por Circe Bittencourt e financiado pela FAPESP:

> Livros escolares (ou livros didáticos) são todas as obras cuja intenção original é explicitamente voltada para o uso pedagógico e esta intenção é manifestada pelo autor ou editor. Nesta concepção se inserem, além dos livros didáticos mais comuns, também denominados de compêndios ou manuais escolares, as obras conhecidas como paradidáticas, coletâneas de literatura produzidas para as escolas e ainda Atlas, dicionários especialmente editados para uso pedagógico. (UNIVERSIDADE DE SÃO PAULO, 2005, p. 7).

Outra definição necessária: o que é uma lei sobre o livro didático? Em primeiro lugar, obviamente, são todas as leis relativas explicitamente ao livro didático. Mas é preciso considerar que há muitas outras que, mesmo não fazendo menção direta ao livro didático, determinam-lhe a existência, como, por exemplo, e ainda no terreno das obviedades, as leis que dizem respeito à educação escolar, indicando as disciplinas a ser lecionadas, cujos conteúdos eventualmente estão contidos nos livros didáticos.

Outro conjunto relaciona-se ao grau de liberdade de expressão ou à censura que é efetivada pelo Estado, em seus diversos níveis – e não se pode esquecer que, no Império, a Igreja fez parte da maquinaria estatal, com poderes de autorização ou proibição de livros (o famoso "*imprimatur*"). Ao aludirem ao livro em geral, essas leis também visam ao livro didático. Do mesmo modo, há que se ter em vista a legislação sobre a circulação de bens, inclusive de livros e, em particular, de livros didáticos.

Por fim, como recomenda Chartier (1990a, 1990b), não se deve abstrair a materialidade do livro e do livro didático, o que significa, no caso, que é preciso levar em conta toda a legislação referente à sua produção (edição e impressão) e, portanto, sobre todos os insumos e matérias primas que concorrem para que esses objetos adquiram existência física e material, constituindo-os como mercadoria. Nesse caso, encontram-se as leis dirigidas à importação e taxação de papel, tinta, maquinário gráfico etc. Na produção de livro (e do livro didático) há também trabalhadores mais ou menos especializados, cujos ofícios podem ser, ou não, matéria de lei. Legislação regulamentando os direitos e os deveres do autor e de outros sujeitos envolvidos na edição e comercialização de livro deve ser igualmente contabilizada.

Levando-se em conta todos esses aspectos, que leis podem-se encontrar, no Brasil, durante o período imperial? Ou mesmo antes da instituição do regime imperial: em 1808, com a chegada da família real portuguesa, é fundada a Impressão Régia (Decreto de 13/5/1808). Essa medida é geralmente enaltecida como marco inaugurador da liberação das atividades gráficas e de imprensa na colônia, até então proibidas. Na realidade, porém, o decreto estabelece que a Impressão Régia deve imprimir "[...] exclusivamente toda a Legislação, e Papeis Diplomáticos, que emanarem de qualquer Repartição do Meu Real Serviço; e se possão imprimir todas, e quaesquer outras

Obras [...]". Bem entendido: a Coroa teria o monopólio exclusivo de tudo que fosse impresso na Colônia (inclusive "Cartas de Jogar")[3] e, nessa medida, as "[...] todas, e quaesquer outras Obras" passavam pelo crivo da censura antes de ser impressas. Moraes (1993, p. xx) lembra ainda a dificuldade técnica e operacional de a Impressão atender às demandas. Somente em 1821 (Decisão 51, de 28/8/1821), foi abolida a censura prévia, o que possibilitou o funcionamento de tipografias particulares.

O nome da Impressão Régia passou por várias alterações. Segundo Bragança (2007),

> [...] em 1818 [...] mudou para Typographia Real, depois para Typographia Régia (em 1820) e Typographia Nacional (em 1821). Após a Independência seu nome passou a ser Typographia Nacional e Imperial (1826) e ainda Typographia Nacional, de 1830 até 1885. A partir desta data seu nome passou a ser o que mantém até hoje: Imprensa Nacional.

A produção da Impressão Régia abrangia livros didáticos, como descreve Moraes (1993, p. xxiii):

> Na Academia Real Militar as matérias ensinadas eram matemática, física, química, astronomia, ótica, mineralogia e ciências naturais; era um curso para formar não somente oficiais, mas homens "que posam tambem ter o util emprego de dirigir objetos administrativos, de minas, caminhos, portos, canaes, pontes, fortes e calçadas". Mas não bastava criar a Academia e nomear os lentes; era preciso ter livros para os alunos. Surgia no Brasil o problema do livro didático. Para resolvê-lo, a Impressão Régia publicou uma série de manuais franceses "para uso dos alumnos", como consta em suas páginas de rosto.

O mesmo autor também se refere à "[...] abertura de chapas para as gravuras" (MORAES, 1993, p. xxiii) dos *Elementos de Geometria* e à publicação de *Tratado de Trigonometria*, ambos de Legendre, além de *Tratado Elementar d'Arithmetica*, de Lacroix, e *Tratado Elementar de Physica*, de Haüy.

Ainda quanto à Impressão Régia, registrem-se os dispositivos relativos a seus trabalhadores: o regulamento para os aprendizes da Real Impressão

[3] Segundo Moraes (1993, p. xx), a "[...] Impressão Régia teve sempre dificuldades financeira. Para aliviar o orçamento e dar-lhe a renda garantida, o governo anexou-lhe, em 1811, a Fábrica de Cartas de Jogar."

(Decisão n.6, de 30/1/1811) e as instruções para admissão de aprendizes de compositor na Typographia Nacional (Decisão n.114, de 2/5/1835).

No que tange ao custo das impressões, podem-se citar as leis referentes às taxas alfandegárias. A lei de 24/9/1828 "[t]axa em quinze por cento para todas as nações, os direitos de importação de quaesquer mercadorias e generos estrangeiros". Mais tarde, a Decisão n. 146, de 24/9/1845, "[a]diciona à Tarifa os seguintes gêneros: papel branco ou de cores, em rolos: lã em pó, pranchas ou fôrmas para estampar papel", enquanto a Decisão n. 98 "[m]anda adicionar à Tarifa a tinta de imprimir" (22/8/1848). O imposto sobre as Typographias foi abolido em 5/1/1846 (Decisão n.127). Bem antes, a importação de livros impressos era isenta de taxas (Decisão n.3, de 26/1/1819), mas a alfândega não podia despachar livros considerados "obscenos" (Decisão n.24, de 8/3/1821). Livros e periódicos para as bibliotecas ficaram também isentos de portes e direitos (Decreto de 15/11/1827).

A liberdade de imprensa, formalizada em 1821, é acompanhada de obrigações, que definem a responsabilidade dos autores e editores (Decisão n.63, de 24/9/1821). No ano seguinte, um decreto (de 18/6/1822) "[c]rêa Juízes de Facto para julgamento dos crimes de abusos de liberdade de imprensa". O reconhecimento dos direitos do autor veio com o *Código Criminal* (Decreto de 16/12/1830), que definiu como "furto" todo o ato de "[i]mprimir, gravar, lithographar ou introduzir quaesquer escriptos ou estampas que tiverem sido feitos, compostos ou traduzidos por cidadãos brasileiros, emquanto estes viverem, e dez annos depois da sua morte, se deixarem herdeiros" (Art.261).

Até aqui, apresentou-se uma amostra de leis atinentes ao livro em geral. A menção aos livros didáticos pode ser encontrada em leis sobre ensino. Por exemplo, no Decreto de 12/4/1809, que cria, no Hospital Real Militar e de Marinha, uma "[...] cadeira de medicina clínica, theorica e pratica", encontra-se a determinação de que se deve "[...] com a possível brevidade de organisar os compendios com que debaixo dos princípios já indicados, habilite os alumnos a receberem as doutrinas, que se pretende ensinar-lhes". A Decisão n.29, de 14/7/1809, "[c]rêa nesta cidade [Rio de Janeiro] uma cadeira de Arithmetica, Algebra e Geometria, uma de Inglez e uma de Francez", e determina:

> [...] pelo que toca a matéria de ensino, ditarão [os lentes] as suas lições pela Grammatica que for mais bem conceituada, emquanto não formalisarem alguma de sua composição [...]. Na escolha destes livros se prefirirão os da mais perfeita e exacta moral; e para a comparação com a lingua patria se escolherão os autores classicos de quinhentos, que melhor reputação teem entre os nossos literatos.

Há muitos dispositivos semelhantes. Uma Carta Régia de 25/6/1812 criou na cidade da Bahia um Curso de Agricultura, cujo professor

> [...] será obrigado a organizar os compendios das doutrinas, que formam o objecto do seu emprego no ensino de agricultura, dentro do espaço de seis annos, para serem impressos no caso de merecerem approvação de sua Alteza Real, e servirem nos futuros cursos de agricultura , que se devem e houverem de estabelecer nas outras Capitanias.

A Lei de 11/8/1827, que criou dois cursos de Ciências Jurídicas e Sociais, um na cidade de São Paulo e outro na de Olinda/PE, determinou ainda que os "[...] lentes farão a escolha dos compendios da sua profissão, ou os arranjarão, não existindo já feitos, com tanto que as doutrinas estejam de accôrdo com o systema jurado pela nação" (Art. 7º).

Outros decretos, decisões e regulamentos mencionam livros a serem adotados em instituições como a Academia das Belas Artes, a Academia Militar e a de Marinha, a Escola Militar, a Aula de Comércio da Cidade do Rio de Janeiro. Três desses dispositivos merecem destaque. O primeiro é o Decreto de 9/3/1832, que "[r]eforma a Academia Militar da Corte encorporando nella a dos Guardas-Marinhas; e dá-lhe novos estatutos". Ali, pode-se ler:

> Os professores escolherão os compendios, ou os organizarão em relação ás doutrinas, que deverão ensinar, sendo sujeitos á aprovação da Congregação. Os compêndios assim aprovados serão impressos á custa do Thesouro Nacional, pertencendo aos seus autores o privilegio exclusivo por tempo de dez annos. (Art. 9º).

O segundo, o Decreto de 22/10/1833, desfaz o que o anterior havia feito, na medida em que "[s]epara a Academia de Marinha, e a companhia dos Guardas-Marinha, da Academia Militar da Corte, e dá novos estatutos". No que se refere a livros didáticos, lê-se que a Congregação

> [e]scolherá em parte ou em todo os compendios, por que devem estudar os discipulos, [...] excluindo absolutamente o methodo das apostillas, pois que se algum dos lentes escrever com acerto e vantagem sobre as materias do seu anno, a mesma Congregação, poderá propôr que se imprima tal obra; o que sem duvida será muito mais util. (Art. 26).

Por fim, o 22/2/1839 (Regulamento n.29) estabelece o Programma do seu ensino e apresenta considerações sobre o livro didático:

> No ensino das matérias que fazem o objecto das cadeiras de Geometria Elementar, Analyse Mathematica, e Geometria Descriptiva, o Conselho de Instrucção fará adoptar os Compendios que julgar mais convenientes, cujo texto seja fielmente seguido pelos respectivos lentes, com os additamentos ou alterações que o mesmo Conselho approvar. No ensino das outras matérias será livre aos Lentes usar de prelecções suas, ou dos Compendios que quizerem adoptar, com a approvação do Conselho de Instrucção. (Art.14).

Em suma, nesses ordenamentos jurídicos, determina-se que o livro didático escolhido deve ser impresso pelo governo, apresentando-se indicações sobre o uso desses materiais. Além desses, há vários outros dispositivos legais que contêm formulações similares. Existem igualmente outros que nomeiam explicitamente os livros a serem adotados: o Decreto n.494, de 15/6/1848, por exemplo, "[a]pprova o Compendio de Economia Política do Doutor Pedro Autran da Mata e Albuquerque, para servir no curso Jurídico de Olinda"; e a Decisão n.149, de 12/6/1852, "[a]pprova, para o uso das Escolas primárias dos Menores do Arsenal de Guerra, e dos Corpos, em que as houver, o compendio d'Arithmetica do Lente da Academia de Marinha José Joaquim d'Avila".

O ensino secundário mereceria um capítulo à parte. O Decreto de 2/12/1837 "[c]onverte o Seminário São Joaquim em collegio de instrucção secundaria, com a denominação de Collegio de Pedro II, e outras disposições". Desde então, o Colégio Pedro II, como é hoje denominado, passou a ser o único estabelecimento de ensino secundário do país e, mais tarde, o modelo a ser seguido por demais instituições que pretendessem obter a chancela do "colégio equiparado". Era lugar de elite, por excelência:

> À porta do estabelecimento formava guarda de honra.
> Súbito rodar da carruagem, quadrupedar de cavalaria, vozes do capitão comandante da guarda, apresentar armas, som de Hino Nacional.
> Chegava o Imperado, recebido à porta pelo reitor, vice-reitor e lentes conduzidos ao Salão Nobre, Sua Majestade cumprimentado e cumprimentando.
> Tomava assento no trono, ao lado da Imperatriz, e o ato principiava pelos coros de alunos entoando o Hino da Independência.
> Procedida-se à chamada dos premiados, do primeiro ao sétimo ano. Iam buscar recompensas nas mãos do Imperador e da Imperatriz, a ambos apresentados os prêmios em salvas de prata trabalhada. Os novos bacharéis dirigiam-se para casa, no famoso *coupê* de cavalos brancos, não sem se demorar alguns na entrada do Colégio para serem melhor contemplados. (DORIA, 1937 apud GASPARELLO, 2004, p. 31).

Os bacharéis assim formados, segundo a descrição de Escragnolle Doria, em *Memória Histórica do Colégio de Pedro II* (edição original de 1937), tinham vaga assegurada no ensino superior (Academias de Direito, em São Paulo e Olinda; Faculdades de Medicina, no Rio de Janeiro e em Salvador, e Escola Polytechnica, no Rio de Janeiro), seriam "doutores" e passariam a ocupar altos cargos na hierarquia administrativa do Império.

Dada a importância que o Collegio assumiu, as leis que o regiam chegavam a definir as minúcias da vida escolar, fixando os programas a serem ministrados e os respectivos livros, muitos em francês. Por exemplo, a Portaria de 24/1/1856, que "[m]anda observar provisoriamente o Programma de ensino do Collegio de Pedro II", estabeleceu que deveriam ser adotados, entre outros, os livros *Notions élémentaires d'histoire naturelle*, de Antoine Salacroux; *Géologie et Minéralogie*, de François Beudant; *Nouveaux élements de chimie théorique et pratique*; de Roch Théogéne Guerin, ou *Gramática da Língua Portuguesa*, de Cyrillo Dilermando; *Sinônimos*, do Frei Francisco de São Luiz; e *Cartas Seletas*, do Padre Antonio Viera.

Por fim, o ensino Primário ou as Primeiras Letras, que talvez seja o que mais interessa aos leitores deste livro, cujo tema central é a alfabetização e o letramento. A esse respeito, porém, não há como não deixá-los frustrados, pois, pelos efeitos da Lei n.16, de 12/8/1834, mais conhecida como o Ato Adicional de 1834, as Assembleias Legislativas Provinciais, criadas por esse dispositivo, ficaram responsáveis, entre outras coisas, pela

> [...] instrução pública e estabelecimentos próprios a promovê-la, não compreendendo as faculdades de Medicina, os Cursos Jurídicos, Academias atualmente existentes e outros quaisquer estabelecimentos de instrução que parra o futuro forem criados por lei geral. (Art.10, § 1º).

Na prática, o que foi atingido por essa medida de descentralização do ensino foi apenas o nível primário, já que o ensino superior ("[...] as faculdades de Medicina, os Cursos Jurídicos, Academias") continuou sob a competência da Corte, e o ensino secundário nas províncias dependia da equiparação de seus estabelecimentos com o Collegio de Pedro II, para funcionarem como colégio. Em outras palavras, praticamente não há, no Império, leis gerais regulamentando as Primeiras Letras e os livros didáticos aí adotados.

Em todo caso, a Lei de 15/10/1827, que "[m]anda crear escolas de primeiras letras em todas as cidades, villas e logares mais populosos do Imperio", havia disposto que os professores deviam ensinar

> [...] a ler, escrever, as quatro operações de arithmetica, pratica de quebrados, decimaes e proporções, as noções mais geraes de geometria pratica, a grammatica de lingua nacional, e os principios de moral christã e da doutrina da religião catholica e apostolica romana, proporcionados á comprehensão dos meninos; preferindo para as leituras a Constituição do Imperio e a História do Brazil (Art.6º).

A lei não definia nenhum livro em particular, mas previa a introdução, ao menos, da Constituição do Império e da História do Brasil, nas aulas.

No caso da instrução pública nas províncias (e nos estados), o levantamento mais exaustivo de suas leis ainda está para ser feito. Uma amostra do que se pode recolher das coletâneas de leis fornece, contudo, exemplos de dispositivos legais que mencionam, direta ou indiretamente, livros didáticos. Esse foi o caso do Decreto n.1331-A, de 17/2/1854, que "[a]pprova o Regulamento para a reforma do ensino primario e secundario do Municipio da Côrte [Rio de Janeiro]", estabelecendo entre as funções do Inspector Geral a de "Rever os compendios adoptados nas escolas publicas, corrigil-os ou fazel-os corrigir, e substituil-os, quando for necessario" (Art.3º. § 4º). O Art. 56 acrescentava: "Nas escolas publicas só podem ser admittidos os livros autorisados competentemente" e definia: "São garantidos premios aos professores ou a quaesquer pessoas que compuzerem compendios ou obras para uso das escolas, e aos que traduzirem melhor os publicados em lingua estrangeira, depois de serem adoptados pelo Governo [...]". O mesmo artigo concluía: "Á adopção de livros ou compendios que contenhão materia do ensino religioso precederá sempre a approvação do Bispo Diocesano".

Na legislação provincial de Mato Grosso há igualmente referência a livros, sem mencionar-lhes os títulos. Assim, o Regulamento Orgânico da Instrução Pública da Província de Mato Grosso (Lei Provincial n.15, de 4/7/1873), estipula: "Aos meninos se dará papel, pena e tinta, e bem assim livros àqueles, porém, que seus pais não os poderem comprar, tudo por conta da província" (apud SÁ; SIQUEIRA, 2000, p. 35).[4] O Regimento Interno das Escolas Públicas de Instrução Primária da Província de Mato Grosso, de 7/12/1873, por sua vez, estabelece que a "[...] seção de Leitura será dividida em oito classes", sendo que a quinta classe corresponde à "[...] leitura corrida de livros"; a sexta, à "[...] leitura de livros e manuscritos e lições de cor de Gramática"; e a oitava, à "[...] leitura de livros em prosa e verso, análise lógica e gramatical de clássicos portugueses e lições de Geografia e História" (apud SÁ; SIQUEIRA, 2000, p. 60). O Regimento também afirma que "[o]s livros de leitura, os clássicos, para análise, bem como os silabários, as cartas ou manuscritos serão uniformes em cada uma das classes" (apud SÁ; SIQUEIRA, 2000, p. 60), o que é indicativo de que se está introduzindo o método simultâneo de ensino, ou seja, o procedimento pelo qual se ensina um mesmo conteúdo a muitos alunos, ao mesmo tempo. Por fim, há a indicação de que "[u]ma relação especial, adicionada a este regimento, especificará os compêndios que forem admitidos para uso das escolas, e, uma vez adotados, não será lícito aos Professores admitirem outras" (apud SÁ; SIQUEIRA, 2000, p. 60).

Na província do Paraná, podem-se encontrar leis sobre instrução que mencionam explicitamente títulos de livros. Por exemplo, nas Instru-

[4] Nessa coletânea, a ortografia foi atualizada.

ções sobre o Plano e Divisão do Ensino nas Cadeiras de Instrução Primária de 2ª Ordem para o Sexo Feminino (de 11/2/1858), lê-se:

> Art. 3º Ficam adotados para o ensino os seguintes livros:
>
> § 1º Para música: Método de piano de Hunten.
>
> § 2º Língua francesa: gramática de Sevene, tradução de prosa e leitura: Morceaux coisies de Fenelon ou Petit-Careme de Massilion; verso-art poetique de Boileau [sic].
>
> § 3º Geografia e História: Manual do ensino Primário de Semel; e par o estudo especial de história e geografia do Brasil, a obra de Coruja e a do padre Pompeo na parte que trata desse assunto. (MIGUEL, 2000, p. 52).[5]

É de se supor que muitas referências a livros didáticos a serem adotados foram abandonando o texto das leis, para fazer parte de papéis administrativos correntes das diretorias de Instrução Pública e das escolas. Por exemplo, na província de Goiás, os professores do ensino primário solicitavam ao governo muitas cartilhas, como assinala Valdez (2011, p. 122-123):

> Na década de 1870, requer-se a "Cartilha de Mesquita Pimentel", obra solicitada somente nesse período. Vale lembrar que é na década citada que os pedidos inovam na variedade, nos títulos específicos ou na autoria de obras destinadas especificamente ao público infantil. A novidade fica por conta dos livros seriados de leitura para uso da infância escritos pelo Dr. Abílio Cesar Borges, o barão de Macahubas, pioneiro na publicação de livros seriados nacionais. A partir de 1872, a coleção seriada composta pelo *Primeiro*, *Segundo* e *Terceiro Livro de Leitura* do Dr. Abílio configura como a série mais solicitada em diferentes vilas, freguesias ou cidades.

Pode-se ainda perceber que essas solicitações foram-se tornando cada vez mais precisas. Se as primeiras listas de pedidos dos professores goianos referiam-se a um genérico "grammaticas", em

> [...] 1862 nos deparamos com a solicitação da obra intitulada de "Grammatica Portugueza", pedido que continuou nas listas até o final do século XIX. Em relação às obras gramaticais predomina ainda o pedido de "Grammatica", sem maiores especificações. Adota-se ainda a obra "Resumos de Grammatica Portuguesa pelo Dr. Abilio"; "Grammatica Nacional"; "Grammaticas portuguesas do Conego Fernandes". Na década de

[5] Também nessa coletânea a ortografia foi atualizada.

> 1880, acrescenta-se: "Syllabario Portuguez de J. R. Galvão"; "Grammatica de Saraiva", "Diccionario de Saraiva" e "Syntaxe do Padre Antônio Rodrigues Dantas". (VALDEZ, 2011, p. 123).

Esse último exemplo mostra que não se pode fazer a história dos livros didáticos ou, mais genericamente, a da educação recorrendo apenas a leis. Isso parece obviedade. Todavia, como constatou Warde (1984), a história da educação foi, durante muito tempo, interpretada como história das legislações educacionais (e as políticas delas decorrentes) ou como história do pensamento educacional. Pode-se dizer que aquela maldição, apontada no início, segundo a qual o livro didático não teria história própria, porque se resume a leis que o regulam, faz parte dessa vertente juridicista que erige a legislação ou o seu autor, o Estado, em sujeito da História (com "H" maiúsculo).

A tendência atual da historiografia da educação é, no entanto, outra: busca restituir às mulheres, aos homens, às crianças e aos jovens a sua capacidade de agir e de obter experiências, de estabelecer relações, elaborar conhecimentos, produzir artefatos e instituições, arquitetar futuros – com ou sem sucesso. No que interessa aqui, esses sujeitos instituem a educação escolar, efetivam práticas escolares, elaboram métodos de ensino, em que o livro didático assumiu um lugar privilegiado. O próprio livro didático também é resultado de ações que envolvem muita gente, inclusive professores, pais e alunos, além de profissionais de edição e, eventualmente, avaliadores do governo.

Para desvendar todas essas práticas, na medida em que elas não se apresentam de modo integral e transparente, é preciso que sejam reconstituídas com base nos indícios, esparsos e lacunares, que deixaram: os próprios livros didáticos, documentos administrativos, textos e revistas educacionais, ofícios, memorandos, bilhetes, cadernos escolares, planejamento de aulas, gravações de áudio e imagem, objetos e mobília utilizados na escola, documentação das editoras e da equipe avaliadora do governo etc. E – por que não? – as leis sobre livros didáticos, também elaboradas por sujeitos, pessoas reais.

Referências

BOCCHI, L. A. *A legislação sobre livro didático no Brasil (1808-1889)*. 2005. Relatório (Iniciação Científica em História)-Pontifícia Universidade Católica de São Paulo, São Paulo, 2005.

BRAGANÇA, A. *Imprensa Régia ou Impressão Régia? 7 jun. 2007*. Disponível em: <http://ler-e-escrever.blogspot.com.br/2007/06/imprensa-rgia-ou-impresso-rgia.html>. Acesso em: 30 set. 2013.

CHARTIER, R. Textos e edições: a "literatura de cordel". In: ______. *A história cultural*: entre práticas e representações. Lisboa: Difel, 1990a. p. 165-187.

______. Textos, impressos, leituras. In: ______. *A história cultural*: entre práticas e representações. Lisboa: Difel, 1990b. p. 141-163.

DE DECCA, E. S. *1930*: o silêncio dos vencidos. São Paulo: Brasiliense, 1981.

FREITAG, B.; COSTA, W. F.; MOTA, V. R. *O livro didático em questão*. 2. ed. São Paulo: Cortez, 1993.

GASPARELLO, A. M. *Construtores de identidades*: a pedagogia da nação nos livros didáticos da escola secundária brasileira. São Paulo: Iglu, 2004.

MARX, K. Para a crítica da economia política. In: ______. *Manuscritos econômico-filosóficos e outros textos escolhidos*. São Paulo: Abril Cultural, 1974. p. 107-263. (Os Pensadores, v. 35).

MIGUEL, M. E. B. *Coletânea da documentação educacional paranaense no período de 1854 a 1889*. Campinas: Autores Associados; Sociedade Brasileira de História da Educação, 2000.

MORAES, R. B. A Impressão Régia do Rio de Janeiro: origens e produção. In: CAMARGO, A. M. A.; MORAES, R. B. *Bibliografia da Impressão Régia do Rio de Janeiro*. São Paulo: Edusp: Kosmos, 1993. p. xvii-xxxvii.

MUNAKATA, K. O compromisso do Estado. *Revista Brasileira de História*, São Paulo, v. 4, n. 7, p. 58-71, 1984.

______. Como o ar que se respira: uma resenha de algumas idéias que se disseminavam pelo Brasil nos anos 30. *Horizontes*, Bragança Paulista, n. 14, p. 187-213, 1996.

SÁ, N. P.; SIQUIERA, E. M. (Org.). *Leis e regulamentos da Instrução Pública do Império em Mato Grosso*. Campinas: Autores Associados: Sociedade Brasileira de História da Educação, 2000.

UNIVERSIDADE DE SÃO PAULO. Faculdade de Educação. *Guia de preenchimento da ficha do banco de dados Livres*. São Paulo, 2005.

VALDEZ, D. Livros para o expediente das aulas primárias na província de Goiás (1850-1890). In: BARRA, V. M. L. (Org.). *Estudos de História da Educação de Goiás*: 1830-1930. Goiânia: Ed. da PUC Goiás, 2011. p. 115-129.

VESENTINI, C. A. *A teia do fato*: uma proposta de estudo sobre a memória histórica. São Paulo: Hucitec, 1997.

VESENTINI, C. A.; DE DECCA, E. S. A revolução do vencedor. *Contraponto*, Niterói, v. 1, n. 1, p. 60-71, nov. 1976.

WARDE, M. J. Anotações para uma historiografia da educação brasileira. *Em Aberto*, Brasília, DF, v. 3, n. 23, p. 1-6, 1984.

Fontes

BRASIL. *Colecção das Leis do Imperio do Brazil de 1808*. Rio de Janeiro: Imprensa Nacional, 1891.

BRASIL. *Colecção das Leis do Imperio do Brazil de 1809*. Rio de Janeiro: Imprensa Nacional, 1891.

BRASIL. *Colecção das Leis do Imperio do Brazil de 1810*. Rio de Janeiro: Imprensa Nacional, 1891.

BRASIL. *Colecção das Leis do Imperio do Brazil de 1811*. Rio de Janeiro: Imprensa Nacional, 1890.

BRASIL. *Colecção das Leis do Imperio do Brazil de 1812*. Rio de Janeiro: Imprensa Nacional, 1890.

BRASIL. *Colecção das Leis do Imperio do Brazil de 1815*. Rio de Janeiro: Imprensa Nacional, 1890.

BRASIL. *Colecção das Leis do Imperio do Brazil de 1816*. Rio de Janeiro: Imprensa Nacional, 1890.

BRASIL. *Colecção das Leis do Imperio do Brazil de 1817*. Rio de Janeiro: Imprensa Nacional, 1890.

BRASIL. *Colecção das Leis do Imperio do Brazil de 1819*. Rio de Janeiro: Imprensa Nacional, 1889.

BRASIL. *Colecção das Leis do Imperio do Brazil de 1820*. Rio de Janeiro: Imprensa Nacional, 1889.

BRASIL. *Colecção das Leis do Imperio do Brazil de 1821*. Parte I. Rio de Janeiro: Imprensa Nacional, 1889.

BRASIL. *Colecção das Leis do Imperio do Brazil de 1821*. Parte II. Rio de Janeiro: Imprensa Nacional, 1889.

BRASIL. *Colecção das Leis do Imperio do Brazil de 1822*. Parte 2a. Rio de Janeiro: Imprensa Nacional, 1887.

BRASIL. *Colecção das Leis do Imperio do Brazil de 1823*. Parte 2a. Rio de Janeiro: Imprensa Nacional, 1887.

BRASIL. *Colecção das Leis do Imperio do Brazil de 1827.* Parte Primeira. Rio de Janeiro: Typographia Nacional, 1878.

BRASIL. *Colecção das Leis do Imperio do Brazil de 1827.* Parte Segunda. Rio de Janeiro: Typographia Nacional, 1878.

BRASIL. *Colecção das Leis do Imperio do Brazil de 1828.* Parte Primeira. Rio de Janeiro: Typographia Nacional, 1878.

BRASIL. *Colecção das Leis do Imperio do Brazil de 1829.* Parte II. Rio de Janeiro: Typographia Nacional, 1878.

BRASIL. *Colecção das Leis do Imperio do Brazil de 1830.* Parte Primeira. Rio de Janeiro: Typographia Nacional, 1876.

BRASIL. *Colecção das Leis do Imperio do Brazil de 1831.* Primeira Parte. Rio de Janeiro: Typographia Nacional, 1875.

BRASIL. *Colecção das Leis do Imperio do Brazil de 1831.* Segunda Parte. Rio de Janeiro: Typographia Nacional, 1875.

BRASIL. *Colecção das Leis do Imperio do Brazil de 1832.* Parte Segunda. Rio de Janeiro: Typographia Nacional, 1874.

BRASIL. *Colecção das Leis do Imperio do Brasil de 1833.* Parte Segunda. Rio de Janeiro: Typographia Nacional, 1873.

BRASIL. *Colecção das Leis do Imperio do Brasil de 1835.* Parte Segunda. Rio de Janeiro: Typographia Nacional, 1864.

BRASIL. *Colecção das Leis do Imperio do Brasil de 1837.* Parte II. Rio de Janeiro: Typographia Nacional, 1861.

BRASIL. *Colecção das Leis do Imperio do Brasil de 1838.* Tomo I. Parte II. Rio de Janeiro: Typographia Nacional, 1839.

BRASIL. *Colecção das Leis do Imperio do Brasil de 1839.* Tomo II. Parte III. Rio de Janeiro: Typographia Nacional, 1839.

BRASIL. *Colecção das Leis do Imperio do Brasil de 1841.* Tomo IV. Parte II. Rio de Janeiro: Typographia Nacional, 1842.

BRASIL. *Colecção das Leis do Imperio do Brasil de 1842.* Tomo V. Parte II. Rio de Janeiro: Typographia Nacional, 1843.

BRASIL. *Colecção das Leis do Imperio do Brasil de 1843.* Tomo V. Parte I. Reimpressão. Rio de Janeiro: Typographia Nacional, 1867.

BRASIL. *Colecção das Leis do Imperio do Brasil de 1844.* Tomo VII. Parte II. Reimpressão. Rio de Janeiro: Typographia Nacional, 1867.

BRASIL. *Colecção das Leis do Imperio do Brasil de 1845.* Tomo VIII. Parte II. Rio de Janeiro: Typographia Nacional, 1846.

BRASIL. *Colecção das Leis do Imperio do Brasil de 1846.* Tomo IX. Parte II. Rio de Janeiro: Typographia Nacional, 1847.

BRASIL. *Colecção das Leis do Imperio do Brasil de 1847.* Tomo IX. Parte I. Rio de Janeiro: Typographia Nacional, 1847.

BRASIL. *Colecção das Leis do Imperio do Brasil de 1848.* Tomo X. Parte I. Rio de Janeiro: Typographia Nacional, 1849.

BRASIL. *Colecção das Leis do Imperio do Brasil de 1850.* Tomo XI. Parte I. Reimpressão Rio de Janeiro: Imprensa Nacional, 1909.

BRASIL. *Colecção das Leis do Imperio do Brasil de 1851.* Tomo XIV. Parte II. Rio de Janeiro: Typographia Nacional, 1852.

BRASIL. *Colecção das Leis do Imperio do Brasil de 1852.* Tomo XV. Parte II. Rio de Janeiro: Typographia Nacional, 1853.

BRASIL. *Colecção das Leis do Imperio do Brasil de 1853.* Tomo XVI. Parte II. Rio de Janeiro: Typographia Nacional, 1853.

BRASIL. *Colecção das Leis do Imperio do Brasil de 1854.* Tomo XVII. Parte II. Rio de Janeiro: Typographia Nacional, 1854.

BRASIL. *Colecção das Leis do Imperio do Brasil de 1855.* Tomo XVIII. Parte II. Rio de Janeiro: Typographia Nacional, 1856.

BRASIL. *Colecção das Leis do Imperio do Brasil de 1856.* Tomo XIX. Parte II. Rio de Janeiro: Typographia Nacional, 1857.

BRASIL. *Colecção das Leis do Imperio do Brasil de 1857.* Tomo XX. Rio de Janeiro: Typographia Nacional, 1857.

BRASIL. *Colecção das Leis do Imperio do Brasil de 1858.* Tomo XIX. Parte II. Rio de Janeiro: Typographia Nacional, 1858.

BRASIL. *Colecção das Leis do Imperio do Brasil de 1859.* Tomo XXII. Parte II. Rio de Janeiro: Typographia Nacional, 1859.

BRASIL. *Collecção das Decisões do Governo do Brazil de 1821.* Rio de Janeiro: Imprensa Nacional, 1889.

BRASIL. *Collecção das Decisões do Governo do Imperio do Brazil de 1822.* Rio de Janeiro: Imprensa Nacional, 1887.

BRASIL. *Collecção das Decisões do Governo do Imperio do Brazil de 1823.* Rio de Janeiro: Imprensa Nacional, 1887.

BRASIL. *Collecção das Decisões do Governo do Imperio do Brazil de 1827.* Rio de Janeiro: Typographia Nacional, 1878.

BRASIL. *Collecção das Decisões do Governo do Imperio do Brazil de 1828.* Rio de Janeiro: Typographia Nacional, 1878.

BRASIL. *Collecção das Decisões do Governo do Imperio do Brazil de 1829*. Rio de Janeiro: Typographia Nacional, 1878.

BRASIL. *Collecção das Decisões do Governo do Imperio do Brazil de 1830*. Rio de Janeiro: Typographia Nacional, 1876.

BRASIL. *Collecção das Decisões do Governo do Imperio do Brazil 1832*. Reimpressão. Rio de Janeiro: Imprensa Nacional, 1908.

BRASIL. *Collecção das Decisões do Governo do Imperio do Brasil 1835*. Reimpressão. Rio de Janeiro: Typographia Nacional, 1864.

BRASIL. *Collecção das Decisões do Governo do Imperio do Brasil 1837*. Reimpressão. Rio de Janeiro: Typographia Nacional, 1861.

BRASIL. *Collecção das Decisões do Governo do Imperio do Brasil 1845*. Tomo VIII. Rio de Janeiro: Typographia Nacional, 1846.

BRASIL. *Collecção das Decisões do Governo do Imperio do Brasil 1846*. Tomo IX. Rio de Janeiro: Typographia Nacional, 1847.

BRASIL. *Collecção das Decisões do Governo do Imperio do Brasil 1848*. Tomo XI. Rio de Janeiro: Typographia Nacional, 1849.

BRASIL. *Collecção das Decisões do Governo do Imperio do Brasil 1850*. Reimpressão. Rio de Janeiro: Impresna Nacional, 1910.

BRASIL. *Collecção das Decisões do Governo do Imperio do Brasil 1852*. Tomo XV. Rio de Janeiro: Typographia Nacional, 1852.

BRASIL. *Collecção das Decisões do Governo do Imperio do Brasil 1855*. Tomo XVIII. Rio de Janeiro: Typographia Nacional, 1855.

BRASIL. *Collecção das Decisões do Governo do Imperio do Brasil 1856*. Tomo XIX. Rio de Janeiro: Typographia Nacional, 1857.

BRASIL. *Collecção das Decisões do Governo do Imperio do Brasil 1858*. Tomo XXI. Rio de Janeiro: Typographia Nacional, 1858.

Sobre os autores

Diana Gonçalves Vidal
Professora Titular em História da Educação na Faculdade de Educação da Universidade de São Paulo (FEUSP) (2010). Livre-Docente na mesma área em 2005. Graduada em História pela Universidade do Vale do Paraíba (1985), Mestre em História pela Universidade Estadual de Campinas (1990), Doutora em Educação pela USP (1995), com pós-doutorado em Educação no INRP-França (2001) e na Universidade de Santiago de Compostela (2007). É vice-diretora da FEUSP (2014-2018) e coordenadora do Comitê de Assessoramento da Educação no CNPq – CA-Ed (2012-2015). Foi presidente da Sociedade Brasileira de História da Educação (2003-2007) e vice-coordenadora do GT 02 História da Educação da ANPEd (2001-2003). Atuou como professora-convidada da FLACSO-Argentina, entre 2006 e 2009. Foi consultora internacional do projeto Teacher Education Schools in Portugal: History, Archive, Memory, liderado por Joaquim Pintassilgo (2010-2012).

Roger Chartier
Professor do Collège de France, desde 2006. Diretor de estudos e investigações históricas da École des Hautes Études en Sciences Sociales/Paris. Também leciona na Universidade da Pensilvânia, nos Estados Unidos. Foi professor convidado de numerosas universidades estrangeiras (Princeton, Montreal, Yale, Cornell, John Hopkins, Chicago, Berkeley, Buenos Aires, Santiago de Chile, UFRJ e UERJ, entre outras)

Circe Fernandes Bittencourt
Professora aposentada da FEUSP. Professora do Programa de Pós-Graduação em Educação: História, Política, Sociedade da Pontifícia Universidade Católica de São Paulo (PUC-SP). Graduada em História pela Faculdade de Filosofia, Letras e Ciências Humanas – USP (1967), Mestre em História Social pela mesma instituição (1988) e Doutora em História Social pela USP (1993).

Mirian Jorge Warde

Professora visitante do Programa de Pós-Graduação em Educação da Universidade Federal de São Paulo (UNIFESP), campus de Guarulhos. Professor titular da PUC-SP (1973-2006). Graduada em Pedagogia pela PUC-SP (1972), Mestre em Educação: Filosofia da Educação pela PUC-SP (1976) e Doutora em Educação: Filosofia da Educação pela mesma instituição (1984). Realizou estágio pós-doutoral na Columbia University (2001-2002).

Eliane Peres

Professora da Faculdade de Educação da Universidade Federal de Pelotas (RS). Atua no curso de Pedagogia e no Programa de Pós-graduação em Educação. Representante Regional-Sudeste, da ABAlf – Associação Brasileira de Alfabetização (2012-2014). Graduada em Pedagogia pela Universidade Estadual de Londrina (1989), Mestre em Educação pela Universidade Federal do Rio Grande do Sul (1995) e Doutora em Educação pela Universidade Federal de Minas Gerais (2000), com Estágio no Exterior (PDEE) na Universidade de Lisboa. Realizou estágio de pós-doutorado (com bolsa CAPES) na University of Illinois at Urbana-Champaign (USA) em 2011-2012.

Norma Sandra de Almeida Ferreira

Professora Associada da Faculdade de Educação da Universidade Estadual de Campinas (FE-Unicamp). Atua no Curso de Pedagogia e no Programa de Pós-Graduação em Educação. Vice-Tesoureira da ABAlf – Associação Brasileira de Alfabetização (2012-2014). Licenciada em Letras pela Faculdade de Ciências e Letras de São José dos Campos (1972); Licenciada em Pedagogia pela Universidade de Franca (1989); Mestre em Educação pela FE-Unicamp (1994) e Doutora em Educação pela mesma instituição (1999). Realizou estágio de Pós-Doutorado no Centro de Artes e Comunicações da Universidade do Algarve, Faro-Portugal.

Maria Helena Camara Bastos

Professora na Universidade Federal do Rio Grande do Sul (UFRGS), de 1973 a 1997. Professora Titular em História da Educação (UFRGS, 1995). Atualmente, é professora da Pontifícia Universidade Católica do Rio Grande do Sul, atuando no Programa de Pós-Graduação em Educação e no Programa de Pós-Graduação em História. Doutora em História e Filosofia da Educação (USP); Pós-doutora no Service d'Histoire de l'Éducation (França, 2000; 2010). Professora visitante do Institut National de Recherche Pédagogique (1996 e 2005). Pesquisadora do CNPq.

Ana Chrystina Venancio Mignot
Professora Associada da Universidade Estadual do Rio de Janeiro, com atuação na graduação e na pós-graduação em Educação. Graduada em Pedagogia, pela Faculdade de Filosofia de Campos/RJ, Mestre em Educação pela Pontifícia Universidade Católica do Rio de Janeiro (PUC-RJ) (1998), Doutora em Ciências Humanas – Educação pela PUC/RJ (1997). Pesquisadora do CNPq, Cientista de Nosso Estado (FAPERJ) e Procientista (UERJ/FAPERJ).

Maria Teresa Santos Cunha
Professora Associada V do Departamento de História da Universidade do Estado de Santa Catarina/Florianópolis. Atua no Curso de História – Patrimônio Cultural –, no Programa de Pós-Graduação em História e no Programa de Pós-Graduação em Educação. Licenciada em História pela Universidade Federal de Santa Catarina (UFSC) (1973). Mestre em História do Brasil (UFSC, 1982) e Doutora em Educação - História e Historiografia – pela FEUSP (1995). Bolsista Produtividade em Pesquisa /CNPq – Nível 2.

Maria do Rosário Longo Mortatti
Professora Titular da Universidade Estadual Paulista (Unesp). Atua no curso de Pedagogia e no Programa de Pós-Graduação em Educação da Unesp-Marília. Líder do GPHELLB – Grupo de Pesquisa História do Ensino de Língua e Literatura no Brasil. Presidente da ABAlf – Associação Brasileira de Alfabetização (2012-2014). Licenciada em Letras, pela Faculdade de Filosofia Ciências e Letras de Araraquara/SP (1975); Mestre em Educação (1989) e Doutora em Educação (1991) pela FE/Unicamp; Livre-Docente em Metodologia do ensino de 1º Grau: alfabetização, pela Unesp – Presidente Prudente (1997).

Cancionila Janzkovski Cardoso
Professora Associada na Universidade Federal de Mato Grosso (UFMT). Atua na graduação e no Programa de Pós-Graduação em Educação da UFMT, campus de Rondonópolis. Representante Regional-Sudeste, da ABAlf – Associação Brasileira de Alfabetização (2012-2014). Graduada em Pedagogia pela UFMT – Campus de Rondonópolis (1984), Mestre em Educação pela Universidade Federal de Minas Gerais (UFMG) (1995) e Doutora em educação pela UFMG, com estágio no Institut National de Recherche Pédagogique, em Paris (2000), e pós-doutora em educação pela Universidade Federal do Paraná (2008).

Estela Natalina Mantovani Bertoletti
Professora da Universidade Estadual do Mato Grosso do Sul, Unidade Universitária de Paranaíba. Atua no curso de Pedagogia e no Programa de Pós-Graduação em Educação. Representante Regional-Centro-Oeste (suplente), da ABAlf – As-

sociação Brasileira de Alfabetização (2012-2014). Licenciada em Letras pela Universidade Federal do Mato Grosso do Sul – Três Lagoas (1990); Mestre em Educação pela Unesp-Marília (1997); e Doutora em Educação pela UNESP-Marília (2006). Realizou estágio de Pós-Doutorado na Faculdade de Ciências e Letras da Unesp – Araraquara (2011) e estágio de Pós-doutorado na Faculdade de Educação da Universidade do Estado do Rio de Janeiro (UERJ).

Isabel Cristina Alves da Silva Frade

Professora Associada da Faculdade de Educação da Universidade Federal de Minas Gerais (UFMG), onde atua na graduação e pós-graduação. Pesquisadora do CEALE – Centro de Alfabetização, Leitura e Escrita da FaE/UFMG. Membro do Conselho Fiscal da ABAlf – Associação Brasileira de Alfabetização (2012-2014). Graduada em Pedagogia pela PUC/MG (1981), Mestre em Educação pela FAE/UFMG (1993) e Doutora em Educação pela UFMG (2000). Realizou estágios de pós-doutorado na Faculddae de Educação da Universidade de São Paulo (FEUSP), no Institut National de RecherchePédagogique – França (2006/2007) e na Universidade do Estado de Santa Catarina (2011/2012). É pesquisadora nível 1 do CNPq – Conselho Nacional de Desenvolvimento Científico e Tecnológico.

Márcia de Paula Gregório Razzini

Concluiu Doutorado em Letras (IEL-UNICAMP, 2000), Pós-doutorado em Educação (FE-USP, 2005; EHPS-PUC-SP, 2007) e Pós-doutorado em Letras (IEL-Unicamp, 2012). Foi membro do grupo de pesquisa do Projeto Temático FAPESP "Educação e Memória: organização de acervos de livros didáticos"(FE-USP, 2003-2007). Foi professora-colaboradora do CEFIEL – Centro de Formação Continuada de Professores (IEL-UNICAMP). Presta assessoria para a Secretaria Estadual de Educação e para o Ministério da Educação, na área de leitura e literatura.

Kazumi Munakata

Professor Assistente Doutor do Programa de Estudos Pós-Graduados em Educação: História, Política, Sociedade, da Faculdade de Educação da PUC-SP. Bacharel em Filosofia, pela Faculdade de Filosofia, Ciências Humanas e Letras, da USP (1976); Mestre em História pelo Instituto de Filosofia e Ciências Humanas, da Unicamp (1982); e Doutor em História e Filosofia da Educação, pelo Programa de Estudos Pós-Graduados em Educação: História e Filosofia da Educação da PUC-SP (1997). É pesquisador do CNPq.

Sobre o livro

Formato	16 x 23 cm
Tipologia	Adobe Garamond Pro
Papel	Polén soft 85g/m2 (miolo) Cartão Supremo 250g/m2 (capa)
Acabamento	Grampeado e colado
Tiragem	500
Catalogação	Telma Jaqueline Dias Silveira - CRB- 8/7867
Normalização	Lilian Demori Barbosa - CRB- 8/8052 Janaina Celoto Guerrero - CRB- 8/6456
Revisão de texto	Rony Farto Pereira e Arlete Sousa
Capa	Marcelo Girard
Diagramação	Edevaldo D. Santos
Assessoria técnica	Maria Rosangela de Oliveira - CRB-8/4073
Produção gráfica:	Giancarlo Malheiro Silva

2022

Impressão e acabamento

Gráfica Elyon